U0519842

# 宋型国家历史的演进

李华瑞 著

图书在版编目(CIP)数据

宋型国家历史的演进 / 李华瑞著. — 北京：商务印书馆，2022（2023.9重印）
ISBN 978-7-100-20554-2

Ⅰ.①宋… Ⅱ.①李… Ⅲ.①中国历史－研究－宋代 Ⅳ.①K244.07

中国版本图书馆CIP数据核字（2021）第275045号

权利保留，侵权必究。

## 宋型国家历史的演进
李华瑞　著

商　务　印　书　馆　出　版
（北京王府井大街36号　邮政编码 100710）
商　务　印　书　馆　发　行
三河市尚艺印装有限公司印刷
ISBN 978 - 7 - 100 - 20554 - 2

| | | |
|---|---|---|
| 2022年9月第1版 | 开本 710×1000 | 1/16 |
| 2023年9月第2次印刷 | 印张 25 | |

定价：128.00元

# 目 录

## 绪 论
一、从秦汉以降至晚清中国历史看"宋型国家"的特点 / 1
二、从 10—13 世纪中国历史看宋朝历史的特点 / 3
三、20 世纪初以来国内宋史研究议题的变化 / 7
参考文献及拓展阅读 / 11

## 第一章　北宋前期政治
引言：天水朝的来历 / 12
一、陈桥兵变　黄袍加身 —— 北宋的建立 / 15
二、"先南后北"的统一方针 / 18
三、北宋中央集权体制的确立 / 25
四、"斧声烛影"与"金匮之盟" / 30
五、内外政策的转变与打破文武平衡的既定方针 / 32
参考文献及拓展阅读 / 36

## 第二章　真宗、仁宗时期的社会矛盾与庆历新政
一、保守政风的形成与对外政策 / 38
二、社会矛盾的发展 / 41
三、昙花一现的庆历新政 / 45
四、南方士大夫的崛起 / 51
参考文献及拓展阅读 / 58

## 第三章　王安石变法

引　子 / 59

一、变法前的王安石 / 59

二、新法的主要内容 / 64

三、法先王之政与"摧抑兼并，均济贫乏" / 69

四、"异论相搅"与元祐更化 / 74

五、王安石变法的效果 / 84

参考文献及拓展阅读 / 87

## 第四章　北宋政治变革时期的文化

一、宋学的勃兴与发展 / 89

二、文学、艺术、史学的发展高潮迭起 / 99

三、沈括《梦溪笔谈》与变革期科学技术的进步 / 106

四、文化高涨的原因 / 108

参考文献及拓展阅读 / 112

## 第五章　北宋后期的社会改革及其灭亡

一、绍圣绍述与新法的沿革 / 114

二、崇宁党禁与教育改革 / 117

三、北宋的灭亡 / 124

四、士大夫集团的分裂与理想光环下的现实悲剧 / 129

参考文献及拓展阅读 / 136

## 第六章　偏安江左的南宋政治

一、南宋建立与宋高宗对金屈辱苟安的政治路线 / 137

二、南宋初防御性军政体制的确立 / 142

三、关于南宋史研究中的岳飞抗金问题 / 146

四、孝宗、宁宗为恢复中原的改革活动 / 149

五、权相政治与南宋的灭亡 / 153

参考文献及拓展阅读 / 158

## 第七章　南宋社会的历史性转折

一、两宋之际的北方移民与南方经济、文化重心的确立 / 160

二、文化思想内倾及其社会原因 / 167

三、法祖宗与南宋中后期社会的保守倾向 / 176

参考文献及拓展阅读 / 182

## 第八章　宋朝的"内忧"与社会保障

一、统治阶级内部的矛盾与防范 / 184

二、统治阶级与被统治阶级之间的矛盾与冲突 / 189

三、社会保障的基本制度和措施 / 194

四、社会保障与农民起义规模 / 205

参考文献及拓展阅读 / 207

## 第九章　宋朝的积弱国势与对外战争

一、守内虚外：宋朝消极防御政策的形成与发展 / 209

二、崇文抑武国策与宋代统治集团尚武精神的丧失 / 216

三、宋朝与辽西夏金蒙元的攻防战 / 222

四、宋与辽西夏金元攻防战优劣析 / 226

参考文献及拓展阅读 / 231

## 第十章　宋朝的农业、手工业及其区域特色

一、农业、手工业的高度发展 / 232

二、农业经济制度 / 236

三、手工业生产的分工特色、技术进步、生产规模
　　及其工匠身份的变化 / 242

四、区域发展的不平衡性 / 249

参考文献及拓展阅读 / 254

## 第十一章　宋朝的商贸与城市

一、商品流通与贸易 / 256

二、商业管理与政策 / 262

三、城镇的发展与城市居民 / 267

参考文献及拓展阅读 / 277

## 第十二章　宋朝国家的货币与资本

一、宋朝金银的货币功能与地位 / 279

二、北宋的货币流通 / 280

三、纸币的诞生 / 285

四、南宋的货币流通 / 287

五、商业资本和高利贷资本 / 291

六、地主、官僚、商人三位一体的形成 / 300

参考文献及拓展阅读 / 303

## 第十三章　宋朝的财计与民生

一、兵制变革对国家财政的影响 / 304

二、财产税成为宋朝赋役的主要标准 / 308

三、宋朝财政的窘迫与征敛 / 315

四、宋朝赋役与社会 / 323

参考文献及拓展阅读 / 326

## 第十四章　宋朝的宗教及民间信仰

一、宋代对佛道的政策 / 328

二、对佛道的管控 / 331

三、佛道的世俗化及其影响 / 334

四、民间大众信仰 / 342

参考文献及拓展阅读 / 346

## 第十五章 宋朝的妇女与社会

一、婚姻关系的变化 / 348

二、妇女在家庭中的位置 / 351

三、理学与妇女 / 357

四、缠足民俗的演进 / 361

五、宋朝妇女的社会地位 / 364

参考文献及拓展阅读 / 369

## 尾 论 / 371

一、厓山涯之后宋朝历史书写的演变 / 371

二、从世界历史发展进程来看宋朝国家文明 / 379

三、宋朝国家文明的高度 / 382

参考文献及拓展阅读 / 387

## 后 记 / 388

# 绪 论

## 一、从秦汉以降至晚清中国历史看"宋型国家"的特点

在中国古代，宋朝至少在以下几方面是独一无二的。

首先，宋朝自始至终是一个不与游牧渔猎民族一争雄长的时代，以往认为宋朝的积弱很大原因是强调契丹族、女真族、蒙古族过于强大，其实不仅如此，而是有着非常深刻的社会历史文化原因。自周秦以降至唐中叶以前，强大的汉、唐帝国，对于主要对手——北方游牧渔猎民族政权势力，采取积极防御的国防政策，以武力手段削弱其军事威胁，开疆拓土，将边防线不断推进到塞外。唐中叶以后经三教合流而形成的新儒家思想对外部世界有了与此前很大不同的认识，华夷之分在汉族政权内知识阶层的认知世界有了新的界定。宋真宗景德年间与辽朝签订的"澶渊之盟"，是汉族所建中原王朝放弃与游牧民族一争雄长国策的标帜。"澶渊之盟"的历史意义讨论目前多限于辽宋关系史，但这是中国历史上农耕民族与游牧渔猎民族关系分水岭的重大历史事件，关乎着中国历史的走向，却未引起学界的足够重视。过去认为宋朝的积弱与宋朝的"守内虚外"国策分不开。但是这多是从内政外交政策的"内外"角度去考量，其实若从宋朝对西、北、南边疆守土来讲，从太祖开始就只守唐中期以后形成的农耕"内地"——以汉族聚居区为主，并无恢复汉唐"内地"以外旧疆的举措。即使到宋神宗支持王安石变法，欲恢复汉唐旧疆，也是汉唐时所谓的王化之地——燕云十六州和河西、河套、河湟。但是这种做法并没有得到大多数知识阶层的认同，北宋灭亡后南宋人总结亡国原因时几乎一致认为王安石变乱祖宗法度，开边生事是首要原因。可见太祖以来形成的"守内虚外"是经唐后期五代至宋人

形成的既定方针。对于宋人来说"欲寇不能，欲臣不得，最得御戎之上策"①。这个"最得御戎之上策"，实则是汉族政权主动的战略退却，为一争雄长的游牧渔猎民族进入中原共生共存提供了可能和机会。"树欲静而风不止"，不进则退。由此看10世纪至13世纪的多民族政治对峙下的文化认同，再由此看宋朝之后民族政权的更迭，中华文明和疆界的形成，细究于心都会得出不同于现今的许多有益认识。

其次，宋朝奉行养兵政策，豢养一支以募兵为主的庞大军队也是中国古代史上独一无二的，尽管明清中后期也实施募兵制。中唐以后，随着均田制和府兵制的相继瓦解，募兵制日渐代替征兵制，养活一支以流民为主的军队，使得养兵费用在国家财税收支上占据越来越大的份额，到北宋中期养兵费用已达五千万贯之巨，占国家财税收入的70%—80%，帝制国家为了满足这笔巨大的军费开支，自真宗咸平年开始"经度茶、盐、酒、税以充岁用，勿得增加赋敛"②。将人民生活的主要商品盐、茶、酒、矾、醋、矿冶、香料等统统专卖经营。这种以工商税收为主的财政政策，大致也为中国古代各朝所仅见。五代至宋初，政府主要靠严酷的法律禁榷，由各级官府直接经营，即最大限度地控制生产、销售环节，但是官营成本高、效率低，国家只得向民众主要是商人开放销售（流通）领域，诸如在经济领域广泛实行买扑招标制，并逐渐开放部分生产领域，这就使得宋代的商业市场、城市城镇发展，呈现出与前代甚至与后代不同的面貌，从而造成空前的繁荣，并由此也促成经济的大发展。但是过去我们囿于西方社会科学和经济史理论的范式，对此轻描淡写，未给以足够的重视，或者多从国家干预经济的负面作用及其导致历史进程因果颠倒的关系加以批判。我个人以为这是偏离宋代社会经济发展本相的一种认知，实际上研究宋代经济史有必要重新认识帝制国家财经政策亦即国家对经济发展的主导作用，以及市场繁荣背后的国家财经供需因素，庶几方可道升堂奥，更接近宋代历史发展的实际。

再次，柳诒徵先生在《中国文化史》中说："盖宋之政治，士大夫政治也。政治之纯出于士大夫之手者，惟宋为然。"③宋朝科举取士之多，文官地位之高，

---

① （宋）李心传：《建炎以来系年要录》（以下简称《系年要录》）卷一〇五，绍兴六年九月癸巳，中华书局，2013年，第1978页。
② （宋）李焘：《续资治通鉴长编》（以下简称《长编》）卷四三，咸平元年八月丁亥朔，中华书局，2004年，第914页。
③ 柳诒徵：《中国文化史》第十九章"政党政治"，上海三联书店，2007年，第521页。

整个文治氛围居于秦汉以降各代之冠,已是学界的共识。遗憾的是,迄今并未见到较为全面深刻剖析贯通宋代文官政治论著的问世。迄今虽然对文官政治治理下的宋朝"内政"研究确有很大的进展,但是对于文官政治治理下的"弱宋"的研究还留有相当大的空间。

至于宋学与汉学成为中国古代经学分野最具代表性的两大类型,也已是常识。从汉武帝"罢黜百家"、汉宣帝"独尊儒术"到唐朝《五经正义》的颁行,是为汉学的第一个岭头,从唐中叶开始的儒学复兴至宋代,在北宋有《三经新义》,到南宋则有《四书章句集注》,构成宋学的完整体系,到明清继承汉宋方有四书五经。经学学风和释经方法的转变实不仅仅是思想文化内在理路的转变,更折射着社会历史内容和观念的变动。北宋的荆公新学力图通过建立刚健政府、完善社会制度来实现儒家的政治理想,结果是导致权力膨胀、腐败公行;南宋由朱熹完成的道学或理学反其意而行之,欲从正君心、重塑君主"圣人"形象来实现先王的社会秩序,结果是君心不仅没有被"正",反而使整个社会呈现在"万马齐喑究可哀"之中。从目前的研究看,经学学风和释经方法的转变对中国古代社会特别是对宋代社会历史影响的估价,还远远不够。

而傅乐成先生对宋型文化已有论述(当然还需新的补充),不赘。

以上不是为了重复叙说中国古代各王朝之间的简单比赛(杨联陞《国史诸朝兴衰刍论》附录:朝代间的比赛),而是要充分说明宋朝是中国历史上具有鲜明特色类型的时期。

## 二、从10—13世纪中国历史看宋朝历史的特点

10—13世纪,在现今中国境内,曾并列存在着辽、宋、西夏、金、吐蕃、回鹘、于阗、喀喇汗、大理、蒙古(后定国号元)等政权,这实际上是中国历史上又一个大分裂的时代。契丹族建立的辽朝辖有今东北和内蒙大部,南部包括北京、大同等地。西辽辖有今新疆和中亚部分地区。北宋辖有今华北大部,西起兰州以东、四川西北大部、重庆和大渡河以北的地区。南宋丧失约三分之一土地,退至今宝鸡市以南大散关和淮水以南。西夏辖有今宁夏、新疆吐鲁番以东的河西地区和内蒙西面小部。金朝辖有今东北、华北和内蒙大部。吐蕃辖有今西藏与青海。西州回鹘和于阗辖有今新疆的一部分。喀喇汗辖有今新疆南部和中亚部分地区。大理辖有今云贵地区。辽朝和金朝先后是东亚的第一军事

强国，西辽也曾一度称雄于中亚，宋朝在经济文化上是当时世界上最为先进的国家。西夏、吐蕃、回鹘、于阗、喀喇汗、大理等也对本地区和民族的发展做出了贡献。

从10—13世纪中国历史发展看宋朝历史，其特点主要表现在五个方面：

第一，政治中心的东移。从政治中心看，自西周以来约1900年间，中国的政治中心始终是非长安，即洛阳。人们赞美甚至惊叹这两个古都曾有的辉煌，其实，其辉煌的基础，正在于古代的农业所能提供的余粮，足以支持其庞大城市人口的食用。自汉迄唐，经常需要从关东运输粮食，接济关中。为此开凿漕渠，而三门峡的险阻又成黄河漕运的最大难题。唐朝安史之乱以后，随着西北沙化，西北经济在全国比重的下降，河北藩镇割据，国家财政主要依靠江淮地区。唐昭宗天祐元年（904），军阀朱全忠胁迫皇帝离开长安，"毁长安宫室、百司及民间庐舍"，"长安自此遂丘墟矣"。①三年后，后梁遂升汴州为开封府。这是中国古代建都史上最重要的转折，政治中心的东移遂成定局。除了后唐以洛阳为都城外，后晋到北宋都以开封为都城。宋太祖曾有重建洛阳为都城的意图，但终于接受众臣僚的劝告，安心居守开封。此后，除南宋以临安（今杭州）为偏安之所、明初朱元璋定鼎南京外，自金海陵王于贞元元年（1153）迁都燕京，历元明清，北京一直成为国都。

两宋在中国帝制时代政治势力转移和大格局分布上是一个过渡期。

第二，北不如南、西不如东的经济格局形成。在中国古代经济发展的长河中，辽宋西夏金时期，主要以两宋为代表，占有突出的地位。在两宋统治的三百年中，我国经济、文化的发展居于世界的最前列，是当时最为先进、最为文明的国家。辽宋西夏金的经济也发生两次严重的逆转，这是由女真人和蒙古人两次南下造成的。从另一角度看，在辽宋西夏金时代，今中国境内的各地人口分布和经济发展是很不平衡的。在手工业生产的时代，人口密度大致决定了一个地区的经济发展水平。当然，人口密度的增加也意味着天然植被和生态系统的破坏。中国古代的生态环境主要有西北沙化和黄河水患两大问题，两者其实是紧密关联的。辽宋西夏金时代的生态环境状况有进一步恶化趋势。宋初在内地已缺乏木材，需要由西北地区输入，这自然加剧了西北森林的砍伐，又转而加重黄河的水患。

当时存在着农耕经济、半农半牧经济、游牧经济，还有少量的渔猎经济。

---

① （宋）司马光：《资治通鉴》卷二六四，天祐元年春正月壬戌。

如以经济发达区和不发达区作大致区分。在东部可以燕山为线，总的说来，是燕山南北成相当强烈的反差。燕山之南，先后被辽金统治的"幽州之地沃野千里""地则五谷百果，良材美木，无所不有"，而出榆关"才数十里，则山童水浊，皆瘠卤，弥望黄茅白草，莫知亘极"。①在西部，则大致可以关中平原西端作为发达地区和不发达地区的分界。中原皇朝政治中心的东移，显然对西部经济产生影响。当盛唐时，"自安远门西尽唐境万二千里，闾阎相望，桑麻翳野，天下称富庶者无如陇右"②。一些学者经认真考证，认为这条史料至少有夸张之处，但当时陇右也确实不是落后地区。然而自中唐以降，西北的社会经济虽有局部的、暂时的发展，但总的趋势是停滞甚至倒退的，中唐五代以来就已经形成的西北与内地经济发展的差距，在宋夏金时，差距又进一步扩大。自宋朝陕西沿边的鄜延、秦凤、泾原、环庆、熙河五路往西，总的说来，都属不发达地区。

就北宋辖境而言，把宋朝经济发展不平衡的总体状况可以概括为北方不如南方、西部不如东部。大致以淮水为界，淮水以北的北方地区的生产不如淮水以南的南方地区，即北不如南。宋朝的经济重心已自北方转移到南方。即使在南方，若以峡州（湖北宜昌）为中心，北至商洛山秦岭，南至海南岛，画一南北直线，又表现为西不如东。北不如南，是量的差别；而西不如东，则不仅是量的差别，而且是表现了质的差别。③

两宋是中国帝制时代社会经济区域形成和大格局分布的定型期。

第三，社会转型。唐中期以后，土地商品化的历史潮流，终于战胜了汉唐时期土地国有制的旧制度，国家手中不再拥有大量的土地，也不再对它掌握的少量土地进行均田式的再分配，土地国有制作为一种重要的土地制度的时代已一去而不返。在这种情况下，一是地主土地所有制日趋巩固；二是实行不抑兼并的土地政策使得土地公开商品化，宋代官府甚至大量出卖和租佃政府手中握有的一批可观的土地，官田也商品化、租佃化了，宋代的地主公然以"田主"自居，"千年田换八百主"④，土地所有权的变化异常迅速。宋朝的社会阶级结构与土地所有制的变化相适应也有了许多巨大变化，这就是魏晋以来的士族门阀及其部曲佃客制，经过多种社会矛盾的碰撞和冲击之后，在唐时基本上已经崩溃了，代之而起的是庶族地主，主要是官僚地主阶级，宋朝的品官地主称为官

---

① （宋）徐梦莘：《三朝北盟会编》卷二〇，政宣上帙，上海古籍出版社，1987年，第143页。
② （宋）司马光：《资治通鉴》卷二一六，天宝十载夏五月己酉。
③ 邓广铭、漆侠：《两宋政治经济问题》，知识出版社，1988年，第53—54页。
④ 引自邓广铭：《辛稼轩词编年笺注》（增订本）卷三，《最高楼》，上海古籍出版社，1995年，第332页。

户,是当时统治阶级的上层,是宋王朝的主要统治支柱。宋以后,虽无"官户"的名称,但按品官高低决定其特权地位却成为以后各代政治上的重要特色。与之同时,部曲佃客制瓦解,代之而起的租佃制,佃农正式登入国家户籍,在法律上改变了过去那种只是地主私属的卑贱地位,地主与佃农之间,是一种契约关系联系着。佃农人身依附关系松弛,有了较大程度的人身自由,这种生产关系上的重大变化,无疑是宋以后历朝社会生产力发展的重要前提。

在社会上曾经占有主宰地位的世家大族,历经唐末五代的动乱渐次没落。宋初扩大科举制度取士,经由科举、学校入仕的士大夫及广大未入仕的士人群体和家族成为社会新的中坚。

两宋新兴的社会阶层奠定了元明清农耕地区基层社会的统治基础。

第四,如果从政治的稳定、经济的进步、社会的安定发展、文化的建树,和人民生活品质的改良等方面来观察,就会发现宋朝多方面的成就不比任何朝代逊色,而且超过同时期世界上任何一个国家。宋代在中国历史上虽称不上强盛之世,但它无疑是中华民族文明最昌盛的时代之一。凡讲到中国古代文化、思想高峰,宋朝都是代表,如讲到经学有"汉学""宋学"并称;讲到文学有唐、宋文学并称;讲到戏剧、绘画,有宋元戏剧、宋元绘画并称;讲到思想有宋明理学并称。

两宋文化直接影响了明清以来农耕区汉族性格的形成。

第五,由于宋太祖以武将"黄袍加身"的来历,宋朝"守内"的第一要旨就是猜忌和防范武将。宋朝维持着超越前代的大规模常备军,冗兵造成沉重的财政负担和严重的社会痼疾,而其军制却是以束缚武将才能、降低武将地位和素质、牺牲军事效能为特征。在崇文抑武、以文驭武的方针指导下,整个时代的尚武精神沦落。逐步实行文臣统兵和宦官统兵,降至北宋末,举国竟无折冲御侮之将。人们常说,宋朝积贫积弱。其实,北宋的人力超过唐朝,物力和财力,政府财政收入更大大多于唐朝。但丰厚的财政收入难以负荷冗兵、冗官等支出,而横征暴敛又加重了民贫(主要是占人口60%—70%的社会下层贫民),这就是积贫。宋朝的综合国力无疑强于辽朝、西夏、金朝等,但因"守内虚外"、崇文抑武等因素,实力的运用水平很差,这就是积弱。[1]

---

[1] 王曾瑜:《正确评价宋朝的历史地位》,《北京日报》2017年12月10日。

## 三、20世纪初以来国内宋史研究议题的变化

20世纪前半叶的宋史研究在中国古代断代史研究中是起步较晚的。直到20世纪初期,才有梁启超、王国维、胡适、何炳松、陶希圣、张星烺、张其昀、柳诒徵、汤中、竺可桢、吴其昌、周予同、吴廷燮、赵万里等著名学者,对宋代的思想、政治史、人物、文献、科技、史学、唐宋间社会变迁等做了一些研究。但他们都不是专攻宋史的学者,从30年代起中国宋史学由酝酿期进入开创期。开创者主要有邓广铭、蒙文通、陈乐素、张荫麟、聂丛岐、全汉昇六位先生。由于当时中国正处在积弱受侮之际,史学界学者大都把关注点投向能使民族引以自豪的汉唐盛世和新发现的考古文物资料上。翻检20世纪前半叶的宋史研究论著,不论是数量还是涉及的讨论问题都是非常有限的,而且有限的讨论又多集中在以抗侮图强的史实上,因而王安石变法、岳飞抗金、宋与辽夏金和战等成为讨论的重点。至新中国成立前后形成宋史学研究的初步队伍:程溯洛、束世澂、张维华、华山、何竹淇、张秉仁、李埏、吴天墀、漆侠、沈起炜、王云海、关履权、万绳楠、朱家源、郦家驹、倪士毅、徐规、王瑞明、李涵、姚瀛艇、陈守忠等二十数人。

从1950年至1979年,在中国古代史各断代史中,宋史的研究仍然是较为落后的,从1980年至20世纪末宋史研究进步迅速,大有后来居上之势。从国际范围来讲,自20世纪初日本学者内藤虎次郎(号湖南)从唐宋变革观的角度提出宋代是近世开始的论点后,在国际汉学界产生了很大影响。如法国汉学家白乐日(Etienne Balazs,1905—1963)认为,中国传统社会的特征到宋代已发育成熟,而近代中国以前的新因素到宋代已显著呈现。因此,白乐日进一步认为,研究宋史将有助于解决中国近代开端的一系列重大问题。正是基于这种乐观的设想,他从20世纪40年代中后期开始,就制订了一个规模宏大的国际性的宋史研究计划(Le project Song)。虽然在他生前未能实现他的"宋史计划",但1964年在法国波尔多召开的第十六届国际汉学家大会上,通过了继续完成白乐日的"宋史计划"的决议,嗣后便陆续出版了多部宋史著作。白乐日的宋史计划时至今日虽未全部完成,但它的确一定程度推动了欧美的宋史研究。与此同时,日本和我国台湾地区的宋史研究不论是发表的论著,还是学术交流,都有较大的发展,并成为世界范围内宋史研究的两大中心。而我国大陆地区的宋史研究不仅显现出"闭关自守"式的研究倾向,而且问世的论著也相当有限,

与日本、中国台湾地区形成鲜明的反差。据不完全统计,从1950年至1979年大约发表了2000多篇论文。如果除去1966—1976年间带有浓厚政治斗争色彩的文章外,有一定学术意义的论文不足1200篇。而有一定学术分量的专著就更少得可怜,还不到10部。这种状况正如邓广铭先生在1980年中国宋史研究会成立大会上所致开幕词所言:"从我国史学界对各个断代史的研究情况看来,宋史的研究是较为落后的。这表现在:不但在各种报刊上发表出来的有关宋代史事的论文比之其他各代显得少些,甚至连一部篇幅较大的宋史专著迄今也无人撰写出来,而其他的断代却多已有了。在国外,例如在日本的中国历史研究中,其每年发表的有关宋史的论文和专著,也比我们的多。没有一定的数量,当然就很难谈到质量。因此,关于宋代史事的研究,还亟须我们继续尽最大努力,去生产成品,去培育人才,去追赶国内各断代史的研究水平,并夺取国际上宋史研究的最高水平。"①

当然,20世纪50—70年代宋史研究发展缓慢,并不等于说没有取得成绩,至少在两方面是值得称道的:一是两宋时期王小波、李顺、宋江、方腊、钟相、杨幺领导的三次大的农民起义;庆历新政、王安石变法;宋与辽、西夏、金、蒙元之间的斗争,构成了这一时期宋史研究的三大主旋律。同时在岳飞、经济重心南移、封建地主制经济、土地制度史、人物评价及人物传记、文物考古、文学艺术等课题上取得较大进展。二是三十年间培养了一批有志于宋史研究的中坚力量,20世纪五六十年代研究宋史的学者从二十多人到1980年中国宋史研究会成立时全国研究宋史的人员已达六七十人。像毕业于20世纪五六十年代的杨德泉、柯昌基、吴泰、戴静华、郭正忠、贾大泉、裴汝诚、周宝珠、陈振、胡昭曦、高树林、朱瑞熙、王曾瑜、陈智超、杨国宜、梁太济、杨渭生、乔幼梅、张邦炜、龚延明、何忠礼、许怀林、李裕民、郭东旭、葛金芳等人到20世纪80年代以后,与从三四十年代走过来的前辈学者,一道撑起了大陆宋史研究的骨架。

1980年10月中国宋史研究会在上海成立,标志着大陆地区宋史研究进入一个新阶段。中国宋史研究会是全国宋史研究者自愿结成的群众性学术团体。她以每二年举办一次年会及发行《宋史研究通讯》的方式,团结宋史研究工作者,为弘扬中国优秀文化传统,促进学者之间的交流与沟通,砥砺学术,推动宋史研究。1980年中国宋史研究会成立以后,在邓广铭、陈乐素等前辈学者倡导实

---

① 邓广铭主编:《宋史研究论文集》前言,《中华文史论丛增刊》,上海古籍出版社,1982年,第2页。

证研究风气的影响下,实证性研究占据主导地位。热衷辨析史事,究心典章制度,蔚然成风。

政治环境的变化和改善、研究方法和倾向的多样化,又促进学术氛围的日渐活跃,许多有争议的问题,在充分展示不同意见的讨论中得到了深化和拓展,如:"先南后北"统一方针、杯酒释兵权、澶渊之盟、祖宗之法、皇权与相权、重文轻武、庆历新政、王安石变法、党争、岳飞与秦桧、政治史分期、地方行政区划、宋与辽西夏金蒙(元)关系;役法、货币地租、钱荒、户口统计、客户身份、土地所有制形式、土地权的集中和转移、商品货币经济发展水平、经济重心南移、经济革命;科举制定义、宋学与理学的关系、理学对社会的实际影响、妇女地位、律与敕的关系等。

1980年以后,宋代经济史、典章制度和人物评价一直是众多研究者关注的重点,而20世纪80年代后期以来,社会史、文化史又成为新的研究热点或增长点;进入21世纪后研究倾向更趋多样化,士人阶层、家族宗法、性别观念、民间信仰、社会生活、基层社会、地域文化、宋学诸学派等课题纷纷进入研究者的视野。在研究倾向转变的同时,学科间的界限也日益受到挑战。宋史研究中诸领域间,如经济与社会、思想与政治、法律与社会、民族与文化,甚或综合更多领域间的互动研究倾向时已初见端倪。如讨论宋代士人、家族就往往将文学、政治、经济联系起来做综合考察;又如讨论宋代思想则关注思想与当时的社会、经济、政治、文学之间的联系。思想史解释资源范围扩大,社会史、经济史、文学史、学术史,乃至文献学、考古学等所依据的资料大量进入思想史的视野。

此外,值得注意的是,在实证性研究占据主导地位的同时,西方历史学的研究取向也在不同程度地影响着20世纪80年代以后大陆地区的宋史研究。美国学者伊格尔斯(Georg G. Iggers)在总结20世纪70年代以后西方历史编纂学的方法变化时指出:"从精英们的身上转移到居民中的其他部分,从巨大的非个人的结构转移到日常生活的各种现实的方面,从宏观历史转移到微观历史。"[①] 虽然国内宋史研究者并没有自觉和刻意追随西方历史学研究取向的转移,但是在某些方面确实有某种程度上的契合,比如:20世纪80年代中后期悄然兴起的社会生活史和文化史研究,日益受到中青年学者的关注而成为典章制度史之外的又一研究热点或增长点,而且问题研究微观细化的倾向也是显而易见的。

---

① 伊格尔斯:《二十世纪的历史学》,何兆武译,辽宁教育出版社,2003年,第3页。

从改革开放到 20 世纪末，宋史研究取得较大进步和成就，表现在三个方面：其一，改变了自元明清民国乃至新中国成立后三十年间对宋朝积贫积弱的看法，为宋朝历史在中国古代史上的地位重新定位：两宋虽不是中国历史上的强盛之世，但它是中华民族古代文明最昌盛的时代之一。其二，宋代的典章制度研究取得了很大进步，基本厘清了宋代的政治制度、经济制度、军事制度、财政制度、法律制度等，完全改变了钱穆先生所谓宋朝"专从制度上看来，也是最没有建树的一环"①的认识。其三，改变了从近代以来宋史研究在国内外断代史研究中的落后局面。就总体而言，国内宋史研究不仅在国际上居领先地位，而且在国内的断代史研究中也从落后跻身于先进行列。

21 世纪以来，宋史研究有三个显著的变化：一是议题的转型，即由从传统政治、经济、军事、文化几个大模块的问题讨论向议题的小型专题化和交叉精深化转变，可以说已是宋史研究的普遍现象；二是政治史大模块的研究超越经济史研究占据年度论文数量的首位；三是释读文献、文本解读、历史书写再检讨、向历史深处的细微进军，为学术而学术的风气颇浓。

21 世纪以来，除了讨论传统性的政治、经济、文化、军事、人物、家族、教育、文献、文学、史学、佛道、墓葬等议题外，比较关注的热点问题和出现的新议题新动向，大致有以下几个方面：（1）宋朝的国家与社会：富民社会与农商社会、民间力量与基层社会治理、日常生活与民间社会；（2）宋朝的政治文化：文书与信息传递、政务运作，经术与王安石变法，制度史视野下的宋朝，两宋皇权再认识，礼制，宗教信仰；（3）宋朝文献的扩展与新诠释：利用宋人文集研究南宋晚期历史，宋代笔记、书信与士人多重知识建构及其实践，科技文献反映物质社会的成长，文化物事形成的系谱与观览、图像与文本。此外，医疗、疾病与政治、社会的议题也日益受到重视。

宋朝的学术思想在中国历史上占有极为重要的地位，但是在 20 世纪研究宋朝学术思想的论著几乎全都是专门研究思想史的学者，宋史学者涉猎者甚少，即使在教科书和相关的论著中提及也多是汲取思想史研究者的已有成说。思想史学者往往强调从思想到思想的内在理路，特别是明清之际编撰的《宋元学案》为大多数治宋朝学术思想学者奉为圭臬，但是存在两个偏向。一个偏向是把理学代替宋学，第二个偏向是贬低了荆公学派，自 20 世纪 90 年代以来，宋学一直是热点话题，在宋史学界重建涵盖有宋一代学术的宋学，范仲淹、欧阳修等

---

① 钱穆：《中国历代政治得失》，生活·读书·新知三联书店，2001 年，第 74 页。

思想家的思想，王安石及其代表的荆公新学派，苏蜀学派等都得到了充分的论述。尤其是王安石的新学和朱熹的道学思想研究成为重中之重，出版了系列论著。由此摒弃了此前以理学为主体的旧的学术框架，形成了一个更富有内容、更切合宋朝学术实际的新框架。可以预测，全方位地研究讨论宋朝经学及其学术思想将是今后宋史研究的最重要的取向之一。

## 参考文献及拓展阅读

王曾瑜：《王曾瑜说辽宋夏金》，《大家说历史丛书》，上海科学技术文献出版社，2009年。

陶晋生、黄宽重、刘静贞编著：《宋史》，台湾空中大学用书，2004年。

朱瑞熙、程郁：《宋史研究》，福建人民出版社，2006年。

邓小南：《中国古代政治史研究管窥——以中日韩学界对于宋代政治史的研究为例》，《北京大学学报》2008年第3期。

包伟民主编：《宋代制度史研究百年：1900—2000》，商务印书馆，2004年。

包伟民：《改革开放40年来的辽宋夏金史研究》，《中国史研究动态》2018年第1期。

蔡崇榜：《宋代修史制度研究》，台北文津出版社，1991年。

陈高华、陈智超等：《中国古代史史料学》（修订本），第六章"宋史史料"、第七章"辽金西夏史史料"，天津古籍出版社，2006年。

〔美〕包弼德（Peter K. Bol）原作，〔比利时〕魏希德（Hilde De Weerdt）修订：《宋代研究工具书刊指南》，广西师范大学出版社，2008年。

李华瑞：《探寻宋型国家的历史——李华瑞学术论文集》，人民出版社，2018年。

李华瑞：《建国以来的宋史研究》，《中国史研究》2005年增刊。

李华瑞主编：《唐宋变革论的由来与发展》，天津古籍出版社，2010年。

李华瑞：《改革开放以来宋史研究若干热点问题述评》，《史学月刊》2010年第3期。

李华瑞：《近二十年来宋史研究的特点与趋势》，《社会科学战线》2020年第6期。

# 第一章 北宋前期政治

## 引言：天水朝的来历

陈寅恪先生在评价宋朝历史时曾说过："天水一朝之文化，竟为我民族遗留之瑰宝。"① 为何将宋朝称为"天水一朝"？原来天水是赵姓公认的郡望，宋朝是由赵匡胤开创建立，正是因为这个缘故，宋朝一经建立，就与"天水"连在了一起，被称作"天水朝"。

宋代文献追溯赵匡胤家族渊源时，曾追溯到中华人文初祖传说五帝中颛顼后人嬴姓的始祖伯益、春秋晚期晋国著名的"赵氏孤儿"赵武，但是最后宋朝官修的《国史》和《会要》所载玉牒将赵氏远祖认定为西汉名臣赵广汉。这大致主要是因为赵广汉是西汉涿郡人，而赵匡胤家族也曾数代居住涿郡，彼此之间有一种地缘上的关联。

涿郡，是西汉初年设郡时的名称，唐代曾改称范阳，唐中期又称涿州，其治所在今北京附近的涿县。就目前所能查到的史料看，赵匡胤家族的历史是从其高祖赵朓才开始有较确切记载的，即赵朓—赵珽—赵敬—赵弘殷。北宋建国后，分别追封他们为僖祖、顺祖、翼祖和宣祖。赵匡胤的高祖赵朓曾娶崔姓女子为妻，担任过唐朝的永清、文安、幽都（这三县都在涿县附近）县令。赵匡胤的曾祖为赵珽，娶桑氏女子为妻。曾任"历藩镇从事兼御史中丞"。赵匡胤的祖父赵敬历任营州、蓟州、涿州三州刺史，属于高级地方行政官员。赵敬娶平州刺史兼幽蓟垦田使者刘昌之女为妻。刘氏家族是河北保州保塞的官宦人家。大约在赵敬任"营、蓟、涿三州刺史"期间（或前后），又连连发生了更大的动荡——公元875年至885年，黄巢领导的六十余万人的暴动席卷了大半个中国。

---

① 陈寅恪：《金明馆丛稿二编》，《寒柳堂集》，生活·读书·新知三联书店，2001年，第245页。

动乱中,赵家由世代居住的涿州迁到了千里之外的保州保塞县丰归乡东安村。这一次迁徙应该是在赵敬时发生的,因为赵匡胤的父亲赵弘殷就是在这里出生和长大的。至此,赵家结束了在涿州的历史,转而开始定居于保州了。①

> 宣祖初自河朔南来,至杜家庄院,雪甚,避于门下,久之,看庄院人私窃饭之。数日,见其状貌奇伟兼勤谨,乃白主人,主人出见,而亦爱之,遂留于庄园。累月,家人商议,欲以为四娘子舍居之婿。四娘子,即昭宪皇太后也,其后生两天子,为天下之母。定宗庙大计,其兆盖发于避雪之时。圣人之生,必有其符,信哉!②

与赵弘殷成亲的杜家"四娘子",其实是长女,只是按当时兄弟姐妹可以一并排行的称谓习惯,生在三位哥哥之后的她,才被称为"四娘子"。这位后来生育过宋太祖、太宗两位天子,成为宋朝开国母后的四娘子,在历史上的口碑一直很好。"舍居之婿",任广所撰《书叙指南》卷三释曰:"舍居婿曰赘。"按当时的习俗,上门女婿分为"入舍婿"和"舍居婿"两种,前一种本人和子女都要改从女姓,后一种则不必改姓,唯需以一子继嗣女方,赵弘殷当属于后一种情况。③

这一记载说明两个问题:一是可以对赵家的沦落程度,亦即赵匡胤"起家之低微",有着极为直观的揭示;二是对赵匡胤之母杜氏在赵宋皇室中的地位及其在宋初政治当中的特殊重要地位,也可以提供一个颇合乎逻辑的解释。

后唐明宗天成二年(927)二月十六日夜,宋太祖赵匡胤出生在洛阳城东北的夹马营。夹马营,位于河南洛阳东北,因宋太祖的缘故又被称为"香孩儿营"。宋人多处记载"生之夕,光照一室,胞衣如菡萏,营前三日香"。宋真宗即位后,为了纪念宋太祖赵匡胤,把原为传舍的夹马营改建为应天寺,旋更名为发祥寺。

有史书说,在赵匡胤诞生前一年,后唐明宗李嗣源即位,他每晚焚香,默

---

① 参见王育济、范学辉:《祖籍变迁与赵氏家族的发展——宋太祖赵匡胤连载之一》,《文史知识》2010年第6期。
② (宋)范镇:《东斋记事》卷一,中华书局,1997年,第1页。
③ 王育济、范学辉:《宋太祖父母结缘传奇的考实与解读——宋太祖赵匡胤连载之二》,《文史知识》2010年第7期。

默祈祷自语道:"某胡人,因乱为众人所推,愿天早生圣人,与百姓为主。"①

赵弘殷给这个香孩儿起名叫赵匡胤。匡者,匡扶、保佑也;胤者,胤嗣,后代也。取这样一个名字,可谓煞费苦心。既望子成龙,又指望延续赵家香火。期望值不可谓不高。

12年后杜氏又生下她的第三个儿子匡义②,也就是后来的宋太宗。匡胤和匡义孩童时代,正值中原战乱时期,特别是匡义出生期间,契丹政权与后晋发生战争,河南一带因遭到契丹的侵略而被破坏得满目疮痍。

有的笔记小说记载,杜氏把襁褓中的兄弟俩放在两个篮子里,挑在肩上出外流浪避乱,被一位名叫陈抟的大隐士遇见,他随即惊呼道:莫说乱世没有真龙天子,谁知真龙天子就在肩上挑着。然而传说不足信,匡胤、匡义兄弟俩年龄相差12岁,赵匡义出生的时候,赵匡胤已是翩翩少年,早已过了放在篮子里的年纪。

后汉乾祐元年(948),赵匡胤成为郭威帐下的一名士兵。赵匡胤投靠郭威军队不久,郭威导演了一出宫廷政变,从后汉小皇帝刘赟手中夺得政权,建立后周。后周的建立给饱受战乱之祸的人民带来了一线新的希望。后周的两位君主在五代十三帝中是比较有作为的皇帝。

郭威一上台便改变了自后梁以来不重用文臣的局面,起用一批有才能的文人官僚,制定了一系列减轻人民负担、恢复农业生产的政策。郭威自己就曾说过:我是从下层成长起来的,十分了解人们的痛苦生活,在乱世中我做了皇帝,怎敢以天下奉养我一人,而去残害百姓呢?

为此,他的确比较注意节俭,戒除奢侈,因而他虽然在位只有短短的3年,但中原社会开始渐渐得到恢复,人们开始过上了平静的生活。郭威病死后,他的养子柴荣继承了帝位,柴荣即是周世宗,是一位在五代时期最著名的开明皇帝。

他不但继承了郭威恢复经济和稳定社会秩序的政策,而且开始改革和铲除五代时期的各种弊政,整顿军队和吏治,并着手进行统一中国的活动。赵匡胤投靠郭威,继而受到柴荣的赏识,使他亲身受到他们良好的政治素质的熏陶,这对他后来当皇帝,继续发扬光大他们未竟的事业,成为一代明君起了潜移默化的作用。到后周显德三年(956)仅用8年便拜定国军节度使,时年29岁,又经过3年升任中央禁军的最高军事长官殿前都点检,赵匡胤在11年中就从一名应募小卒,升到一人之下的最高军事统帅。这种速度的升迁固然与当时特殊

---

① (宋)司马光:《资治通鉴》卷二七八,长兴四年十一月戊戌。
② 赵匡义,即宋太宗,因避其兄太祖讳改名赵光义。

的时代给予赵匡胤创造的际遇分不开，但更主要的还是与他具有远见卓识和卓越的军事才干分不开。

## 一、陈桥兵变　黄袍加身——北宋的建立

### （一）兵变的过程

后周显德七年（960）正月初一，后周朝廷风闻北汉联合契丹犯境，执政大臣范质等人不辨真假，急忙令殿前都点检赵匡胤率兵抵御。初三傍晚，夜宿距开封东京城东北四十余里的陈桥驿。这天半夜军士聚集在陈桥驿门，宣言策点检为天子，有人制止，众不听。黎明时分闹事的军士逼近赵匡胤的寝所，赵普和亲信入军帐唤醒醉卧的赵匡胤，"诸校露刃列于庭，曰：'诸军无主，愿策太尉为天子。'未及对，有以黄衣加太祖身，众皆罗拜，呼万岁"，赵匡胤上马率军返回，赵匡胤大声对诸将说："我有号令，尔能从乎？"皆下马曰："唯命。"太祖曰："太后、主上，吾皆北面事之，汝辈不得惊犯。大臣皆我比肩，不得侵凌。朝廷府库、士庶之家，不得侵掠。用令有重赏，违即孥戮汝。"诸将士都应声"诺"，军容整齐地列队返回京师。当时在开封的后周禁军将领中，只有侍卫亲军马步军副都指挥使韩通在仓猝间"谋御之，王彦昇遽杀通于其第"①。

赵匡胤进登明德门，令甲士归营，乃退居公署。不久，诸将拥宰相范质等大臣至，赵匡胤呜咽流涕说："违负天地，今至于此。"范质等未及反应，军校罗彦瓌按剑厉声对范质等人说："我辈无主，今日须得天子。"范质等大臣觉得已无可奈何，只得率百官听命。翰林承旨陶穀从袖中取出柴宗训（周恭帝）禅位的诏书，宣布柴宗训（周恭帝）退位。赵匡胤遂正式登皇帝位。"迁恭帝及符后于西宫，易其帝号曰郑王，而尊符后为周太后。"由于赵匡胤在后周任归德军节度使的藩镇所在地是宋州（今河南商丘），遂以宋为国号，定都开封，改元建隆。②这就是历史上有名的"陈桥兵变，黄袍加身"的故事。

从这个故事的叙述来看，似乎是宋太祖本人没有参与策划兵变，他是在禁军突然策动的情况下，被迫做了皇帝。事实上这是一场有预谋的军事政变，计

---

① 惠冬、张其凡认为："作为兵变中最重要流血事件的韩通之死，往往被后代史家视为军校王彦昇的独断专杀，然而置其于兵变及之后北宋政策的走向上来看，却恰恰是赵匡胤肃清后周异己军事力量的开端。"(《"失败者"的历史：陈桥兵变新探》,《南昌大学学报》2012 年第 5 期)
② 以上引文均出自（宋）李焘：《长编》卷一，第 1—5 页。

划早在周世宗死后不久就已开始进行了。预制的黄袍和事先草就的禅位诏书已充分说明了这一点。

那么,为什么赵匡胤要用一场预谋的兵变来夺取帝位呢?

**(二)兵变的因与果**

1. "陈桥兵变"的发生,有其大的历史背景。唐末五代时期,藩镇跋扈、禁军骄横的混乱政局,无疑为"陈桥兵变"的发生提供了适宜的气候。五代王朝建立多是将帅逐主,后周取代后汉,就是通过郭威发动澶州兵变实现的。而五代频发兵变的背后是社会结构的变化之使然。自黄巢农民战争将唐中叶以来就已式微的门阀士族扫荡一空,"天子,兵强马壮者当为之,宁有种耶"①!五代军阀安重荣这句颇为豪横跋扈的名言,在门阀政治瓦解和社会底层成员在政治上广泛崛起之时,表达了一种比秦末农民战争中喊出的"王侯将相宁有种乎"的口号更为激进的观念,也是当时五代政治的真实反映。

2. 显德六年(959),38岁的周世宗英年早逝,遗下年方6岁的孤儿和他的寡母,柴宗训(周恭帝)年幼,政出臣下,未能得将士拥戴,最高权力留下真空,"我辈无主,今日须得天子"②,为赵匡胤密谋策划兵变创造了条件。

3. 发动兵变有两个目标:一是借机铲除政敌,即顾命大臣中与赵匡胤对分军权的韩通集团,周世宗托孤的三位文臣尚算和衷共济,但两位武臣:韩通、赵匡胤及其集团,则彼此猜忌,谁能先挟天子,便可置对方于死地。二是夺取后周天下。想不到周世宗去世不过半年,34岁的赵匡胤便黄袍加身,韩通则被惨杀。

4. 提倡忠君,将忠视为天地之至理,强调下事上、臣事君之有往无返,本是皇帝制度为求绝对尊君而有的相关道德要求。五代君主既是以篡弑得国,自难勉励下属以忠为尚。但是陈桥兵变的设计者特地安排他在宿醉中被唤醒,在军士胁迫下登基,用他的不知情与被迫作为掩护,以撇清他在事变中的责任问题,有效纾解了新皇帝原本必须面对的道德困境。虽然在后人眼中,这场预谋的兵变实在漏洞百出;但是当忠君、尊君已确然成为宋朝人心中不可动摇的根本性道德规范之时,赵匡胤有能力治军,却无法阻止兵变的疑点所在,反倒成了宋人解释赵宋无法拒绝天命的佐证。

---

① 《旧五代史》卷九八,《晋书》二十四,《安重荣传》,中华书局,1974年,第1302页。
② 《宋史》卷一,《太祖一》,中华书局,1977年,第4页。

5. 黄袍作为帝王专用服饰，代表着唯我独尊的政权的归依。正是制定并维护了以尊尊亲亲为精髓的帝制等级制的儒家传统文化之象征。虽然五代政治持续混乱，但专制皇权的至高无上并不因皇位转移迅速短促而受到损害，这为赵匡胤日后巩固皇位、重建社会秩序提供最重要的保障。由此也可以明了时势造英雄、英雄造时势的辩证关系。

6. 赵匡胤之所以假兵变以行政变，或许是为顺应时代的积习。五代一向是军阀夺国，兴亡以兵，将士们的拥立，或许远比文臣的劝进更符合当时人的心理预期；以兵变展现实力，也远比禅让等虚文缛节更具有说服力。同时，正因为陈桥兵变是经过预谋设计的演出，它虽承袭了旧时代的做法，却预告了新时代的动向，不但结束了旧王朝，也开启了新时代。

不过，需要指出的是，赵宋王朝是从武将操纵兵变和夺政权于孤儿寡母手中，宋以后的旧史家均言赵匡胤用阴谋夺权，"得天下也不正"，近代以来多忽略此说，实际上宋统治者对这两种危及王朝命运的形式，念兹在兹，内心的恐惧和猜疑并不能完全消失。宋王朝自始至终奉行"崇文抑武国策"，以"防弊之政"作为立国之法，政治格局狭小，很大的原因与通过兵变夺权不无关系。

## （三）新朝的新气象

陈桥兵变基本上是一次和平兵变：没有喋血宫门，伏尸遍野，更没有烽烟四起，兵连祸结，几乎是"兵不血刃，市不易肆"，就取得了改朝换代的成功。河南封丘县的陈桥（即宋之陈桥驿），至今保存着据传是赵匡胤当年的"系马槐"古树一棵，虽然这棵粗大的古槐已经干枯枝无，可是人们还是想尽办法让它作为一个历史见证，矗立在东岳庙（宋朝为显烈观）内，供游人观赏。古槐之侧，有历代关于"系马槐"的石刻数方，亦为凭吊或纪念之物，受到当地人民的保护，至于历代关于陈桥兵变的传说故事、小说、戏曲等，流传极为广泛，深入人心。这些遗物和传说、记载，基本上都对陈桥兵变和赵匡胤作了肯定的评价，这说明陈桥兵变"兴王易姓，虽云天命，实系人心"[①]，顺应了时代潮流，符合民众企求长治久安的要求，所以值得肯定。

在北宋取代后周的过程中，为了得到原后周大小官吏的支持，赵匡胤采取种种办法以争取民心，他先是下令，原来自备干粮开河挖渠的民工，改由官府发给粮食，接着又命令搜捕在兵变时乘机抢掠者，全部在市上杀掉，对被抢掠

---

[①] 《长编》卷一，建隆元年正月癸卯，第2页。

者予以赔偿。继而又派遣常参官巡视民租，除去重敛，同时又追赠韩通为中书令，以礼安葬，以表彰他的忠义。当年二月，又开科举，录取进士杨砺等19人，以争取士大夫的拥护，当然对兵变主力的禁军将士，给以优厚的赏赐，报答他们的拥戴之力。对支持他兵变的亲信武将石守信、高怀德、王审琦、张令铎等人加官晋爵，对后周元老重臣仍然留用，并给以高官厚禄。所有这一切都表现出五代以来从未有过的新朝气象。

　　北宋建立伊始，后周一些带重兵在外执行巡边使命的将领，如慕容延钊、韩令坤，大都表示拥护赵匡胤登皇帝位，只有盘踞潞州（今山西上党）的昭义节度使李筠及在扬州的淮南节度使李重进先后起兵反抗，于是赵匡胤亲率大军平叛，在不到半年时间里，先后击败李筠和李重进。李筠和李重进当时是后周境内两个力量较强的藩镇，他们的失败，使得一些势力较小，又对赵匡胤代周不满的地方藩镇更感到无力与中央抗衡，也只得表示屈服。

　　北宋建立虽然为五代画上了句号，但是在相当大程度上继承了五代的政治衣钵，如中央官制名义上是宋承唐制，但实际运作的官、职、差遣政治体制则是五代的遗绪，两种并行官制直到宋神宗元丰改制才得以并轨。

## 二、"先南后北"的统一方针

### （一）五代十国的分立与契丹的崛起

　　出现10世纪前半期的五代十国是开始于8世纪末的藩镇割据局面的延续。公元907年，受到黄巢农民大起义沉重打击的唐朝政权，终于被军阀朱温所篡夺。从公元907年到公元959年这53年，就是历史上的"五代十国"时期。五代是指在黄河流域相继建立的梁、唐、晋、汉、周，因这五个朝代在历史上都曾出现过，故而史家在各代名称之前冠以一个后字以示区别，这就是后梁、后唐、后晋、后汉和后周，其中后唐、后晋、后汉的建立者都属于突厥别部的沙陀族。中原五个王朝前后相继，最短的后汉只存在了四年。十国是指从长江流域到珠江流域的吴、南唐、吴越、前蜀、后蜀、闽、南汉、楚、南平（荆南）九个政权以及建立在山西的北汉。十国的具体分布大致说来，沿长江由西而东分成巴蜀、两湖、江淮、两浙四个地区，再加上福建、两广一共是六个地区，南方九国先后分别在这些地区活动。

　　契丹，中古出现在中国东北地区的一个民族。自北魏开始，契丹族就开始在辽河上游一带活动。907年，契丹建立了政权，成为中国北方一个强大势力。916年，契丹族首领耶律阿保机创建契丹国，年号神册。947年，太宗耶律德光改国号为辽，辽成为中国北方统一的政权。辽朝的全盛期，其统治区包括今东北、内蒙、外蒙、华北的北京、大同一带以至新疆东北等地。在中国古代史上，辽朝是一个相当特殊的皇朝，其政治和典章制度适应并表现了对游牧民族和农耕民族的兼容。人口最盛的时候140多万户，约900万人。契丹人是统治民族。皇族耶律氏和后族萧氏两大族系在辽国国家体制中居于绝对的统治地位。辽朝东南与高丽接壤，南方先后与后晋、后汉、后周与宋朝为邻，西南又与西夏、回鹘等相连，彼此都曾发生战争，但主要对手还是中原皇朝。

**（二）石敬瑭割让燕云十六州**

燕云十六州，又称"幽云十六州""幽蓟十六州"，是指后晋天福三年（938）石敬瑭割让给契丹的，位于今天北京、天津以及山西、河北北部的十六个州。"燕云"一名最早见于《宋史》。契丹建国后，虽然常常向南侵扰五代历朝的北部边境，但是阿保机称帝时曾派使者向后梁朝称臣，以求得册封，后梁封契丹为甥舅之国。契丹与中原王朝还是朝贡关系，但契丹的势力不断壮大，武力已完全可以抗衡中原，只是还没有机会长驱深入中原。后唐时，契丹势力开始越过长城，相继占领营州、平州（今河北卢龙县、昌黎县）。这为契丹南牧华北之地打开了一个缺口。

公元936年，后唐河东节度使石敬瑭拥兵自重，为了取代后唐，向契丹求援。契丹出兵扶植其建立晋国，辽太宗与石敬瑭约为父子。作为条件，两年后，即公元938年，石敬瑭把燕云十六州之地献出来，使得辽国的疆域扩展到长城沿线。燕云十六州：幽州（今北京）、儒州（今北京延庆）、蓟州（今天津蓟县）、瀛州（今河北河间）、新州（今河北涿鹿）、武州（今河北宣化）、应州（今山西应县）、朔州（今山西朔州）、顺州（今北京顺义）、檀州（今北京密云）、涿州（今河北涿州）、莫州（今河北任丘北）、妫州（今河北怀来）、蔚州（今河北蔚县）、寰州（今山西朔州东）、云州（今山西大同）。

幽、蓟、瀛、莫、涿、檀、顺七州位于太行山北支的东南方，其余九州在山的西北。燕云十六州东西宽约600公里，南北长约200公里，总面积约120000平方公里。所处的地势居高临下，易守难攻，往后中原数个朝代都没有能够将其收复。

由于燕云十六州是一个先进的农业区，它的农业、手工业和其他文化活动都比契丹本部地区发达。因此契丹统治者对这一地区的重要性有着足够的重视，他们把燕云十六州中的幽州升为南京。改皇都为上京，把原先的南京（辽阳）改为东京，又在南京幽州建立了相应的许多官职，视为腹地，俨然以大国的姿态屹立于宋朝对峙的北方，成为大辽帝国。

割让燕云十六州的战略意义是致使中原政权感受威胁持续长达近二百年。

从中原王朝来看，燕云十六州的得失，关系一代江山的安危。这十六州的幽、蓟、瀛、莫、涿、檀、顺七州在太行山北支的东南，称为"山前"，其余九州在山的西北，称为"山后"。今长城自居庸关以东向西南分出一支，绵亘于太行山脊，到朔州以西复与长城相合，这就是内长城。中原失"山后"，犹有内长城的雁门关寨可守，失"山前"则河北藩篱尽撤，契丹的骑兵就可沿着幽蓟以南的坦荡平原直抵中原腹地。契丹据有燕云十六州，使它成为南侵的根据地。

后周时，契丹又帮助北汉进扰中原，北汉也联络契丹，想仿效石敬瑭。所以中原王朝从后周柴荣起，就开始了与辽争夺燕云十六州的战争。周世宗柴荣曾于显德六年（959）进行北伐，收复了瀛、莫、宁（河北静海县南）三州和益津关（河北霸县）、瓦桥关（涿县南）、淤口关三关。但不久周世宗病逝，北伐中止。

### （三）先南后北统一方针的制定及其评价

赵匡胤登上皇帝位不到一年的时间，北宋在原后周统治区已基本上稳定了局势，但是在北宋的辖区外，北边有劲敌辽朝和以辽朝为靠山的北汉，南方有南唐、吴越、荆南、后蜀、南汉等割据政权。这一客观形势，不能不使赵匡胤深深感到，一榻之外，皆他人家也。一当政局稳定之后，赵匡胤就开始考虑如何把周世宗统一中国的斗争继续进行下去。

起初，他曾经想把北汉作为首要目标，有一天雪夜，赵匡胤和弟弟赵光义兄弟俩来到赵普家，赵普在堂上铺设毡毯，三人席地而坐，围着火炉喝酒吃肉，赵普的妻子和氏行酒，太祖称她为嫂子。赵普问太祖："深夜天寒地冻，陛下为何还要出宫？"太祖说："我睡不着呀，一榻之外，都还是别人的家，因此想来和你谈谈。"赵普说："陛下欲一统天下，南征北战，现在正是大好时机。愿闻陛下有何打算？"太祖以试探的口气说："我想先攻下北汉。"赵普沉吟良久，然后说："我不知陛下为何如此决策？"太祖追问赵普有何良策。赵普说："若先打北汉有害无利，为何不等到先削平南方诸国之后，再攻打北汉，到那时，彼弹丸黑子之地，将何所逃。"① 这一分析正中太祖下怀，赵匡胤便放弃了先攻北汉的打算。一个消灭南方各个割据势力，后消灭北汉，收复燕云的统一战略方针就这样确定了。

太祖和赵普所选的统一战略，参考和借鉴了后周大臣王朴为世宗提出的先南后北、先易后难的计划，当然由于历史条件的不断发展变化，统一战略的具体实施过程也不尽相同。王朴的先南后北的具体步骤是先取江南（南唐），再下岭南（南汉）、巴蜀（后蜀），南方既定，移兵攻燕云，最后以强兵制服北汉。

对这项政策的评价，20 世纪 80 年代以前和以后不同，大致形成了两种对立的意见。一种意见认为先南后北策略是一个失策，它改变了周世宗的先北后南策略，关键在于太祖软弱，先取易攻的南方而坐失灭辽良机，致使后来边患严重。另一种意见认为先南后北策略符合当时宋与契丹综合国力强弱的客观实际，因此是正确的。但是评价的主要焦点在于宋太祖对待后晋割让给辽的燕云十六州的态度，即或认为放弃收复，或认为太祖已有用金钱赎买的计划。我个人认为太祖虽然继承了周世宗统一南北、消除割据的政策，但是在对北边辽朝的政策与周世宗不完全相同，即周世宗进行统一战争时是把吴、蜀、幽、并（河东)，并列为统一对象，而宋太祖则是把北敌分成两个明确的概念，即河东是卧榻之侧必欲消除的"他人家"，而燕云则属于如何处置的边患问题。这有三个佐证，一是从现今能看到的所有记述宋初制定南北统一方略和宋初对外政策的诸材料来看，并没有收复燕云的内容。宋太祖在位期间始终未与契丹正面冲突。宋人有一种说法，太祖虽没有用兵契丹，但有用金钱赎买燕云的计划，这个论点主要依据的是王辟之《渑水燕谈录》的记载，然而这部书的记载有两个疑点：其一，太祖建封桩库，其他文献均说是用所存之金帛，或用于备战备荒，用于取河东，并非取燕云；其二，《文献通考》记太祖一朝封桩库并无固定收入，也就是说太祖并未刻意经营封桩库。所以王辟之等人的赎买说并无多少实际意义，充其量只能说明太祖念念不忘燕云，并不能证明南北统一方针含有兵取燕云的内容。二是宋太祖为了保障统一南方的战争顺利进行，在今陕西、山西、河北等西北边境派郭进等十四个将领驻守边防，"故终太祖世无西北之忧，诸叛以次削平，武功盖世"②。三是开宝七年（974）初，契丹涿州刺史耶律琮致宋权知雄州内园使孙全兴书，首先表达了愿意和解的意向，而许多迹象也表明宋对契丹

---

① 《长编》卷九，开宝元年秋七月丙午，第 204—205 页。
② 《长编》卷一七，开宝九年十一月庚午，第 384 页。

亦颇有修好之意。于是自此开始至太祖去世双方建立贺正旦和贺生辰的礼节。可见太祖时期与契丹，不仅没有兵戎相见，而且是一种睦邻关系。太祖崩，太宗立，宋遣使告契丹，契丹亦遣使吊慰，契丹又遣使贺登极。次年正旦，宋并遣使"致其先帝遗物"，在双方聘使往来过程中，两边互不攻扰，出现了一派和平的景象。

所以，宋太祖对契丹境内的燕云地区是采取了一种防御为主而不是如学界一般认为要必欲收复的积极进攻政策，诚如赵普所言自古"御戎"有上中下三策：即据险而守、和戎和以兵戎相见一争雄长。而太祖和赵普的看法，显然倾向于"和戎"之策。

### （四）北宋的局部统一

#### 1. 统一两湖

湖南又称武平，原是由木工出身的武将马殷建立的楚国，这里物产丰富，后周时南唐灭楚，楚将周行逢等人起兵击败南唐军所建，辖有湖南14州，建都朗州（今湖南常德），周行逢被周世宗封为武平节度使。荆南又称南平，是后梁时高季兴所建，都城江陵（今属湖北），他的疆域最大时，也只有三州之地，即今天湖北江陵、公安一带。高保勖继位后，被宋太祖封为荆南节度使，武平、南平两国地处长江中游，南北相邻，东接南唐，西邻后蜀，南临南汉，虽然国力弱小，却也是天下的枢纽地区。

建隆三年（962）九月，割据湖南的武平节度使周行逢病死，其幼子周保权嗣位。盘踞衡州（今湖南衡阳）的张文表不服，发兵攻占潭州（今湖南长沙）企图取而代之。周保权为此一面派杨师璠率军抵挡，一面派人向宋求援，这就给北宋出兵消灭这个割据势力制造了一个好机会。宋太祖抓住战机，立即以慕容延钊为湖南道行营都部署，李处耘为都监，调兵以讨张文表为名从襄阳（今湖北襄阳）出兵湖南。当时北宋军队挺进湖南，要经过荆南节度使割据的地方，这时荆南节度使已由高保融之子高继冲嗣位，北宋早已清楚探明，高继冲只有军队3万人，且内困于暴政，外迫于诸强，其势日不暇给。于是赵匡胤制定了以援周保权讨伐张文表为名，"假道"荆南，一举削平荆南和湖南两个割据势力的方针。乾德元年（963），宋军兵临江陵府，要求假道过境，荆南主高继冲束手无策，被迫出迎宋军，荆南亡。接着宋军继续向湖南进发，击败抵御的守军，擒湖南主周保权，平定了湖南。

## 2. 灭后蜀

后蜀在南方各国中，是个不亚于南唐的大国，为后唐末年西川节度使孟知祥所建，以成都为都城。后蜀东临荆湖，北为宋朝，南接南汉，西至吐蕃，据有四川 46 州，幅员辽阔，物产丰富，素称"天府之国"。乾德二年（964）十月，宋太祖以后蜀主孟昶暗中与北汉勾结，企图夹击宋朝为借口，命王全斌为西川行营都部署，率兵 6 万分两路向后蜀进军。一路由王全斌、崔彦进率领自剑门（今四川剑阁北）入蜀，一路由刘光义、曹彬率领从归州（今湖北秭归）出发溯江而上，直入夔州（今四川奉节县）。由于孟昶荒淫腐朽，不修军政，蜀军士气低落，抵挡不住宋军的凌厉攻势。宋军二路兵马连败后蜀军的反抗，迅速进逼成都，乾德三年（965）正月，孟昶投降，后蜀亡。

## 3. 攻取南汉

南汉是唐末岭南节度使刘隐所建，在他的弟弟刘岩时正式立国，建都兴王府（今广州），据有岭南 60 州，东临南唐，北依荆湖，西至大理（今云南），南接南海。南汉自刘隐至刘鋹共传五代，代代都是极端荒淫暴虐，即使在以暴政为特点的五代十国时期，也是比较突出的。开宝三年（970）十一月，宋太祖命潘美为桂州道行营都部署，大举攻南汉。南汉主刘鋹负隅顽抗，但由于南汉许多将领在统治集团内部的斗争中，被刘鋹残杀，掌握兵权的是几个宦官，军事设施皆毁坏失修，因而无法阻挡宋军的进攻，只好向宋军投降，南汉亡。

## 4. 征服南唐

南唐是南方割据势力中比较强大的国家，它的前身是唐末镇守扬州的杨行密建立的吴国，在唐朝时，扬州是最富庶的地方都市。杨行密以扬州为中心四处扩张，至五代初成为拥有 27 州领土的王国。杨行密死后，吴将徐温和养子徐知诰取代杨氏当了皇帝，国号唐，定都金陵（今南京）。徐知诰不但以大唐帝国的继承者自居，而且改自己的姓为李，名昪。李昪死后，他的儿子李璟东灭闽国，西灭楚，辖地 38 州。后被周世宗战败，江北之地尽失，被迫以改皇帝的称号为国主的屈辱条件与后周议和，从此国势一蹶不振。李璟死后，李煜即位，史称南唐后主，他酷爱诗文词曲，迷恋声色，笃信佛教，不事政治，国势愈加衰微。

灭亡南汉，北宋全力备战南唐。开宝四年（971）迫于宋的压力，李煜去除

"唐"国号，改称"江南国主"。开宝七年（974）宋太祖认为出兵南唐的准备工作已经就绪，为制造进攻南唐的借口，要江南后主李煜亲自到开封朝拜，李煜惧怕被宋扣留未成行。因此宋太祖就于这一年九月派曹彬率10万大军进攻南唐，战舰沿江而下，歼灭南唐军主力，包围江宁府（今江苏南京），开宝八年（975）十一月李煜在被围困了近一年后被迫出降，南唐亡。

在削平南方诸国其间，宋太祖曾两次发兵进攻北汉，均未获克捷。

### 5. 迫降北汉，吴越、漳泉纳土

开宝九年（976）十月，宋太祖突然死去，他的弟弟赵光义登基，是为宋太宗。太宗继承了他哥哥未竟的事业，使用政治压力，迫使吴越钱俶和割据福建漳、泉二州的陈洪进纳土归降，两浙、福建亦归入宋的版图。太平兴国四年（979）初，宋太宗亲率大军北征，他采用了围城打援的战法，派潘美等率军四面合围太原，并击败了辽朝的援兵，北汉主刘继元被迫投降。至此，安史之乱以来200多年的军阀割据局面基本上结束了。

北宋的统一，为南北经济、文化的发展，创造了有利的条件。但是又必须指出，我们讲北宋统一应当把它放在整个中国历史进程中的分裂与统一中联系起来考察，不能就北宋论北宋，北宋的统一在安史之乱后到元朝大一统五百多年间，只是一个较大范围的局部统一。也就是说北宋的统一只是结束了唐末五代时期的军阀割据的局面。

宋对南方诸国的统一，不仅为宋廷增加了巨大财富，而且为宋朝的发展注入了新的活力，并渐次成为经济、文化中心，中小阶层代表人物逐渐成为登上政治舞台的弄潮儿。

附：五代时期各国兴亡一览表

| 朝代和国名 | 创建人 | 公元年代 | 亡于何朝何国 | 都城 |
| --- | --- | --- | --- | --- |
| 后梁 | 朱温 | 907—923 | 后唐 | 汴 |
| 后唐 | 李存勖 | 923—936 | 后晋 | 洛阳 |
| 后晋 | 石敬瑭 | 936—946 | 契丹 | 汴 |
| 后汉 | 刘知远 | 947—950 | 后周 | 汴 |
| 后周 | 郭威 | 951—960 | 北宋 | 汴 |
| 吴 | 杨行密 | 902—937 | 南唐 | 扬州 |
| 南唐 | 李昪（徐知诰） | 937—975 | 北宋 | 金陵（南京） |

续表

| 朝代和国名 | 创建人 | 公元年代 | 亡于何朝何国 | 都城 |
|---|---|---|---|---|
| 吴越 | 钱镠 | 907—978 | 北宋 | 杭州 |
| 楚 | 马殷 | 927—951 | 南唐 | 潭州（长沙） |
| 闽 | 王审知 | 909—945 | 南唐 | 长乐（福州） |
| 南汉 | 刘隐 | 917—971 | 北宋 | 兴王府（广州） |
| 前蜀 | 王建 | 907—925 | 后唐 | 成都 |
| 后蜀 | 孟知祥 | 934—965 | 北宋 | 成都 |
| 荆南（南平） | 高季兴 | 924—963 | 北宋 | 江陵（荆州） |
| 北汉 | 刘旻 | 951—979 | 北宋 | 太原 |

## 三、北宋中央集权体制的确立

### （一）杯酒释兵权

在北宋中央集权方面，最重要的是兵权，也是首先要解决的问题。范浚在《五代论》中指出："兵权所在，则随以兴，兵权所去，则随以亡。"[1]这些话揭示了唐末五代以来，在政治局面变幻中，兵权所起的决定性作用。后周世宗是一代明君，在兵权决定政权兴衰的时代，居然能扭转乾坤，将心腹之患的中央禁军大力整顿，使其勇猛善战，对外南征北讨，对内慑伏强藩，使藩镇唯命是从，不再骄横跋扈。其成功的一个原因，就是周世宗严于驾驭诸将，能防患于未然。虽然说将士"拥立"是五代时期的常事，但自从周世宗在高平之战后一举杀掉七十多位将领以立威，并大力整顿禁军后，已确立了皇位与诸将的主从关系。陈桥兵变却回到了兵马强壮者可以易主由下而上的关系，皇位再次成了可以竞争的刺激品，有势力者均可一搏。论者常谓兵变后秋毫无犯，表示赵匡胤能够控驭诸军，但这点只能说明"兵骄逐帅"的时代已经过去，不足以证明强帅不可以易主。赵匡胤接下来的工作，就是去除强帅。

从小军官到殿前都点检，又从殿前都点检跃上皇帝宝座的赵匡胤，深谙军事力量的重要作用。因此，宋朝一建立，他就吸取后周灭亡的教训，加强对禁军的控制。

建隆二年太祖鉴于当时局势已得到控制，就着手陆续采取了一些措施，把

---

[1] （宋）范浚：《香溪集》卷八，《五代论》，文渊阁四库全书景印本，第1140册，第71页。

殿前都点检、镇宁军节度使慕容延钊罢为山南东道节度使，侍卫亲军都指挥使韩令坤罢为成德节度使（河北正定）。因为殿前都点检是宋太祖黄袍加身前担任过的职务，从此不再设置。由石守信接替韩令坤任侍卫马步军都指挥使。

起初，太祖以为慕容延钊是老前辈，过去对他像兄长一样尊敬，当了皇帝以后，还是和他称兄道弟，而石守信、王审琦都是太祖结拜为义社兄弟的昔日伙伴，对他们太祖很是了解，也非常信任他们。但赵普好几次劝谏太祖，必须解除这些人的禁军职务，让他们出使到地方去当节度使。

一天，当赵普再次向太祖提起这件事情时，太祖不以为然地说：“他们忠心耿耿，不会背叛我，你有什么可担忧的呢？”赵普则回答说：“臣也不担心他们会背叛陛下，但是如果他们的部下贪图富贵，万一有作孽之人拥戴他们，他们能自主吗？”这些话实际上是提醒宋太祖，要他记住陈桥兵变，避免类似的事件重演，听了赵普这一席话，太祖顿感醒悟，于是采取措施要解除禁军高级将领的兵权。

一日，太祖因晚朝与石守信等饮酒正酣时，屏退左右，对文武大臣说：“我非尔曹不及此，然吾为天子，殊不若为节度使之乐，吾终夕未尝安枕而卧。”守信等顿首曰：“今天命已定，谁复敢有异心，陛下何为出此言耶？”帝曰：“人孰不欲富贵，一旦有以黄袍加汝之身，虽欲不为，其可得乎。”守信等谢曰：“臣愚不及此，惟陛下哀矜之。”帝曰：“人生驹过隙尔，不如多积金、市田宅以遗子孙，歌儿舞女以终天年。君臣之间无所猜嫌，不亦善乎。”守信谢曰：“陛下念及此，所谓生死而肉骨也。”①

第二天，石守信、高怀德、王审琦、张令铎、赵彦徽等上表声称自己有病，纷纷要求解除兵权，宋太祖欣然同意，让他们罢去禁军职务，到地方任节度使，并废除了侍卫亲军马步军都指挥使。后来，赵匡胤想要用天雄节度使符彦卿典禁兵，赵普谏曰："彦卿名位已甚，岂可复委以兵柄。"太祖说："朕待彦卿厚，岂忍相负耶？"普对曰："陛下何以能负周世宗？"帝默然，事遂寝。

禁军分别由殿前都指挥使司、侍卫马军都指挥使司和侍卫步军都指挥使司，即所谓三衙统领。在解除石守信等宿将的兵权后，对殿前司、侍卫亲军马步军这两个禁军最高统帅机构不仅在人事上重新做出安排，殿前都点检、副都点检之名，在都指挥之上，后不复置，都指挥使以节度使为之，而副都指挥使、都虞候以刺史以上充。太祖另选一些资历浅、个人威望不高、容易控制的人取代

---

① 《宋史》卷二五〇，《石守信传》，第8810页。详见《长编》卷二，建隆二年秋七月戊辰，第49—50页。

功臣宿将，主管殿前司公事。又将侍卫亲军马步军司逐渐架空，而由其下的马军、步军司分别管军，将领兵权析而为三，形成"三衙"互相牵制的局面，这就意味着皇权对军队控制的加强。不仅如此，还规定指挥使只有掌兵之权，无发兵之权，发兵之权归枢密院。但如果枢密院没有皇帝命令，也不能调遣指挥使掌管的军队。另一方面枢密院虽有发兵之权，但不掌握军队，所以实际上也不能调动军队。既有掌兵之权，又有发兵之权的只有皇帝，由于直接掌握了禁军，从制度上杜绝了五代以来禁军驾驭皇帝的现象。以后宋太祖还兑现了与禁军将领联姻的诺言，把守寡的妹妹嫁给高怀德，后来又把女儿嫁给石守信和王审琦的儿子，张令铎的女儿则嫁给太祖三弟光美。至此，陈桥兵变的后遗症乃告解决，军权再次服膺于皇帝。

杯酒释兵权只是宋太祖为加强皇权、巩固统治所采取的一系列政治军事改革措施的开始，其后在军事制度方面又有诸多改革。特别是对一些五代以来，一直盘踞一方的节度使，宋太祖又故伎重演，采用了与杯酒释兵权相同的办法，解除了他们的权力。

虽然对于"杯酒释兵权"这个故事，从20世纪40年代至今都有学者怀疑其真实性，但是宋初军权的交接没有出现宋以前和宋以后那种诛杀功臣的局面则是肯定的，杯酒之间尽管有点戏剧色彩，但也符合太祖喜欢在宴席之上解决问题的风格。另外聂崇岐《论宋太祖收兵权》早就指出罢典禁兵与罢节镇是两回事，杯酒释兵权只是解除禁军最高将领的兵权，罢节镇直到真宗初年才完成。[①] 斯言甚是。

### （二）军事制度的改革

杯酒释兵权之后，赵匡胤在军事制度方面的改革措施主要有三项。

1. 对枢密院制度的改革，五代大多数枢密使集将相于一身，在人事任免权、财政权、军令权、司法终审权、进奏宣诏及册立后储等方面均抑制了皇权，与皇权相持。赵匡胤继续周世宗已经开始的恢复中书功能，使枢密新相制夭折的政策。钱穆先生曾主张宋初的军政改革首先从分割相权开始，其实是削枢密使之权，复中书之任，而非分割中书之权的开始。赵匡胤建立不同于前朝的枢密院制度，长官为枢密使和枢密副使，主管调动全国军队，分掌军政大权。而且用文吏谋士赵普任枢密使，实际上是开其后以文臣担任枢密使之先河。为了保

---

① 聂崇岐：《论宋太祖收兵权》，《燕京学报》1948 年第 34 期，载氏著：《宋史丛考》，中华书局，1980 年。

证皇权对军队的绝对控制，进而在体制上逐渐定型为："内则政事归于中书，故外戚不得挠，宦官不得与。于兵典以枢密，宰相可知之而不可总之，三帅可总之而不可发之；发兵之权归枢密，而枢密置使必置副，与彼此相制也。"①

2. 内外相维政策。宋太祖把全部军队分为两半，一半屯驻在京城，一半戍守各地，使京城驻军足以制止外地可能发生的变乱，也使外地驻军合起来足以制止京城驻军可能发生的内变。内外军队互相制约，都不能发生变乱，而京城驻军又多于外地任何一个地方，这样皇帝也就可以保证牢牢控制全国的军队了。

3. 兵将分离政策。无论驻屯京城的禁军，还是驻在外地的禁军都必须定期调动。京城驻军要轮流到外地或边境戍守，有的则要到产粮的地方就粮，这种轮流驻防的办法称为"更戍法"。这种方法名义上是锻炼士兵吃苦耐劳，实际上是借着士兵的经常换防，造成兵不识将，将不识兵，兵无常帅，帅无常师。将官再也不能同士兵结合，在士兵中建立自己的声望，也就再也不能率兵同朝廷皇帝对抗了。

对于以上三个措施，《两朝国史志》总结说："于时天下山泽之利，悉入县官，以资廪赐；将帅之臣，入奉朝请，以备指踪。犷悍之民，收隶尺籍，以给守卫。兵无常帅，帅无常师，内外相维，上下相制，等级相轧，虽有暴戾恣睢，无所厝于其间。是以天下晏然，虽百年而无犬吠之警，此制兵之得其道也。"②

此外宋初在军队内部设立有严明等级尊卑关系的阶级法，所谓"阶级"，如司马光所言：太祖"立军中之制曰：'一阶一级，全归伏事之仪。敢有违犯，罪至于死。'于是上至都指挥使，下至押官、长行，等衰相承，灿然有叙。若身之使臂，臂之使指，莫敢不从。故能东征西伐，削平海内，为子孙建久大之业"③。

### （三）消除藩镇的三大纲领

在结束五代十国局面的过程中，北宋统治者着重考虑的问题有两个：一是如何重建中央集权的专制统治，使唐末以来长期存在的藩镇跋扈局面不再继续出现；二是如何使赵宋王朝长期巩固下去，不再成为五代之后的第六个短命王朝。

建隆元年（960）末，有一天，太祖召见赵普问道：为什么从唐末以来，数十年间帝王换了八姓十二君，争战无休无止？我要从此息天下之兵，建国家长久

---

① （宋）罗璧：《识遗》卷一，《有国两权》，《全宋笔记》第八编第六册，大象出版社，2017年，第24页。
② （元）马端临：《文献通考》卷一五二，《兵考四》，中华书局，2011年，第4554页。
③ （宋）司马光：《司马光奏议》卷一六，《阶级札子》，山西人民出版社，1986年，第175页。

之计，有什么好的办法吗？赵普对这些问题早有所考虑，听了太祖的发问，他说问题的症结，就在于方镇太重，君弱臣强而已，治理的办法也没有奇巧可施，只要削夺其权，制其钱谷，收其精兵，天下自然就安定了。赵普的话音刚落，宋太祖说"知道了"。于是对地方藩镇采用强干弱枝之术，其措施主要有三项：

1. 削夺其权。为削弱节度使的行政权力，把节度使驻地以外兼领的州郡——支郡直属京师。同时由中央派遣文官出任知州、知县等地方官。三年一更换，直接对中央负责，向朝廷奏事，不再听令于节度使。后来又设置通判以分知州之权，利用通判与知州之间的相互制约，使一州之权不致为知州把持，防止偏离中央政府的统治轨道。

2. 制其钱谷。宋初于各路设置转运使，将一路所属州县财赋，除留少量应付日常经费外，其余的钱帛都要送到京城上交朝廷，不得占留，针对"五代方镇益强，率令部曲主场院，厚敛以自利"的擅州县财权的行为，采取两项措施，一是置官监临，以夺其财；二是规定天下财赋"非条例有定数"，不得擅支。这样地方的财权就完全收归中央了。

3. 收其精兵。乾德三年（965）八月，宋太祖下令各州长官把藩镇所辖军队中骁勇的人，都选送到京城补入禁军。又选强壮的士卒定为"兵样"送到各路。招募符合"兵样"标准的人加以训练，然后送到京城当禁军。这样中央禁军集中了全国精兵，而地方军队只剩下一些老弱病残，编成厢军，只供杂役，地方再也没有军事力量可以同中央抗衡了。

通过这些措施，唐末五代的那种专制一方的藩镇，在宋初就逐渐消失了。

### （四）中央政治制度改革

宋初提升中书在中央决策上的地位，恢复宰执的行政权力，同时禁止将帅干预行政，压抑枢密院，使中书协助皇帝管理军事机要及做出决策，这就扭转了五代时将帅、枢密使肆意干扰宰臣的局面。但对逐渐大权在握的宰相本身的权力还是采取了预为之防的分权措施，即军政大权仍归枢密院掌握，而财政大权则由三司使掌握，枢密院的级别比中书略低，三司更低，但是，这两个机构的长官都是直接向皇帝负责的。宰相所掌仅限于民政了。在军、财、民三权分立中，枢密院与中书"对掌大政"号为二府。皇帝利用这两者间的异同发号施令，独断专行。

宋初不仅以三权分立的办法削弱宰相、枢密使的权力，而且设置参知政事、枢密副使和三司副使，作为宰相、枢密使和三司使的副手，与各部门长官相互制约，以削弱各部门长官的权力。

总的来讲，赵匡胤在即位之后，在政治、军事和财政经济诸方面的立法都贯穿着一个总的原则：以防弊之政，为立国之法。他的后继者也基本延续着这个治国原则。

## 四、"斧声烛影"与"金匮之盟"

宋太祖做了17年的皇帝，开宝九年（976）十月二十日突然死去，还不满50岁。由于死得太突然，继承皇位的又不是他成年的儿子，而是他弟弟赵光义，加之史书记载语焉不详，因而后世编写历史的人纷纷猜测，以致太祖之死成了千古之谜，迄今仍然在学术界争论不休。

记述太祖去世的典籍主要有三部，一部是北宋中期一位叫文莹的僧人编写的《续湘山野录》记述说：开宝九年十月二十日这天晚上，太祖召弟弟赵光义在寝室饮酒，让所有宦官和宫女全部退出，托付后事，侍从在窗外隐隐约约地看见在烛影下面，晋王不时起身，像是有回避难以承受的样子。饮完酒，已是三更半夜，殿外积了厚厚一层雪，太祖用斧柄戳着地，回头对晋王说"好做！好做！"后倒头便睡，鼾声如雷。这天晚上，晋王一直留在宫内歇息，天将五更，周围一片寂静，太祖已经去世。这就是所谓的"斧声烛影"的传说，有人怀疑太祖是被他的弟弟赵光义杀害的。由于释文莹将此事记载得非常隐晦，这就给后人留下了许多想象的空间。一种可以理解为太祖坚持要光义继承帝位，光义辞以不敢；另一种可以理解为有人遥见烛影下光义有谋害太祖的举动，太祖以柱斧进行了抵抗，终究不敌而亡。

另一部是北宋的大史学家司马光编写的《涑水记闻》：开宝九年十月二十日，太祖驾崩时，已是四更天，孝章宋皇后让宦官王继隆召太祖的次子秦王德芳入宫即皇帝位，王继隆以太祖早有传位给弟弟光义的打算为由，没有按皇后的命令去召见德芳，而是径自去赵光义的府第告知太祖已去世的消息。晋王与御医、王继隆一道踏雪来到宫中，宋皇后一见继隆就焦急地说："德芳来了吗？"继隆说："晋王来了。"宋皇后一见晋王，不禁大吃一惊，急忙对晋王说："我母子的性命，全托给你了。"晋王含着眼泪说："共保富贵，不用担心。"

两部书记述太祖之死不尽相同。根据司马光的记载，可以看出晋王赵光义在太祖驾崩时，正待在自己的寝宫，得到报告就立即赶到宫中，这和《续湘山野录》中所说的赵光义在太祖驾崩时留宿宫中有所不同,就是说赵光义并没有杀害他的哥哥。

李焘《续资治通鉴长编》(以下简称《长编》)卷十七综合《续湘山野录》和《涑水记闻》两书的史实,但采信司马光所记晋王在太祖驾崩时正待在自己的宫中,赵光义并没有杀害太祖的说法。不论是怀疑赵光义杀害太祖也好,还是说王继隆背叛宋皇后使得赵光义得以抢先进入宫中也好,反正赵光义不是依靠正常途径得到皇位的。

《辽史》景宗本纪说:"宋主匡胤殂,其弟炅自立。"炅,即是赵光义继位后改的名字,很显然自立也就是篡夺。然而,赵光义自立皇帝后,却拿出一个被称作"金匮之盟"的正当理由,"金匮之盟"的故事是这样的:据说宋太祖和赵光义的生母杜太后,生前很喜欢弟弟赵光义,也非常信赖赵普。建隆二年(961)六月太后去世前,太祖侍药饵不离左右,临终前召赵普入受遗命,"太后因问太祖曰:'汝知所以得天下乎?'太祖呜咽不能对。太后固问之,太祖曰:'臣所以得天下者,皆祖考及太后之积庆也。'太后曰:'不然,正由周世宗使幼儿主天下耳。使周氏有长君,天下岂为汝有乎?汝百岁后当传位于汝弟,四海至广,万几至众,能立长君,社稷之福也。'太祖顿首泣曰:'敢不如教。'太后顾谓赵普曰:'尔同记吾言,不可违也。'命普于榻前为约誓书,普于纸尾书'臣普书'。藏之金匮,命谨密宫人掌之"①。

有关这个"金匮之盟"的故事,为赵光义合法继承皇位提供了证据,然而现代的一些学者认为这个"金匮之盟"是捏造出来的,是激烈的宫廷权力斗争的产物,最为明显的疑点有五:其一,是关于订立"金匮之盟"的人员有问题。从《长编》所载可以看出,当时只有太后、太祖、赵普三个人在场。《宋史·后妃上》的记载同《长编》,而《三朝国史》和《太宗新录》以为还有太宗,这是矛盾之一。其二,关于传位的次序有问题。一说只传赵光义,一说先由太祖传光义,再由太宗传廷美,廷美复传之德昭。这样就有三种传位方式,这是矛盾之二。其三,《长编》的作者李焘说,这个盟约,在最初编纂的《太祖实录》中并没有记载,而是第二次重修的《太祖实录》中才开始看到。其四,金匮预盟时,太祖35岁、赵光义23岁、太祖长子德昭11岁,似无必要早早定下由兄弟继承。其五,太宗以"金匮之盟"来佐证自己继位合法,不是在他继位之初,而是在继位5年之后,才由赵普秘密上奏,而且只有赵普一人见过这个盟约,

---

① 《宋史》卷二四二,《昭宪杜太后传》,中华书局,1977年,第8607页。

这也是不能令人信服的一大疑点。换言之,当太宗继位时,群臣对此都有怀疑,如果确有"金匮之盟",为什么他没有将此盟约公之于众,以证明自己继位的合法性,以解除大家的疑窦呢?

20世纪90年代有学者又从《宋会要辑稿》礼二九之一、《宋大诏令集》卷七中发现"开宝遗制"中有关于宋太祖传位遗诏的记载,认为太宗继位完全合法,而以往有关宋初的一些学术结论皆以"太祖无留下传位诏书"之说为依据,因而应加以重新考虑。[①] 但多数学者表示怀疑,认为是伪造。

据近代以来学者研究,不仅"金匮之盟""开宝遗制"不能为太宗继位提供合法证据,而且太宗即位后的一系列做法又为其篡权提供了有力旁证。大致是(1)仓促改元;(2)逼死侄子德昭;(3)赵普诬告卢多逊与秦王廷美勾结造反;(4)太宗处心积虑早有准备,培植死党,招募幕府,已羽翼丰满,传说太祖为避其锋芒而欲迁都到洛阳或者长安;(5)重修太祖实录,增加太祖欲传位太宗的舆论。所以,迄今大多数学者认为太宗的继统是用劫夺的手段取得的。

## 五、内外政策的转变与打破文武平衡的既定方针

宋太宗虽说是利用非常手段夺得皇位,但却是影响宋朝走向的历史事件。日本学者认为宋太祖是五代的终结者,宋太宗开启了宋朝政治的新动向。这话有一定道理。宋太宗的施政方针与太祖有诸多不同,他凭借自己的政治经验,继承了乃兄开创的稳定局势,成功杜绝了国家内部再度分裂的可能。太宗继统发布的第一道赦书,宣布了国家的大政方针将依照太祖时的轨道运行,而且表示自己是太祖所创建事业的正式继承人。同时宋太宗及其辅佐臣僚对于宋太祖在建立诸般规章制度时所执持的原则和太祖开国致治十七年间一以贯之的核心精神,概括为"事为之防,曲为之制"八个字。唐宋之际文武失衡,武力占上风,遂使国家动荡不安,太祖扶文抑武,意在回到文武平衡,但是太宗继承其遗志,矫枉过正,遂使文武失衡偏向文官政治。故在继承太祖事业基础上,太宗对太祖大政方针有以下几点重大调整:

---

① 王育济:《宋太祖传位遗诏的发现及其意义》,《文史哲》1994年第2期;《"金匮之盟"真伪考》,《山东大学学报》1993年第1期。

1. 改变太祖文武平衡的政策。

首先是大开科举，宋太宗即位初便亲自主持科考，录取进士、诸科及特奏名达五百多人，最多一次达一千三百余人，是唐末五代以来包括宋太祖朝的十多倍。不仅人数大大超过以往，并且直接授以官职，又对他们超等任官，连执政大臣都觉得过分。但史称"上意方欲兴文教，抑武事，弗听"①，南宋人也称："国朝科举取士，自太平兴国以来，恩典始重。"②开始在官场中强调出身，文官以科举登科为"有出身"，其他为"无出身"，更不论武官了。形成朝廷内外皆是科举人才天下的局面，使五代武人当政的局面彻底改观。宋太宗对号称天下文渊之薮的昭文馆、集贤院和史馆进行迁址和大规模重建，又亲自赐名为"崇文院"，以示"崇文"的态度。又为翰林学士院题写"玉堂之署"，以示尊崇。时人评论说道："自唐置学士来，几三百年，今日方知贵矣。"③太宗还修建秘阁、太清楼等处贮藏群书。宋廷除了访求及典藏图书外，更重要的是就所得书籍详加校理，编修审定。一方面著为目录；一方面亦拣择重要经史典籍交国子监、崇文院、秘书监等机构镂版刊行；创建三馆和史馆，还博采群书，编制《太平御览》《太平广记》《文苑英华》等大部头之类书。

其次是驭将政策的重大变化，推行崇文抑武政策，一反太祖之成规。太祖死，太宗继位。他一上台就不断派亲信刺探边将的动静。他还用宦官在边境监军。端拱间，契丹大举入侵，诸将研究对策，中黄门五人持诏书横加干涉。太祖时西北部分节度使掌握着几个州军的力量。太宗即位后，令支郡直属朝廷，列郡无复重镇，大大削弱了节帅的权力。太祖朝，边将和州郡长官可以自己选用幕僚，太宗悉诏罢之，剥夺了他们的用人权。太祖容许边将回图贸易，太宗不容许赍轻货邀厚利，并不得令人于诸处回图。太祖用郭进等边将，以善战为主要标准。太宗却说："朕选擢将校，先取其循谨能御下者，武勇次之。"④所谓"循谨"就是听话，"能御下"就是能防止士兵反抗。可见太宗的任将标准把防范军队造反放在第一位。太祖让边将便宜行事，太宗却要操纵边将的进退。一是授与阵图。神宗"论太宗时用兵，多作大小卷付将帅，御其进退，不如太祖"⑤。可知皇帝授阵图始于太宗朝。二是从中降诏，授以方略。太宗改变太

---

① 《长编》卷一八，太平兴国二年正月丙寅，第394页。
② （宋）洪迈：《容斋续笔》卷一三，《科举恩数》，中华书局，2009年，第374页。
③ （宋）洪遵：《翰苑群书》卷九，《苏耆次续翰林志》，文渊阁四库全书景印本，595册，第386页。
④ 《长编》卷二五，雍熙元年二月壬午，第573页。
⑤ 《长编》卷二三七，熙宁五年八月庚子，第5775页。

祖的驭将政策，遭到朝廷内外的反对。所谓"革故鼎新，别作朝廷法度。于是远近腾口，咸以为非"①。这种改变在军事方面，主旨在于剥夺边将的权力，进一步加强中央集权。这引起了严重的后果。边将无权，不能灵活运用军事力量，只能靠广屯重兵来防备外敌。太宗晚年，全国军队从太祖晚年三十多万增至六十六万六千。造成宋朝冗兵和"积弱"的严重问题。太宗驭将政策的改变，是宋朝走向"积弱"的主要原因。

2. 改变了太祖与辽和平睦邻政策。为了巩固统治，欲建盖世之功，一改太祖时期守备西、北的政策，对西、北两面都采取了进攻政策。在北面，宋太宗改变宋太祖对辽以防御为主睦邻的做法，而是采取进攻政策，先后于太平兴国四年（979）和雍熙三年（986）两次发动收复燕云十六州的所谓的北伐战争。同时为了牵制辽国势力，太宗借太平兴国六年（981），高昌国王阿厮兰汗始自称西州，遣外甥都督万逊来贡之际，主动派供奉官王延德及殿前承旨白勋两人为使，回访高昌，联络西域，出使四年，雍熙元年（984）四月王延德回到东京。出使途中，王延德撰有著名的《西州使程记》。太宗派遣王延德出使高昌，颇类汉武帝遣张骞出使西域。这不仅仅是对高昌国王师子王遣使来贡的一种礼节性回访，更重要的是去执行联络高昌、鞑靼、党项，反对和削弱契丹势力的政治任务。

在西边，宋太宗对自唐晚期、五代至宋太祖时期占据银夏四州八县的党项族李氏政权的政策改变，则牵动了西部政治格局的大变动。夏州政权在太祖时期与宗主国保持着良好关系，太祖为统一南方，消除后顾之忧，采取专任边将、结信酋豪的边防政策，而宋太宗继位后厉行专制主义中央集权政策，特别注意削弱地方割据势力。太平兴国七年（982），夏州政权首领李继捧因内部矛盾入朝觐见，宋太宗没有像宋太祖那样给以封赠、安抚后放归银夏，而是遂借机将李继捧留在京师，并急忙派遣文武官吏接管其所领四州八县，此次事件引发李继捧族弟李继迁强烈反对，并成为夏州政权与宋公开决裂的契机。宋太宗一朝君臣对于李继迁的反宋行为极为愤怒，遂派兵剿杀，将李继迁及部族驱赶到沙漠。但是李继迁实施的游击策略很有效，不断骚扰宋朝的边境，其势力也像滚雪球似的日渐扩大，使宋边军应接不暇。太宗后期淳化五年（994），诏隳夏州古城，迁其民于绥、银等州，临终前，表示要将夏、绥、银、宥、静五州之地赐给表面归顺的李继迁。

---

① 《长编》卷三八，至道元年十二月丙申，第824页。

宋太宗两次伐辽失败，使统治集团中的一部分人有了严重的恐辽情绪，夏州政权叛宋又使辽夏互为犄角，接着而来的王小波、李顺起义，迫使宋太宗重新考虑其内外政策的调整。淳化二年（991）宋太宗向大臣讲了这样一段话："国家若无内患，必有外忧，若无外忧，必有内患。外忧皆可预防，惟奸邪无状，若为内患，深可惧也，帝王用心，常须谨此。"①寥寥数语，却标志着北宋王朝军政方面的一个重大转折，宋太宗正是在这一思想指导下，对辽由攻到守，故放弃以武力收复燕云的打算，只在河北平原上疏浚沟通沿边河道，其水东起沧州界，至乾宁军，经信安军永济渠，西至霸州莫金口。东南起保安军，经雄州，西至顺安军，西边吴淀至保州，起安肃、广信军之南，保州西北，畜沈苑河为塘，衡广二十里，纵十里，其深五尺，浅或三尺，曰沈苑泊。自保州西合鸡距泉、尚泉为稻田、方田，衡广十里，其深五尺至三尺，曰西塘泊。②从沧州至保定屈曲450公里之地，遍布塘泊、筑堤贮水。沈苑泊以西则依靠种植榆柳林，设置寨铺，派兵戍守，以与辽朝相对峙。从此宋朝政治走上文武失衡的道路。

3. 太宗新政。宋代的开国之君虽然是宋太祖，但是君主专制权力的强化，与天子独裁形象的塑造，则有赖于太宗宵旰不寐，枵腹从公的热情推动。太宗勤政，事必躬亲，大权独揽，官员们大小事务都必须用札子上报，并手书"敕"字以示裁断。太宗很看重君主勤政、独断和躬亲庶务，他说："朕每自勤不怠，此志必无改易。或云百司细故，帝王不当亲决，朕意则异乎此。"③太宗之所以看重勤政、独断，"日日听政"的目的主要在于务必使地方权力归于中央，中央权力集于君主。太宗在性格上与太祖的豪放、狡黠、幽默、喜饮酒不同，他性格孤僻，刚愎自用，很注意自己的形象，经常跟臣下摆功，心胸狭窄，杀后蜀、南唐、南汉降主孟昶、李煜、刘铱；从追求权力的完全性看，宋太宗所追求的，不只是皇帝早已拥有的名义上的终极权力，而是真正控有一切的实权。所谓皇帝意志的展现，不只是一个原则，而是要落实到全国每个州县、每个角落的每件事情。经过太祖17年的筹备和太宗22年的经营，太宗不但成功地为自己塑造了独裁天子的形象，也使整个社会都习惯了天子独裁的统治方式，并使此一统治方式定型为制度，将整个中国政治都带入一个新时代。如果说汉唐以来的君主独裁是表现为个人的能力，那么宋初通过分权制衡的制度，特别是太宗防范纤悉所保障的君主权力，实则是君主独裁制。

---

① （宋）陈均：《皇朝编年纲目备要》卷四，中华书局，2006年，第88页。
② 《宋史》卷九五，《河渠五·塘泺缘边诸水》，第2358页。
③ 《长编》卷二六，雍熙二年十月辛丑朔，第600页。

太祖和宋太宗为求集权于中央，总揽于天子所施行的种种措施，在他们身后仍被引为成范，成为"祖宗之法"。就"祖宗之法"看宋初的政治特点，可以归纳出五个特点：一是在结束唐末五代以来的动乱的过程中，围绕重建统治秩序而展开的政权建设、制度建设贯穿了一个总的原则，即以防弊之政为立国之法。其精神要旨即是"事为之防，曲为之制"，从而奠定了有宋一代防微杜渐的政治规模和走向；二是太祖、太宗朝缺少一流的大政治家，大都是"斗筲之才"，所以，开国规模并没有汉唐以及明清开国时的那种新气象和蓝图规划，这在相当大程度上延续了五代以来狭小的政治心态，并由此规定和影响了宋代政治发展的基本格局；三是因循苟且、墨守成规的保守政风颇为浓厚；四是太祖、太宗不勤远略，对外部世界经常采取防范和猜疑的态度，并采取不与草原民族一争雄长的政策；五是中央集权和君主专制达到空前的高度，即如宋人所说："自本朝之法，上下相维，轻重相制，……藩方守臣，统制列城，付以数千里之地，十万之师，单车之使，尺纸之诏，朝召而夕至，则为匹夫。"① "吾宋制治，有县令，有郡守，有转运使，以大系小，丝牵绳联，总命于上。虽其地在万里方外数千里，拥兵百万，而天子一呼于殿陛间，三尺竖子，驰传捧诏，召而归之京师，则解印趋走，惟恐不及。"② 但是物极必反，"本朝鉴五代藩镇之弊，尽夺藩镇之权，兵也收了，财也收了，赏罚行政一切收了，州郡遂日就困弱。靖康之祸，虏骑所过，莫不溃散"③。虽然宋人的议论略有夸张，但其消极影响在后来的历史进程中得到了充分暴露却也是符合史实的。

当然对于唐中叶以来二百年间不断变更的制度法规加以整理、改造，以制度的平缓调适保证政治的稳定。这一方针，有效杜绝了内部的重大变局，使得宋朝以后，中国历史上再也没有出现通过兵变或所谓"禅让"等方式篡取中央政权而成功者，也没有发生严重的地方分裂割据局面。

## 参考文献及拓展阅读

刘静贞：《北宋前期皇帝与他们的权力》，台北稻乡出版社，1996年。

---

① 《长编》卷四六八，元祐六年十二月乙卯，第11177页。
② （宋）苏洵：《嘉祐新集》卷一，《审势》，《宋集珍本丛刊》第7册，第431页。
③ （宋）黎靖德编：《朱子语类》卷一二八，《法制》，中华书局，1999年，第3070页。

邓小南:《祖宗之法:北宋前期政治述略》,生活·读书·新知三联书店,2006年。

张其凡:《赵普传》,北京出版社,1991年。

〔日〕竺沙雅章:《宋朝的太祖和太宗:变革时期的帝王》,方建新译,浙江大学出版社,2006年。

朱瑞熙:《中国政治制度通史》宋代卷,人民出版社,1996年。

王曾瑜:《宋朝军制初探》(增订本),中华书局,2011年。

袁征:《宋初驭将政策的重要变化》,《河北大学学报(哲学社会科学版)》1986年第1期。

陶晋生、黄宽重、刘静贞编著:《宋史》,台湾空中大学用书,2004年。

李华瑞:《宋夏关系史》,中国人民大学出版社,2010年。

# 第二章　真宗、仁宗时期的社会矛盾与庆历新政

## 一、保守政风的形成与对外政策

至道三年（997）三月九日，宋太宗病逝，在立嗣以长的继承原则下，身为第三子的赵元侃，原本是没有机会登临大宝。但是他的长兄元佐因为发狂纵火，被废为庶人。次兄元僖又中毒早逝，他这才在命运的安排下，被立为储嗣，改名赵恒。年届30的太子赵恒在柩前即位，成为宋朝的第三位皇帝，太宗一系的皇位继承至此得以基本确立。真宗是一个守成之主，在内外政策方面继承了太祖，特别是太宗的衣钵。

宋初政治自太宗朝起因循苟且、默守成规的保守政风很浓厚。至真宗朝，恪守"祖宗故事"的提法、做法凸现，奉本朝"祖宗故事"为抉断政务的至上原则。史书说"真宗承（太祖、太宗）两朝太平之基，谨守成宪"①。从太祖、太宗朝的赵普到真宗时的宰相李沆、王旦等，都以不生事为原则。当时绰号"无口匏"的李沆"尝言，居重位实无补，惟中外所陈利害，一切报罢之，此少以报国尔。朝廷防制，纤悉备具，或徇所陈请，施行一事，即所伤多矣"②。王旦"为相，务行故事，慎所改作"③，真宗本人"惟宜谨审""先朝皆有成宪，但与卿等遵守"。④上层统治集团的这一政治倾向，正如欧阳修所指出的"国家自数十年来，士君子务以恭谨静慎为贤。及其弊也，循然苟且，颓堕宽弛，习成风俗，

---

① 《长编》卷一四三，庆历三年九月丙戌，第3455页。
② 《宋史》卷二八二，《李沆传》，第9540页。
③ （宋）欧阳修：《居士集》卷二二，《太尉文正公神道碑》，《欧阳修全集》上册，中国书店，1986年，第157页。
④ 《长编》卷四三，咸平元年冬十月乙未，第918页。

## 第二章 真宗、仁宗时期的社会矛盾与庆历新政

不以为非,至于百职不修,纪纲废坏"①。

对外政策继承了太宗晚期"姑务羁縻,以缓征战"的政策,与辽和夏州政权和解。真宗一上台,继承太宗遗志,就将夏州政权原所辖五州之地"赐还"李继迁,李继迁遂将用兵矛头转向进攻宋的西部重镇灵州,真宗又采取放弃政策,咸平五年(1002)灵州失守,李继迁乘胜攻击河西重镇吐蕃所统的凉州,李继迁遭重创身亡,凉州吐蕃六谷族向宋朝请兵,愿意配合宋军打击立足未稳的李德明夏州政权,但是宋真宗放弃了这次可以两面夹击的绝好机会,并且主动以赐金、帛、缗钱四万贯匹两、茶二万斤的代价与李德明媾和,于景德二年(1005)元月双方签订"景德和约"。

在太宗晚期宋对辽夏取守势后,辽朝对宋却展开攻势,连年进攻和骚扰宋朝边境。景德元年(1004)八月,萧太后、辽圣宗率大军以收复失地为名大举南侵。辽军采取避实就虚的策略,绕过许多宋军坚守的州县,直趋黄河边的澶州(今河南濮阳),大有直逼北宋都城开封之势。宋廷震恐,朝中大臣在如何对付辽朝进攻的问题上,发生了主张迁都逃跑与坚决抵抗两种对立意见。大臣王钦若主张放弃东京逃跑,迁都升州(今江苏南京),陈尧叟主张迁都益州(今四川成都),只有新任宰相寇准等少数人力主宋真宗亲往澶州前线督师,以振士气。十一月二十四日,辽兵抵达澶州北城,随即对澶州北城展开三面围攻,辽军充当先锋的大将萧挞览在督战时,被宋军床子弩射中额角,当晚死去。辽军因损失大将,士气低落,稍为退却。十一月二十六日,宋真宗到达澶州并渡河登上北城门楼,宋军士气大振,但宋真宗并不真想抗辽,辽承天太后亦由于后方宋军援军聚集,在攻战无必胜把握的情况下,和议遂在宋使曹利用与降辽的王继忠之间开始进行。经过一番讨价还价,遂在十二月初与辽商定和议,交换誓书。

和议约定:

(1)宋朝每年交给辽朝绢20万匹、银10万两;(2)沿边州军,各守疆界,两地人户,不得交侵。不得收容对方逃亡"盗贼";(3)双方不得创筑城隍,改拔河道。有渝此盟,不克享国。②

---

① 欧阳修:《奏议集》卷一五,《论包拯除三司使上书》,《欧阳修全集》下册,中国书店,1986年,第879页。
② 《长编》卷五八,景德元年十二月辛丑,"录契丹誓书"条注,第1299页。

此外，宋辽互称兄弟之国，辽圣宗耶律隆绪称宋真宗赵桓为兄，双方使者定期互访。

这个宋辽双方在澶州城下达成的休战协议，历史上称为"澶渊之盟"。"澶渊之盟"不仅使辽兵得以安然从险境中脱身，还获得了战场上本来得不到的东西。对宋朝来说，"澶渊之盟"则是一个屈辱妥协的和约，它是宋朝推行"守内虚外"政策的副产品。开启了宋朝用金钱买和平的先例，成为宋朝解决与民族政权争端的基本国策。就10至11世纪的中国历史而言，"澶渊之盟"的订立，结束了宋辽之间连续数十年的战争，使此后的宋辽边境长期处于相对和平稳定的状态。不仅双方边境大片地区得以发展生产，而且双方还通过"榷场"进行经济交流和商业活动，因而有利于南北经济文化的发展和提高。但是毋庸置疑，宋真宗与辽、夏屈辱外交的结果是宋仁宗庆历、宋神宗熙宁士大夫要求改变现状而掀起此起彼伏的改革运动的主要原因之一。从中华民族的发展史看，"澶渊之盟"的订立，标志着唐中叶以后汉族中央政权主动放弃与草原民族一争雄长的"汉唐模式"，辽金元及清的建立是这一模式转变的直接后果。

朱熹曾与学生泛论历代以及宋太宗真宗之朝，可以有为而不为时说，太宗除了每日看《太平广记》数卷外，不过写字作诗，君臣之间以此度日而已，真宗东封西祀，糜费巨万计，不曾做得一事。朱熹所言东封西祀，糜费巨万计指的是大中祥符以后所搞的"天书封祀"闹剧。此闹剧从大中祥符元年（1008）导演天书下降之后，至乾兴元年（1022）真宗死去，垂帘听政的刘太后将天书殉葬为止，十五年间，东封泰山，西祀汾阴，营建玉清昭应宫，全国各地，大兴土木，宫观迭起。这场闹剧旷日持久，规模宏大，劳民伤财。据《宋史·食货志》载"景德郊祀七百余万，东封八百余万，祀汾阴，上宝册又增二十万"。大中祥符以前宋财政尚宽余，然仅过了三年多时间，大中祥符四年（1011）丁谓则说"东封及汾阴，赏赐亿万"，"恐有司经费不给"。① 再看营建玉清昭应宫"凡役工日三四万，发京东、西、河北、淮南州军禁军，调诸州工匠，每季代之，兵卒岁一代，并优其口粮、资值"，"凡宫之东西三百一十步，南北四百三十步"。② "耗费国帑不可胜计"③，至于"斋醮糜费甚众，京城之内，一夕数处"④。愈演愈烈的宫廷奢糜之风，其耗费也是惊人的。这些活动所造成的直

---

① 《长编》卷七六，大中祥符四年八月丙辰，第1733页。
② （宋）李攸：《宋朝事实》卷七，《道释》，中华书局，1955年，第107页。
③ （宋）魏泰：《东轩笔录》卷二，中华书局，1997年，第15页。
④ 《宋史》卷一七九，《食货下一·会计》，第4350页。

接经济后果，就是"海内虚竭"。真宗将上天最高神的名称定为"玉皇"，作为皇家的祖先神崇拜。认定"玉皇"和儒教一直称作昊天上帝的上天神是同一的。直到现在，民间还把玉皇大帝当作天神信仰祭祀。

真宗想借神圣的威权来维持大中祥符的"太平盛世"。但是大中祥符九年（1016）的一场蝗灾，粉碎了他以天书、祥瑞堆砌起来的太平假象。灾报初传之时，真宗还相信，凭他圣德之感，螟蝗将自抱草木僵毙。辅臣们也应声附和，并进呈死蝗。结果，就在二府奏事之时，飞蝗连云障日，蔽天而过，揭破了君臣之间的谎言与美梦。不论他原是以神道设教，或是真心诚信，漫天的飞蝗都逼迫他面对现实，使他憬然于所有的天书、祥瑞都不过是一场自欺欺人的骗局。

其后真宗便病倒了，朝政多由皇后刘氏代行。乾兴元年（1022），久病的真宗崩于延庆殿。庙号"真宗"，是大臣对他真命天子地位最后的肯定吧！由真宗的第六子、年方12岁的赵祯（1010—1063）继承了皇位。赵祯的身世颇为传奇，赵祯的母亲是李宸妃，当时真宗爱妃刘氏无子嗣，真宗将初生的赵祯收养在刘氏宫中，对外声称是刘氏所生，取名赵受益（即后来的宋仁宗赵祯），真宗去世，赵祯并未继承到全部的皇权。在政争中已升为皇后且掌握实权的刘氏，因着新皇帝的即位，由皇后升格为皇太后，并在遗诏中取得权处分军国事的摄政身份。

## 二、社会矛盾的发展

从宋真宗朝至宋仁宗朝中期，宋朝的社会矛盾在三个方面日益突出地表现出来。

### （一）贫富分化日益严重

均田制瓦解以后，国家既然仅以最高地主的身份，按照所谓"贫富为差"的原则征税，这就为土地兼并开了方便之门，由官僚、豪强、富商大贾、高利贷资本组成的土地兼并势力，大量占有土地，从而导致贫富分化越来越严重，形成"富者有弥望之田，贫者无卓锥之地"的局面，拥有全国土地十分之七的官绅豪强形势户，就其人口来说，最多也达不到全国人口总数的百分之一，而四五等主户和客户至少应占全国人口的百分之八十左右，这些人是当时社会生产的主要担当者。高强主户向政府缴纳的课税，基本都是从这些人所缴纳的地租中提取的。

因而这些人又是当时繁重赋役的真正承担者,然而这些人所过的却是饥寒交迫、牛马不如的生活。因而农民不堪忍受官府和地主的压迫剥削,被迫揭竿而起,反抗斗争连绵不断。据不完全统计,从太祖到仁宗朝,大小起义或变乱上百次。参加者有农民、士兵还有少数民族,特别是到11世纪40年代,农民起义连年不断,统治阶级不得不慨叹:"今盗贼一年多如一年,一火强于一火。"①

**(二)国家财政初现"积贫"**

这一时期统治运行机制出现问题,当时士大夫总结和后世人发挥的"三冗":冗官、冗兵、冗费,国家财政由此初现"积贫"。

### 官员的冗滥

宋统治者虽然用分化事权的办法来削弱各个机构和各级官员的权力,从而相对地扩大了皇帝的权力,但是分化事权的必然结果便是叠床架屋的官僚机构的建立,造成宋朝官僚机构臃肿,官员多而办事效率低,所谓"州县不广于前,而官五倍于旧"②,"十倍于国初之时"③。宋初为了扩大支持面对后周和各降国官员加以任用。这众多的官员,三年一"磨勘"(考核)只要无大错,照例皆可升迁,官员质量自然十分低劣,人们称之为"十羊九牧"。宋开国时,设官分职,尚有定数。其后,荐辟(荐举征召)之广,恩荫(因父祖官品高而子孙被授与官职,称为恩荫)之滥,日增月益,遂至不可纪极。宋初内外官员只有三五千员,景德年间(1004—1007)已达一万余员,大量的官员享受着优厚的待遇,耗费了巨额经费。

### 兵员的不断扩大

宋初以来奉行养兵政策"可以利百代者惟养兵也。方凶年饥岁有叛民而无叛兵,不幸乐岁而变生,则有叛兵而无叛民"。军队的增加又为严重。太祖开宝时有兵"三十七万八千",太宗至道时"总兵六十六万六千",真宗天禧时"总九十一万一千",仁宗庆历时(1041—1048)"总一百二十五万九千"④。

---

① (宋)欧阳修:《奏议集》卷四,《再论置兵御贼札子》,《欧阳修全集》下册,第799页。
② 《宋史》卷二八四,《宋庠传附弟祁传》,第9594页。
③ 《长编》卷一九九,嘉祐八年秋七月辛亥,第4822页。
④ (宋)王应麟:《玉海》卷一三九,《庆历兵录 赠边录 嘉祐兵数》,广陵书社,2003年,第2594页。

**财政的支绌**

在宋代财政支出项目中经常与军费、官俸并列:"国家军兵之饷、百官之廪、乘舆之俸,悉在有司,而禁中时有须索。"①官员、军队的激增,必然造成财政开支的激增。宋朝官吏有优厚的待遇,有俸钱、随从、衣粮、茶、酒、厨料、薪炭、盐以及马料等,既周到又优厚,所以,赵翼才说"恩逮于百官者,惟恐其不足;财取于万民者,不留其有余"②,对中高层官吏之优厚无以复加。"北宋中期全岁用于官吏方面的开支,当不少于五百万贯石匹两,加上不入品的吏人和招募来的胥吏,封建国家用于这方面的开支每岁约在千万贯石上下。"③

军费也随着兵员的扩充急遽增加,成为国家财政的主要负担。据蔡襄、张载、朱熹等人的推算,养兵之费占全部收入的六分之五或十分之七八。这是一笔多么巨大的支出!正因为如此,宋国家财政便面临着严重危机。自宋仁宗庆历以后,每年入不敷出,差额在三百万缗以上。④

### (三)军事积弱局面的形成

军事机构和军队当中,集中体现了宋专制主义的腐败无能。对统兵将帅限制太多,"权任轻而法制密",使他们"不能自奋于一战"。⑤许多战役一再地暴露了这个重大缺陷:(1)将帅缺乏独立自主的战争指挥权;(2)主将无权号令其部属;(3)军纪不明和号令不明;(4)兵不识将,将不专兵。"将从中御"是宋太宗规定的一种办法,他在位期间对辽的历次战役,全是采用这种方法。宋真宗时宋辽间澶渊之役,一切战略战术决策也全如此。仁宗时宋与西夏的几次战役,根据范仲淹曾与韩琦发生主守主攻的争议来看,似乎战争决策之权已全部交付与守边的文武大臣,实际上则是因为那时北宋最高统治集团中,实在没有一个人能在战略决策方面作出主张,而且走马承受往返奔命,宋廷也不是全然不想进行遥控。更何况,当时战争前沿各路的部署,都是文臣为正,武帅为副,文武足可互相制约,也就足可保证不致发生问题。

---

① (宋)徐梦莘:《三朝北盟会编》卷一四五,炎兴下帙四十五,上海古籍出版社,1987年,第1053页。
② (清)赵翼:《廿二史札记校证》卷二五,《宋制禄之厚》,中华书局,1984年,第534页。
③ 汪圣铎:《两宋财政史》(下),中华书局,1995年,第457页。
④ (宋)张方平:《乐全先生文集》卷二三,《论国计出纳事》,《宋集珍本丛刊》第6册,线装书局,2004年,第13页。
⑤ (宋)叶适:《水心别集》卷一四,《纪纲二》,《叶适集》第三册,中华书局,1983年,第813页。

宋朝虽然军队多达百万，但"谓之兵而不知战者"，因为挽船运粮、服劳役、修河堤、养马、场务劳工等这些杂事都让兵士去做。有的士兵更年老坐食而已，有的禁军，让别人给他拿被子，背粮食，竟成了骄惰无用之人。甚至终日游逛，衣服举止，不类军兵，射起箭来，不过射到马前一二十步。当宋军与西夏作战时，西夏军人听说是禁军，就举手祝贺，以为禁军不堪一击。由于宋初统治者"防内虚外"，和对外族入侵者消极防御的方针，又由于军队缺乏战斗力，所以宋中期以后出现了"积弱"的局面。

这就是为什么宋日益增加军队，但在同辽夏战争中始终处于劣势地位的原因。仁宗庆历年间与西夏爆发战争，在三大战役"好水川之战""三川口之战""定川寨之战"中大败，重创北宋军队士气。

著名诗人苏舜钦怀着悲愤心情写下了《庆州败》，以记其实。

"无战王者师，有备军之志"
天下承平数十年，此语虽存人所弃。今岁西戎背世盟，直随秋风寇边城。
屠杀熟户烧障堡，十万驰骋山岳倾。国家防塞今有谁？官为承制乳臭儿。
酣觞大嚼乃事业，何尝识会兵之机？符移火急搜卒乘，意谓就戮如缚尸。
未成一军已出战，驱逐急使缘岭巘。马肥甲重士饱喘，虽有弓箭何所施。
连颠自欲堕深谷，虏骑笑指声嘻嘻。一麾发伏雁行出，山下掩截成重围。
我军免冑乞死所，承制面缚交涕洟。逡巡下令艺者全，争献小技歌且吹。
其余刜首放之去，东走矢液皆淋漓。道无耳准若怪兽，不自愧耻犹生归！
守者沮气陷者苦，尽由主将之所为。地机不见欲侥胜，羞辱中国堪伤悲。①

苏舜钦用犀利、忧愤的笔触描写了宋军惨败的凄凉景象，被俘士卒贪生怕死的种种丑相，以及李元昊对宋军的刻意嘲弄，一句"羞辱中国堪伤悲"，表达了自尊心受到极大刺激的士人、士大夫们的心声，宋朝的"积弱"昭然若揭。

庆历二年（1042），辽朝在宋与西夏陕西之战中三战连败之际，趁火打劫，扬言出兵声索晋阳即瓦桥以南十县地，宋为了息事宁人，遂以每年增加岁币，绢十万匹，银十万两的代价换取辽对西夏的背盟。庆历三年（1043）春天，宋夏开始议和，经过一年多时间的反复交涉，双方于庆历四年（1044）十二月达

---

① （宋）苏舜钦：《苏舜钦集》卷一，上海古籍出版社，1981年，第3页。

成和议。宋朝每年用赏赐西夏银、绮、绢、茶二十五万五千的代价,换取李元昊以国主的名义向宋朝称臣,而实际上李元昊在国内依然称帝如故,当然双方官方交往还是遵守宗主藩属之礼。

正如王夫之在《宋论》中所指出的:"岁输五十万于契丹,而俯首自明曰纳;以友邦之礼礼元昊父子,而输缯帛乞苟安;仁宗弗念也!"宋廷这种做法,更加暴露了自己的腐败无能,增加了财政困难,亦更加刺激了社会矛盾的发展。

此外,常平仓、役法、市场管理等制度出现严重弊端,以致积重难返。

## 三、昙花一现的庆历新政

### (一) 范仲淹与庆历新政

范仲淹(989—1052),字希文,苏州吴县人,祖辈原为官僚,两岁丧父,家道中衰,其母改嫁,因此他的青少年时代是比较困苦的。大中祥符八年(1015),范仲淹27岁,考中进士。初入仕途的范仲淹凭借他对当时社会现象的观察,对宋朝的统治忧心忡忡。天圣三年(1025)和五年(1027)他先后上书抨击时事,要求改革吏治,但是当朝执政大臣却置若罔闻。

范仲淹自地方小官选拔为京朝官后,八九年间,遭到三次贬逐。天圣七年(1029),范仲淹上疏要求章献刘太后还政于年已20岁的宋仁宗,朝廷为之震动,被贬为河中府通判。明道二年(1033),范仲淹上疏反对宋仁宗废郭后,宰相吕夷简因前此罢相与郭后有关,同时为了邀君固宠,借机贬范仲淹知睦州。景祐三年(1036),范仲淹知开封府,向仁宗献百官图,指斥吕夷简任人唯私,升迁不公,同吕夷简集团的矛盾公开化、尖锐化,被贬为知饶州。为范仲淹鸣不平,被扣上朋党的帽子,接连被贬逐的还有余靖、尹洙和欧阳修。蔡襄作《四贤一不肖(指高若纳)》诗,传至北国。

宋人笔记《续湘山野录》说,范仲淹三次被贬官,每贬一次,当时的人称"光"一次,第三次称之为"尤光"。如果说范仲淹的这些活动一次比一次光彩,这就表明其光彩之处就在于范仲淹为使自己的国家摆脱困境,不顾自身荣辱安危,把自己推到时代的最前列。

范仲淹的政治抱负和抗夏业绩,使其声望日隆,成为士大夫人群中影响最大的一个:"(仲淹)每感激论天下事,奋不顾身,一时士大夫矫厉尚风节,自仲淹倡之。"①苏舜钦《上范公参政书》里对范仲淹的推崇，代表了当时人的呼声：

> 某伏观自唐至于本朝，贤者在下位，天下想望倾属，期至公相，声名炬赫，未有如阁下者。自阁下作谏官，天下之人引领数日，望阁下入两府，使天下被其赐；及阁下受谴，天下之人识与不识，皆叹息怒骂，以谓宰相蔽君怙权，不容贤者在朝，将日衰弊，无复太平之期。当是时，无此言者，众指以为愚；惟是险奸凶歼之人，嫉阁下声名出人，甚于仇寇，然驱于群议，喑鸣伏毒，不敢开口，但日日窥伺阁下之失，将以快意。相次，羌贼不庭，西方用武，策画颠倒，兵师败没，众谓非阁下之才，不能了此事……某尝静思，阁下功业未及天下，而天下之人爱而美之，非人之尽受惠也，由阁下蕴至诚，以康济斯民为己任，故诚之感人，如四时之气，鼓动万物，远近无不被也。②

可见当时众人都把挽救衰局、恢复太平盛世的厚望寄托在范仲淹身上。他们早就希望范仲淹能进入两府，以便在政治上有大的变革。

庆历三年初，宋廷对夏战争惨败后，农民起义犹如山雨欲来，而宰相吕夷简对其则束手无策。宋仁宗在改革呼声推动下"遂欲更天下弊事"罢去吕夷简宰相职务，任命范仲淹为参知政事，韩琦、富弼等为枢密副使，与宰相章得象等同时执政，欧阳修、蔡襄等为谏官，积极支持范仲淹。在士大夫阶层内部一片改革呼声中，范仲淹综合他多年来改革意见并加以补充发挥，于庆历三年（1043）9月写了一篇《答手诏条陈十事疏》呈给了宋仁宗，作为他改革的方案。所谓十事是指"明黜陟、抑侥幸、精贡举、择官长、均公田、厚农桑、修武备、减徭役、覃恩信、重命令"，这是以裁减冗官，选拔"贤能"为整顿吏治的手段的改革建议，被仁宗采纳。

新政从庆历三年10月12日起陆续实行，首先实行的是"择官长"，改变即使是无能、老弱、贪污的官员，也一例依资格选任的状况。由朝廷选任各路转运使，由转运使选任各州知州，再由知州选任各县知县、县令，不称职者必须随时撤换或降职，政绩特出的提拔重用。范仲淹坐镇中央，检查全国监司的名

---

① 《宋史》卷三一四，《范仲淹传》，第10268页。
② （宋）苏舜钦：《苏舜钦集》卷一〇，《上范公参政书》，第117—118页。

单，看到有不称职的转运使、提点刑狱，就一笔勾销。富弼一旁见他罢黜不才毫不留情，有些担心地说："一笔勾之甚易，焉知一家哭矣！"范仲淹回答说："一家哭，何如一路哭耶！"①

10月28日，又颁布了改革考绩的诏令"明黜陟"，改变原先那种文官三年、武官五年，一律升迁官资，刚上任不久并无政绩，遇到例行考核也照样升迁的磨勘法。规定不仅要实际任职期满，对曾经犯法及贪赃的官员，则视情节轻重及现任政绩优劣等奏报决定是否升迁。中级官员则还要不犯"私罪"才能进行考绩，还限制了较高级官员的随意升迁官资。

11月下半月，又先后颁布诏令"抑侥幸"，这是针对恩荫制度而发的，恩荫制度虽然唐朝以来就有，但是宋朝恩荫之滥却是前所未有的。特别是宋真宗以来，规定每三年一次的皇帝南郊祭祀或明堂典礼，重要文武官皆得荫，到仁宗时恩荫已泛滥到极为严重的程度。"抑侥幸"首先不许权贵子弟担任馆阁职务，高等第的进士也须担当一任官职后，经过考试成绩优秀者才能担任。又对"恩荫"制进行改革，分别限制及降低以"恩荫"取得官资的人数、等级，并规定了担任实际职务的最低年龄等。

11月28日，又下诏"限职田"，即采纳均公田。为使地方官在俸禄之外增加收入，真宗于咸平二年（999）复行唐代地方官的职田制。重新规定官员按等级给以一定数量的职田，调配给缺乏职田的官员，以"责其廉节"，防止贪赃枉法。但是40多年后产生了很多不均、苦乐悬殊的情况。这次将各级地方官的职田标准降低，但要限时补足数额，使他们都能得到比较优厚的待遇，促使有才能的官员乐于担任地方官。

庆历四年3月13日，诏天下州县立学，更定科举法，施行精贡举，改变专以诗赋、墨义取士的旧制，重视德行与策论，以求录取德才兼备的人士，改善吏治。

关于"减徭役"，是以合并县份及机构，以兵士代替役户。这年五月，开始撤销河南府（今河南洛阳）的五县，降格为镇而并于邻县，每减少一县可以减少役户二百余户，减少乡村的一耆保可以减少役户十余户，以使更多的人力投入农业生产。

以范仲淹为首的改革派，都认为改善吏治是根本，尽管这些措施都尽可能照顾到官吏们的既得利益，只做了不太大的改革，但"明黜陟""抑侥幸"却遭

---

① （宋）陈均编：《皇朝编年纲目备要》卷一二，《严监司选》，第271页。

到权贵们的攻击，指责支持改革的官员是"朋党"，夏竦更指使婢女学习石介的字体，伪造石介替富弼起草的诏书，说要废仁宗另立新皇帝，并传布流言，宋仁宗虽表示不信谣言，但范仲淹、富弼已经不能自安于朝廷。

### （二）庆历新政的失败及其原因

庆历四年（辽重熙十三年，1044）五月初，辽朝决定讨伐西夏，遣使告宋并派人前往宋朝河东境内的宁化军（今山西宁武西南）、岢岚军（今岚县北）探测攻夏的进军道路。范仲淹提出辽、夏双方聚兵于河东路境外，万一双方联合南下，河东路将被攻占，并故意夸大局势的严重性，坚决要求亲自前往处理。六月下旬，范仲淹出任陕西、河东路宣抚使。富弼则强调辽军如果攻宋，必定重点进攻河北路，自愿前往训兵备敌，八月初，富弼出任河北宣抚使。其实他们都是为了逃避夏竦造谣诽谤可能带来的灾祸，虽保留参知政事、枢密副使的官职，但已不再参与朝政。

十月初，宋夏罢兵议和。十一月初，王拱辰、宋祁、张方平等借故诬陷宰相杜衍的女婿苏舜钦以及其他改革派官员，江休复、宋敏求等11人因此被降职或罢职，以致王拱辰宣称改革派已被他一网打尽，改革终于走上末路。庆历五年（1045）正月中旬，辽朝使臣告知宋其与西夏的战事结束，辽、夏威胁相继解除。同月下旬，仁宗认为天下已经太平，遂同日罢免了参知政事范仲淹、枢密副使富弼，让他们出任地方官。反对新政的代表贾昌朝、陈执中接替杜衍、章得象出任宰相，掌控朝政。这次因发生在庆历年间而史称"庆历新政"的改革，最后失败。

如前所讲，自北宋建立到庆历改革"垂八十年，纲纪制度，日削月侵。官壅于下，民困于外，夷狄骄盛，寇盗衡炽，不可不更以救之"。在这种状况下进行的改革却没有成功，这是为什么？究其原因，大致有如下三点：

其一，宋仁宗"百事不会，只会做官家"，王夫之在《宋论》中说，仁宗亲政的三十年中，府大臣换了四十余人，都是屡进屡退，"计此三十年间，人才之黜陟，国政之兴革，一彼一此，不能以终岁"①。仁宗在恪守祖宗家法上，对"朋党"特别敏感，天圣七年（1029）三月，在下诏令"百官专对极言时政阙失如旧议"时，仁宗就曾嘱咐辅臣说："所下诏，宜增朋党之戒。"② 可见，宋朝的最

---

① （清）王夫之：《宋论》卷四，《仁宗一二》，中华书局，1995年，第102页。
② 《长编》卷一〇七，天圣七年三月癸未，第2504页。

高统治者所忧惧的是在朝的大臣之间或大臣和一般士大夫之间结合成派系或朋党，以致成为中央集权的一个分割力量。他们要把互相牵制的作用也充分运用在高级官僚的人际关系中。所以范仲淹与吕夷简矛盾发生后，宋仁宗于宝元元年（1038）诏戒百官朋党，对范仲淹早就存有戒心，只是由于国内外局势险恶，不得不起用范仲淹，并付以改革重任。范仲淹、韩琦于庆历三年（1043）进入北宋中央政府，并受命出谋献策以"兴致太平"之后，他们和富弼、欧阳修等人，几乎可以说是同心协力，和衷共济，有时还互相推崇。这自然容易招致朋党之讥，而事实上也确已发生了这样的讥议。范、韩、欧阳诸人，对此不但不稍加避忌，反而对之直认不讳。欧阳修甚至还特地写了《朋党论》，极力论证只有君子才能结为朋党，小人则皆以利相结，"利尽则交疏"是不会结为朋党的。这就更授予反对派以口实和把柄。于是而"谤议浸兴，朋党之论滋不解"，宋仁宗动摇了，最终下决心，将范仲淹等人驱逐出政府，所以，导致庆历新政失败的最主要原因之一，也在于它抵触了宋朝的家法。

其二，考察范仲淹集团掀起的轰轰烈烈的庆历新政的全过程，可以发现有一个明显的不足，即改革的酝酿不够成熟。这一方面是由于宋仁宗"方锐意太平，数问当世事"，并再三督促范仲淹等人尽速拿出改革方案，因而范仲淹等人没能做充分的准备工作和缜密的考虑，便匆匆将改革纲领推出。另一方面，范仲淹等人虽然认识到"久安之弊，非朝夕可革"，但在进入改革角色后，不能审时度势，与强大的反对派斗争时缺乏战略和策略，不注重吸收和团结更多的士大夫大刀阔斧地推进改革，企图一朝一夕革除积弊。如按察地方官吏本应循序渐进，但在实际过程中却想在短时期内即裁汰所有无能昏老的贪官，结果欲速则不达，反而扩大了打击面，激化了矛盾。改革是一场规模巨大、影响深刻的社会变革，没有通盘的考虑和周密的准备是难以成功的，庆历新政的迅速夭折充分说明了这一点。

其三，南宋人叶适在评论庆历新政得失时，认为范仲淹实施"明黜陟，抑侥幸"这两项失之"太猛"，以致激起"庸人"的反对。如果范仲淹改革，"先国家之常行，后庸人之重害"，"势必以渐"，也许能够成功，叶适的这个观点即使在今天讨论庆历新政的得失时，也有许多人接受或引申。其实，这不过是一个善良的愿望而已。因为，只要触动特权阶层的任何利益，都会激起他们的反对。更何况新政所触及既得利益阶层面从特权阶层到一般的官吏绝不是一小部分人，新政以整顿吏治为重点，涉及一大批京官、朝官和地方官吏。按照欧阳修的说法,"天下州县不治者十有八九"①,范仲淹亦认为其间所"纵有良吏,百无一二"②,一当推行按察法,势必激起这一大批将被按察的官吏的反对,而在中央,反对派久居朝廷,早已形成盘根错节之势,改革派与守旧派相比只是极少数,处于明显的劣势,加之新政猛烈地打击"侥幸"之人和"庸人"这就使从地方到中央的反对派联合起来围攻改革派。正如《宋史》范仲淹本传所说:"仲淹以天下为己任,裁削幸滥,考覆官吏,日夜谋虑兴致太平。然更张无渐,规摹阔大,论者以为不可行。及按察使出,多所举劾,人心不悦。"果然是"自任子之恩薄,磨勘之法密,侥幸者不便,于是谤毁稍行"③,范仲淹集团最终因反对派的联合反对而陷入孤立无援的境地,终致失败。

　　除以上三个方面的原因外,宋仁宗不能始终如一地支持是导致庆历新政短命的不可忽视的因素之一。庆历新政之所以能够迅速出台,是与宋仁宗的直接支持分不开。当宋朝内外交困,迫于形势的危急,他对范仲淹的改革主张表现出少有的热情,"再赐手诏,有为之开天章阁,召辅臣条对"。当范仲淹等人在他的再三督促下,匆促拿出改革方案,又"悉用之,宜著令者,皆以诏书画一颁下"。宋仁宗此时的支持可谓不遗余力。然新政推行后,在反对派的一片反对声中,加之朋党问题触到了宋仁宗最敏感之处,于是疑心甚重的仁宗对范仲淹等人产生了疑忌,开始由支持改革转向动摇。最终将范仲淹等人逐出朝廷,重新重用守旧的官员。其实,只会做官家的仁宗,本身并没有多少政治智慧,更不是有为之主,他之所以支持改革主要是想要从宋夏战争失败导致的政治困境中寻找救治之方,一当宋夏签订庆历和议,局面又回到从前的无所事事的状态,因而也就失去了支持改革的动力,更何况改革激起的反对声浪,仁宗也是始料未及。这是新政得不到皇权有力支持的根本原因。这个事实说明,在君主专制的政治体制下,特别是在宋代君主专制已经大大强化的历史条件下,国家的最高权力掌握在皇帝手中,皇帝的诏令就是法律,皇帝的态度是改革成败的关键。所以失去仁宗的支持,改革派只有下台一条路可走。

　　庆历新政虽然失败了,以范仲淹为代表的士大夫为改变国家积贫积弱局势所做的努力和尝试,在历史上则是永远不会磨灭的。继庆历新政而出现的王安石变法,便是继承范仲淹等的遗志,开创了更加深入、更加广阔的变法运动。

---

① 《长编》卷一四一,庆历三年五月丁丑,第3374页。
② 《长编》卷一四四,庆历三年冬十月丙午,第3481页。
③ 《宋史》卷三一四,《范仲淹传》,第10275页。

对于庆历新政失败，其措施是否全部被停罢，学界有新的意见，以为庆历新政失败后，"厚农桑"措施在照常推行，"抑侥幸"和"精贡举"措施没有完全废止，它们的一部分新制还在继续执行。所以，只能这样说，庆历新政随着范仲淹等人的离朝，大部分改革措施被废罢了，但也有一部分措施照常实行，有的措施还被进一步完善。

皇祐四年（1052）范仲淹去世。范仲淹被《宋史》编撰者列为宋代文臣第一。范仲淹和"庆历之风"对宋代以后士风的深刻影响甚巨，范仲淹在庆历时期所提倡的名节、忠义、廉耻等主张，成为宋代士风的转折点。他在《岳阳楼记》写下的"居庙堂之高则忧其民，处江湖之远则忧其君。是进亦忧，退亦忧也。然则何时而乐耶？其必曰：先天下之忧而忧，后天下之乐而乐欤"，成为一代有理想士人精神风貌的写照。

## 四、南方士大夫的崛起

### （一）崛起的特征及文风

北宋实行崇文抑武、扩大科举选官范围、大兴学校教育等政策，士大夫阶层迅速崛起，并成为北宋政治势力中与皇权治理天下依靠的重要力量，这已是不争的事实，毋庸多言。

北宋士大夫崛起有两个鲜明的时代特征：

一是自中唐以降经济重心南移的步伐加快，至北宋中叶南方经济已开始出现超越北方的势头。由于经济的发展与工商业的发达，南方新兴的中小社会阶层势力日益扩大。据《太平寰宇记》《元丰九域志》的统计，宋初东南地区主户约占总户数的3/5，到宋神宗的元丰时期则增加为五分之四，这说明当时东南人口的阶级结构，中小地主和自耕农是逐步增长的，反之，北方的京东、京西等路，从宋初主户约占总户数的3/5左右，到宋神宗元丰时期基本没有什么变化，仍然是占3/5左右，说明大地主经济在北方一直保持优势。随着南方经济力量在全国经济地位中的日益提高，代表南方经济利益特别是南方新兴的中小社会阶层利益的士人也渐次开始主导和掌控北宋政治的话语权。这首先是因为科举选士占据选官制度的主导地位所致，使得出身中下层的士人有机会进入统治阶层。据统计，《宋史》所载自太祖至钦宗人物共1194人，出身于名族和公卿子弟的有279人，占总人数23.6%；出身于中等家族的有343人，占总人数28%；出身于寒素的有543人，占总人数的46.1%；中下层出身的入仕人数已占到70%以上。再看政府中最高级别官员宰辅的出身（北宋宰辅222人，其中11人无传，不列入统计），出身低官家庭、布衣的人数前期约占48%；中期占60%；末期占64%。可知即使是宰辅，出身于布衣的比例也是逐渐上升，而且自北宋中期以后，占总人数一半以上。至于布衣官员入仕的途径，在北宋初期以科举者占34.47%，在北宋中期占76.19%，在北宋末期高达81.78%。这是中下阶层士人由科举入仕的基本情况。

若再从地域来看，同样也经历了一个南方人由低向高的发展过程。北宋前期在执政官员中南方人所占不足12%，到北宋中期以后，约占37%，而到神宗朝以后南方人士所占比重则达到62%。再譬如翰林学士的地域分布也有类似的变化，宋仁宗以前的太祖、太宗、真宗三朝，翰林学士中北方士人占绝对多数，分别为当时总数的89%、72%、70%。仁宗朝情况大变，南方士人大幅度增长，其百分比从前朝的最高不超过30%猛增到近60%，以后的各朝保持了这一趋向。因而仁宗朝出现的政争，除了新旧世代交替的问题，更有南北地域之别的所谓南北人之争。

二是自中唐开始的儒学复兴运动到北宋中叶达到高潮，用融会贯通的儒佛道三家学说思想重新诠释儒家经典，高扬内圣外王的大旗，重建社会秩序，成为当时士大夫们的共同理想。"先天下之忧而忧，后天下之乐而乐""为天地立心，为生民立命，为往圣继绝学，为万世开太平"成为时代的最强音。面对内忧外患的现实政治，宋儒们通过成德立功实现内圣外王之道，就更具有时代特征，他们把学术探索同社会实践结合起来，力图在社会改革上表现经世济用之学。从儒学经典中的《易经》《春秋》《周礼》受到特别重视成为显学来看，亦是适应变革政治的需要，宋儒借《易》发挥哲理，以论证现实的社会秩序；借《春秋》倡导尊王，以加强中央集权的统治；借《周礼》以申述改革积弊的政见，因而经学逐渐从哲学和政治学说两个方面求得新的发展。

伴随着南方士大夫在政治上的崛起和儒学复兴运动的不断高涨，涌现出如范仲淹、欧阳修、王安石等杰出的领袖式人物，前面已讲了范仲淹与庆历新政，后面会讲到王安石，下面主要讲欧阳修在庆历新政至王安石变法期间的历史活动。

中唐以后兴起的古文运动，经过韩愈、柳宗元等人的大力倡导和实践，已取得很大成绩，形成散文的优良传统。但到了晚唐五代时期，浮靡的骈俪之文又重新得势，宋初的一批士人力图改变这种状况，但由于他们的创作不足以影响文风的转变，行世的文章专以声病对偶为工，剽剥故事，雕刻破碎，甚者若徘优之辞。至宋真宗朝有了更大的发展，形成新的西昆文体，一时间士子学人竞相仿效。欧阳修就是在这样的背景下肩负起领导第二次古文运动的历史重任的。

欧阳修（1007—1072），字永叔，号醉翁，晚年又号六一居士，吉州永丰（今属江西省）人。欧阳修4岁时父亲病故，贫而无依，随母亲郑氏投奔叔父欧阳晔，从此由母亲和叔父教欧阳修识字读书。他的母亲用荻秆代笔，在沙土上书写，"以荻画地"成为古代启蒙教育的又一个典范。欧阳修早年对韩愈的学习和摹仿，为他能够创作出足以表率当时的"古文"奠定了坚实基础。宋仁宗天圣八年（1030），欧阳修高中科举，名重当时，他的文章一出，天下士皆向慕，一时文章大变。"遂擅天下，四十年间，天下以为模范。"①

欧阳修作为北宋中期文坛盟主，对当时历史的影响有多方面，不必细说，这里只说对于士大夫的崛起的重要贡献，可以归纳为两方面，第一个贡献是对文风的变革，文风的变革不单纯是文体的变革，从骈体改为古文，更重要的在于内容的变革。欧阳修领导古文复兴之时，正是范仲淹等人倡导的政治革新浪潮涌动之际。他们相互呼应，互相配合，因而欧阳修的创作贯穿着古文运动的思想精髓——文以载道、文以明道。在这里有两层意义，一是欧阳修主张先道后文。用他自己的话说："学者当师经，师经，必先求其意，意得，则心定，心定，则道纯，道纯，则充于中者实，中充实，则发为文者辉光。"②二是欧阳修把文风的变革与宣扬儒家之道联系起来，把变革社会的政治实践放在第一位。"以通经学古为高，以救时行道为贤，以犯颜纳说为忠。"③宋仁宗景祐年间，欧阳修在《与黄校书论文章书》中指出："见其弊而识其所以革之者，才识兼通，然后其文博辩而深切，中于时病而不为空言。盖见其弊，必见其所以弊之因。若贾生论秦之失而推古养太子之礼，此可谓知其本矣。"④欧阳修是这样说的，也是这样实践的。像著名的《朋党论》《与高司谏书》《准诏言事上疏》《本论》《论杜衍范仲淹等罢事状》等代表作即是庆历新政前后的战斗檄文。不言而喻，经世致用思潮是促成宋代诗文革新运动产生和发展的重要因素，它首先是通过这一时期的古文创作和古文理论表现出来。而这一时期的政治革新就是经世致用思潮最充分的实践。因而欧阳修的政论文也就成为时代的最强音。

第二个贡献是作育人才。在变革文风的过程中，欧阳修不仅自己努力创作，

---

① 《欧阳修全集》附录卷五，《事迹》，第1370页。
② （宋）欧阳修：《居士外集》卷一八，《答祖择之书》，《欧阳修全集》上册，第499页。
③ （宋）欧阳修：《居士集·序》，《欧阳修全集》上册，第1页。
④ （宋）欧阳修：《居士外集》卷一七，《书》，《欧阳修全集》上册，第488页。

而且团结同道，奖掖后进。宋仁宗初期，欧阳修与"为古文"的石介、尹洙、苏舜钦等人一道"议论当世事，迭相师友"，"遂以文章名冠天下"。①欧阳修平生以奖进贤才为己任，"一时贤士大夫，虽潜晦不为人知者，无不称誉，荐举极力而后已"，"至于有一长者，识与不识，皆随其所长而称之。至今当世显贵知名者，公所称荐为多"。②最为后人称道的是，宋仁宗嘉祐二年（1057），欧阳修出任贡举考试的主考官。在中国文化史上留下重要影响的曾巩、苏轼、苏辙、程颢、张载、吕惠卿、曾布等人，都是经欧阳修选拔中举，在嘉祐二年之后脱颖而出的。因而欧阳修主考贡举的嘉祐二年，在中国文化史上是一个有标识意义的年份，它标志着中唐以来的古文运动取得了最终胜利。江山代有才人出，对于后起之秀，欧阳修不仅不嫉妒，反而为新人的出现感到欢欣鼓舞。曾巩投拜欧阳修为师，欧阳修说，过其门者百千人，独于得巩为喜。后来读了王安石的诗文，即赠诗以心仪的李白、韩愈称许王安石；苏洵、苏轼、苏辙更是经欧阳修的推誉而"名动京师，而苏氏文章遂擅天下"③。欧阳修在给梅尧臣的信中说："读轼书，不觉汗出，快哉，快哉！老夫当避路，放他出一头地也。可喜，可喜！"④每读到苏轼的新作"为终日喜"。那种爱才、让贤之心溢于言表。欧阳修对于后学曾巩、王安石、苏轼等人的识拔和培育，在当时文坛上留下一段佳话，从而造就了北宋前后相继、蔚为大观的散文创作的新面貌。

由这两个贡献不难看出，欧阳修作育人才，不仅领导古文运动的最终成功，而且造就了一批改革社会的中坚力量。

**（二）仁宗后期改革呼声的再度涌起**

庆历新政失败了，但严重的社会问题不但没有解决，反而愈演愈烈。官员人数到皇祐年间已达两万多人，比景德年间几乎翻了一番，军队人数在至和年间，又增加很多，"皇祐之初，兵已一百四十万矣"⑤。宋廷财政空虚，就拼命进行搜刮，农民起义更是风起云涌。皇祐元年（1049）岁入一亿二千六百二十五万一千九百六十四，但各种养士、养兵之费和辽朝、西夏岁币，后宫嫔妃又以千计，财政收入全部告罄，由此开始了入不敷出的财政局面。嘉

---

① 《宋史》卷三一九，《欧阳修传》，第 10375 页。
② 《欧阳修全集》附录卷五，《事迹》，第 1371 页。
③ （宋）王辟之：《渑水燕谈录》卷四，《才识》，中华书局，1997 年，第 42 页。
④ （宋）欧阳修：《书简》卷六，《与梅圣俞（嘉祐二年）》，《欧阳修全集》下册，第 1288 页。
⑤ （宋）陈傅良：《历代兵制》卷八，《本朝》，文渊阁四库全书景印本，第 663 册，第 479 页。

祐四年（1059）四月，刑部官僚上报说，由于民贫乏食一年当中曾发生"劫盗"九百七十起之多，嘉祐六年（1061）八月，苏辙言"海内穷困，生民怨哭"①，是对仁宗晚年社会危机加深的真实写照。于是有为的士大夫就不能不重新反省统治，因而，要求改革的呼声在一度沉寂之后，很快又高涨起来。

先看一下李觏的经济改革主张。在范仲淹集团的士大夫看来，官僚政治的整顿仅是改革的初步，并不是说财政经济方面不需要调整了。同范仲淹集团在政治上有着密切联系的李觏，就在范仲淹改革前后，提出有关经济等方面的一系列的改革意见，这些意见是有其代表性的。

李觏是北宋杰出的思想家。李觏，字泰伯，生于宋真宗大中祥符二年（1009），卒于宋仁宗嘉祐四年（1059），江南西路建昌军南城（今属江西省）人。李觏自幼家境中衰。青年时代勤奋好学，俊辨能文，关心时政。李觏也曾尝试着通过科举步入仕途，但举进士、制科都不中。遂以"教授自资，学者常数十百人"，成为誉满东南的著名学者。他在《潜书》《礼论》《平土书》《富国策》《强兵策》《安民策》《庆历民言》《周礼致太平论》等系列文章中，首次系统提出变革社会、富国强兵的主张。他的思想与稍晚一些时候王安石的变法，在理财富国、平均土地、薄赋省役、整顿兵制诸多方面都不谋而合。若单就理论论说而言，李觏的思想又更系统、更有条理。李觏被学者称为未得君行道的又一个王安石。

李觏生活的时代正处在北宋经济文化逐步走向繁荣，而社会矛盾丛生又导致内忧外患的历史时期。当范仲淹等人在宋仁宗天圣至庆历年间酝酿和发动社会改革期间，虽不在其政的李觏则在理论和舆论上积极支持范仲淹，他大声疾呼："救弊之术，莫大乎通变。"②"苟安而不忘危，存而不忘亡，治而不忘乱，以忧患之心，思忧患之故，通其变，使民不倦，神而化之，使民宜之，则自天佑之吉，无不利矣。"③他对《易经》中随时变易思想的阐发，正是为社会变革提供理论根据。而李觏关于变革社会、富国强兵等系列文章主要就是在这一时期完成的，从而充分体现了李觏通经致用的治学精神。

李觏不仅敢于反传统，而且对社会问题具有敏锐的洞察力。李觏揭露和分析造成宋朝种种社会矛盾的根源是由于土地占有不均："法制不立，土田不均，

---

① 《宋史》卷三三九，《苏辙传》，第 10822 页。
② （宋）李觏：《直讲李先生文集》卷三，《易论》第一，《宋集珍本丛刊》第 7 册，第 41 页。
③ （宋）李觏：《直讲李先生文集》卷三，《易论》第十三，《宋集珍本丛刊》第 7 册，第 53 页。

富者日长,贫者日削,虽有耒耜,谷不可得而食也。"①"自阡陌之制行,兼并之祸起,贫者欲耕而无地,富者有地而或乏人。野夫有作惰游,况居邑乎?沃壤犹为芜秽,况瘠土乎?饥馑所以不支,贡赋所以日削。"②要解决贫富不均、缓和阶级对立,其根本办法是变革土地占有制度,因而他反复论证平土均田、抑制土地兼并、制止两极分化的思想主张。强调指出"平土之法"是自古以来的"王政"之始,成周时代的井田制是解决土地的基本方案。虽然李觏的平土均田思想带有一定的空想色彩,但是它深刻反映了当时的社会现实和广大农民阶级要求改变土地制度的社会进步思潮。

北宋社会矛盾在宋仁宗庆历以后继续加深,因而士大夫的改革要求,并未因庆历新政的失败而低沉下去。相反地,改变现状的要求愈益强烈,终于汇成一道洪流:

> 方庆历、嘉祐,世之名士常患法之不变也。③
> 
> 至于嘉祐末年,天下之事似乎舒缓,委靡不振,当时士大夫亦自厌之,多有文字论列。④

王安石、程颐、司马光、苏辙、苏轼都从不同角度提出改革主张,改革主张主要聚焦在百余年宋朝积弱不振的局势和如何改变的问题上,对差役法、募兵制、马政、均户田、财政积弊等方面均提出了许多有价值的改革意见,有一些还做了具体改革实践,如皇祐五年(1053)李参任陕西转运使,为缓解当地严重的粮荒,实行预先借贷的"青苗钱",英宗时期对边区的民兵做了整顿等,都可视为熙宁新法的先河。尤其值得注意的是,司马光在熙宁、元丰时期反对改革差役法最为激烈,但是在嘉祐、治平时期却是主张改革差役法的主要倡导者。由此可以说,后来王安石的变法是从以前个别、局部的改革实施发展来的。亦即在变法酝酿的过程中,士大夫的改革要求给后来的变法在思想上做了准备,而个别、局部的改革实施就给变法的实际推行打下了基础。由此进一步说明,庆历新政失败后,一场更大规模、更深刻的变革运动的出现,不是突如其来的,而是有着深刻根源的政治运动。

---

① (宋)李觏:《直讲李先生文集》卷一九,《平土书》,《宋集珍本丛刊》第7册,第131页。
② (宋)李觏:《直讲李先生文集》卷六,《国用第四》,《宋集珍本丛刊》第7册,第70—71页。
③ (宋)陈亮:《陈亮集》(增订本)卷一二,《铨选资格》,中华书局,1987年,第134页。
④ (宋)徐自明撰,王瑞来校注:《宋宰辅编年录校补》卷七,中华书局,1986年,第393页。

## （三）"濮议"

嘉祐八年（1063）三月三十日，宋仁宗病逝，享年54岁。仁宗无嗣，死后以濮安懿王允让之子赵曙继位，改明年为治平元年，是为宋英宗。英宗自小懦弱，身体欠佳，登基后受到当时紧张气氛的惊吓，不能上朝理政，由仁宗曹皇后临朝称制。一年后治平元年（1064）五月，英宗亲政。英宗虽然体弱，但却是一位想有作为的君主，企图变旧图新，他在亲政的第三天就问执政大臣："积弊甚众，何以裁救？"[①] 并要求大臣提出改革磨勘制度和恩荫制度的方案，显然英宗是想有作为的，但是他的改革设想未能付诸实践，就受到内部政争的干扰。英宗亲政仅半个月，宰相韩琦等人就向英宗提议请求有关部门讨论英宗生父的名分问题。当时仁宗逝世已有14个月，英宗批示，等过了仁宗大祥再议，也就是待到满24个月再说，这显然是英宗为了减少追封的阻力而做出的姿态。治平二年四月九日，韩琦等再次提出这一议题，于是，英宗出诏将议案送至太常礼院，交两制以上官员讨论。由此引发了一场持续18个月的论战，这就是北宋史上有名的"濮议"。以司马光（1019—1086）为代表的台谏和侍从官吕诲、范纯仁、吕大防等力主称仁宗为皇考，濮王为皇伯，而中书韩琦、欧阳修等执政大臣则主张称濮王为皇考。对于濮议之争的评论，以往一向以为是无关乎国计民生的意气之争，"濮邸之事不过议制礼耳"[②]。实际上并不能简单概括言之，日本学者小岛毅的看法值得重视，他说："用现在的价值观看，这简直就是一个不值得一提的毫无意义的争执，是一个根本不值得抛开上述各种紧要问题不管而来议论的事情。因此，这件事要么是在历史记录上被轻描淡写，要么就是作为世代之间的抗争，或者政府与谏官之间的制度上的、构造上的对立关系，甚至是作为统治阶级内部矛盾来解读。议论的重点不是放在这个争论本身，而是放在说明造成这个争论的原因上。但是，在近代价值观确立以前，濮议本身，一直被反刍和议论。这是因为，濮议中的意见对立，包含了中国政治秩序，也就是礼教秩序的根本问题。"[③] 正因为如此，这一历史事件形成的执政与台谏纷争不已的局面，已昭示着仁宗朝以来的朋党之争进入一个新阶段，即学术斗争与政治斗争绾结在一起，揭开了神宗朝以后党争的大幕，预示着王安石变法不会一帆

---

① 《长编》卷二〇一，治平元年夏四月辛亥，第4868页。
② （南宋）吕中撰，张其凡、白晓霞整理：《类编皇朝大事记讲义》卷一三，《英宗皇帝·台谏》，上海人民出版社，2014年，第257页。
③ 〔日〕小岛毅：《中国思想与宗教的奔流：宋朝》，何晓毅译，广西师范大学出版社，2014年，第86页。

风顺,将面临着疾风暴雨式的斗争。

## 参考文献及拓展阅读

漆侠:《王安石变法》(增订本),《漆侠全集》第二卷,河北大学出版社,2008年。
漆侠:《范仲淹集团与庆历新政——读欧阳修〈朋党论〉书后》,《历史研究》1992年第2期。
李涵、刘经华:《范仲淹传》,中州古籍出版社,1991年。
苗书梅:《宋代官员选任和管理制度》,河南大学出版社,1996年。
杨果:《宋翰林学士人员结构考述》,《宋辽金史论稿》,商务印书馆,2010年。
梁庚尧编著:《宋代科举社会》,台北台大出版中心,2015年。
李华瑞主编:《中国改革通史》两宋卷,河北教育出版社,2000年。

# 第三章　王安石变法

## 引　子

王安石变法有两个层面：一是当时最高统治者为改变长期积弱不振的国势、缓和社会矛盾进行的一场政治自救运动，以富国强兵为主；二是一场士大夫们欲实践其回到三代政治理想的社会变革运动。特别是王安石从孟子的王道政治思想中受到启发，作为他观察社会、进行改革的出发点和理论依据。王安石在上仁宗万言书中提出的法先王之政，实际上就是努力践行孟子的政治理想，从而达到治理国家、重建社会秩序的目的。王安石执政以后采取的诸多新法和施政理念，贯穿了孟子政治理想的精髓。

但是从南宋以来讨论王安石变法，多集中于讨论富国强兵，而对于回到三代政治理想的层面关注不多，有说王安石法先王之政是托古改制，泥古不化，甚或说是王安石为推行新法的一种缘饰。因此，以往和新近的研究，不论是将北宋后期改革运动割裂式的讨论，还是强调从宋神宗到宋徽宗这三朝推行新法的连续性，其叙述、评议的角度多是考量适用于富国强兵的逐项新法上。而对王安石变法第二层面的动机和目的讨论不多，即使有涉猎也是就事论事，而没有与王安石总体设计联系起来考察。下面将从两方面来讨论王安石变法。

## 一、变法前的王安石

王安石，字介甫，北宋江南西路抚州临川县人。宋真宗天禧五年十一月十二日辰时（公元 1021 年 12 月 18 日）诞生在临江军（治所清江，今江西清江县西临江镇）判官官舍中。自幼随父王益辗转南北，略通民情，少年时的王安石，恃才傲物，能文善赋，"少好读书，一过目终身不忘。其属文动笔如飞，初若不经意，既成，见者皆服其精妙"①。十八九岁便以天下为己任，不仅读儒家经典而且博览群书，无所不读，无所不问，批判地继承优秀的文化遗产，吸取新的养分，逐步形成自己的思想体系，为后来的变法运动打下了深厚的思想基础。宋仁宗庆历二年（1042）进士及第后，王安石被委派为签书淮南东路节度判官厅公事，庆历七年改任明州鄞县知县，"读书为文章，三日一治县事。起堤堰，决陂塘，为水陆之利；贷谷于民，立息以偿，俾新陈相易；兴学校，严保伍，邑人便之。故熙宁初为执政所行之法，皆本于此"②。三年以后任舒州（今安徽潜山）通判。其后出任群牧判官、提点开封府界诸县镇公事，嘉祐二年（1057）出知常州，翌年改任提点江南东路刑狱，既而又被委派为三司度支判官。

翻检王安石中青年时期的言行，对王安石影响最大的人莫过于孟子。宋朝官修编年实录中之王安石传，今保存于《名臣碑传琬琰集》："安石早有盛名，其学以孟轲自许。荀况、韩愈不道也。"王安石的《淮南杂说》发表后，见者认为"世谓其言与孟轲相上下"③。就是说很像孟子的书。他的学生陆佃说：（王安石）"言为《诗》《书》，行则孔孟。"④极力反对王安石变法的司马光也说："介甫游于诸书无不观，而特好孟子与老子之言。"⑤南宋人罗从彦说："王安石以高明之学、卓绝之行，前无古人，其意盖以孟子自待。自世俗观之，可谓明世之士矣。"⑥

王安石为什么推崇孟子？韩愈说："始吾读孟轲书，然后知孔子之道尊"⑦，"求观圣人之道者，必自孟子始"⑧，这两句话对理解王安石推崇孟子至关重要。因为孟子借孔子之言，发挥表现自己所谓法先王之政、行圣人之道的主张，正是北宋中期以王安石为代表的新儒学提倡用所谓圣人之"意"来否定诠释所谓圣人之"言"的传统声张来改变现有秩序的一种诉求。

王安石在个性上与孟子很相似，熙宁年间盛传的"三不足畏"的政治传言，意在抨击王安石变乱祖宗法度，邓广铭先生认为，这最能体现王安石大无畏的

---

① 《宋史》卷三二七，《王安石传》，第 10541 页。
② （宋）邵伯温：《邵氏闻见录》卷一一，中华书局，1983 年，第 118 页。
③ （宋）晁公武：《郡斋读书后志》卷二，《王介甫临川集》题解引蔡卞语。按：实为蔡京所作。参见张呈忠：《蔡京为〈王安石传〉考》，《闽台文化研究》2017 年第 3 期。
④ （宋）陆佃：《陶山集》卷一三，《祭丞相荆公文》，丛书集成初编本，商务印书馆，1939 年，第 146 页。
⑤ （宋）司马光：《温国文正司马公文集》卷六〇，《与王介甫书》，四部丛刊初编缩印本。
⑥ （宋）罗从彦：《豫章文集》卷七，《尊尧录》六，《韩琦》，文渊阁四库全书景印本，台湾商务印书馆，1986 年，第 1135 册，第 706 页。
⑦ （唐）韩愈：《昌黎先生集》卷一一，《读荀子》，四部丛刊初编缩印本。
⑧ （唐）韩愈：《昌黎先生集》卷二〇，《送王埙秀才序》，四部丛刊初编缩印本。

精神，①这与孟子跟弟子们讨论治理国家问题时，所表现出的那种"如欲平治天下，当今之世，舍我其谁也？"②的英雄气概极其相似。

孟子生当战国之际，其时各国君主对外进行兼并战争："争地一战，杀人盈野；争城一战，杀人盈城"；对内横征暴敛，使"民有饥色、野有饿莩"，社会矛盾和统治阶级之间的矛盾都很严重。但这也是孕育着国家统一的时代。孟子提出的"仁政"学说，为民制产的井田制方案，省刑罚、薄税敛、不违农时的统治政策，在当时虽然被认为是不切实际的迂阔说教而未被采纳，但却不失为缓和社会矛盾的一剂药方，一个改革设想。在后代社会矛盾尖锐的时候，孟子提的这套办法，对一些想要进行改革的人，还是颇有吸引力的。如当土地兼并激烈时，井田制便常被人怀念和提出，就是证明。王安石的《发廪》诗有"我尝不忍此，愿见井地平"，说明他对井田制抱有好感。他的《寓言》诗"婚丧孰不供，贷钱免尔萦"，和孟子说的"使民养生丧死无憾"用意相同。王安石的《感事》诗："贱子昔在野，心哀此黔首；丰年不饱食，水旱尚何有"，和孟子指出战国时人民的痛苦"乐岁终身苦，凶年不免于死亡"更为相似，因此，王安石从孟子的政治思想中受到启发，作为他观察社会、进行改革的出发点和理论依据，是完全可能的。③

王安石自入宦途以来，经过十六七年的时间，看到了北宋社会政治问题的严重性，嘉祐三年（1058）十月调离江东，到京城开封任三司度支判官，大约在次年春初，他把结存于心中多年的思想，写成了著名的上仁宗皇帝《言事书》。

王安石在《言事书》中开门见山地指出："顾内则不能无以社稷为忧，外则不能无惧于夷狄，天下之财力日以困穷，而风俗日以衰坏，四方有志之士，諰諰然常恐天下之久不安，此其故何也？患在不知法度故也。"为此大声疾呼"以古准今，则天下安危治乱尚可以有为，有为之时莫急于今日"。并针对这些问题提出了改革的意见和方针：

> 因天下之力以生天下之财，收天下之财以供天下之费，自古治世，未尝以财不足为公患也，患在治财无其道尔。在位之人才既不足，而闾巷草野之间亦少可用之才，社稷之托，封疆之守，陛下其能久以天幸为常，而

---

① 邓广铭：《北宋政治改革家王安石》序言，王安石变法革新的精神支柱，生活·读书·新知三联书店，2007年，第2—5、92—111页。
② 《孟子·公孙丑下》。
③ 详见杨志玖：《王安石与孟子》，《社会科学战线》1979年第3期。

无一旦之忧乎？愿监苟且因循之弊，明诏大臣，为之以渐，期合于当世之变。臣之所称，流俗之所不讲，而议者以为迂阔而熟烂者也。①

在强烈要改革弊政的同时，王安石在上仁宗皇帝《言事书》，劝宋仁宗实践孟子提倡的法先王之道，效法尧舜，以"先王之政"为改革的口号和样板。

孟子曰："有仁心仁闻，而泽不加于百姓者，为政不法于先王之道故也"，以孟子之说，观方今之失，正在于此而已。夫以今之世，去先王之世远，所遭之变，所遇之势不一，而欲一二修先王之政，虽甚愚者，犹知其难也。然臣以谓今之失，患在不法先王之政者，以谓当法其意而已。夫二帝、三王，相去盖千有余载，一治一乱，其盛衰之时具矣。其所遭之变，所遇之势，亦各不同，其施设之方亦皆殊，而其为天下国家之意，本末先后未尝不同也。臣故曰：当法其意而已，法其意，则吾所改易更革，不至乎倾骇天下之耳目，嚣天下之口，而固已合乎先王之政矣。②

这篇万言书既没有引起宋仁宗的注意，也没有为执政大臣所重视。

虽然《言事书》没有引起仁宗皇帝的注意，但是《言事书》所展现出的政治睿智，表明王安石已站在洞察时代的最前列。加之王安石在学术、文学上的巨大影响，使他成为众望所归的人物，"独负天下大名三十余年，才高而学富，难进而易退，远近之士识与不识，咸谓介甫不起而已，起则太平可立致，生民咸被其泽矣"③。嘉祐八年宋仁宗去世，同年八月王安石母亲病逝，他去官奉母柩归葬金陵（今南京）一直到英宗逝世，治平四年（1067）宋神宗即位。神宗是一位很想有大作为的皇帝，应当说王安石比范仲淹幸运，他遇到了"得君行道"的最佳历史机遇。这一点很重要，唐宋以降，怀抱政治理想的士大夫可以说代不乏人，但是能得君行道者则屈指可数。

宋神宗是一位很有政治抱负的君主，熙宁元年（1068），宋神宗对文彦博等说："当今理财最为急务，养兵备边，府库不可不丰，大臣共宜留意节用。"④明

---

① 《宋史》卷三二七，《王安石传》，第 10541 页。
② （宋）王安石：《临川先生文集》卷三九，《上皇帝万言书》，《王安石全集》，复旦大学出版社，1997年，第 749—750 页。
③ （宋）司马光：《温国文正司马公文集》卷六〇，《与王介甫书》，四部丛刊初编缩印本。
④ （元）佚名撰，李之亮校点：《宋史全文》卷十一，黑龙江人民出版社，2005 年。

清之际王夫之说富国强兵"此非安石导之也,其志定久矣"。(《宋论》,第118页)清人赵翼说,世人只知王安石变法"而不知根底于神宗之有雄心也"。

宋神宗早在东宫时就曾向韩维、王安礼、苏颂等大臣们咨询武功开边之事,恢复汉唐旧疆,"以成盖世之功"。也很赞赏王安石的言事书。他一登上帝位,"慨然有取山后之志"①,恢复汉唐旧境,统一中国,谋求改变自宋真宗朝以来形成的积弱局面,向大臣们问以治道。根据多种文献记载可知,宋神宗在熙宁元年(1068)四月曾先后向大臣富弼和翰林学士王安石问以治道。富弼告诫神宗"愿二十年口不言兵"②。显然宋神宗在富弼等老臣处未得到他所期望的东西。于是神宗又诏新除翰林学士的王安石越次入对。宋神宗谓王安石曰:"朕久闻卿道术德义,有忠言嘉谋当不惜告朕。方今治当何先?"王安石对曰:"以择术为始。"宋神宗又问:"祖宗守天下,能百年无大变,粗致太平,以何道也?"王安石退而上神宗论《本朝百年无事札子》,回答宋神宗提出的"本朝有无百年"原因等问题,分析了北宋开国以来的形势,指出"累世因循之弊"的恶果,农民坏于徭役,兵士杂于疲老,理财无法,"民不富","国不强",一切都是得过且过的衰弊样子。至此,宋神宗选定王安石的思想和施政纲领为"国是",希望王安石能像诸葛亮辅刘备、魏徵助李世民那样辅佐他。③这一点很重要,在中国古代政治变革、变法成败往往系于帝王的意志,也与帝王的政治生命绾结在一起。王安石虽然主导如何变法,但是变法能不能实行则取决于宋神宗,从这个意义来说,有宋神宗才有王安石。有宋神宗力排众议,才有王安石的变法。

宋神宗在熙宁元年选择王安石的思想或施政纲领进行变法,在很大程度上符合朝野士人的政治诉求。"天下盛推王安石,以为必可致太平。"④ 由于王安石的盛名,于是熙宁二年(1069)起用王安石为参知政事,负责变法。接着设置了"制置三司条例司"作为变法的指导机构,以吕惠卿主其事。

熙宁三年(1070)王安石与韩维同时升为同中书门下平章事。从宋神宗、王安石到吕惠卿等人,形成了变法派的中坚力量,把酝酿已久的改革推向一个高潮。邓广铭先生以为王安石是在先秦法家思想指导下进行变法革新的。王安石的《熙宁奏对日录》中曾记其与宋神宗的一次谈话:"陛下看商鞅所以精耕战之法,只司马迁所记数行具足。若法令简而要,则在下易遵行;烦而不要,则

---

① (宋)王铚:《默记》卷中,中华书局,1981年,第20页。
② 《宋史》卷三一三,《富弼传》,第10255页。
③ (宋)王安石:《临川先生文集》卷四一,《本朝百年无事札子》,《王安石全集》第六册,第801—803页。
④ (宋)朱熹:《三朝名臣言行录》后集卷三,《吴奎》,文渊阁四库全书景印本,第449册,第174页。

在下既难遵行，在上亦难考察。"王安石变法的主要目的之一是富国强兵，他在熙宁四年二月与神宗的一次谈话中重申："修吾政刑，使将吏称职，财谷富，兵强而已。"① 所以新法措施都是围绕这个总目标进行的。

但是应当补充的是，王安石执政以后采取的诸多新法和施政理念，贯穿了孟子政治理想的精髓。也是他在"乞制置三司条制"强调"盖聚天下之人，不可以无财；理天下之财，不可以无义。夫以义理天下之财，则转输之劳逸不可以不均，用度之多寡不可以不通，货贿之有无不可以不制，而轻重敛散之权不可以无术"② 的出发点。

## 二、新法的主要内容

### （一）为"富国"而推行的新法

1. **青苗法**。也称常平法或常平新法。熙宁二年（1069）九月推行。以各路常平仓、广惠仓所积存的一千五百万贯、石以上的钱、谷作本钱，改变粮价贵时以低于市场价售粮，粮价贱时以高于市场价收购的办法，并参照仁宗时陕西转运使李参，让缺钱粮的农户根据需要向官府借钱，粮食收获后还官，称为青苗钱。熙宁新法以每年正月、五月，由农户自愿向本县官府借贷，不愿请者，不得抑配。客户愿请者，即与主户合保。各等户都定有限额，粮食收获后随缴纳夏、秋税时归还，加息二或三分，遇重灾允许延期归还，以收"广蓄积，平物价，使农人有以赴时趋事，而兼并不得乘其急"的效果。

2. **农田水利法**（农田利害条约）。这项法令是国家政权为发展农业生产的具体措施。熙宁二年（1069）十一月颁布。奖励各地开垦荒田、浚修或可兴建的水利工程（如陂塘堰埭和圩垾堤防的新修等），由受益民户按户等出工出料兴修。如人力财力不足，可依青苗法向官府借贷；再不足，则由官府劝导富户出借，依例计息，由官府督理。

3. **免役法**。也称雇役法、募役法。王安石向神宗说："农以去其疾苦，抑兼并，便趣农为急。此臣所以汲汲于差役之法也。"③ 新法免除了原先民户按户等

---

① 《长编》卷二二〇，熙宁四年二月庚午，第 5351 页。
② （宋）王安石：《临川先生文集》卷七〇，《王安石全集》第六册，第 1261 页。
③ 《长编》卷二二〇，熙宁四年二月庚午，第 5351 页。

轮流到官府服差役（旧法称为差役法），改为官府出钱募人充役。主要是改革衙前役。官府向原先充役的农村上三等户按户等征收"免役钱"，为了使役钱负担相对平均，向城镇上五等户及农村原先不服差役户，如官户、坊郭户、未成丁户、单丁户、女户、寺观，按户等减半征收的称"助役钱"，州县官府依当地吏役事务简繁，自定额数，供当地费用；定额之外，另加十分之二缴纳，称免役宽剩钱，由各地存留，以备灾荒年份全部免征"役钱"时，即以此钱充用。熙宁二年（1069）十二月公布办法征求意见，次年十二月在开封府试行，四年十月才正式向全国推行。

4. **市易法**。熙宁三年（1070），王韶在秦州（今甘肃天水）古渭寨（今陇西）设市易务，以官钱为本，控制与西北少数民族的贸易。五年初，草泽（平民）魏继宗上书建议在首都开封设市易司，控制首都市场，增加政府收入。同年三月颁布市易法，先在开封设市易务，后在杭州、广州、扬州等地设置，首都市易务改为都提举市易司。市易机构以官钱作本，收购市上的滞销货物，商贩可以金银产业为抵押向市易机构赊购货物贩卖，半年或一年后归还，加息一分或二分。"贸迁货物"方面，外来商人，如愿将无法脱手的货物出卖给官府，许其到市易务投卖，由行人、牙人同客商一道评议价钱。对限制大商人垄断市场，增加官府收入，均有作用。

5. **方田均税法**。熙宁五年（1072）八月颁行，每年九月县官主持丈量土地，以东西南北各千步为一方，计四十一顷六十六亩多，以肥瘠分为五等作为纳税的依据。清丈毕，付给各户户帖庄帐，以为"地符"。均税办法是以各县旧有税额按土地等级，由各户实际拥有顷亩数平均负担。通过清丈土地，消除诡名挟佃，以及"隐法漏税"等弊病，平均赋税负担，并以此来增加政府的税收。

方田均税法直接导源于郭谘的千步方田法，自京东路开始，其后推广于河北、陕西、河东等地，总共不过五路，限于华北平原、关中盆地等地区。

### （二）为"强兵"而推行的新法

1. **将兵法**（置将法）。为了减少军队人数，减少军费开支，改变"更戍法"所造成的兵不知将、将不知兵、缺乏训练、战斗力下降的状况。从熙宁二年（1069）开始"并营"精简军队，压缩编制，裁并厢军，到元丰八年（1085）禁、厢军总数减为80万左右，比原先减少30多万。熙宁七年（1074），为了提高战斗力，范仲淹所创立的将兵法扩大，首先在华北实施，共设置37将，不久又在西北设置42将，元丰四年（1081）又设东南13将，共92将。每将战士多的上万、少的在 3000 以下，每将设将、副将各一人，选择有作战经验和有才能的人担任，东南诸将 3000 人以下的只设将。"使兵知其将，将练其士卒，平居训厉搜择，无复出戍，外有事而后遣焉。"①

**2. 保甲法**。改革派赵子几首先提出，开封府郊县原先曾有民户自相结合组成保甲以维持地方治安。熙宁三年（1070）十二月因而颁布《畿县保甲条例》，每十家为一小保，设保长；五十户为一大保，设大保长；十大保为一都保，设都、副保正。主、客户每户（后改为只有主户）二丁以上，一人任保丁，置备弓箭，进行训练，每大保每夜轮差五人"巡警"，并实行保内连坐法等。首先在开封地区实行，以后逐渐推行于全国，保丁"教艺既成，更胜正兵"，"马上事艺往往胜诸军"。保甲法除了维持地方治安外，还部分地代替军队，达到"消募兵骄志，省养兵财费"的目的。

**3. 保马法**。是为了解决军马缺乏而令民户养马的新法，全称为保甲养马法，开始于熙宁五年（1072）五月，实行于开封府属县，次年八月推行于京东、京西、河北、河东、陕西五路，定额为 8000 匹，后增至 1 万匹。民户自愿养马，每户一匹，最多二匹，官府供马或自买马官府给钱，每养一匹马每年可免"折变沿纳钱"14400 文等优待办法。王安石辞相以后，元丰三年（1080）二月，改行"户马法"，也称"物力户养马法"（养马地区与保马法同）。凡城镇家产每 3000 贯、农村 5000 贯（后也改为 3000 贯）强制养马一匹，最多养三匹，民户自费买马，初定共该养马 1.16 万多匹。到元丰七年（1084）二月，又令京东、京西两路停止实行户马法，改为每一都保养马 50 匹，每匹给价钱 10 贯，另有其他优待办法，以后又有所变化，也称保马法，可称之为"都保养马法"，两路共应养马 10 万匹左右。

**4. 均输法**。熙宁二年（1069）七月实施的第一个新法，以朝廷的支出所需决定调运的数量，可以"徙贵就贱，用近易远"，"从便变易蓄买"，以节省购价及运输费用，达到"便转输，省劳费，去重敛，宽农民，庶几国可足用，民财不匮"②的目的。一般认为均输法未付诸实行。

### （三）三舍法的创制与教育改革

王安石根据多年做地方官的实际经验和长期的学术研究收获，提出要改革

---

① （元）马端临：《文献通考》卷一五三，《兵考》，中华书局，2011 年，第 4580 页。
② 《宋史》卷一八六，《食货志》，第 4556 页。

宋王朝积贫积弱的局面，必须变法革新，而变法革新的关键在人才，陶冶人才的根本在教育，教育改革将关系到全部变法的成败。于是，在其为政期间实行了一系列教育改革措施。

三舍法为熙宁"新政"之一，是三舍考选法或三舍选察升补法的简称。当时，进士科重诗赋，明经科专记诵，王安石认为不能造就有用人才，因此建议神宗，于熙宁四年（1071）颁行贡举新制，仅保存进士一科，进士科废除诗赋、墨义。新制进士科以经义考试为主，对于这样的改变，即便是反对新法的司马光也认为是"革历代之积弊，复先王之令典，百世不易之法也"[①]。熙宁科举考试改革，确定了以后进士科成为贡举考试单一科目的基本形态，经义也从此成为进士科考试的基本内容。同年，创立太学生三舍法，将太学生分为上舍、内舍、外舍三等。即根据学生的程度和资格分为三等，初入太学者为外舍生，外舍升内舍，内舍升上舍。元丰二年（1079），又颁学令，规定外舍生为二千人，内舍生三百人，上舍生一百人。外舍生每年公试一次，成绩列入一、二等的学生，升入内舍。内舍生每两年舍试一次，按照贡举考试方法，试卷须密封誊录。凡考试成绩达到优、平二等者，再参考平时的操行和学业成绩，如果合乎要求，即可升入上舍。上舍生学习两年，举行上舍考试，由朝廷委派大员主考，太学教官不得参与，一切手续与科举省试相同。评定成绩分为上中下三等，上等取旨授官，中等免礼部试，下等可免解直接参加省试。

又设置经义局对《诗》《书》《周礼》三部古代典籍重新加以注释，通称《三经新义》，为必读书。晚年王安石又著《字说》，以《三经新义》和《字说》为标志的"荆公新学"，通行于学校，虽几经废黜，但余绪不绝。《三经新义》的撰修，体现了王安石"以经术造士"的思想。

王安石在改革太学，实行了"三舍法"的同时，对州县学校也进行了改革、整顿。熙宁四年（1071）下令京东、京西、河东、河北、陕西五路置学，征求各路"经术""行谊"之士为教授，各州学给田十顷，以给费用；朝廷委中书选人充诸路学官。熙宁八年（1075），召各州学官至京师举行考试，看其能否称职。至元丰元年（1078），全国州府共设有学官五十三名。地方教育蓬勃发展起来，呈现出"学校之设遍天下，而海内文治彬彬矣"[②]的局面。王安石在太学建立了"武学""律学""医学"等专科学校，旨在培养出"尚实用、术专门、兼

---

[①] 《长编》卷三七一，元祐元年三月壬戌，第8976页。
[②] 《宋史》卷一五五，《选举志》，第3604页。

文武"的各种专门技术人才，一改既往太学崇尚义理、轻视实用的教育传统。

元丰二年（1079）订出三舍法一百四十条，颁布一系列考试方法，三舍取士与科举考试并行。

### （四）熙河之役

宋神宗起用王安石变法，决心改变宋在对夏辽关系中的被动地位，欲"兼制夷狄"。其目的是要在富国的基础上，"复河陇"和恢复幽蓟失地，即所谓的强兵。"兼制夷狄"的基本思路是先制服西夏，后经制契丹。熙宁初期，薛向、种谔等人相继提出谋取横山及开拓"熙河之役"以断西夏右臂的建议时，王安石均给以积极的支持。熙宁三年（1070），王韶上平戎三策，建议宋廷以武力取河湟、洮水吐蕃作为断西夏右臂的战略方针，得到宋神宗的赞赏和王安石的大力支持。虽然反变法派以各种方式阻挠，王安石力排众议，使得熙河之役得以顺利进行。从熙宁五年五月，宋升古渭砦为通远军，以为开熙河的根本，到熙宁六年八月攻取河州，王韶率兵入岷州界，吐蕃首领木令征降。至此熙、河、洮、岷、宕、叠六州土地幅员二千里归宋所有。逢此大捷，神宗亲解所服玉带赐王安石，以表彰他力排反变法派的非难，坚决支持王韶完成开拓熙河的功绩。但这时王安石在经制西夏的战略上与此前的思想有了不同的变化，即从熙宁初以来的宋夏战争暴露出的许多弊端看出，宋制服西夏的时机还不成熟，攘外必先改革内政。但是宋神宗仍然坚持边改革边向外用兵。正是由于王安石与宋神宗在改革军政问题上不尽一致，及至熙宁九年（1076）王安石第二次罢相后，熙丰新法基本上就由宋神宗亲自主持。宋神宗在改革军政上不愿轻易更弃牵涉到宋立国的基本国策（祖宗之法），使得宋朝军事体制上的根本弱点得不到彻底救治，从而导致元丰年间宋神宗两次用师西夏都大败而归，宋神宗未能把战争的航船指引到胜利的彼岸，且直接影响了神宗的身心健康。不过神宗的经制也重创了西夏，于熙河路增置兰州，鄜延路增置塞门、安疆、米脂、浮图、葭芦五寨。从而使宋夏战争的天平开始向宋方倾斜。

开边不仅是强兵的重要方面，而且直接影响了变法进程。"市易法"在公布和实施之前，宋廷已接受王韶的建议率先在陇西古渭寨设置了一所市易务，为"市易法"的出台做了初步尝试。王韶经略河湟吐蕃，正是宋廷经制西夏的重要组成部分，而宋廷为了支赡陕西，河东的市籴本钱，除由内库补给外，又与青苗、免役等新法相关联，故于此亦可见经制西夏与王安石变法密切关联之一斑。

## 三、法先王之政与"摧抑兼并,均济贫乏"

"摧抑兼并,均济贫乏"是王安石法先王之政,欲建"王道"社会理想的宗旨,而"王道""仁政"是孟子政治学说的核心。在孟子看来,圣王的王道是要为人民的福祉尽一切努力,这意味着国家一定要建立在殷实的经济基础上。由于中国自古以农业为主,经常占压倒之势的是土地问题,所以孟子以为王道最重要的经济基础在于平均分配土地,这是很自然的。他的理想的土地制度,就是以"井田"著称的制度。

要了解孟子主张实行的井田制的初衷,从他所倡导的"恒产论"中可找到正确的理解。孟子对齐宣王和滕文公说:

> 无恒产而有恒心者,惟士为能。若民,则无恒产,因无恒心。苟无恒心,放辟邪侈,无不为已。及陷于罪,然后从而刑之,是罔民也。焉有仁人在位,罔民而可为也?是故明君制民之产,必使仰足以事父母,俯足以畜妻子,乐岁终身饱,凶年免于死亡。然后驱而之善,故民之从之也轻。今也制民之产,仰不足以事父母,俯不足以畜妻子,乐岁终身苦,凶年不免于死亡。此惟救死而恐不赡,奚暇治礼义哉?①

在孟子看来,真正解决农民的土地问题以保证他们的生活来源是维护社会稳定的根本因素。为了避免农民因无恒产"放辟邪侈,无不为已"而遭"陷于罪"的悲惨命运,他要求齐、梁等诸侯国的君主"反其本"而行仁政,并向他们提出为民制产的具体建议:

> 五亩之宅,树之以桑,五十者可以衣帛矣;鸡豚狗彘之畜,无失其时,七十者可以食肉矣;百亩之田,勿夺其时,八口之家可以无饥矣。②

这就是孟子"恒产论"的具体内容。他在回答梁惠王、齐宣王如何施政时

---

① 《孟子·梁惠王上》。
② 《孟子·梁惠王上》。

都一字不差地阐述了这一思想。据《孟子·尽心上》载，孟子还曾以文王"善养老，则仁人以为己归"的故事又一次强调了这一主张，可谓再三致意。

为了实现为民制产的主张，孟子提出了利用西周井田制加以润泽而使之适合战国时代实际情况的具体措施，即所谓"正经界，均井地"。他说："夫仁政，必自经界始。经界不正，井地不均，穀禄不平。是故暴君污吏必慢其经界。经界既正，分田制禄可坐而定也。"①所谓"正经界""分田制禄"，朱熹注云："经界，谓治地分田，经画其沟涂植封之界也。此法不修，则田无定分，而豪强得以兼并，故井地有不均；赋无定法，而贪暴得以多取，故穀禄有不平。"②朱熹的解释是符合实际的。孟子所提出的关于正经界、均井地、平穀禄的具体措施，旨在防止豪强兼并，保证农民"百亩之田"的恒产不受侵犯。③

秦汉的军功授田制、西晋的占田课田制，到北魏至唐的均田制，其共同之处在于国家授田，百姓受田，都有孟子鼓吹的井田制度的遗意，"自汉至唐，犹有授田之制，则其君犹有以属民也；犹有受役之法，则其民犹有以事君也。"唐中叶以后至宋"授田之制亡矣。民自以私相贸易"④，由土地兼并引起的贫富两极分化社会矛盾日趋严重。苏洵说：

> 井田废，田非耕者之所有，而有田者不耕也。耕者之田，资于富民，富民之家，地大业广，阡陌连接，募召浮客，分耕其中，鞭笞驱役，视以奴仆，安坐四顾，指麾于其间，而役属之民，夏为之耨，秋为之获，无有一人违其节度以嬉。而田之所入，已得其半，耕者得其半。有田者一人，而耕者十人，是以田主日累其半，以至于富强；耕者日食其半，以至于穷饿而无告。夫使耕者至于穷饿，而不耕不获者坐而食富强之利，犹且不可，而况富强之民，输租于县官，而不免于怨叹嗟愤。何则？彼以其半而供县官之税，不若周之民以其全力而供其上之税也。周之十一以其全力供十一之税也，使以其半供十一之税，犹用十二之税然也。况今之税，又非特止于十一而已，则宜乎其怨叹嗟愤之不免也。噫，贫民耕而不免于饥，

---

① 《孟子·滕文公上》。
② （宋）朱熹：《四书章句集注》，中华书局，2005年，第256页。
③ 李埏、章峰：《孟子的"井田说"与"恒产论"浅析》，《云南学术探索》1996年第2期。又见李埏：《孟子的井田说和分工论——读〈孟子〉札记》，《社会科学战线》1991年第1期。后收入氏著：《不自小斋文存》，云南人民出版社，2001年，第141—153页。
④ （宋）叶适：《水心别集》卷二，民事上，《叶适集》第三册，中华书局，1983年，第652页。

富民坐而饱以嬉，又不免于怨，其弊皆起于废井田。井田复，则贫民皆有田以耕，谷食粟米不分于富民，可以无饥，富民不得多占田以锢贫民，其势不耕则无所得食，以地之全力供县官之税，又可以无怨，是以天下之士争言复井田。①

王安石早年与李觏、张载、二程一样也曾经向往古代井田制："我尝不忍此，愿见井地平。"执政前王安石的确把恢复井田制作为解决土地不均问题的基本方法，可是在执政之后，王安石与张载、二程对井田制则存在根本性的分歧。王安石不仅放弃了"愿见井地平"的想法，而且认为张载等实行井田是"致乱之道"。熙宁三年和四年，王安石与宋神宗有两段对话可看出王安石与宋神宗对井田制的态度。

神宗问王安石，张载的学生范育如何，"王安石曰：'育言地制事亦不全为迂阔。'"神宗曰："育言'凡于一事措置，一事即不得'此言是也。又言'须先治田制'，其学与张戬（张载弟）同。"王安石曰："臣见程颢云：'须限民田，令如古井田。'"神宗曰："如此即致乱之道。"王安石因言王莽名田为王田事，神宗曰："但设法以利害殴民，使知所趋避，则可。若夺人已有之田为制限则不可。"王安石曰："今朝廷治农事未有法。又非古备建农官大防圩埠之类，播种收获，补助不足，待兼并有力之人而后全具者甚众，如何可遽夺其田以赋贫民。此其势固不可行，纵可行，亦未为利。"②

神宗与王安石论租庸调法，"善之"。王安石曰："此法近于井田，后世立事粗得先王遗意，则无不善。今亦无不可为者，顾难以速成尔。"宋神宗问为什么，王安石对曰："今百姓占田，或连阡陌，顾不可夺之，使如租庸调法，授田有限。然世主诚能知天下利害，以其所谓害者制法，而加于兼并之人，则人自不敢保过限之田；以其所谓利者制法，而加于力耕之人，则人自劝于力耕，而授田不能过限。然此须渐乃能成法。夫人主诚能知利害之权，因以好恶加之，则所好何患人之不从，所恶何患人之不避，然利害之情难识，非学问不足以尽之，流俗之人罕能学问。故多不识利害之情，而于君子立法之意有所不思而好为异论，若人主无道以揆之，则必为异议众多所夺，虽有善法，何由而立哉。"③

---

① （宋）苏洵：《嘉祐新集》卷五，《田制》，《宋集珍本丛刊》第 7 册，第 458 页。
② 《长编》卷二一三，熙宁三年秋七月癸丑，第 5181 页。
③ 《长编》卷二二三，熙宁四年五月癸巳，第 5419 页。

上述对话表明，宋神宗认为实施井田即"致乱之道"，王安石则以王莽实行"王田"为例说明了不能"遽夺民田"以赋贫民的道理所在。为什么王安石发生了从主张实施井田到否定恢复井田这一重大转变？这要从王安石"抑兼并"思想的演变说起。王安石早年任职州县时，在《兼并》《发廪》《寓言》等诗篇中，便表达了他的摧抑兼并的思想，到了"度支副使厅壁题名记"的文章中，这个思想更发挥得淋漓尽致。王安石认为，兼并之所以要加摧抑，主要是因为这个势力是造成国穷民困的根源，"后世不复古，贫穷主兼并"。因而要解决国穷民困的问题，就只有走摧抑兼并这条路。为此，他同李觏一样，憧憬古代的井田制度，"愿见井地平"。及至执政之后，王安石便从诗人的幻想转变到政治家的面向实际，认为恢复井田已是不可能了，不仅他自己不再谈什么井田了，而且对程颢、张载等人的井田议也认为是"致乱之道"。所以王安石放弃此前的井田主张，而是通过某些法令政策给豪强兼并以一定的限制，①"以切实可行的青苗、免役、市易等法，虽然不可能做到'均平'贫富，但多少能抑制豪强兼并势力的发展，稍微减轻农民的负担，从而有助于社会生产的发展。王安石在井田制上的转变是自然的，符合事物发展的客观形势"②。换言之，王安石在新的历史条件下，不一味地简单恢复孟子的井田制度，而是把孟子井田思想的精髓贯穿和落实到具体的新法措施中，使之更好地"制民产""均贫富"，从而真正实现"仰足以事父母，俯足以畜妻子，乐岁终身饱，凶年免于死亡"的社会理想。

当然王安石执政后不简单地恢复井田制度，即不能"遽夺民田"以赋贫民，并不意味王安石漠视占田不公的社会现象，王安石新法中继承宋仁宗时期郭谘等人"千步方田法"的"方田均税法"："分地计量，据其方庄帐籍，验地土色号"，"方量毕，计其肥瘠，定其色号，分为五等，以地之等均定税数"，"其分烟析生、典卖割移，官给契，县置簿，皆以今所方之田为正"，③在一定程度上是对孟子所谓"仁政必自经界始"说法的一种实践。

均贫富、制恒产、济贫乏，这不过仅仅是王道之"始"，因为它仅只是人民获得高度文化的经济基础，还要"谨庠序之教，申之以孝悌之义"，使人人受到一定的教育，懂得人伦的道理，只有这样，王道才算完成。当论述教育问题时，

---

① 漆侠：《宋代经济史》，《漆侠全集》第四卷，河北大学出版社，2008年，第1129页。
② 漆侠：《宋学的发展和演变》，《漆侠全集》第六卷，河北大学出版社，2008年，第378—380页。
③ 《长编》卷二三七，熙宁五年八月甲申，第5783页。

## 第三章　王安石变法

孟子更多地是以古代帝王的教育为楷模的，因而其内容主要有两个方面：一是劳动技能；二是以尊尊、亲亲为主要内容的人伦关系。"后稷教民稼穑。树艺五谷，五谷熟而民人育。人之有道也，饱食、暖衣、逸居而无教，则近于禽兽。圣人有忧之，使契为司徒，教以人伦：父子有亲，君臣有义，夫妇有别，长幼有序，朋友有信。"①"谨庠序之教，申之以孝悌之义。"②王安石对孟子的教养思想有深刻理解，他在上仁宗皇帝《言事书》《原教》《虔州学记》《太平州新学记》《繁昌县学记》《明州慈溪县学记》等论述中大大发挥了孟子的教养思想："天下不可一日而无政教，故学不可一日而亡于天下。古者井天下之田，而党庠、遂序、国学之法立乎其中。""虽欲改易更革天下之事，合于先王之意，其势必不能者何也？以方今天下之才不足故也"，"所谓陶冶而成之者何也？亦教之、养之、取之、任之，有其道而已。"

王安石执政以后，其教育活动是沿着孟子的思路进行的，主要有三方面的内容，一是大力兴办州县学校，"教之之道"这里的所谓"教"，主要是指由政府主办的学校教育而言的，即所谓"夫圣人为政于天下也，初若无为于天下，而天下卒以无所不治者，其法诚修也。故三代之制，立庠于党，立序于遂，立学于国，而尽其道以为养贤教士之法，是士之贤虽未及用者，而固无不见尊养者矣。此则周公待士之道也"③。王安石把官学教育看作培养和造就人才的基地，而主张取缔私学。他认为三代以后，"私学乱治"，私学泛滥的结果是无补之学的盛行，是"家异道，人殊德"的渊薮。为了"一道德以同天下之俗"，就要取缔私学，振兴由君主和国家直接控制的官学。二是在改革科举考试制度弊端的同时，整顿中央学校使之成为培养、选拔官吏的重要途径。④如前揭王安石新学风行六十年，熙宁是宋朝兴学的一个高潮，徽宗时期是又一个高潮，宋神宗至宋徽宗时，在太学实行三舍法，即外舍、内舍和上舍的升级制度，这是中国以至世界教育史上的首创，实为现代教育分级制的先河。三是对前代的教育分科有所发展，在太学之外，先后建立武学、律学、医学、算学、书学、画学等，尽管对其他学科重视不够，但无疑是高等教育实行分科的萌芽。这里贯穿了王安石发展了孟子既注重教养人伦又不忽略培育实际劳作技能的教育思想："乡

---

① 《孟子·滕文公上》。
② 《孟子·梁惠王上》。
③ （宋）王安石：《临川先生文集》卷六四，《周公》，《王安石全集》第六册，第1163页。
④ 漆侠：《王安石变法》，"科举制和学校的变更"，第92—98页；袁征：《宋代教育——中国古代教育的历史性转折》，广东高等教育出版社，1991年，第26—43页。

射饮酒、春秋合乐、养老劳农、尊贤使能、考艺选言之政，至于受成、献馘、讯囚之事，无不出于学。于此养天下智仁、圣义、忠和之士，以至一偏之伎、一曲之学，无所不养。"①王安石的这种思想从他在鄞县任职到熙宁变法一以贯之。

要之，宋儒讲究道统说，不论是王安石还是二程都自我标榜是孟子之后的直接传人，学者都注意到宋儒思想传承的这一方面，却很少有人论及，宋人的"法先王之政"也是直续"道统"的一个重要方面。其实翻检《汉书·食货志》可以看到编撰者在回顾汉以前社会经济发展，在描述《洪范》八政、"制庐井以均之"、"设庠序以教之"、"理民之道，地著为本"之后说"此先王制土处民富而教之之大略也"。接着又说："周室既衰，暴君污吏慢其经界，徭役横作，政令不信，上下相诈，公田不治。故鲁宣公'初税亩'，《春秋》讥焉。于是上贪民怨，灾害生而祸乱作。"显然以王安石为代表的北宋士大夫集团打出"法先王之政"的旗号，继承孟子的"仁政""王道"遗志，"回到三代"就有特别的政治意蕴。他们追求的"圣人之道""先王之政"在思想文化层面是一个深奥的哲学伦理问题，而在政治社会层面则是一个浅显的现实关怀问题，即如何建立一个使人民得到基本生活物质保障，生老病死、鳏寡孤独如何得到国家与社会的帮助和扶持，进而如何使人民受到良好的教育，懂得人伦道理的"小康社会"。

## 四、"异论相搅"与元祐更化

### （一）司马光与反对派异论高涨

司马光，生于真宗天禧三年十月辛丑，卒于哲宗元祐元年九月丙辰朔（1019年11月17日—1086年10月11日），字君实，号迂叟。陕州夏县（今山西夏县）涑水乡人，世称涑水先生。自幼嗜学，尤喜《春秋左氏传》。宋仁宗宝元元年（1038），司马光登进士第，累进龙图阁直学士。当庆历嘉祐之际，变法改革呼声日渐高涨，也使司马光认识到"自景祐以来，国家怠于久安，乐因循而务省事，执事之臣颇行姑息之政"。对国家财政入不敷出、公私蓄积殆尽的状况，司马光表示深深的忧虑。司马光于嘉祐六年（1061）任知谏院时曾同详

---

① （宋）王安石：《临川先生文集》卷八三，《慈溪县学记》，《王安石全集》第七册，第1465页。

定均税，提出了一套惩劝均税官吏的措施，并且较早提出用雇役替代差役的主张。王安石变法前"王荆公、司马温公、吕申公、黄门韩公维，仁宗时同在从班，特相友善。暇日多会于僧坊，往往谈讌终日，他人罕得预，时目为'嘉祐四友'"①。王安石受命变法，司马光因政见、学术观点的不同，对新法产生严重的分歧，随着新法的全面推开，昔日的好友变成政敌，成为反对派的"旗帜"。他利用与王安石故知的交谊，曾连写三封信劝阻王安石改革，信中交织了甘甜、辛辣、劝勉、威胁的语调，为旧制辩护，诬改革之不可行，甚至说变法把国家上下、朝廷内外搞得鸡犬不宁，"纷纷扰扰，莫安其居"，但王安石对司马光的攻击和不实之词，在著名的《答司马谏议书》中一一给以反驳："今君实（司马光字）所以见教者，以为侵官、生事、征利、拒谏，以致天下怨谤也。某则以谓受命于人主，议法度而修之于朝廷，以授之于有司，不为侵官；举先王之政，以兴利除弊，不为生事；为天下理财，不为征利；辟邪说、难壬人，不为拒谏。""如君实责我以在位久，未能助上大有为，以膏泽斯民，则某知罪矣。如曰今日当一切不事事，守前所为而已，则非某之所敢知。"王安石回复这封信后，与司马光的友谊至此终结。

王安石在熙宁七年第一次罢相又被召复之后，由于两宫太后、皇亲国戚和保守派士大夫结合起来，共同反对变法，反对派利用熙宁年间的自然灾害，又使变法的设计者王安石与变法的最高主持者宋神宗在如何变法的问题上产生分歧。宋神宗的犹疑、牵制，使复相后的王安石得不到更多支持，不能按照他所设计的变法蓝图继续进行下去，加上变法派内部分裂，爱子王雱病故，王安石于熙宁九年再次辞去相位，从此闲居江宁府（今南京市）。

王安石变法触犯了大官僚、豪强兼并势力的利益，因而遭到代表这个利益集团的士大夫们的反对，即王安石所言："所谓兼并者，皆豪杰有力之人，其论议足以动士大夫者也。"熙宁四年三月，宋神宗、王安石、文彦博等在讨论募役法之利害时，文彦博奏对："祖宗法制俱在，不须更张以失人心。"神宗反问他说："更张法制于士大夫诚多不悦，然于百姓何所不便？"文彦博则说："为与士大夫治天下，非与百姓治天下也。"②

王安石认为兼并势力侵害了国家财政，对社会有害无利，他说："今一州一县便须有兼并之家，一岁坐收息至数万贯者。此辈除侵牟编户齐民为奢侈外，

---

① （宋）徐度：《却扫编》卷中，《全宋笔记》第三编第十册，第 144 页。
② 《长编》卷二二一，熙宁四年三月戊子，第 5370 页。

于国有何功而享此厚奉？"①司马光不同意王安石的观点，认为"民之所以有贫富者，由其材性愚智不同。富者智识差长，忧深思远，宁劳筋苦骨，恶衣菲食，终不肯取债于人，故其家常有赢余而不至狼狈也。……是以富者常借贷贫民以自饶，而贫者常假贷富民以自存，虽苦乐不均，然犹彼此相资以保其生也"②。这两段对话典型说明反变法派反对新法的根源所在。

以司马光为首的反对派在朝野反新法的作为可以概括为四点：

一是散布流言蜚语进行人身攻击，以三不足说攻击变法派。司马光在策问的注中说："熙宁三年三月二十八日，王介甫言于上，以为天命不足畏，祖宗不足法，流俗不足恤。故因策目以此三事质于所试者。"他提问"祖宗之法未必尽善，可革则革，不足循守"对不对，③这就是有名的所谓"三不足"之说。这是反对派为攻击王安石所造的政治谣言，目的是中伤王安石和动摇宋神宗。

二是反对派或以去位、辞职抗议，或阻挠、抵制新法的实施，采取不合作的态度，纷纷退出朝廷，集聚在洛阳，形成在野反对派。

三是攻击新法。从熙宁二年至五年、熙宁五年至九年，宋廷内部形成两次大的反对高潮，前者以非议、攻击青苗法、免役法为主，异论奏疏连篇累牍；后者则是随着王韶开边、市易法推行及与辽朝定边界形成又一次反对高潮，这可从赵汝愚编撰的《宋朝诸臣奏议》财赋门新法十一类98篇，除收入王安石的《上神宗论本朝百年无事》《上神宗乞戒耳目之欲而自强以赴功》两篇外，集中荟萃了熙宁二年五月至熙宁九年十一月，元丰八年四月至绍圣二年九月、元符三年、靖康元年，反变法派吕诲、司马光、文彦博、韩琦、富弼、张方平、范纯仁、吕公著、苏轼、李常、范镇、程颢、孙觉、郑獬、刘挚、杨绘、苏辙的奏议，归纳起来主要有10个方面：（1）对王安石的人身攻击，所谓大诈似奸，王安石起用的变法派大都是唯利是图的奸诈小人；（2）围攻制置三司条例司的设立、青苗法、免役法、市易法、保甲法等新政，是变乱祖宗法度；（3）义利倒置，残害百姓；（4）反对开边生事；（5）辨周礼泉府之意；（6）指斥新法违背初衷，反对与民争利、征钱收息；（7）反对阻沮风闻言事，控制台谏；（8）国家代行兼并；（9）上书哲宗取缔、废罢新法；（10）上书徽宗非议新法，反对绍述。另外，作为历史的借鉴和伸张反变法派"正确"的政治谋划，仅就司马

---

① 《长编》卷二四〇，熙宁五年十一月戊午，第5829页。
② （宋）司马光：《上神宗乞罢条例司及常平使者》，载（宋）赵汝愚编，北京大学中国古代史研究中心校点整理：《宋朝诸臣奏议》卷一一一，上海古籍出版社，1999年，第1212页。
③ （宋）司马光：《温国文正司马公文集》卷七二，《学士院试李清臣等策问一首》，四部丛刊初编缩印本。

光一人的奏议就达 146 篇，约占该书 1630 篇总数的 9%，其他人如富弼 44 篇、韩琦 32 篇、王岩叟 45 篇、吕诲 45 篇、范祖禹 42 篇、刘挚 34 篇、吕公著 36 篇、苏辙 26 篇、苏轼 23 篇。这些奏章也多涉熙丰新法是非。

四是破坏新法的实施。熙宁三年底至四年八月，免役法在开封府畿县试行。熙宁四年五月十四日，宰相王安石的府第门前突然人声鼎沸，约有一千多来自东明县的民众控告官府不依规定提高户等征收免役钱，王安石迅速出面答应民众的要求，依法解决问题，东明县的民众遂被慰抚下来。王安石立即着手调查民众聚众闹事的真相。原来按规定乡村五等户中的第四、第五等户免交役钱，但是东明县的知县事贾蕃为反对和阻挠免役法的实施，故意把户等提高，使原来的第四、第五等户提为三等户以上，以此激起不该纳免役钱民众的不满，这即是在王安石府第门前民众闹事的背景。而在贾蕃导演了这场闹剧后，东明县民众进入汴京之前，为了掩盖这个阴谋，作为反对变法"异论"据点的枢密院，却匆忙调贾蕃离开东明县，而选差他到进奏院任职。事实很明白，主管枢密院的文彦博是幕后牵线人。与此相呼应的是，御史中丞杨绘和御史刘挚借题交章论列免役法。当贾蕃的阴谋败露后，他们又竭力为贾蕃开脱，要求只处理惩罚升降户等不实的责任，同时上章猛攻免役法，称其有五不可和十大弊害，企图转移变法派的视线。这一事件说明当时自东明县——枢密院——御史台结成了一股上下串通、左右呼应的反对变法的力量。闹事的事实真相大白以后，王安石采取了果断的应对措施，首先由变法机构司农寺和开封府界提举常平司立即奏请："如敢将四等以下户升于三等，致人披诉，其当职官吏并从违制论，不以赦原免。"[①] 以制止反变法派和不法官员再制造类似的事件发生。同时指派赵子几追查贾蕃的不法行为，经追查，贾蕃不仅破坏免役法，而且蓄意破坏保甲法，使县民"皆不知当时之法"。除了破坏新法，贾蕃的不法行为也被一一揭露出来，违反规定私自借贷官钱、沽买村酒、随意拷打枷锢贫民以致死。这使很多人清楚地看到反变法派的成员是什么样的人。接着，王安石又组织变法派根据免役法试行的具体情况对反变法派的不实攻击之辞给以有力的批驳。杨绘、刘挚因此从御史台的职位上被驱逐出去。自此以后，御史台全部由变法派控制，从而在一定程度上削弱了反变法派在上层统治机构中的力量。其后免役法得以在全国推行。

新法受到非议，朝廷大臣多不配合，"王荆公秉政，更新天下之务，而宿

---

① 《长编》卷二二三，熙宁四年五月庚子，第 5426 页。

望旧人议论不协，荆公遂选用新进，侍以不次，故一时政事，不日皆举，而两禁、台阁，内外要权，莫非新进之士也"①。王安石变法派除了著文反驳反变法派意见外，将不赞成变法的官员或排斥出朝廷到地方任官，或是给他们安排宫观闲职挂起来。

### （二）宋神宗的"异论相搅"

宋人乃至今人研究者通常认为，宋神宗对王安石的重用和对新法的支持，所谓"得君之专"在历史上很少有人企及。但是实际上在熙宁时期神宗依然奉行真宗以来"异论相搅"的祖训，这有两种表现形式：一是如上所述，容忍熙宁时期反对派掀起的两次反新法舆论高潮；二是在用人上也贯彻异论相搅的精神，如反变法派的核心人物司马光，宋神宗起用王安石为参知政事的同时即欲用司马光为枢密副使，虽然王安石说这是"为异论之人立赤帜也"，但是宋神宗还是坚持要用司马光，只是司马光因与王安石势不两立，"上章力辞至六七"，宋神宗才不得已同意他离开朝廷。②又如反变法派重要成员文彦博自宋英宗治平二年七月为枢密使，至宋神宗熙宁六年四月罢，判河阳，"在枢府凡八年"③。再如富弼的女婿冯京，在王安石变法之初，即上章反对变法，宋神宗却于熙宁三年连连提升他任枢密副使和参知政事，"士大夫不逞者，以京为归"④。特别是神宗对司马光的眷任，南宋初年朱胜非对宋高宗讲的一番话就很能说明问题。建炎二年三月甲午，诏经筵读《资治通鉴》，遂以司马光配飨哲宗庙庭。

> 侍读朱胜非尝言："陛下每称司马光，度圣意有恨不同时之叹。陛下亦知光之所以得名者乎？盖神宗皇帝有以成就之也。熙宁间，王安石创行新法，光每事以为非是，神宗独优容，乃更迁擢。其居西洛也，岁时劳问不绝。书成，除资政殿学士，于是四方称美，遂以司马相公呼之。至元祐中，但举行当时之言耳。若方其争论新法之际，便行窜黜，谓之立异好胜，谓之沽誉买直，谓之非上所建立，谓之不能体国，谓之不遵禀处分，言章交攻，命令切责，亦不能成其美矣。"上首肯久之。⑤

---

① （宋）魏泰：《东轩笔录》卷五，第57页。
② （宋）徐自明著，王瑞明校补：《宋宰辅编年录校补》卷七，中华书局，1986年，第412页。
③ （宋）徐自明著，王瑞明校补：《宋宰辅编年录校补》卷七，第433页。
④ 《宋史》卷三二七，《王安石传》，第10548页。
⑤ （宋）李心传：《系年要录》卷一四，建炎二年三月甲午，第344页。

## 第三章 王安石变法

在朱胜非看来，司马光之所以成为一代名臣，正是宋神宗听任异论"独优容"所致。这从一个侧面说明当时对待"异论"者并没有"便行窜黜，谓之立异好胜，谓之沽誉买直，谓之非上所建立，谓之不能体国，谓之不遵稟处分，言章交攻，命令切责"。而这些做法恰恰是元祐党人，或绍述派对待"异论"者所使用的处置办法。

另外，值得一提的是，宋神宗虽然选定王安石的思想和施政纲领为"国是"或"国论"，但是在推行新法的进程中他们的政见不尽相同。目前学界有关他们之间政见分歧的讨论意见有四种。（1）宋神宗与王安石的关系，自始至终在思想境界和战略方面存在着巨大差距。[①]（2）对待豪强兼并的态度不尽相同。元丰时期，宋神宗主持的新法在"摧抑兼并"方针上发生逆转。[②]（3）王安石以"富民"为变法宗旨，而宋神宗以"富国"为宗旨。[③]（4）王安石两次罢相的深层原因与宋神宗难以容忍相权对君权的干涉，更不能容忍大权旁落密切相关。[④] 正是由于他们之间存在着政见分歧，[⑤] 因而宋神宗对王安石的信任并不是一般人所认为的那样：得君之专，在北宋一代宰相当中几乎无人能与之相比。事实上当王安石制定和推行新法时，只有不太明显地触犯祖宗家法的项目，宋神宗才会肯全力予以支持，而凡触犯到祖宗家法的项目，宋神宗就会表现出犹疑以至深切的疑虑。从而使得王安石的变革工作经常从神宗那里得不到支持，有时甚至遭遇挫折，如王安石欲改革宋初把财政和军政大权都从宰相职权中分割出来的立法；欲以兵农合一的保甲制度替代被宋太祖称作"可以为百年之利"的募兵制；欲更革"将从中御"这一宋太宗所确立的防范武将专权的治军家法等问题上，就均未得到宋神宗的支持或完全认同。[⑥] 正是由于君臣之间有着诸多不同的政见，因而神宗需要用"异论相搅"这一祖宗家法来掣肘王安石。王安石早在熙宁三年就曾告诫宋神宗"陛下方以道胜流俗，与战无异。今日稍却，即坐为

---

① 邓广铭：《北宋政治改革家王安石》，生活·读书·新知三联书店，2007年，第252—256页。
② 漆侠：《王安石变法》（增订本），河北人民出版社，2001年，第207—216页。
③ 葛金芳：《熙宁新法的富民与富国之争》，《晋阳学刊》1988年第1期；《王安石变法新论》，《湖北大学学报》1990年第5期。
④ 王广林：《论王安石的两次罢相》，《史学集刊》1986年第3期。
⑤ 当然也有论者认为宋神宗与王安石的分歧，没有质的不同，只是程度上的一些差异。参见拙著：《王安石变法研究史》，人民出版社，2004年，第474—476页。
⑥ 邓广铭：《邓广铭学术论著自选集》，首都师范大学出版社，1994年，第158—161页。

流俗所胜矣"①。但是事实上，王安石每每感到"众人纷纷"，"陛下已不能无惑矣"。②熙宁八年，王安石曾无奈地对宋神宗说："天下事如煮羹，下一把火，又随下一勺水，即羹何由有熟时也。"③王安石两次罢相不能不与"异论相搅"密切相关。后来有人感慨说："王安石何幸而遇励精图治的神宗，得以施展抱负，又何不幸而遇纵容中道斋薰蕕于一器的神宗，不得竟其全功，实为荆公之不幸亦为宋代中华民族的不幸。"斯言颇有道理。

### （三）元丰改制

王安石自熙宁九年（1076）辞相后，宋神宗再没有起用过王安石。新法在宋神宗主持下继续进行并有所发展，及元丰之初，政务多出自宸断，正君臣之分，已非熙宁时期可比。如元丰五年（1082）实行的官制改革，对北宋前期的官制进行了较大的改革，又称元丰改制。

元丰改制的重要内容之一，就是"以实正名"改革北宋前期实行的由唐朝后期使职差遣发展而来的一套中央官僚机构体系，力图恢复《唐六典》所记述的三省六部九寺五监那一套中央官僚机构体系。但实际上既没有恢复唐前期的三省制，也没有完全回到唐中期以后的三省制，而是神宗即位以来，对国子、太学、四农、兵部、军器、大理、将作等机构"各已略循古制"，予以正名。④侧重点包括颁布"寄禄新格"和"三省六曹条例"两方面，即恢复唐代以散官寄寓俸禄的官阶制度，使三省职事官名至实归，并且恢复唐代三省六部和寺监职权的体制机构。元丰改制后的北宋后期及南宋时期，中央官制仍有一些变化，但总的格局不再有变化。

元丰改制后，撤中书门下为三省，但仍设枢密院，与三省对掌文、武大政，称作"三省、枢密院"。元丰改制时，曾有臣僚建议废枢密院归兵部。宋神宗说："祖宗不以兵柄归有司，故专命官以统之，互相维制，何可废也？"⑤于是，终宋一代，设枢密院而不废。朝廷文官官名与职务相一致，地方官制未进行改革。

---

① （宋）彭百川：《太平治迹统类》卷一四，《神宗朝臣议论新法》，第285页。
② 《长编》卷二二三，熙宁四年五月丙午，第5433—5434页。
③ 《长编》卷二六二，熙宁八年夏四月己丑，第6414页。
④ 《宋会要辑稿》职官一之七五，中华书局，1997年，第2367页。
⑤ 《宋史》卷一六二，《职官志》，第3800页。

## 第三章 王安石变法

### 两宋文官（朝官、京官、选人）在元丰前后寄禄官阶对照表

| 阶次 | | 旧阶 | 元丰后寄禄官阶 | 官品 |
|---|---|---|---|---|
| 朝官 | 1 | 使相（节度使兼中书令或侍中或同中书平章事） | 开府仪同三司 | 从一品 |
| | 2 | 尚书左右仆射 | 特进 | 从一品 |
| | 3 | 吏部尚书 | 金紫光禄大夫 | 正二品 |
| | 4 | 兵户刑工部尚书 | 银青光禄大夫 | 从二品 |
| | 5 | 尚书左右丞 | 光禄大夫 | 正三品 |
| | 6 | | 宣奉大夫（大观新增） | 正三品 |
| | 7 | | 正奉大夫（大观新增） | 正三品 |
| | 8 | 吏兵户刑礼工部侍郎 | 正议大夫 | 从三品 |
| | 9 | | 通奉大夫（大观新增） | 从三品 |
| | 10 | 给事中 | 通议大夫 | 正四品 |
| | 11 | 左右谏议大夫 | 太中大夫 | 从四品 |
| | 12 | 秘书省监 | 中大夫 | 正五品 |
| | 13 | | 中奉大夫（大观新增） | 从五品 |
| | 14 | 光禄卿、卫尉卿等至殿中省监、少府监 | 中散大夫 | 从五品 |
| | 15 | 太常寺少卿至司农少卿 尚书省左右司郎中 | 朝议大夫 | 正六品 |
| | 16 | | 奉直大夫（大观新增） | 正六品 |
| | 17 | 前行郎中 | 朝请大夫 | 从六品 |
| | 18 | 中行郎中 | 朝散大夫 | 从六品 |
| | 19 | 后行郎中 | 朝奉大夫 | 从六品 |
| | 20 | 前行员外郎，侍御史 | 朝请郎 | 正七品 |
| | 21 | 中行员外郎，起居舍人 | 朝散郎 | 正七品 |
| | 22 | 后行员外郎，左右司谏 | 朝奉郎 | 正七品 |
| | 23 | 左右正言、太常寺博士、国子监博士 | 承议郎 | 从七品 |
| | 24 | 太常寺丞、秘书省丞、殿中省丞、著作郎、秘书郎 | 奉议郎 | 正八品 |
| | 25 | 太子中允、左右赞善大夫、太子中舍、洗马 | 通直郎 | 正八品 |
| 京官 | 26 | 秘书省著作佐郎、大理寺丞 | 宣德郎（政和改宣教郎） | 从八品 |
| | 27 | 光禄寺、卫尉寺丞，将作监丞 | 宣义郎 | 从八品 |
| | 28 | 大理寺评事 | 承事郎 | 正九品 |
| | 29 | 太常寺太祝、奉礼郎 | 承奉郎 | 正九品 |
| | 30 | 秘书省校书郎、正字，将作监主簿 | 承务郎 | 从九品 |

续表

| 阶次 | | 旧阶 | 元丰后寄禄官阶 | 官品 |
|---|---|---|---|---|
| 选人 | 31 | 三京府判官，留守判官，节度、观察判官 | 承直郎（崇宁改名） | 从八品 |
| | 32 | 节度掌书记，观察支使，防御、团练判官 | 儒林郎（崇宁改名） | 从八品 |
| | 33 | 京府、留守、节度、观察推官，军事判官 | 文林郎（崇宁改名） | 从八品 |
| | 34 | 防御、团练、军事推官，军、监判官 | 从事郎（崇宁改名） | 从八品 |
| | 35 | 录事参军、县令 | 通仕郎（崇宁二年）<br>从政郎（政和定名） | 从八品 |
| | 36 | 试衔知录事参军事，知县令事 | 登仕郎（崇宁二年）<br>修职郎（政和定名） | 从八品 |
| | 37 | 三京军巡判官，司理、司法、司户参军，县主簿、尉 | 将仕郎（崇宁二年）<br>迪功郎（政和定名） | 从九品 |

注：此表选自龚延明《宋代官制辞典》，中华书局，1997年，第688页。

以往学界讨论"元丰改制"基本集中在中央官制的改革上，往往忽略元丰改制为推行新法的良苦用心。李焘《续资治通鉴长编》卷三一三，元丰四年（1081）六月甲子记事云：

> 有大臣"上书乞审择守令者"，宋神宗对辅臣说："天下守令之众，至千余人，其才性难以遍知，惟立法于此，使奉之于彼，从之则为是，背之则为非，以此进退，方有准的，所谓朝廷有政也。""朝廷惟一好恶，定国是，守令虽众，沙汰数年，自当得人也。"①

元丰四年，正是"事皆自做"的宋神宗大力改革官制之时，元丰改制不仅在一定程度上改变了宋初以来混乱的官僚体制，而且为朝廷"惟一好恶，定国是"提供了坚定的政治保障。宋神宗放弃异论相搅，以是否认定"新法"为选官标准，从而开启了残酷的党禁之争的大门，即"立法于此，使奉之于彼，从之则为是，背之则为非"。

显然，元丰改制有着为全力按"宸意"推行新法廓清行政道路的深意。事实上元丰时期反对新法的"异论"基本消失了，这应是元丰改制的重要成果。如果没有神宗37岁英年早逝的意外，历史可能是另外一个走向。

---

① 《长编》卷三一三，元丰四年六月甲子，第7586页。

## （四）元祐更化

元丰八年（1085）三月，宋神宗病逝。年仅 9 岁的赵煦即位，是为哲宗。由一向反对新法的英宗皇后高氏以太皇太后垂帘听政。听政后任命司马光为门下侍郎、吕公著为尚书左丞，参与朝政。蔡确、章惇先后被罢左相、知枢密院事而出任地方官，司马光、吕公著先后升任左、右相，并借重年已 81 岁、已致仕的四朝元老太师文彦博复出，担任平章军国重事。

当王安石听到司马光拜相的消息，他所担心政局的变化终于成为忧惧的现实。在以母改子的旗号下，新法一项项被废罢。

七月，首先废罢保甲团教，半年之内，方田均税法、市易法、保马法等相继被废。

元丰八年（1085）冬十月，知庆州范纯仁首倡将宋军占据的西夏四砦归还并与其议和。遂得到侍读韩维和门下侍郎司马光的赞同，"俱劝上以弃地和戎为利"，李焘记事说："（司马）光行状云，论西戎大略以和戎为便，用兵为非，时异议者甚众，光持之益坚，其后太师文彦博议与公合，众不能夺。"① 后因西夏反复，议和未果，宋夏再次进入交战状态。

元祐元年（1086）初，司马光生病，而新法尚未完全废除，司马光恐自己在世之日不多，因而叹息道："四患未除，吾死不瞑目矣。"所谓四患，是指新法的青苗法、免役法和将兵法，以及与西夏的和战问题。在加速废除新法的同时，还将废除新法的任务交给吕公著，使废除新法的事不致中断。并随即提出废除免役法，不顾守旧派中范纯仁、苏轼、苏辙等人反对仓促废除而应进一步考察利弊的意见，仍下诏五日内废除免役法，恢复差役法。王安石"闻朝廷变其法，夷然不以为意，及闻罢役法，愕然失声曰：'亦罢至此乎？'良久，曰：'此法终不可罢。安石与先帝议之二年乃行，无不曲尽'"②。免役法的废罢和差役法的复行，是元祐元年（1086）春季的事，这时王安石已在病中。其后从京城传来更多变动的消息，使他愈益忧愤，无法排遣。到四月初六（5 月 21 日），王安石与世长辞。

这次被称为"元祐更化"的废除新法、恢复旧法的活动，在元祐元年九月司马光去世后，由右相吕公著独相，继续进行。但守旧派内部因政见、学术见解分歧，加上人事倾轧而互相攻击，分化为以洛阳人程颐为首的洛党，以四川人苏

---

① 《长编》卷三八〇，元祐元年六月辛丑，第 9222 页。
② （宋）陈均编：《皇宋编年纲目备要》卷二二，第 533 页。

轼为首的蜀党，以及以河北人刘挚、梁焘、王岩叟、刘安世等人为首组成的朔党，三党皆继承司马光废除新法的遗志，势力很大。程颐得到司马光、吕公著的推荐而任崇政殿说书，以师道自居，多以古礼训诫哲宗及处理世事，为苏轼所讥讽，而程颐门人亦攻击苏轼，洛、蜀两党势成水火，程颐又因事对宰相吕公著及高太后不满，终于被贬。苏轼后也因受到攻击，自请外任而出知杭州。

元祐三年（1088）吕公著以年老辞相，改任同平章军国事，以吕大防、范纯仁分任左、右相。范纯仁在司马光当政之初，即反对完全废除新法，对于废除免役法认为尤应慎重缓行，此时任右相，对变法派的章惇、邓绾和守旧派的苏轼、韩维等贬官或受攻击，多所维护。元祐四年（1089）即因不赞成过分贬逐新党蔡确，为朔党所攻击而被罢相。

元祐六年（1091）朔党首领刘挚升任右相，同年也以交结变法派蔡确、章惇受到攻击而被罢相。废罢新法，贬斥变法派官员；守旧派内部也排斥异己，甚至借口袒护或交结变法派官员进行互相攻击，成为元祐年间的重要政事，而不是同心协力改善政局。

元祐后期，西夏并不领元祐党人的一番良苦用心，以为宋的退让是软弱可欺，于是在西夏的不断侵边活动中宣告了元祐党人对夏政策的失败。

## 五、王安石变法的效果

1. 王安石变法是一场改变北宋"积贫积弱"的政治改革运动，从统治阶级的利益出发清算积弊，在发展生产、富国强兵方面收到了显著效益。

孙觌在南宋初期回忆神宗熙丰时的国库储蓄说：

> 臣伏见神宗皇帝修讲常平之政，置提举官，行其法于天下，尔时钱谷充斥府州，大县至百万，小县犹六七十万，贯朽粟陈，不可胜校。臣又闻役法初行，取宽剩钱不得过二分以备水旱。至元丰八年，计所积有三千余万贯石。元祐二年，京东转运使范纯粹欲以此钱米买田，举行熙宁给田募役，如边郡招弓箭手之法，是时宽剩钱米尚有此数，则常平之所积天下不可胜校可见矣。[①]

---

① （宋）孙觌：《鸿庆居士集》卷二七，《给事中上殿乞复常平札子》，文渊阁四库全书景印本，台湾商务印书馆，1986年，第1135册，第277页。

元丰初，宋神宗乃更景福殿库名，自制诗以揭之曰："五季失图，猃狁孔炽，艺祖造邦，思有惩艾，爰设内府，基以募士，曾孙保之，敢忘厥志。"一字一库以号之，凡三十二库。后积羡赢为二十库，又揭诗曰："每虔夕惕心，妄意遵遗业，顾予不武姿，何日成戎捷。"①

方田均税法至元丰八年（1085）十月废止之时，共清丈了以上五路 2484349 顷土地。五路占全国总面积不过 20%，而清丈的田亩则占全国税田的 54%（元丰五年登录在国家版籍上的土地为 4616556 顷），这一事实深刻说明了当时隐田漏税的严重。虽然清丈仅限于五路，但清丈出来如此之多的土地，是对五路豪强兼并的一个直接的有力的打击，从而在某种程度上减轻了农民重税之苦，有利于农业生产的发展。

农田水利法推行七年后，据统计，全国共兴修水利工程 10793 处，水利田 36 万余顷，疏浚河汊、湖港之类不计其数。

王安石变法时期对社会经济关系的调整，使得社会经济关系有利于生产力的发展，因此，"如果说，宋代的社会生产，在整个封建时代居于两个马鞍形的最高峰；那就应当说，王安石变法时期的社会生产则居于这个最高峰的最高点"②。

2. 从强兵方面看，在制服西夏威胁方面取得的进展更明显，将兵法基本改变了宋初将不识兵、兵不识将的局面，宋军作战能力有所提高。宋神宗欲复河陇，其制服西夏的战略目的十分明确，故北宋对西夏便由战略防御转变为战略进攻。虽然熙丰时期，宋在闹抚城、啰兀城、永乐城、灵州之役中败北，但也取得了开拓熙河，进占兰州、陕西四寨的战绩，从而使宋夏战争的天平向宋方开始倾斜。所以说王安石变法在一定程度上稳定了北宋的统治。但是变法未触及宋朝军政积弱的主要症结，没有改变宋朝积弱的国势。

从南宋立国来看王安石变法的作用。王安石变法前北宋拥兵百万，却不敌只有 500 万人口的西夏，而南宋建立伊始在不到五六年的时间里，却能敌抵住比让北宋君臣谈虎色变的辽军还要强大的金朝军队，这有两个原因，一是抵抗金军进攻的武装力量多以原西北军队为主，李心传曾统计说："渡江后将帅，韩世忠，绥德军人。曲端，镇戎军人。吴玠、吴璘、郭浩，德顺军人。张俊、刘锜、王躞，秦州人。杨惟忠、李显忠，环州人。王渊，阶州人。马广，熙州人。

---

① 《宋史》卷一七九，《食货志》，第 4371 页。
② 漆侠：《关于长篇历史小说〈汴京梦断〉的序言和通信》，《漆侠全集》第十二卷，第 612—613 页。漆侠师这个论点有充分的事实根据和论证，详见《宋代经济史》。

杨政，泾州人。皆西人。刘光世，保大军人。杨存中，代州人。赵密，太原人。苗傅，隆德人。岳飞，相州人。王彦，怀州人。皆北人也。"① 在李心传所举诸名将中，除岳飞抗金功绩最显而不是陕西、河东人，其余战功卓著的吴玠、吴璘、韩世忠、刘锜等人早年均活跃在御夏战争最前沿，并立有战功，尤其是在南宋绍兴初年，陕西军是抗击金军的主力。王曾瑜先生认为："自绍兴元年至四年三月，川陕战场是宋金战争的主要战场，甚至是唯一战场。吴玠军近乎独立地支撑南宋半壁江山，在此期间的抗金战功是独一无二的。"② 所以，若从保家卫国、抗击"异族"入侵的角度来看，陕西、河东的宋军对金的作战实则是对西夏作战的继续。二是宋高宗自顾不暇，而使宋廷无力也不可能管束武将手脚，没有了宋朝祖制对武将的束缚，陕西、河东军特别能战斗的特长就充分发挥出来。而一旦宋高宗站稳了脚跟，第二次夺兵权后，宋军不能打仗的故态复萌，这也从一个侧面说明，王安石变法中宋神宗主导的强兵改革的不彻底性。即不从根本上解除对武将的束缚，宋朝军队无法与草原游牧和渔猎民族一争雄长。

3. 从缓和社会矛盾来看，变法的效果不甚佳。变法之初奉行的损有余、补不足的经济类措施，逐渐演变为新的征税手段和国家财税的新来源。包括宋朝在内中国古代的"富国"政策在一定程度上可以实现，"富民"政策从来都富的是少部分"民"，不论是王安石还是司马光的政策都不可能惠及下层占人口总量70%—80%的民众。只是新法促使经济发展，经济活动特别是货币市场流通加大，财经指标大增，水涨船高，提供给小民百姓求生机会总比不作为、维持现状政策下的经济状况要多一些。无论反变法派如何痛恨王安石和反对新法，但是能够代表宋朝社会城市文明高度发展的《清明上河图》《东京梦华录》就反映的是北宋后期坚持变法的时期，充分说明政治道德和伦理道德的高标准批判，往往与政治文明和经济的发展并不总是合拍一致的。

4. 从王安石变法对后世的影响或者说是其历史遗产来看，至少在三个方面反映了唐朝中叶以来历史转型的轨迹，一是虽然王安石在政治上被南宋最高统治者和理学家们所否定，且遭到严酷地批评和斥责，但是变法派以货币、市场为手段增加工商税收缓解财政支绌的施政理念，不仅在北宋后期得以贯彻执行，而且影响了南宋152年中绝大部分时间的财经政策，南宋最高统治者一方面高调否定王安石新法，一方面却变相地用新法的"敛财"手段增加国家财政收入，

---

① （宋）李心传：《建炎以来朝野杂记》乙集卷一二，《渡江后名将皆西北人》，第 687—688 页。
② 王曾瑜：《和尚原和仙人关之战述评》，《西南师范学院学报》1983 年第 2 期。

甚至被浙东学派的陈傅良、叶适等人抨击为比熙丰敛财有过之而无不及，这也正是历史的吊诡之处。二是王安石新法控制和稳定社会基层的措施保甲法、免役法从南宋一直沿袭到晚清，保甲法甚至影响到民国的新政；而被元明清称道和延续的朱熹的"社仓法"更是"青苗法"的翻版。这种历史的契合贯穿了近千年统治者们怎样的治世思想？三是王安石在范仲淹庆历新政基础上进行的科举和教育改革，经北宋后期所确立的科举、教育与经学相结合的选官模式，被元明清统治者奉为圭臬，一直影响到近代辛亥革命爆发的前夜，对后期中国历史产生莫大影响。

5. 从思想精神层面来观察，王安石变法在中国历史上是士大夫们首次用儒家政治理念欲重建社会秩序的一次有益尝试，他们为实践"损有余、补不足"的思想，力图建立一个较为平等社会的努力；在变法中表现出的"天变不足畏，祖宗不足法，人言不足恤"（尽管这是反变法派的攻击之语）三不足的大无畏精神；以及变法措施中显现出的近现代社会经济理念的诸多端倪；[1] 等等，都是很有价值的历史遗产。

## 参考文献及拓展阅读

梁启超：《王荆公传》，商务印书馆，1930 年。
邓广铭：《北宋政治改革家王安石》，人民出版社，1997 年。
漆侠：《王安石变法》（增订本），河北人民出版社，2001 年。
漆侠：《宋代经济史》，《漆侠全集》第四卷，河北大学出版社，2008 年。
蒙文通：《古史甄微·北宋变法论稿》，巴蜀书社，1999 年。
王曾瑜：《王安石变法简论》，《中国社会科学》1980 年第 3 期。
李昌宪：《司马光评传》，南京大学出版社，2011 年。
杨志玖：《王安石与孟子》，《社会科学战线》1979 年第 3 期。
伊沛霞、史乐民主编：《中国的国家权力 900—1325》，华盛顿大学出版社，

---

[1] 详见张世明：《王安石变法对美国经济法律制度的影响》，《中华读书报》2020 年 5 月 20 日，第 13 版：文化周刊；李超民：《美国当代的"青苗法"：商品信贷公司》，《世界经济文汇》2000 年第 5 期；李超民：《王安石变法与美国 20 世纪 30 年代的新政》，《西安交通大学学报（社会科学版）》2001 年第 2 期；李超民：《论美国新政"常平仓计划"受王安石经济思想的影响 —— 兼与卜德先生商榷》，《西南师范大学学报（人文社会科学版）》2002 年第 6 期。

2016 年。(*State Power in China 900-1325*, Edited by Patricia Buckley Ebrey and Paul Jakov Smith 2016, University of Washington Press)

袁征:《宋代教育——中国古代教育的历史性转折》,广东高等教育出版社,1991 年。

朱维铮:《中国经学史十讲》,复旦大学出版社,2005 年。

周翠萍:《两宋孟学研究》,人民出版社,2007 年。

李华瑞主编:《中国改革通史》两宋卷,河北教育出版社,2000 年。

李华瑞:《王安石变法研究史》,人民出版社,2004 年。

李华瑞:《论北宋后期六十年的改革》,《华中国学》2017 年春之卷第 9 辑。

# 第四章　北宋政治变革时期的文化

庆历新政和熙丰变法是北宋中期两次大的变革运动，以往在评价这两次变革运动，特别是对持续了十六七年的熙丰变法的社会效果时，多是从政治、经济、军事等角度着眼，而忽视了一个极为重要的方面，即变革时期的文化。因而以往的评价不免带有一定的局限性，实际上，这一时期的文化不仅是这一时期历史活动中不可分割的有机组成部分，而且这一时期的文化发展取得辉煌的成就，是承先启后的两宋文化中的最高峰。

## 一、宋学的勃兴与发展

北宋变革时期[①]是新儒家群体致力于重新确立儒学作为学术思想领域乃至政治社会领域的独尊地位最重要的发展阶段。但是自明清之际《宋元学案》问世以后，讲到宋朝的思想、学术往往主要讲述程朱理学，现今绝大多数讲中国思想史的论著基本延续了《宋元学案》的主旨，是故为了还原历史的本相，以下试叙述宋学诸学派的兴起和主要主张。[②]

自唐中叶五代开始到宋代，阶级关系和经济、政治制度等方面都发生了一系列新的变化。新的社会关系必然推动意识形态发生相应的变革。而宋初以来的经济的发展和教育、雕版印刷业逐渐兴旺繁荣，又为这种变革准备了充分的

---

[①] 本章所谓变革时期主要指庆历新政至王安石变法的四五十年间，但是元丰八年之后，元祐、绍圣、崇宁仍是以否定或肯定变法为政治路线，可看作是变革运动的遗绪，而变革时期的文化活动也存在因袭关系，故叙述变革期的文化不能不有所涉及。

[②] 本节参考了漆侠师的遗著《宋学的发展和演变》相关章节。《漆侠全集》第六卷，河北大学出版社，2008年。

物质条件。

清代以来，唐以前的经学被称作汉学，自汉武帝"罢黜百家"，汉宣帝"独尊儒术"以后，五经（《周易》《尚书》《诗经》《周礼》《春秋》）成为经世济用、作育人才的经典，成为儒生们探索和研究的对象。至唐代中叶，仅仅训释、注疏古代儒家经典的汉学，已愈来愈不适应社会的要求，唐朝孔颖达撰《五经正义》结束了汉魏以来的儒家经学，出现了"变古"的倾向。至北宋中叶的学术与汉学有了很大不同，汉儒治经，从章句、训诂方面入手，亦即从细微处入手，达到通经的目的，而宋儒则摆脱了汉儒章句之学的束缚，从经的要旨、大义、义理之所在，以自身对经学语言学考察，亦即从宏观方面着眼，来理解经典的含义，达到通经的目的。总之，从方法论上说，汉学属于微观类型，而北宋中期的学术则属于宏观类型，在我国古代学术发展史上，由北宋中期出现的学术新方向确实开创了学术探索的新局面，并表现出了它的独特的新思路和新方法。

### （一）宋初三先生、范仲淹、欧阳修与宋学的形成

疑古惑经的风气始自唐安史之乱前后的啖助、赵匡、陆淳师兄弟三人。他们撰治《春秋学》，抛开三传，抒发己见，稍后韩愈、李翱著《论语笔解》，韩愈又著《原道》《原性》等篇，李翱著《复性书》，相继提出"道统"与"性命"之说。唐儒怀疑古训、自出新意的学风，为宋学的产生开辟了门径，但破除旧的传统是经过了一个发展过程。宋初立国以后，宋太祖、太宗采取儒道佛并重的文化政策，旨在争取士人，以稳定宋朝的统治，并非出于学术目的。宋太宗时校订孔颖达《五经正义》，由国子监刻板印行，真宗时期又命国子监祭酒邢昺撰成《九经疏义》颁行。

宋前期六七十年主要是恢复唐代的经学，学术思想比较沉寂。宋仁宗时，宋的专制主义统治高度发展，由积弱积贫造成的社会危机日益加深，特别是宝元康定以来，内外交迫，宋学正是在这样的时代背景下，在范仲淹、三先生、李觏、欧阳修等人的积极推动之下产生和形成的。因而宋学的形成，有其学术的、政治的以及社会条件等多种因素，是较为复杂的，宋学在产生和形成过程中有哪些特点呢？概言之有以下三方面的特点：

1. 宋学的第一个特点是摆脱汉儒以来章句治学的束缚，从自己对儒家经典理解的实际出发，创造了义理之学，从而成为探索儒家经典的新途径。

胡瑗（993—1059），字翼之，泰州海陵人，曾居泰山与孙复、石介同治经学。《宋元学案》将其列为宋代学术第一人，谓之"安定学案"，在宋学开创和

宋代教育史上都发挥了重要作用。胡瑗的学术以《易》为主，现存著作有《周易口义》十二卷，又有《洪范口义》二卷。蔡襄称胡瑗"为文章皆传经义，必以理胜"①。根本不谈神秘莫测的"象数"，这种治《易》的方法，上承王辅嗣，下启王荆公。"文义皆坦明"为程颐所宗。②《洪范口义》也是以儒家思想观点阐明其义旨的，如对"恶""弱"的解释即是以中庸之道来阐发的，而胡瑗对食货的诠释，又吸收了《管子》的思想特点。胡瑗立足于儒学的立场，广泛吸收其他各家各派的见解，丰富了自己的学说，这正是宋学丰富多彩，具有强大生命力的原因所在。

宋初三先生的另一位是孙复。孙复（992—1057），字明复，号富春，平阳人，三次考进士不中。退居泰山著书讲学，学者称为泰山先生。他以治《春秋》经名世，所著《春秋尊王发微》一书，与胡瑗的《周易口义》一样，不取传注，"其言简而义详，著诸大夫功罪，以考时之盛衰"③。所谓"发微"即离开三传，独自阐发孔子褒贬善恶的微旨，实际上是借《春秋》抒发自己的政治主张。名列宋初三先生的石介（1005—1045），字守道，兖州奉符人，曾考中进士，在徂徕山下讲学，人称徂徕先生。入朝为国子监直讲。石介讲授《易》经，著《春秋说》，对经学的阐发，也是不取或不惑"传注"的，同样体现了北宋中期学术的时代风貌。

总之，宋学的建立者从其开始即撇开了汉儒章句之学，直接从经学本身来理解和发挥经学的义理所在，宋学之被称为义理之学，即在于此。

2. 疑经是宋学的又一个重要特点。继唐儒之后，宋儒对儒家经典也提出了大胆的怀疑，认为有的经典并非出自孔子之手。欧阳修最先着鞭，他的《易童子问》是宋人第一个大胆地提出怀疑，他说："童子问：《系辞》非圣人之作乎？曰：何独《系辞》焉。《文言》、《说卦》而下，皆非圣人之作。"欧阳修认为这些篇章"众说淆乱。亦非一人之言"，是"昔之学易者，杂取以资其讲说，而说非一家，是以或同或异，或是或非，其择而不精，至是害经而惑世也"。尽管怀疑《系辞》非圣人之作，但不必废去，"谓其说出于诸家，而昔之人杂取以释经，故择之不精，不足怪也"④。欧阳修这种治学的态度是非常可贵的。如果

---

① （宋）蔡襄：《蔡忠惠公文集》卷三三，《太常博士致仕胡君墓志》，《宋集珍本丛刊》第 8 册，第 227 页。
② （宋）陈振孙：《直斋书录解题》卷一，《周易口义十三卷》，上海古籍出版社，1987 年，第 10 页。
③ （宋）晁公武撰，孙猛校证：《郡斋读书志校证》卷三，《春秋尊王发微十二卷》，上海古籍出版社，1990 年，第 112 页。
④ （宋）欧阳修：《易童子问》卷三，《欧阳修全集》，中国书店，1986 年，第 568、569 页。

认为以前的经典以及后人对经典的阐释，都是完美无缺、无任何可以置疑之处，死抱着那些古老的教条不放，包括经学在内的各种学问又怎么能够发展呢？

  欧阳修对儒家经典尚且采取怀疑态度，那么对儒家经典的注疏就更加不信任了。他在《诗解统序》中对毛、郑二学提出批评，认为"其说炽、辞辩，固已广博，然不合于经者，亦不为少"①。四库馆臣们在欧阳修《毛诗本意》提要上说"自唐以来，说诗者莫敢议毛、郑"对诗的注疏，"至宋而新义日增，旧说几废"。而推原所始是欧阳修首先向毛郑二家旧说发起挑战的，欧阳修对毛郑二家虽然提出批评，不"曲徇"二家之说，他所作的训释"往往得诗人之本志"②。对毛郑二家的批评是正确的。由此也就说明欧阳修在宋学建立过程中起到了披荆斩棘的开拓性的重大作用。约与欧阳修同时代的刘敞，也是一个开学风之先的人。刘敞（1019—1068），字原父，临江新喻人，庆历进士，著《七经小传》三卷，为《诗》《书》《三礼》《春秋公羊》及《论语》重作新注（传），刘敞突破旧注的束缚，依照己意作出新解，使学风为之一变。元祐史官编撰国史说："庆历前学者尚文辞，多守章句注疏之学。"至刘敞为《七经小传》"始异诸儒之说"③。王应麟《困学纪闻》也评论说："自汉儒至于庆历间，谈经者守训，故而不凿，《七经小传》出而稍尚新奇矣。"④刘敞以己意说经，虽然在学说上并无重大的建树，但由此形成破旧立新的学风，却带来极大的影响。

  3. 在建立之初，不单纯从理论上探索经学，而是重实际，讲实效，这在胡瑗的教育实践中表现得极为清楚。胡瑗在学校分设二斋教授，选择心性疏通的优等生入"经义斋"，研求经学义理及时务。另设"治事斋"学习政事、军事和水利、历算等实学。胡瑗不仅从大的方面对学生进行教育，而且在小的方面胡瑗也一点不放松。胡瑗讲学时，要求学生听讲必须服装整齐，专心端坐，尤强调"心宜正"，这对个人身心修养具有重要的教诲意义。南宋浙东学派的薛季宣对胡瑗的作育人才给以很高的评价，他称胡瑗作育人才的"成人成己"的方法是从"古之洒扫应对进退"开始，而贵诸君子之道，即"致广大者必尽精微，极高明者必道中庸"，以达到儒生们所向往的"内圣外王"最高理想。⑤程颐正是从胡瑗这里受到教育和启发，把内心反省功放在头等重要的地位，逐步形成

---

① （宋）欧阳修：《居士外集》卷一〇《诗解统序》，《欧阳修全集》，第 432 页。
② （清）永瑢等：《四库全书总目》卷一五，欧阳修：《毛诗本意》，中华书局，1987 年，第 121 页。
③ （宋）晁公武：《群斋读书志校证》卷四，《七经小传》五卷，第 143 页。
④ （宋）王应麟撰，（清）翁元圻注，栾保群、田松清、吕宗力校点：《困学纪闻》卷八，《经说》，上海古籍出版社，2013 年，第 1094 页。
⑤ （宋）薛季宣：《浪语集》卷二三，《又与朱编修书》，文渊阁四库全书景印本，第 1159 册，第 366 页。

理学一派的。胡瑗设"治事斋",这实际上是近代教育分系分科的一种胚胎形式,遂对学术的发展有其重要作用,而这种教育方法同样说明了他是如何适应了社会需要的。

在宋学建立阶段,范仲淹有其不可磨灭的重大作用,范仲淹不仅是庆历新政中的核心,而且也是宋学建立阶段的组织者和带头人。如胡瑗、孙复、石介、李觏、张载等都曾得到范仲淹的荐引、提携或关照。范仲淹不仅对许多学者予以汲引、援助,而且以其独有的行谊和风范给当时士大夫以极大影响。因而朱熹一再称赞范仲淹"大厉名节,振作士气,故振作士大夫之功为多","范仲淹公方厉廉耻,振作士气"。[①]这样的士风,对宋学当然有着深厚的影响。此外,范仲淹自己在学术上也有出色的成就。据说范仲淹"通六经"尤长于《易经》,同其他宋学建立者一样,范仲淹也是摆脱此前的注疏,径直从《易》的义理方面进行阐发的。范仲淹阐发《易》的义理同李觏探索《周礼》一样,用于对社会现实的变革上。在呈给宋仁宗《答手诏条陈十事》这一关于庆历改革的纲领性文件中,范仲淹指出"历代之政,久皆有弊,弊而不救,祸乱必生"。而救乱就需要变,因而他引《易经》"穷则变,变则通,通则久"的教导进行政治改革,充分体现了通经致用的实践意义。宋学的另一特色是,宋学与政治变革结合起来,而范仲淹则在这一结合中起着带头人的重要作用。[②]

### (二) 荆公学派、温公学派、苏氏蜀学派和洛学派

先秦百家争鸣是中国学术史上空前活跃的时期,《汉书·艺文志》云:"凡诸子百八十九家……蜂出并作,各引一端,崇其所善,以此驰说,取合诸侯。"[③]宋仁宗英宗之际,亦即嘉祐、治平年间(1056—1067),宋学获得了迅猛的发展,形成了王安石学派(荆公学派)、司马光学派(温公学派)、苏氏蜀学派和以洛、关为代表的理学派。宋学学术自由与先秦时期的百家争鸣的学术自由不同的是儒家内部的学派纷争。自熙宁二年(1069),王安石变法,四大学派都卷入了由变法而激起的政治旋涡之中,进行了激烈的论战和斗争。政治上对立,必然包含了思想上的分歧,政治上的对立越厉害,思想上的分歧也就越大。例如司马光全面反对王安石变法,元祐更化又全部废除了新法,因而温公学派与

---

[①] (宋) 黎靖德编:《朱子语类》卷一二九,《自国初至熙宁人物》,中华书局,1994年,第3086页。
[②] 参见漆侠:《宋学的发展和演变》,《文史哲》1995年第1期。
[③] 《汉书》卷三〇,《艺文志》,中华书局,1962年,第1745页。

荆公学派在世界观、方法论许多根本问题上都是对立的。在政治上虽然一致，如苏轼、程颐都反对王安石变法，但在思想上也明显地存在分歧。

**1. 王安石学派（荆公学派）。**正当安定之学盛行淮南之际，王安石于治平年间因服丧而在江宁府聚生讲学，从而名声大噪。蔡京所作《王安石传》云："自先王泽竭。国异家殊，由汉迄唐，源流浸深。宋兴，文物盛矣，然不知道德性命之理。安石奋乎百世之下，追尧舜三代，通乎昼夜阴阳所不能测而入于神。"① 他著《淮南杂说》数万言，首开"非性命之说不谈"之风，"世谓其言与孟轲相上下。于是天下之士，始原道德之意，窥性命之端云"②。早在嘉祐二年（1057）前后已大行于世，并受到士人学子的欢迎。在另一部著作《洪范传》中大量吸收消化了《老子》中的自然观，用来观察自然界及一些社会现象，王安石畅谈自然界有"五行"（金木水火土）相生相克，产生无限新的物质，及"有偶""有对"两个概念，概括了《老子》中高下相倾、祸福相倚等事务的矛盾是由对立而成的"性命之理、道德之意"，存在于两个对立事物的无穷变化之中，能"道万物而无所由，命万物而无所"③。"在北宋一代，对于儒家学说中有关道德性命的义蕴的阐释和发挥，前乎王安石者实无人能与之相比"，"应为北宋儒家学者中高踞首位的人物"。④

荆公学派的一个显著特点是对儒家以外诸家学所兼收并蓄的态度。王安石在给曾子固的一封信中说他自己："自百家诸子之书，至于《难经》《素问》《本草》，诸小说，无所不读。农夫、女工，无所不问。"⑤ 即使对佛家思想也不能持一种轻率的否定态度。王安石曾严肃而郑重地指出："善学者读其书，唯理之求，有合吾心者，则樵牧之言犹不废，言而无理，周孔所不敢从。"⑥ 在荆公学派中，王安石之子王雱、同事吕惠卿等人对老庄都很有研究。因而王安石在学术上不仅具有一个广阔的视野，而且还具有一定的批判精神。这种兼收并蓄的态度，对宋学的发展具有重要意义。

王安石依据孔子的教育思想，安排《诗》《书》《周礼》而后《春秋》，这一

---

① （宋）晁公武撰，孙猛校证：《郡斋读书志》卷一二，《王氏杂说十卷》，第525页。
② （宋）晁公武撰，孙猛校证：《郡斋读书志》卷一二，《王氏杂说十卷》，第525页。
③ （宋）王安石：《临川先生文集》卷六五，《洪范传》，《王安石全集》第六册，第1177页。
④ 邓广铭：《王安石在北宋儒家学派中的地位》，《北京大学学报》1991年第2期，后收入氏著：《邓广铭学述论著自选集》，首都师范大学出版社，1994年。
⑤ （宋）王安石：《临川先生文集》卷七三，《答曾子固书》，《王安石全集》第六册，第1314页。
⑥ 释惠洪：《冷斋夜话》卷六，《舒王嗜佛曾子固讽之》，《稀见本宋人诗话四种》，江苏古籍出版社，2002年，第54页。

从易到难的循序渐进的学习方式，以此来造就通经明理的合格人才。根据王安石对经学的理解，在科举考试中《春秋》是不作为考试项目的。

为适应科举考试和学校教育的需要，王安石将《诗》《书》由王雱、吕惠卿等共同诠释，《周官》则由他自己亲自撰写。王安石认为《周礼》一书"立改造事"，最值得重视，所谓"惟道之在政事，其贵贱有位，其后先有序，其多寡有数，其迟数有时。制而用之存乎法，推而行之存乎人。其人足以任官，其官足以行法，莫盛于成周之时；其法可以施于后世，其文其见于载籍，莫具乎《周官》之书"①。通过科举考试学校教育，《三经新义》起到了一道德的作用。在宋学发展阶段，荆公学派是四个学派中占主导地位的一个学派，对社会对学术思想界有着广泛而深刻的影响。王安石另撰有《字说》，是王安石经学的重要组成部分，王安石新学之"新"很大程度有赖于《字说》的诠释。

迄今为止，对于王安石新学在宋代学术史中地位的表述，莫过于朱维铮先生的论断最为确切："王安石在经学向理学转折过程中的作用，不亚于公孙弘在儒术独尊的转折过程中的作用……王安石用他的新经义破坏了旧经义，用表彰孔孟代替了表彰孔颜，用提倡探求圣人之'意'来否定诠释所谓圣人之'言'的传统。更是其力图利用主持变法的机会实践自己的主张，这都在事实上替所谓理学成为统治理论的新形态开辟了道路。"②

**2. 司马光学派（温公学派）**。司马光是北宋大史学家，他编写了一部不朽的史学名著《资治通鉴》，司马光是宋代新史学的代表人物。在政治上因废罢大部分新法产生过重大影响。司马光同王安石在政治领域里是对立的，司马光同王安石在天道观、人性论、德才论、贫富观等一系列的问题上存在分歧和对立。《中庸》被宋儒提到突出的地位，它和《论语》《孟子》《大学》被称为"四书"，这是由于《中庸》是实现儒生们"内圣外王之道"这一最高理想的路径和方法，所谓"致广大而尽精微，极高明而道中庸"。在宋儒探索中庸的过程中，司马光是较早论及的一个。他写有《中和论》，以为"从学贵于博，求道贵于要"，而"道之要在治于方寸之地"，方寸之地就是所谓的"心"。"治方寸之地"也就关乎个人的道德修养了。如何治这个"心"？心必有"人心"和"道心"，即是以道心来克制人心，其办法就是"执中而已"。"执中"就是"致广大而尽精微，

---

① （宋）王安石：《临川先生文集》卷八四，《周官新义·序》，《王安石全集》第七册，第1478页。
② 朱维铮：《经学与中国文化》，《复旦学报》1986年第1期，后收入氏著：《中国经学史十讲》，复旦大学出版社，2002年。

极高明而道中庸"这个"中庸之道",这样司马光就把"中庸之道"提到成德、立功的最基本的方法和途径上了。司马光对中庸的阐发,是宋学对此问题的开创,在此以后,更加深入地展开了探索,有所谓体用论等说法,给宋儒这个方法论作了多方面的说明。

**3. 苏氏蜀学派**。从宋学发展的总过程来看,具有独自特色的苏氏蜀学派,是宋代新文学的代表。苏氏蜀学派的创始人苏洵"年二十七始大发愤",对于诗、书、礼诸经均有论述。文集中的《六经论》就是这方面的著作,对六经的论述亦颇有见解。其《义者利之和论》与此前孟子、董仲舒和此后理学家们义利对立的观点截然不同。苏洵之子苏轼、苏辙继续推动了蜀学的发展。苏轼著有《易传》以完成其父未竟之志,另有《书传》二十卷传世。四库馆臣对《书传》评价甚高,称"(苏)轼究心经世之学,明于事势,而又长于议论,故其诠释经义于治乱兴亡之故,披抉明畅,较他经独为擅长"①。就苏氏蜀学的学术源流而言,是立足于儒而摄取其他诸家学说的,尤受佛教和道教影响颇大。因而遭到理学派的攻击和否定。苏轼与二程有关文与道关系的看法截然相反,是蜀学与洛学对立的又一重要原因。

从总的方面说,苏氏蜀学派在文学上的成就和影响是惊人的,"眉山在西南数千里外,一日父子隐然名动京师,而苏氏文章,遂擅天下"②。因而在宋学发展演变的总过程中,其中一些人物如欧阳修、苏氏父子,则是向文学方面发展的,并且对文学起着推进者的作用。

**4. 以洛学、关学为代表的理学派**。洛学的真正奠基人是周惇颐和张载。周惇颐③(1017—1073),字茂叔,道州营道县人。仁宗时在各地做州县官,讲授《易》学,号濂溪先生。他的主要著作是《太极图·易说》一卷,《易通》四十章。《太极图·易说》明显地带有儒道相糅合的特色,它是道教《太极图》与儒家《周易》之学相结合的产物。他的思想已具有理学的雏形,他围绕无极和太极这两个概念探讨宇宙和人类社会起源等哲学问题。

周惇颐又是最早应用理学的基本范畴"理""气",并从本体论的意义上加以解释,在《通书·礼乐第十三》中,他说"礼,理也","阴阳理而后和,君

---

① (宋)苏轼《书传》提要,文渊阁四库全书景印本与《四库全书总目》卷一一《东坡书传》十三卷的介绍文字略有不同,第90页。
② (宋)欧阳修:《居士集》卷三四,《故霸州文安县主簿苏君墓志铭》,《欧阳修全集》上册,中国书店,1986年,第241页。
③ 《宋史》中本纪作"惇"。道学传作"敦",为避讳字。

君、臣臣、父父、子子、兄兄、弟弟、夫夫、妇妇，万物各得其理，然后和。故礼先而乐后"。① 这一"理"含有顺序和道理两层意义。根据太极图的说教，皇帝一人教化天下万民，万民理所当然要绝对服从皇帝的统治。

周惇颐通过对社会和自然的探源解释，达到了维护统一的中央集权的目的。《太极图·易说》的人性论是圣人主静论。在变化无穷的万物之中，人得天地之秀而为万物之灵。有了形，就有神，五行之性感于外物而动，呈现出美与恶，遂形成错综纷杂的万事。这是理学家道德论的最早表述。在错综纷杂的万事之中，有善又有恶，圣人定出中正仁义的规范，归属于"静"（主静）。这样树立了人的最高标准——圣人。这样的圣人符合《易》道，即"与天地合其德，日月合其明，四时合其序，鬼神合其吉凶"②，把自然律与人间社会的道德律相结合，本来是可贵的思想，但是周惇颐却归宿于不合自然律的形而上的"静"，提出了修养功夫的主静说。而且明白主张"无欲故静"，为理学家的禁欲一类教条的流行开辟了蹊径。周惇颐的学说在生前并没有产生什么影响，它作为理学的开创者的地位，是南宋时才确立的。

张载（1020—1077），字子厚，郿县（今陕西眉县）横渠镇人，世称横渠先生。他所建立的学派，被称为"关学"。张载的经学著作有《正蒙》《横渠易说》《经学理窟》等传世。他也是理学的主要奠基者。作为理学奠基者，他的开创之功，主要表现在人性论上，在区别天地之性和气质之性的基础上，提出"立天理""灭人欲"的命题，他说"今之性，灭天理而穷人欲，令复反归其天理"③。在认识论上，提出"穷神知化"与"穷理尽性"，他说"穷理亦当有渐，见物多，穷理多，如此可尽物之性"④。程朱的"格物致知"论即由此发展而来。张载晚年把他关于《易》《中庸》和《礼》的学说互相融合，写成著名的《西铭》，其中心思想是把天地君亲合为一体，以讲述事天事君事亲之道。总之，张载思想中的天理论、道德论、认识论，已形成理学的基本框架，但他没有解决理学的根本问题，即建立一个作为世界唯一本原和主宰的绝对精神，因而张载的学说并不完全同于程朱理学。

洛学（理学）形成于程颢、程颐兄弟，世称二程先生。程颢（1032—1085），字伯淳，世称明道先生。程颐（1033—1107），字正叔，世称伊川先生。

---

① （宋）周敦颐：《周敦颐集》卷二，中华书局，2009年，第25页。
② （宋）周敦颐：《周敦颐集》卷一，《太极图说》，第6页。
③ （宋）张载：《张横渠集》卷七，《经学理窟·义理》，丛书集成初编本，第117页。
④ （宋）张载：《张横渠集》卷一〇，《语录》，丛书集成初编本，第148页。

二程在洛阳讲学,号为洛学。他们的著作有后人编成的《遗书》《外书》《文集》《易传》《经说》《粹言》。二程吸取周惇颐、邵雍、张载关于天理、天性的理论,把具体自然与精神双重意义的"天性"(理)改造成为一个高度抽象的精神性的"理"作为世界的本源。程颢曾自称"吾学虽有所受,天理二字却是自家体贴出来"[1]。二程主张"万事皆出于理"[2]。二程反复论证的理,主要不是用以解释宇宙,而是用以说明人事,即现存的社会秩序。他们说"君道即天道也"[3]。"父子君臣,天下之定理,无所逃于天地之间","为君尽君道,为臣尽臣道,过此则无理。"[4]天下之定理成为二程解释整个帝制统治秩序的口诀。总之,二程从不同的角度阐述天理生成一切、支配一切的思想。天理超然地独立于自然界与社会界,而又无所不照。二程把周惇颐的"主静"改为"主敬",这就是所谓"涵养须用敬"。"敬"字是二程从事内心反省工夫的一个总结和概括。要用"天理"去时时检点,克制私欲,随时反省"察之于身",去人欲而存天理。由此出发,存天理,去人欲,成为理学思想体系中重要的一环。二程还把《大学》《中庸》《论语》《孟子》抬高到和五经相同的地位,四书并行,最初是出于二程的提倡,至朱熹作《四书章句集注》,标志着理学由形成到成熟发展阶段的完成。

约与周惇颐同时的邵雍对理学的形成亦产生过重要的影响。邵雍(1011—1077),字尧夫,号康节。他以讲解《易》经而著称,是一个象数学家。著有《皇极经世书》。邵雍认为宇宙间的一切都有数,而这"数"也就是他所编造的象数形式,"是故一分为二,二分为四,四分为八,八分为十六,十六分为三十二,三十二分为六十四。故曰分阴分阳,迭用柔刚,《易》六位而成章也"[5]。邵雍把这个简单的数字系统说成是最高法则,是宇宙万物构成的道,即天理,是先天确定了的。一切事物都是按照他所推衍的象数构成并发生变化,后来这种象数理论曾一度与理学的发展并行不悖。但由于过于繁琐,且有浓厚的道教色彩,因而在理学形成过程中始终没有占据主导地位,他所提出的天地运化、道在物先等论点,却为理学家所推崇。

理学是中国经学最大的派别,在中国传统社会后期起到十分重大的作用。但理学在北宋处于形成时期,在名声上是否能与苏氏蜀学相比都很难说,更不

---

[1] 《河南程氏外书》卷一二,《上蔡语录》,引自《二程集》上,中华书局,2004年,第424页。
[2] 《河南程氏遗书》卷二上,引自《二程集》上,第33页。
[3] 《河南程氏遗书》卷一一,引自《二程集》上,第118页。
[4] 《河南程氏遗书》卷五,引自《二程集》上,第77页。
[5] (宋)邵雍:《皇极经世书》卷一三,《观物外篇》上,文渊阁四库全书景印本,第803册,第1064页。

用说与荆公学派分庭抗礼了，它对中国社会发生重大影响是南宋以后的事情。理学在形成过程中，其思想来源除儒家经典——主要是《易》《春秋》和《周礼》外，还有佛学中的华严宗和禅宗，道教的太极和阴阳学说。但理学家们为了把自己说成是纯而又纯的儒家正宗，则千方百计地回避这一问题。在这个问题上理学家不如荆公学派和苏氏蜀学派那样磊落，敢于面对现实。理学是从宋学中演变出来的，它与宋学的主要区别在于宋学注重社会实践和现实，而理学虽也讲经世致用，但偏向以静、诚、敬"向身上做功夫"，注重内心反省，不免流于空疏。

## 二、文学、艺术、史学的发展高潮迭起

### （一）宋文、宋诗、宋词、宋画的鼎盛

这一时期的散文（即古文）创作达到了宋朝的最高峰。古文运动发起于中唐。韩愈的古文，原本就有"文从字顺"和"怪怪奇奇"两种风格，后之追随者片面发展了韩文奇崛艰深的一面。古文运动逐渐衰落，骈文又在晚唐五代的文坛上占据了主导地位。《宋史》梁周翰传载："五代以来，文体卑弱，周翰与高锡、柳开、范杲习尚淳古，齐名友善，当时有'高、梁、柳、范'之称。"[①] 他们积极提倡韩愈、柳宗元的古文，以韩愈的继承者自命，是北宋古文运动复兴的先驱者，其中柳开最为活跃。但他们新继承的则是唐代古文运动末流苦涩古奥的遗风，只注意发展韩派散文"怪怪奇奇"的一面，而丢掉"文从字顺"的一面。所以为文大抵皆偏于"辞涩言苦"，"义昧而意奥"。

在宋初复兴古文的潮流中王禹偁开辟了另一条可行的道路，他在提倡"韩柳文章李杜诗"的同时，把"传道而明心"和"句易通，义易晓"作为古文写作的标准，纠正了柳开片面强调维护自上古三代以来的道统，故意"古其理，高其意"和"辞涩言苦，使人难读诵之"的流弊。王禹偁的诗文在散体中并不排斥骈句，在载道的同时，重视表现个人的内心世界。

宋初沿袭五代的绮靡文风，并非一下就能扭转过来的，王禹偁虽为北宋古文指出了正确的方向，但由于缺少师友支持，未能形成一股足以力挽狂澜的力量，而柳开等人则基本上没有成功的古文作品值得一提。因而柳、王去世后，

---

① 《宋史》卷四三九，《梁周翰传》，第 13003 页。

以杨亿、刘筠、钱惟演等为代表的西崑体骈文家又活跃起来,左右文坛二三十年。西崑体从形式上看,可以讲是唐五代骈文的继续,但在技巧、风格和所产生的影响等方面已大不相同。它的崛起,向古文家们提出了严峻的挑战,对此继起的穆修提倡为道而学文,讲求务实致用,极力反对骈文的章句声偶,他不顾流俗的诋毁,刻印韩柳集数百部在京师出售。稍后的道学家石介曾撰《怪说》以激烈的言词指名抨击杨亿是异端。他们从维护道统出发,提出文风改革问题。主张"读书不取其语辞,直以根本乎圣人之道"①。开北宋道学家重道不重文的先声,风格上同柳开是一路,这种卫道式的抨击,对浮艳的文风起到摧陷廓清的作用,却没有能力从事创作显示新的实绩,因而新文风的建立,就不能不有待于欧阳修、尹洙、苏舜钦等人的继起。

欧阳修是当时的文坛盟主,对诗文革新起了重大作用,他团结尹洙、石延年、范仲淹、苏舜钦等人,在宋仁宗天圣、明道、景祐、庆历年间进行了一系列活动,开创了新局面。欧阳修主张文与道俱,但已偏重于实用。他既能认识到文与道有密不可分的关系,又能认识到文与道的区别。"道纯,则充于中者实,中充实,则发为文者辉光。"②至于"文"则主张平易畅晓,自然为文。"其道易知而可法,其言易明而可行。"他反对那种"舍近而取远,务高言而鲜事实"③的文章,欧阳修在提倡古文的同时,对时文也进行了改造。他是宋代新型骈文"宋四六"的能手,在他的倡导下,骈文走上了新的道路。欧阳修在王禹偁的基础上,进一步开创的这种平易流畅、骈散结合的古文新体制,从此成为宋代古文的基本特点,并为此后元明清诸代所遵循。

在欧阳修等人开创古文新局面的同时,形成为古文运动对立面的,是产生于其内部的"太学体"。早在宋仁宗庆历年间已肇其端,始作俑者是以激烈讨伐时文出名的石介,其文风"以怪诞诋讪为高,以流荡猥烦为赡"④,"用意过当,求深者或至于迂,务奇者怪僻而不可读"⑤。太学体是宋初柳开以来崇尚"怪怪奇奇"文风在古文运动后期登峰造极的发展,是古文运动中的一股逆流。当西崑体的影响基本肃清之后,它自然成为以平易畅达为本色的北宋古文运动主流派

---

① (宋)石介:《徂徕石先生文集》卷二〇,《代郓州通判里屯田荐士建中表》,中华书局,1984年,第241页。
② (宋)欧阳修:《居士外集》卷一八,《答祖择之书》,《欧阳修全集》,第499页。
③ (宋)欧阳修:《居士外集》卷一六,《与张秀才第二书》,《欧阳修全集》,第481页。
④ 《长编》卷一五八,庆历六年二月己卯,第3822页。
⑤ (宋)苏轼:《苏东坡续集》卷一一,《谢欧阳内翰书》,《苏东坡全集》下册,中国书店,1996年,第349页。

要解决的主要问题。嘉祐二年（1057），欧阳修知礼部贡举，他运用宋仁宗皇帝任命他为主考官的职权，推行了自己早在庆历年间就提出来的革新文风的主张，提倡平易晓畅的古文，并明确规定了衡文标准，凡是文风不正的一概不取。"时士子尚为险怪奇涩之文，号'太学体'，（欧阳）修痛排抑之。"①

王安石认为文章应"务为有补于世而已矣"②，苏轼在强调"言必中当世之过"③的同时，认为文章应如"精金美玉"，文采很重要。欧阳修重视奖掖后进，王安石、苏轼皆出其门而相继主盟文坛，宋文得以顺利发展，蔚为一代之大观。欧阳修、王安石、苏洵、曾巩、苏轼、苏辙与唐代韩愈、柳宗元被后人合称为唐宋八大家。嘉祐二年（1057）以后，太学体剽裂之文即一扫而光，古文从此取代骈文占据文坛的主导地位以迄近世。对这场古文革新运动，程千帆先生指出"北宋中叶的文学革新是我国文学发展史上的一个里程碑，欧阳修领导并完成的第二次古文运动或新古文运动，确立了散体文的正宗地位，使骈体文在六朝以来六百年间所占的优势从此告终"④，"只不过古文运动的领导者文与道俱、文道兼重，到王安石那里变成了道先文后，到苏轼那里变成了道后文先，而程颐则是作文害道了"⑤。

其次，在中国诗歌发展史上，宋诗是继唐诗之后的又一高峰，此后的学诗者，不入于唐，即出于宋，很难摆脱唐音、宋调的影响。而"宋调"的形成恰恰是在北宋变革时期。

北宋初主要有白体、西崑体、晚唐体三派。其主要代表作家有徐铉、王禹偁、魏野、寇准、林逋、潘阆、杨亿、刘筠、钱惟演，他们的共同特点是沿袭唐风，未形成宋诗的独特面貌。景德至大中祥符年间，杨亿、刘筠、钱惟演等人聚集于皇帝藏书的秘阁，奉命编纂《册府元龟》，他们把在编书之余所写的酬唱诗结集为《西崑酬唱集》。这部诗集在当时影响很大，学子纷纷效法，号为西崑体，在宋初风靡了数十年。

北宋中期是诗歌全盛期。梅尧臣与苏舜钦齐名，时称"苏梅"。他们有力地举起反对西崑体的旗帜。梅尧臣主张诗歌要反映现实社会生活，关心人民疾苦，提倡一种与西崑体的浮艳晦涩相反的平易的新诗风，真挚感人，自然流畅。苏舜

---

① 《宋史》卷三一九，《欧阳修传》，第 10378 页。
② （宋）王安石：《临川先生文集》卷七七，《上人书》，《王安石全集》第七册，第 1369 页。
③ 《苏东坡续集》卷二四，《凫绎先生诗集叙》，《苏东坡全集》上册，第 310 页。
④ 程千帆、吴新雷：《两宋文学史》，上海古籍出版社，1991 年，第 317 页。
⑤ 陈植锷：《北宋文化史述论》，中国社会科学出版社，1992 年，第 410 页。

钦感情激越，呈现豪放雄健的风格。欧阳修在诗歌方面的成就不及散文突出，他学韩愈，诗作倾向于散文化、议论化，宋诗的这一特点也可以说是由他奠定的。

王安石在诗歌创作上有很高的成就。王安石素以风格雄健峭拔，修辞精炼著称，而且常用散文化的句法入诗，他是体现宋调风范的重要代表。他的不少写实、咏史和写景的作品内容充实，艺术上也较动人。王安石有不少咏史怀古的诗篇很有特色，通过对历史人物功罪得失的评价，抒发了他的政治见解和抱负，立意新颖，表现了他思想家的本色。

苏轼的诗在宋代诗歌创作中是个高峰，他的诗在意境内容上，都有极其广阔的现实生活体验作基础，且具有前代各家大诗人之所长，因而大大开拓了诗歌创作的新天地。苏轼在"以诗为词"的同时，将欧阳修、梅尧臣等人开了头的以文为诗推进到"别开生面，成一代之大观"的地步。熙丰时期是苏轼创作力与创造力最活跃的时期，创作数量多、质量高、体裁全面、题材广泛，其代表作百分之九十以上都创作于这个时期。①

其三，宋词在文学史上与汉赋、唐诗、元曲并称，是所谓"一代之文学"。历代评词者多认为词至北宋而大，"词之有北宋，犹诗之有盛唐"②，而宋词之所以能蔚为大国，又恰恰是在北宋的变革时期。

词在唐五代即由文人在民间创作的基础上引进教坊和诗坛。词至宋代初期，基本上沿袭了五代以来南唐、西蜀的婉约派词风，崇尚浮靡，特别是受冯延巳的影响较大，以清丽淡雅的词句来写景抒情，虽不乏个别佳作，但没有造成整体的声势，其代表作家有晏殊（991—1055）、欧阳修、张先、晏几道。在晏、欧为词坛领袖的时期，对词的体制有所突破的作家是柳永。柳永的主要贡献在于发展了慢词长调以及填写慢词相适应的一系列写作手法，这就为其后宋词的发展开辟了广阔的道路。他的《乐章集》收词二百首，其中慢词就占一百多首，他以赋体的手法谱写都市生活和羁旅行役、离怨别愁，洋洋百余言，充分体现了慢词篇幅宏大、适于铺陈的特点，使宋词在唐代近体诗长于比兴的特点之外别树一帜。柳词的语言艺术大都取于当时民间广为流传的市井新声，虽然旧时代的一些评论家批评他的词格调不高，"以俗为病"，但却受到民众的喜爱，"凡有井水饮处，即能歌柳词"③，并远播西夏、高丽。

---

① 庄国瑞：《北宋熙丰诗坛研究》，浙江大学 2009 年博士学位论文。
② 王国维：《人间词话删稿》十九，《王国维文集》第一卷，中国文史出版社，1997 年，第 161 页。
③ （宋）叶梦得：《避暑录话》卷下，《全宋笔记》第二编第十册，大象出版社，2006 年，第 286 页。

柳永之后，在词的体制上有更大突破的大家是苏轼。苏轼对词创作的贡献主要是豪放派的建立。他在柳永开创的慢词长调的基础上，进一步以诗入词，从根本上改造了词的体制，扩大了词的境界，提高了词的品格。俞文豹《吹剑录》载："东坡在玉堂，有幕士善讴，因问'我词比柳词何如？'对曰：柳郎中词，只好十七八女孩儿，执红牙拍板，唱'杨柳外，晓风残月'，学士词，须关西大汉，执铁板唱'大江东去'。"①这个故事很能反映出苏轼豪放词的特征。他在柳永慢词长调的基础上从根本上创造了词的体制，提高了词的地位，在风格上冲破婉约派的一统天下，开旷达与豪放之风，给词注入新的生命。

其四，在艺术领域，11世纪之初，在世的著名画家所余无几，范宽、燕文贵、武宗元的死和郭熙、苏轼、王诜、李公麟、米芾、李唐的出生，都是发生在仁宗一朝的事，这就使宋仁宗时代成为一个新旧交替的时代。到王安石和司马光接替欧阳修、范仲淹登上庙堂时，这一批新起的画家也陆续出现在画坛，初试身手了。在他们之前的画家们，已经把中国绘画推向登峰造极的境地，"岭头便是分头处"；再往前进，发展即是变革。郭熙、苏轼、李公麟、米芾都以不同的方式，在各自的领域，为这一转变做出了贡献，使这个时代成为中国绘画发展的又一分水岭。②

山水画是中国艺术史上的瑰宝，有人甚至认为"它与相隔数千年的青铜礼器交相辉映，同成为世界艺术史上罕见的美的珍宝"③。从绘画史的发展来说，山水画历五代至宋初李成、关仝、范宽，"三家鼎峙、百代标程"已远远超迈晋唐，④而至熙丰之际，北宋重要山水画家郭熙在李成的基础上"有崭新的创造和提高，把北方山水画派推向新的水平，成为北宋一代山水画巨匠"。他的作品以及充分展现他的艺术见解的山水画专著《林泉高致》都体现了那一时期山水画艺术的高峰，即得以居高临下地一览晋唐至五代宋初山水画的全貌，从创作和理论两方面，对山水画艺术进行了总结。更为重要的是，由于郭熙进入神宗时期的画院，受到神宗的赏识，从而使山水画由民间走上皇家的艺术殿堂，终于取代了宗教画的主导地位。⑤

---

① （宋）俞文豹：《吹剑续录》，《全宋笔记》第七编第五册，大象出版社，2015年，第95页。
② 水天中：《李公麟和他的时代》，《中国艺术研究院首届研究生硕士学位论文集》，文化艺术出版社，1985年，第157页。
③ 李泽厚：《美的历程》，中国社会科学出版社，1989年，第157页。
④ （宋）郭若虚：《图画见闻志》卷一，《论三家山水》，人民美术出版社，2016年，第20页。
⑤ 《中国美术史》第四卷，《五代两宋时期的美术》，山东教育出版社，1987年，第52—55页。

从北宋中期开始，宫廷书、画院的制度逐渐完善，官方赞助的书法和绘画活动达到高峰，但是此时的艺坛却开始酝酿一场由士大夫阶层所主导、影响深远的艺术变革。到了11世纪中晚期，"书为心画"的观点已深植人心，书法的发展渐渐摆脱二王的书法传统以及贵族气质的表现，转而追求个人的独特风格与文人气息的结合。在书法产生变革的同时，文人画的发展也臻于成熟。在这个阶段，绘画中形似的问题已经获得解决，绘画由再现自然转向抒写情感，追求个人的内在真实。当时文坛的领袖欧阳修提出了"古画画意不画形""此画此诗兼有之"①的理念，强调绘画应当与《诗》一样，重视意境的表达而非形式的描写。② 文人画亦称"士人画""大夫画"，不讲形式，只讲神韵、情趣，作者都是文人，自称所作为"艺画"。他们将严整细致的画作，称之为"术画"，称作者为"匠人"。熙丰年间是文人学士绘画活动最活跃的时候。文人画论充满了新鲜活泼的因素，文人画的代表作有李公麟、文同、苏轼、米芾、米友仁。李公麟以士大夫身份在绘画上博取前人之长，成就卓越，成为继唐吴道子之后影响最大的画家，他学识渊博，精于鉴别古器物，能诗、善书法，绘画犹妙绝一时，善画人物、鞍马、山水、竹石，晚年又多画道释。他作画立意深刻，构思新颖而不落俗套。文同（1018—1079）能画竹石枯木及山水，尤长墨竹，其技法有独创之处，世称"湖州竹派"，苏轼才华横溢，首次提出"士人画"的概念，主张"诗画本一体，天工与清新"。

### （二）史学的发展与进步

两宋是中国古代史学的鼎盛期，而足以使宋代史学凌驾于汉唐、睥睨明清的成就，主要地位也是在北宋变革时期确立起来的。欧阳修重撰的《新唐书》（本纪、志、表）、《新五代史》和司马光主编的《资治通鉴》代表了两宋史学的最高成就。而史学领域扩及金石学则是宋代史学发展的又一突出成就。金石考据学是中国考古学的前身，是宋代史学领域新开辟的园地。自汉以来，郡国往往于山川得钟鼎，多载铭文，石刻碑文，出土更多。魏晋时已有人注意收集这些金石铭刻，但那时是用来赏玩，真正将它们作为研究对象，而用以考辨史籍的讹阙，则自欧阳修始。金石学的诞生也与庆历前后的疑经思潮密切相关，欧阳修曾曰："自周衰，礼乐坏于战国，而废绝于秦。汉兴，六经在者，皆错乱，

---

① （宋）欧阳修：《居士集》卷六，《盘车图》，《欧阳修全集》，第43页。
② 详见陈韵如等文字撰述，林伯亭主编：《大观北宋书画特展》，台北故宫博物院，2006年，第14页。

散亡、杂伪，而诸儒方共辑补，以意解诂，未得其真，而谶纬之书出，以乱经矣。自郑玄之徒，号称大儒，皆主其说，学者由此牵惑没溺，而时君不能断决，以为有其举之，莫可废也。"①是故欧阳修主张经世致用，对历史文献，敢于自出议论。蔡绦《铁围山丛谈》"古器说"评论宋代金石研究史时说："始则有刘原文（敞）侍读公为之倡，而成于欧阳文忠公（修）"②，是符合当时实际情况的。从庆历五年至嘉祐七年欧阳修编成《集古录》一千卷，并撰《集古录跋尾》十卷，是为我国金石考证之学的开山。以石文校史事，大大提高了鉴别审订材料的水平，表明宋人在史料学方面的进步，近人傅斯年在史学方法专论中曾例举欧阳修的著作后，说道："北宋人的史料分析工夫到这个地步，所以才能有唐书、通鉴那样的制作。"③金石考异方法的创立，遥开近世乾嘉之学的先河。

自《汉书》始撰五行志后，灾异、祥瑞、符命、图谶等荒诞无稽的东西就充斥于史书，使史学思想蒙上浓浓的迷雾，这可谓是史学思想中的一支逆流。到了宋代，作为这支逆流的反面，在史学领域里出现了一种批判"阴阳灾异"的思潮。这是一种有积极意义的思潮，是宋代史学发展的一个重要表现，欧阳修、司马光对这种思潮的发展，起了推动作用，这是应当充分肯定的。④

由于宋在军事上弱于周边辽、金政权，因而在文化上争正统，是宋代史学的一大特色。欧阳修著《新五代史》，以《春秋》的观点解释史事，褒贬人物。他尊王，主张大一统。提出《正统论》："正者，所以正天下之不正也；统者，所以合天下之不一也。由不正与不一，然后正统之论作。"他的《正统论》把历史上的统绪和大一统连在一起。一个具有正统地位的政权，治理天下必须有正当性，而且必须统一天下。他提出历史发展序列中道的"三继三绝"："故正统之序，上自尧舜，历夏商周秦汉而绝。晋得之而又绝。隋唐得之而又绝。自尧舜以来，三绝而复续。惟有绝而有续，然后是非公，予夺当，而正统明。"⑤根据这个说法，欧阳修把后梁的君王和其后的四代君主都放在《本纪》中，他虽然认为后梁的正统绝，但是后梁作为一个实际据有中原的朝代则不能看作"伪"政权。换言之，如果把梁看作一个伪政权，则随后的四朝，连终结五代的宋朝

---

① 《新唐书》卷一三，《礼乐三》，第330页。
② （宋）蔡绦：《铁围山丛谈》卷四，第79页。
③ 《傅斯年全集》第2册，台北联经出版事业股份有限公司，1980年，第364页。
④ 姚瀛艇：《论司马光经学、史学思想的哲学基础》，载氏著：《宋代思想文化研究》，河南大学出版社，2015年，第78页。
⑤ （宋）欧阳修：《居士集》卷一六，《正统论下》，《欧阳修全集》，第116、118页。

都很难解释了。司马光著《资治通鉴》,对于从古以来政权传承的看法,和欧阳修一致,他是这样说的:周、秦、汉、晋、隋、唐是大一统朝代,这些朝代灭亡后,天下离析,当他写南北朝和五代时期的史事,为了编年体史书记录时间的顺序,必须有一系列的朝代来系年,所以他就以三国的魏,南朝的宋、齐、梁、陈,和五代的梁、唐、晋、汉、周来系年。宋朝的正统地位,就是继五代而来的。①

## 三、沈括《梦溪笔谈》与变革期科学技术的进步

宋朝是中国古代科学技术发展史上,继汉朝之后又一个高峰期。指南针、活字印刷术和火药武器等技术上的发明和重大突破,是宋朝在科学技术上的重大贡献。在人类的事业中产生了极大的力量和影响。宋朝在天文、算学、医药、农艺、建筑等各个领域取得的成就,不仅开创了中国古代科技史上的新局面,而且在当时世界上处于领先地位。"宋代的理学哲学本质上是科学性的,②伴随而来的是纯粹科学和应用科学的各种活动的史无前例的繁荣。"③

北宋的社会变革是宋朝国家科学技术得以大发展的主要动力。李诫编纂的《营造法式》包括建筑设计、结构、用料、制作及施工多方面的内容,其对技术标准的归纳和总结,不仅反映了此前历代工匠口口相传的建筑技术和艺术水平,而且标志着宋朝在变革时代建筑发展到了较高阶段。在天文学方面有苏颂,至今仍保存有他于1086年精心写成的有关浑天仪的著作。主要成长于北宋变革时期的著名科学家沈括,不仅在科学技术的许多领域都取得了卓越的成就,是两宋科技史上的最重要的代表人物;而且因他的忠实记录,使得宋朝大部分处于世界领先地位的科技成就得以保存下来。

沈括一生著述甚丰,多达四十余种,而《梦溪笔谈》是他最重要的著作,更倾注了他一生对科学文化孜孜以求的心血。沈括(1032—1096)④,字存中,杭

---

① (宋)司马光:《资治通鉴》卷六九,黄初二年夏四月丙午,书蜀汉"臣光曰",中华书局,1956年。
② 按:李约瑟在这里讲的理学哲学应是指北宋变革时期以"义理"为主的学术文化,而非单指程朱理学之理学。
③ 〔英〕李约瑟原著,柯林·罗南改编:《中华科学文明史》第1卷,上海交通大学科学史系译,上海人民出版社,2001年,第251页。
④ 沈括生卒年,目前在学术界说法不一,本书采用徐规先生《沈括事迹编年》的观点,见氏著:《仰素集》,杭州大学出版社,1999年。

州钱塘人。出身于一个很有知识教养的家庭，父亲沈周在宋真宗朝进士及第，沈氏家族一向还有收藏文物书画、收集医方的传统。而他的母亲许氏是北宋前期著名战略家、军事家许洞的妹妹，"读书知大意，其兄所为文辄能成诵。"沈括幼年所受教育都是母亲"自教"。良好的家庭教育和收藏传统，培养了沈括探究自然与社会强烈的兴趣和好奇心。《梦溪笔谈》中记载的奇闻逸事甚多，就是沈括对大自然的奥秘，始终怀有强烈兴趣的最好反映，尽管许多奇闻逸事沈括也不能给以解释，但由于他的记载，遂成为后世科学研究的有用资料。而自幼年就随父亲官职变动，辗转于开封、润州、泉州、金陵等地的经历，又大大开阔了沈括观察事物的视野。

沈括生活的时代正值北宋经济文化走向繁荣，"穷理尽性"，探索事物的本源的学风成为当时社会的新风尚的历史时期。沈括正是在这种学风熏陶下脱颖而出的佼佼者。更为重要的是，沈括在"穷理尽性"，探索事物本源的时候，与绝大多数士人把关注焦点主要集中在儒家经典，而往往轻贱被视作"雕虫小技"的各类技艺有所不同，他在《答崔肇书》中说，他于学"虽百工其业至微"，"所兼者多矣"；"某少之时，其志于为学虽专，亦不能使外物不至也"。他这种把探索大自然奥秘兼学"百工"与学习儒家经典放在同等重要的位置上，是他之所以成为一代伟大的科学家至关重要的因素。

宋仁宗嘉祐八年（1063），沈括进士及第，其后积极投身于王安石变法，主持和参与整顿司天监"始置浑仪、景表、五壶浮漏，招卫朴造新历，募天下上太史占书，杂用士人，分方技科为五，后皆施用"，疏浚汴河、察访两浙地区农田水利、改革盐法和钞法、出使辽国、经略陕右。丰富的社会实践，为沈括的科学研究提供了源源不断的新养料。

《梦溪笔谈》一经问世，就受到时人及后世人的极大关注。称赞沈括"博闻强记，一时罕有其匹。所作笔谈，于天文、算数、音律、医卜之术，皆能发明考证，洞悉源流"，"学问最为博洽"。不仅如此，沈括在许多方面都有自己的创见。他首次详细描述了罗盘针，记录磁偏角的存在；最早制造立体地图的模型；他还首次研究延安地下类似竹笋的化石，并作出"旷古以前，地卑气湿而宜竹"的科学推断；又根据太行山断崖石壁上密嵌着螺蚌壳和鹅卵石等古生物的遗迹，推断太行山地区的海陆变迁。"石油"这个名词最初也是由他开始使用的，他还预言"此物后必大行于世，自予始为之"。在数学方面首创的隙积术和会圆术，提出了高阶级差求数和公式及求弧长的近似公式；他提倡科学的十二气历等。尤其难能可贵的是他摒弃传统的社会偏见，总结和记录来自社会下层"布衣"

和工匠们的发明创造,如毕昇发明的泥活字印刷术,对人类历史发展具有重要影响,就是有赖于《梦溪笔谈》的记录和总结,才得以推广和流传。又如简要介绍著名建筑"匠师"喻浩所著的现早已失传的《木经》一书的内容,称其为"亦良工之一业也",并对喻浩的工程设计作了科学阐明。沈括不仅在数学、物理、化学、天文学、气象学、地质学、医药学、农林学等科学技术上取得非凡成就,而且在金石学的开拓、音乐(燕乐)研究、书画收藏和鉴赏等人文学科上亦有突出贡献。四库馆臣称他的文章"学有根柢,所作亦宏赡淹雅,具有典则,其四六、表、启,尤凝重不佻,有古作者之遗范"。《梦溪笔谈》的写作风格亦体现了"凝重不佻"的特点,从文学的角度来看,《梦溪笔谈》又不失为一部言简意赅、文笔生动的散文集。

为了纪念这位"中国整部科学史上最卓越的人物"(李约瑟语),1979年7月1日,中国科学院紫金山天文台将该台发现的一颗小行星(编号2027)命名为沈括。

## 四、文化高涨的原因

以上事实说明北宋变革时期的文化,不仅是宋朝文化发展史上的高峰,而且在中国文化史的长河里亦占有重要地位。固然,文化发展的高峰不是一蹴而就,它有一个不断积累、演进的过程以及相应的社会历史渊源,但是文化发展的高峰出现在两次变革时期,这绝不是一种历史的巧合,而是有着内在的必然联系,下面就这个问题试作探讨。

毋庸置疑,政治革新对文化的大发展具有多方面的影响。首先,表现在两次改革运动期间兴办学校、重视人才的文化政策上。范仲淹、王安石都十分重视学校对培养人才的作用,北宋三次兴学高潮有两次发生在庆历新政和王安石变法期间。元代李祁曾对范仲淹兴办教育,推进儒学复兴的贡献评述说:"当是时,天下郡县,未尝皆置学也,而学校之遍天下自公始。若其察泰山孙氏于贫窭中,使得以究其业。延安定胡公入太学为学者师,卒之泰山以经术大鸣于时;安定之门,人才辈出,而河南程叔子尤遇赏拔。公之造就人才已如此。其后横渠张子以盛气自负,公复折之以儒者名教,且授之以《中庸》,卒之关陕之教与伊洛相表里。盖自六经晦蚀,圣人之道不传,为治者不知所尊尚,寥寥以至于公,而后开学校,隆师儒,诱掖劝奖,以成就天下之士,且以开万世道统之传,则公之有功名教,夫岂少哉!"①

其次,改革者利用自己的政治地位以行政权力推进文化革新。嘉祐二年的科举改革是北宋古文革新运动获得全胜的一大关键。这一年欧阳修主持礼部考试,他用行政手段推行了革新的主张,"先是,进士益相习为奇僻,钩章棘句,浸失浑淳。修深疾之,遂痛加裁抑,仍严禁挟书者。及试榜出,时所推誉,皆不在选。嚣薄之士,候修晨朝,群聚低斥之,至街司逻吏不能止;或为《祭欧阳修文》投其家,卒不能求其主名置于法。然文体自是亦少变"②。是科,苏轼、苏辙、曾巩、吕惠卿、章惇、曾布、程颢、程颐、张载、王韶等进士及第,得人之盛,号称一时。又如王安石执政时"荆公新学"在行政权力的支持下得到极大的发展。由于三经新义和易解"行于场屋"③作为学校教材,因而荆公新学成为流行六十余载的官学,从而确定"义理之学"的法律地位。这一点对于自庆历前后以来的疑古思潮得到官方承认具有十分重要的文化史意义,它标志着宋义理之学代替汉唐章句之学的完成,熙宁六年三月,宋神宗说"今岁南省所取多知名举人,士皆趋义理之学,极为美事"④。

第三,文化创作的高潮是伴随着政治斗争的高潮而出现的。自庆历前后儒学复兴运动兴起后,在嘉祐治平年间,苏氏蜀学、荆公学派、二程洛学派、张载关学派已初步形成,但在熙丰之际获得大发展的是荆公新学和二程洛学。荆公新学作为变法的理论根据,在官府支持下,其学术风行六十年自不待多言。而代表豪族利益的洛学在当时虽处于民间,但它得到了反变法派的核心人物的支持。众所周知,程颢自青苗法推行以后,从变法派阵营中脱离出来,站到了旧党一边。其后程颢被贬回到洛阳与其弟程颐一起讲学传布自己的学术主张,当时旧党的著名人物司马光、文彦博、富弼、吕公著等人也大都退居洛阳,程颢与他们过从甚密,相互标榜形成了在野的政治舆论力量。对此,王夫之在论"洛学"和"关学"盛衰时曾指出"学之兴于宋也,周子得二程子而道著,程子之道广,而一时之英才辐辏于其门。张子教学于关中,其门人未有殆庶者。而当时钜公耆儒,如富、文、司马诸公,张子皆以素位隐居而末由相为羽翼。是以其道之行,曾不得与邵康节之数学相与颉颃,是以其道之行,而世之信从者

---
① 《范文正公集》褒贤祠记卷二,(元)李祁:《文正书院记》,四部丛刊初编缩本,第338—339页。
② 《长编》卷一八五,嘉祐二年春正月癸未,第4467页。
③ (宋)晁公武撰,孙猛校证:《郡斋读书志校证》卷一,《王介甫易传二十卷》,第41页。
④ 《长编》卷二四三,熙宁六年三月庚戌,第5917页。

寡，故道之诚然者不著"①。在王夫之看来，关学之所以不能如洛学被发扬光大，主要原因之一即是张载在当时变法与反变法的激烈斗争中"素位隐居"，而未得到"钜公耆儒"的反变法派核心人物的支持，即"相为羽翼"所致，此言虽不免失之偏颇，但亦可从一个侧面说明理学的发展与当时政治斗争密切相关。

如前所述，有宋一代散文的成就以北宋变革时期六大家散文为最高。这一时期的散文若从思想内容来分，大致可分为三类：一是多以讲学为目的的言道之文，二是多以论证为目的的政论之文，三是多以记录见闻为目的的笔记之文。其中尤以政论之文最具特色。欧阳修的古文写作和理论，是为当时的政治改革服务的，他认为作家不能回避社会矛盾，粉饰太平，而必须揭发弊端，以利改革，景祐年间，他在《与黄校书论文章书》中指出"见其弊而识其所以革之者，才识兼通，然后其文博辨而深切，中于时病而不为空言。盖见其弊，必见其所以弊之因，若贾生论秦之失，而推古养太子之礼，此可谓知其本矣"②。欧阳修是这样说的，也是这样实践的，如著名的《朋党论》《与高司谏书》《准诏言事上疏》《本论》《论杜衍范仲淹等罢政事状》等代表作即是庆历新政前后的战斗檄文。王安石作于变法活动时期的政论文《上仁宗皇帝书》《本朝百年无事札子》《答司马谏议书》等也都是其重要的代表作。它们体现了王安石从政治的角度出发，更多地强调文学经世致用的实际价值思想，亦即他在《与祖择之书》中所说的"治教政令，圣人之所谓文也。书之策，引而被之天下之民，一也。圣人之于道也，盖心得之，作而为治教政令也，则有本末先后，权势制义，而一之于极"③。苏轼自嘉祐以后大半生卷入变法斗争的旋涡中，因其政治立场多变，不为新旧党所容，于是"一肚皮不入时宜"的思想都表现在他的作品——《六国论》④《续朋党论》《留侯论》《教战守策》《日喻》等中。不言而喻，经世致用思潮是促成宋代诗文革新运动产生和发展的重要因素，它首先通过这一时期的古文创作和古文理论表现出来，而这一时期的政治革新就是经世致用思潮最充分的实践。因而欧阳修、王安石、苏轼等人的政论文也就成为时代的最强音。

第四，"先天下之忧而忧，后天下之乐而乐"是范仲淹于庆历新政失败后在邓州所作的《岳阳楼记》中的名句，它既是政治改革家范仲淹忧国忧民情怀

---

① 《张子正蒙注序论》，见《张载集》，第 409 页。
② （宋）欧阳修：《居士外集》卷一七，《欧阳修全集》，第 488 页。
③ （宋）王安石：《临川先生文集》卷七七，《王安石全集》第七册，第 1371 页。
④ （宋）苏轼：《六国论》，见诸《东坡志林》中的"论古十三"，文章标题各本有所不同，明万历年间赵开美刻本作《游士失职之祸》，《东坡七集·续集》作《论养士》，而《三苏文粹》作《战国任侠》，郎晔之（晔）《经进东坡文集事略》均作《六国论》，今从后者。

的真实写照，同时又集中展现了变革时代有志于天下的知识分子的坦荡的襟怀和强烈的责任感。正是怀抱着这种先忧后乐的精神，文学艺术家们创作了大量关心民众疾苦、反映社会现实的不朽作品。如梅尧臣的《田家语》《汝坟贫女》、苏舜钦的《庆州败》、欧阳修的《食糟民》《边户》、王安石的《感事》《兼并》《省兵》《河北民》等就是从政治经济军事等各个方面来描写人民的疾苦、国势的积弱、内政的腐败。毋庸置疑，由政治变革带动的诗文风格革新固然不是文学发展的唯一动力，但它促使文学内容适应时代精神不断更新，则是文学保持生命力和创造性的关键。

第五，尽管偏向内圣的洛学派已经产生，但是"二程在其时没有太大的社会影响力"[1]，影响当时的社会主流思潮是以欧阳修、李觏、王安石为代表的功利思想，尤其是王安石的功利思想占据统治地位六十年。"宋代政治思想之重心，不在理学，而在与理学相反抗之功利思想。"[2]北宋变革期本身是由功利思想所导引，北宋变革期经济、文化大发展乃至在中国古代也居于高点，是在功利思想影响下取得的。中国历史自此之后再未出现北宋变革期经济、文化、科技的发展高峰，与其后以"黜功利而崇道德"为主旨的程朱理学占据思想统治地位分不开。

最后，除了上述原因外，北宋变革时期是一个产生文化巨人的时代。翻开历史长卷，每朝每代都有各自引以自豪的文化巨人。但是像这一时期的范仲淹、欧阳修、王安石、沈括、苏轼等人在诸如政治、文学、史学、经学、科技、艺术等多方面所取得的成就都足以彪炳史册，领一代风骚的文化巨人则是不多见的。北宋变革时期还是人才辈出、群星灿烂的时代，本师漆侠先生在论范仲淹政治集团时曾指出："由范仲淹、杜衍、欧阳修、石介、余靖、蔡襄、尹洙、韩琦、富弼、孙沔、滕宗谅、王益柔等人构成的政治集团，以及在思想上理论上支持范仲淹改革的胡瑗、孙复、李觏，他们在思想上表现了生动活泼的创造性，在哲学、史学、文学、艺术等方面都做出了惊人的贡献。在范仲淹集团中既有出色的政治家、军事家，又有思想家、教育家，既有诗人、词人、文学家，又有艺术家，在整个封建时代里，前无古人，后无来者，没有任何一个政治集团凝集了这样多的人才，做出这样绚丽多彩的贡献。"[3]如果把历史画卷再往后展

---

[1] 〔美〕田浩（Hoyt Cleveland Tillman）：《朱熹的思维世界》，陕西师范大学出版社，2002年，第3页。
[2] 萧公权：《中国政治思想史》，新星出版社，2005年，第296页。
[3] 漆侠：《范仲淹集团与庆历新政》，《历史研究》1992年第3期。

开,范仲淹集团所积聚的人才只是变革时期的第一个高峰,及至庆历新政之后更大规模的社会变革运动孕育成熟之际,辈出的人才以更大的规模和更高的层级涌现。嘉祐二年科举一榜如井喷而出,苏轼、苏辙、曾巩是唐宋八大家成员;程颐、程颢、张载是理学的奠基者;章惇、吕惠卿、曾布、王韶等人则成为王安石变法的中坚力量,他们在中国文化史上留下极其重要的影响。用爱尔维修的话说,"每一个社会时代都需要有自己的伟大人物,如果没有这样的人物,它就要把他们创造出来。"从庆历新政到王安石变法是一个变革的时代,更是一个创造伟大人物的变革时代。

## 参考文献及拓展阅读

邓广铭:《略谈宋学》,《宋史研究论文集》(1984年年会编刊),浙江人民出版社,1987年,后收入《邓广铭治史丛稿》,北京大学出版社,2000年。

何兆武:《宋代理学和宋初三先生》,《史学集刊》1989年第3期。

漆侠:《宋学的发展和演变》,《漆侠全集》第六卷,河北大学出版社,2008年。

侯外庐主编:《中国思想通史》第四卷上下册,人民出版社,2004年。

陈来:《宋明理学》,生活·读书·新知三联书店,2011年。

胡昭曦、刘复生、粟品孝:《宋代蜀学研究》,巴蜀书社,1997年。

陈植锷:《北宋文化史述论稿》,中国社会科学出版社,1992年。

陈荣捷:《近思录详注集评》,华东师范大学出版社,2007年。

〔美〕包弼德(Peter K. Bol):《斯文:唐宋思想的转型》,刘宁译,江苏人民出版社,2001年。

〔美〕田浩(Hoyt Cleveland Tillman)主编:《宋代思想史论》,社会科学文献出版社,2003年。

〔美〕田浩(Hoyt Cleveland Tillman):《朱熹的思维世界》,陕西师范大学出版社,2002年。

黄宗羲、全祖望:《宋元学案》,《黄宗羲全集》第3—6册,浙江古籍出版社,2012年。

程千帆、吴新雷:《两宋文学史》,上海古籍出版社,1991年。

吴组缃、沈天佑:《宋元文学史稿》,北京大学出版社,1989年。

中国社会科学院文学研究所总纂:《宋代文学史》上下册,人民文学出版社,1996 年。

王水照:《宋代文学通论》,河南大学出版社,1997 年。

崔海正主编:《北宋词研究史稿》《南宋词研究史稿》,齐鲁书社,2006 年。

王国维:《宋元戏曲史》,"民国学术经典文库",东方出版社,1996 年。

王国维:《人间词话》,上海古籍出版社,1998 年。

萧相恺:《宋元小说史》,浙江古籍出版社,1997 年。

张毅主编:《宋代文学研究》上册,载张燕瑾、吕薇芬主编:《20 世纪中国文学研究》,北京出版社,2001 年。

李约瑟原著,柯林·罗南改编:《中华科学文明史》第 1—4 卷,上海交通大学科学史系译,上海人民出版社,2001 年。

王伯敏主编:《中国美术通史》第四卷,"五代、北宋、南宋美术",山东教育出版社,1996 年。

徐书城:《中国绘画史断代·宋代绘画》,人民美术出版社,2000 年。

《中国美术全集》两宋绘画、书法、雕塑分册,文物出版社,1984—1989 年。

《中国美术全集》光盘,《工艺编·陶瓷中》《两宋绘画》《五代宋雕塑》《宋金元书法》,中国建筑工业出版社、北京银冠电子科技公司、人民美术出版社、上海人民美术出版社,1997 年。

# 第五章 北宋后期的社会改革及其灭亡

## 一、绍圣绍述与新法的沿革

元祐八年（1093）垂帘听政已八年的高太后病逝，16岁的哲宗结束傀儡皇帝的生涯，开始亲理朝政，他不满于元祐大臣的所作所为，以恢复新法为当务之急，北宋的政局因此再度发生了骤变。

哲宗亲政之际，担心时局有可能转变的元祐守旧派大臣如范祖禹等就纷纷上疏，劝宋哲宗说，高太后对国家有大功，不宜轻改太后推行了九年的元祐圣政，企图阻止哲宗起用变法派，恢复新法。但哲宗不愿由元祐大臣摆布，他接受礼部侍郎杨畏关于继承宋神宗遗志的建言，并起用尚在世的变法派章惇、吕惠卿、李清臣、邓润甫。

元祐九年（1094）三月，又罢除了守旧派吕大防的左相职务、苏辙的门下侍郎职务。

元祐九年三月科举考试时，宋哲宗选新任命的中书侍郎李清臣、尚书右丞邓润甫为主考官，主持贡举考试。李清臣受哲宗指示，在出考试题时，以熙宁、元丰与元祐之政相比较为问。考题指出：元祐时恢复了词赋考试，却没有培养出什么人才；罢除了青苗法、常平官，农民却没有富裕起来；或主张差役法，或坚持免役法，役法遂被搞得大乱；给西夏赐还土地，却没有换来西北地区的安宁；罢除官卖制度，却导致"商贾之路不通"；以致冗官增加，兵备松弛，饥荒不断，寇盗尚多。请问这是什么原因，并要求举人大胆陈述自己对法制因革的看法。

于是，考生有赞扬继承熙宁、元丰新法的，也有坚持元祐之政的。初考官把主张坚持元祐之政的考生排在前面，复考官杨畏则把抨击元祐更化、主张恢复新法的考生排在前面，并得到了宋哲宗的认可。朝廷恢复新法的态度通过科举考试明确化了。

宋哲宗深知台谏官对政治改革的影响，台谏官具有弹劾宰相执政官的特殊权力。因此，宋哲宗学习了元祐大臣的做法，亲政后首先调整台谏队伍，使变法派初步在朝中占据优势。元祐九年（1094）四月，宋哲宗听从曾布的建议，下诏改元祐九年为绍圣元年，又下诏褒赠王安石，让王安石配享神宗皇帝庙。任用在元祐初年坚决维护新法的章惇为左仆射，同时罢免由高太后提拔、任右仆射不足一年的守旧派范纯仁的宰相职务。闰四月，章惇正式入京担任宰相，哲宗又提拔安焘为门下侍郎，至此，以章惇、曾布、蔡卞为首的变法派官员基本上垄断了朝政，而反对绍述新法的元祐大臣则相继被罢出朝廷，这标志着变法派再度登上历史舞台。

元祐大臣断然废除新法，打击新法派，由此两派积怨甚深。元祐执政者拿不出相应的治理国家的政策和办法。面对社会矛盾无所事事，使得政局似又回到仁宗后期的那种舒缓状态。变法派重新执政以后，就以反元祐之政，逐步恢复新法以图加快经济发展，增强国力。从绍圣元年（1094）四月至绍圣三年（1096）二月，变法派先后恢复了免役法、青苗法、市易法、保甲法、保马法以及改革科举考试和教育制度。

以章惇为首的变法派虽然在恢复新法方面作为不太大，但国家收入又明显增加了。元祐大臣对西夏采取忍辱退让的求和政策，并没有换来和平，却招致西夏频繁的攻击，有鉴于此，变法派再度执政后，为扭转宋朝对西夏的被动局面，在宋夏边境线展开了积极进取的开边活动。

绍圣元年（1094）闰四月，章惇首先采纳左司谏翟恩的建议，整饬元祐以来弛懈的边备，调兵遣将恢复神宗时期的边政。[①]绍圣二年正月，命孙路为陕西转运使，不久迁环庆经略安抚。但绍圣之初，元祐旧党未尽逐出朝政，章惇开拓进取的政策并非一帆风顺。宋神宗就曾说："初兴边事时，人人以为不可为，从官而下，皆以为笑。"[②] 绍圣元年五月，哲宗以"将生衅端，不若令边臣商议，待其背约，然后绝之"为理由，拒绝大臣的"且罢画疆之议"。[③] 直至绍圣二年八月，由于西夏"背约为迁延之词，辄虏捉说话弓箭手指挥使，骄慢如此"，宋哲宗才听从章惇、曾布等人的用兵建议，"宜增边备，勿复与议。翌日罢所遣议

---

① 《宋会要辑稿》兵二八之三六，第7287页。
② 《长编》卷五一〇，元符二年五月甲子，第12145页。
③ 《宋会要辑稿》方域一九之一二，第7631页。

疆界"①官。"开边自此始。"②

绍圣三年（1096）八月，宋军在鄜延一线挡住西夏的大规模进攻。十月，钟传与王文郁进筑西城，环庆率孙路进筑安疆寨，遂打响了宋进筑的战斗。至元符二年底，西夏遣使求和，并在宋进筑的地区重新界定疆界为止，北宋以全胜的战绩完成了绍圣元符开边的活动。

以章惇为首的变法派在宋哲宗的支持下，在军事方面取得了较大的成功，但由于他们主持的对内经济改革措施对豪强兼并势力做了较大的让步，使新法推行的效果不但没有达到熙宁年间的水平，而且比元丰年间还有所倒退，从形式上看，绍圣年间恢复的新法是熙宁元丰新法的延续，但实际上每一条的内容都有变动，当时称为"损益"，是为了克服元丰时推行新法的弊端，并使恢复新法减少阻力，以获得社会各方面的支持。

绍圣执政者实行的新法有了如下变动：将一年两次利率合计40%的青苗钱利率下调为20%；将免役宽剩钱减少为10%等。应当说，这些调整对下层百姓是有利的，但从整体上来讲，绍圣新法在单纯追求经济收入的思想影响下，忽视了熙宁年间注重发展生产的若干积极方面。

绍圣元年（1094）九月公布的免役法条例规定："应诸路旧立出等高强无比极力户合出免役一百贯已上，每及一百贯减三分。"③即财产多的富强户随着资产的增多，交免役钱的比例逐渐减小，同年十月十八日，诏令又申明：凡在元丰年间准许享受免役特权的宗室、贵戚等，仍继续享受这种特权，同时又把这种免役特权扩大适用范围，使"所有皇太妃缌麻以上亲，亦合免役"④。

可以说在抑制兼并势力方面，绍圣年间变法派的作为比元丰年间还退了一步，而元丰已经比熙宁退步了。这同守旧派势力的强大有关，变法派想通过向以守旧派为代表的豪强兼并势力让步来换取他们的支持，结果使绍圣年间的变法改革日益缩小了自己的影响，这就日益损坏了新法的名声，失去了社会的广泛支持。

另一方面，变法派内部又不断出现分裂。曾布在王安石初次罢相时曾上疏攻击市易法，与吕惠卿、章惇分裂。绍圣初，曾布又阻扰吕惠卿回朝任职。曾布还指责章惇引用小人，专恣弄权，攻击章惇、蔡卞处理元祐党人"过当"，是

---

① 《宋会要辑稿》兵二八之三六，第 7282 页。
② （宋）陈均：《皇朝编年纲目备要》卷二四，中华书局，2006 年，第 592 页。
③ 《宋会要辑稿》食货一四之六，第 5041 页。
④ 《宋会要辑稿》食货一四之六至七，第 5041 页。

"报私怨",指责章惇、蔡卞各自植党。章惇和蔡京、蔡卞兄弟原来政见一致,后又发生龃龉,蔡京和蔡卞的权势日盛。变法派大臣互相倾轧,削弱了自己的力量。因此,宋哲宗病逝以后,他们便轻易地被以蔡京为首的政治集团所取代。

宋哲宗即位以后,高太后起用的守旧派官员不加区别地废除几乎所有新法,并打击所有与新法有关的官员。于是,围绕支持还是反对王安石变法这一改革运动,宋朝官僚士大夫被明显地分裂成两大派别,即拥护王安石变法的变法派,或称新党,与反对王安石及其新法的反变法派,或称为守旧派、旧党。

为了推行自己的政治主张,各派严守门户之见,每一派上台执政,都要把对方的成员逐出朝廷或贬谪远方,并废除其所行政策。他们的手段越来越严酷,后来则往往对前面的执政者进行更为严厉的报复,于是新旧两党始终处于水火不容、你死我活的斗争旋涡中。同时,每派内部又不是铁板一块,他们对待政敌时立场一致,但内部又互相争斗,分为不同的集团。这给宋哲宗朝及以后的北宋政治改革造成了极为有害的影响,激发了北宋后期的政治动荡,削弱了北宋王朝的统治力量。

## 二、崇宁党禁与教育改革

### (一)崇宁党禁

元符三年(1100)正月,宋哲宗病逝,没有子嗣,宋神宗皇后向氏提议由宋神宗第十一子赵佶继立皇帝。左仆射章惇以为赵佶"轻佻","不可君天下"。曾布、蔡卞等人呵斥章惇,支持向太后。于是由向太后决策,赵佶得以即位,这就是历史上著名的昏君宋徽宗。

宋徽宗力请向太后临朝称制,向太后也是反对王安石变法的,向太后摄政仅六个月,"凡绍圣、元符以还,(章)惇所斥逐贤大夫士,稍稍收用之"[①]。宋徽宗为了稳定政局,即位之初,也想有一番作为,他有感于元祐党人和绍圣党人之间的政争,欲改变和结束党争的局面,遂取不偏不倚的态度,于第二年改年号为"建中靖国"。其意在于朝廷上下,同心协力,靖国安民。起用韩琦之子、守旧派韩忠彦为左相,曾布也乘机排除异己,进为右相。变法派大臣章惇、蔡京、蔡卞等人被先后贬谪出朝。然时隔不久,由邓洵武、蔡京等人挑唆,又决

---

① 《宋史》卷二四三,《神宗钦圣宪肃向皇后传》,第 8630 页。

定绍述神宗遗志，重新起用新党，于是改年号为崇宁，"崇熙宁也"①。

崇宁元年（1102）五月，韩忠彦罢相，蔡京用事以恢复神宗法度为招牌，勾结宦官，重返朝廷，很快取代曾布任右相，从此蔡京与童贯、王黼、梁师成、杨戬、朱勔、李彦、高俅等人在宋徽宗统治的二十多年的大部分时间里，掌握全部军政大权，使这段时期成为北宋朝政进入最为专权、腐败的阶段。

崇宁党禁，是宋徽宗崇宁年间发生的严酷禁锢、迫害士大夫的政治事件。崇宁元年（1102）七月，蔡京拜相，他请求宋徽宗诏令台谏官列举此前五月份籍记五十七人姓名之外漏网的元祐党人。九月，蔡京定文彦博、吕公著、司马光、苏轼、苏辙、程颐等一百二十人为元祐奸党，又将元符末向太后执政时主张维持新法和恢复旧法的臣僚分为正、邪两派。此后，崇宁三年（1104）将复位元祐和元符末党人及上书邪等者合为一籍，共三百零九人，由宋徽宗御书，刻碑在文德殿东壁，然后由蔡京书写，颁布全国，刻在石碑上，史称"元祐党籍碑"，也称"元祐党人碑"。在奸党名籍中，还有章惇、张商英、李清臣、陆佃等十名与蔡京意见不合的变法派。章惇因反对立徽宗，被指责为"为臣不忠"。入籍的官员去世的被追夺官名，在世的重者除名送岭南等偏远地区接受政治监管，轻者或罢官闲居，或降为偏远州县的监当等次要小官，未经特许，不得内徙，其子弟同样受到种种限制。崇宁党禁是元祐以后北宋党派斗争的高潮，是北宋历史上规模最大的一次政治迫害事件。蔡京运用这一手段既打击了元祐守旧派，也打击了与他有私嫌的变法派，至此熙宁以来的新旧党争告一段落。

### （二）徽宗、蔡京的绍述

蔡京拜相后，仿照熙宁初年设立"制置三司条例司"的做法，在尚书省创置"讲议司"，作为改革的指挥部。由蔡京提举，选侍从官为详定官，卿监官为参详官，另设检讨官。被选用的讲议司官员都是蔡京的追随者。

他们的任务是讨论恢复熙宁、元丰已制定的新法以及宋神宗有意推行而没有来得及推行的法度，即"神宗所欲为而未暇者"②，分成宗室、冗官、国用、商旅、盐泽、赋调、地方长官等专题小组，每一组由三人组成，提出改革措施，蔡京领导讲议司所推行的改革，有对熙丰新法的发展完善之处，但主要方面是对新法的调整或反动。蔡京主政期间在经济方面进行了多项改革，茶、盐、酒

---

① （宋）蔡绦：《铁围山丛谈》卷一，中华书局，1983年，第12页。
② （宋）陈均：《皇朝编年纲目备要》卷二六，第663页。

等经济改革，一定程度上适应了宋代社会经济发展的需要。蔡京注重对商品销售、流通和分配领域各环节的管理，注重商品销售地域范围的扩大。蔡京的货币改革，一定程度上也适应了社会各阶层对货币量的需求。在蔡京看来，货币改革比茶、盐、酒的改革来钱更快，获利更大。蔡京的茶、盐、酒、货币改革，其共同点是加强了中央对地方财政的控制和利益分割。而正是有着庞大的经济支持，宋徽宗君臣才可以行所谓"绍述之政"。[①]

值得一提的是，蔡京集团对教育制度进行的大规模改革，掀起北宋第三次办学高潮，崇宁年间的办学规模远远超过了熙宁、元丰时期。崇宁元年（1102）八月，宋徽宗下诏，令"天下并置学养士"。蔡京奉诏制定了"诸州县学敕令各式"十三册，以法令形式规定了地方办学的义务。其主要内容有：

（1）开封府的贡士额留五十名，让开封土著人应举，其余都拨充其他地方州军，作为发解名额。

（2）天下州军都必须设置学校培养人才，小州或读书人少的州则由三二个州军合办。

（3）每州军学校设置教授二员。

（4）增拨官田及常平户绝田宅，补充学校经费。

（5）"乞以三舍考选法遍行天下"，每三年地方把考生按成绩高下分别送入中央大学的上舍、内舍和外舍。如果考生的"学行"在当地特别优秀而科考试成绩不好，允许地方长官保送入太学，太学考核合格，量才录用。

（6）地方长官送往太学的学生，考试后升舍比例高者，立奖赏办法。

（7）天下每县都设立学校，由每县正、副长官负责筹措经费，并制定从县学升入州军学校的考选办法。

（8）州、县都设立小学。

（9）对学习成绩低下或违犯学规的学生，制定了退学或降级等处分办法。禁止在学校讲授经、史、子书以外的知识。其后，宋廷又在各路设置提举学事官，专门负责地方办学事务，纠弹办学不力的地方官。[②]

在大力兴办地方学校的同时，中央官学又增加了算学、医学、书画学等专科学校，各立名额，培养专门实用人才，太学继续实行三舍考选法，并在此后

---

[①] 详见杨小敏：《蔡京、蔡卞与北宋晚期政局》，中国社会科学出版社，2013年。
[②] 详见（宋）杨仲良：《皇宋通鉴长编纪事本末》卷一二六，《州县学》，黑龙江人民出版社，2006年，第2118页。

十几年间废除科举考试制度，所有官员都从太学生中考试录用。通过改革，中央太学与州县学校及小学被纳入全国统一的考选系统，一项与现代教育的升级制相类的教育制度建立起来了。

蔡京集团兴学的目的是通过学校统一教育，控制士人的学术思想，加强文化专制，当时学校对学生的思想控制很严，时人称蔡京"以学校之法驭士人，如军法之驭卒伍，大小相制，内外相辖，一有异论居其间，则累及上下学官，以黜免、废锢之刑待之"①。即任何违背蔡京集团意志的学术观点，都将受到严厉处罚。但是，通过政府法令强制办学，在客观上促进了宋代教育事业的发展。

崇宁三年（1104），全国在校学生总数已达21万多人，为普及文化教育、更广泛地为政府选拔官员，创造了有利条件。在各级学校中，既有按成绩升级的制度，又有降级、开除等处罚制度，这堪称是当时世界上最先进的教育制度和考试制度。

宋哲宗、徽宗尊崇王安石，将王学作为官方经学。哲宗绍圣、徽宗崇宁至徽宗末年公立学校沿用神宗时期公立学校的主要课程：经术、论策、法律；经学教材则是《诗》《书》《易》《礼记》《周礼》《论语》《孟子》，王安石《三经新义》《易义》《礼记要义》《论语解》《字说》，王雱《孟子义》等。只有在徽宗后期因其崇道教，公立学校的课程和教材另加道教经典，如《黄帝内经》、徽宗《御注道德经》《御注南华真经》《御注冲虚至德真经》等。②

在各路设提举学事司，作为专门的教育机构。接着又下令废科举，直接从太学生中选拔进士，以孝、悌、睦、姻、任、恤、忠、和八种德行作为取士标准，实际上便取消了科举考试的平等竞争原则。于是请托公行，"利贵不利贱，利少不利老，利富不利贫"。最后，宋徽宗又下令取消州县学三舍法，撤销各路提举学事司，恢复科举考试。③

如何评价宋徽宗、蔡京继宋神宗、王安石大规模办学运动后又一次更大规模的办学运动呢？袁征先生在《宋代教育》一书中的评价较为客观，他认为宋徽宗、蔡京的办学运动除存在"徽宗、蔡京把学校作为钳制人们思想，维护腐朽统治的工具，禁止传播不同的理论观点，禁止教习诗赋和历史向学生灌输宗教迷信"等负面影响和作用外，"造成了学校建设空前发达的盛况，主要表现

---

① （宋）崔鶠：《上钦宗论王氏及元祐之学》，《宋朝诸臣奏议》卷八三，上海古籍出版社，1999年，第900页。
② 袁征：《宋代教育——中国古代教育的历史性转折》，广东高等教育出版社，1991年，第31、36、43页。
③ 参见王曾瑜：《北宋晚期政局简论》，《中国史研究》1991年第1期。

在：第一，大大增加了学校教育的规模和专业的数量；第二，在全国同时普及了县学和公立小学；第三，建立了从小学经州县学和太学到任官的全国性学校升级系统；第四，在每州都设立了专职教官。南宋和金朝的教育在许多方面都是按这时的模式建立起来的。树立了水平很高的标准，使以后的学校建设总是力求达到和超过它，这是徽宗时期大规模办学最重要的贡献。科学地评价一个事件，不但要看历史人物的主观动机，更重要的是看它的客观后果，不但要看他的直接作用，而且要看它的长远影响。如果只看当时的情况，这次办学运动的消极面确实十分严重。如果连同它的长远影响一起考察，应该说，它的积极作用大于消极作用"①。斯言甚确。

### (三) 宋徽宗、蔡京集团的"摧抑兼并"

摧抑兼并是王安石重建社会秩序的核心理念。因而打着继承神宗遗志的宋徽宗朝力图回到神宗时期王安石抑制兼并的做法上，譬如崇宁三年（1104），蔡京上书请求恢复方田均税法：

> 自开阡陌，使民得以田私相贸易。富者贪于有余，原立价以规利，贫者迫于不足，薄移税以速售。故富有跨州轶县所管者莫非膏腴，而赋调反轻，贫者所存无几又且瘠薄，而赋调反重。因循至今，其弊愈甚。熙宁初，神宗皇帝灼见此弊，遂诏有司讲究方田厉害，作法而推行之。盖以土色肥瘠，别田之美恶，定赋之多寡，方为之帐，而亩高下尺不可隐，户给之帖，而升合尺寸无所遗。以买卖则民不能容其巧，以推收则吏不能措其奸，邦财自此丰，民赋自此省，其为法，岂小补哉。五路州县有经方田者，至今公私以为利，遭元祐纷更，美意良法，未遍于天下。今其文籍见在，可举而行，今检会《熙宁方田敕》，推广神考法意，删去重复冲改，取其应行者，为方田法，计九册，以《崇宁方田敕令格式》为名，谨具进呈。如允所奏，乞付三省颁降施行。
>
> 从之。②

于是，诏令诸路提举常平官选官习熟其法，谕州县官吏各以丰稔日推行，

---

① 袁征：《宋代教育——中国古代教育的历史性转折》，第304—305页。
② 《续资治通鉴长编拾补》卷二四，徽宗崇宁三年七月辛卯，中华书局，2004年，第820页。

"自京西、河北两路始"。其后有所反复,大观元年,徽宗御笔诏书再次恢复方田法:"农为政本,今天下承平日久而赋役未均,富者税轻,贫者税重,殆兼并游手豪夺侵渔故欤,乃者神考命方田,制地力,土宜而均节之,以作民职,以令地贡。其法详尽,累年于兹,未克底绩,其怠可知。可候岁丰农隙,选择能吏推原法意。自近及远,始于一州,以及一路,布之四方,使民无偏重之患,以称朕意。"①从崇宁三年蔡京请求实施方田均税法到大观元年徽宗再次恢复方田均税法的原意,实事求是地说是贯穿了宋神宗朝王安石主持变法时抑制兼并的精神的。

虽然徽宗朝由于对反变法派和政治异己势力的清理,如神宗朝代表兼并势力的声音受到抑制,但是在执行过程中滥用公权力和吏治腐败,导致方田均税法的实施与后果大相径庭,正如宋徽宗本人所说:"方田之法,均输之本,举而行之,或有谓之利,或有谓之害者,何也?盖系官之能否,吏治贪廉。若验肥瘠,必当定租赋有差,无骚扰之劳,蒙均平之惠,则岂不谓之利欤?若验肥瘠,或未抚实,定租赋或有增损,倦追呼之烦,有失当之扰。官不能振职,吏或缘为奸,里正乡胥因敢挟,则岂不谓之害欤?"②因而方田均税法在实施过程中漏洞百出,地方官员及大臣纷纷上书指陈敷田不实和增税严重,大观四年诏罢,其税赋依未方旧则输纳。十一月,诏:"方田官吏非特妄增田税,又兼不食之山方之,俾出刍草之直,民户因时废业失所。监司其悉改正,毋失其旧。"政和二年十一月御笔云:"方田之法,本以均税,有司奉行违戾,货赇公行,豪右形势之家,类蠲赋役而移与下户,时困弊民力,致使流徙,常赋所入,因此坐亏岁额至多,殊失先帝厚民裕国之意。已降指挥,全罢方量。自降指挥以前,应有诉讼不均去处,本县赋役,一切且依未方以前旧数。"③宣和元年,臣僚言:"方量官惮于跋履,并不躬亲,行缠拍埻、验定土色,一付之胥吏。致御史台受诉,有二百余亩方为二十亩者,有二顷九十六亩方为一十七亩者,虔之瑞金县是也。有租税十有三钱而增至二贯二百者,有租税二十七钱则增至一贯四百五十者,虔之会昌县者是也。望诏常平使者检察。"④翌年,徽宗下诏全罢诸路方田。

宋神宗朝,虽然方田均税法受到种种阻碍,到元丰八年,神宗终因"官吏扰民,诏罢之"。但是"天下之田已方而见于籍者,至是二百四十八万四千

---

① 《续资治通鉴长编拾补》卷二七,徽宗大观元年二月己卯,第908页。
② 《续资治通鉴长编拾补》卷二四,徽宗崇宁三年七月辛卯,第820页。
③ 《续资治通鉴长编拾补》卷三一,徽宗政和二年十一月丁丑,第1043页。
④ 《宋史》卷一七四,《食货志》,第4200—4201页。

三百四十有九顷云"①。其效果还是相当可观的。宋哲宗、徽宗两朝却无果而终。

又如宋徽宗、蔡京所推行的免役法也存在上述类似的情况。形式上，蔡京集团按照绍圣年间免役法的条目来推行，这已经规定了减征豪强兼并的役钱，但在实际推行中，官吏又把官户和上、中户应纳的役钱，"均敷于下户"②，这实际等于成为变相地对农民暴征横敛，因而有的地方，如巩州"元丰年中，岁敷役钱止四百贯"，至政和元年"敷至二万九千余贯文"。③

由上可知，摧抑兼并从王安石实施新法到哲宗、徽宗两朝的努力不仅效果愈益差强人意，而且推动难以为继。漆侠师认为神宗元丰时期，神宗主持的免役法、青苗法在抑制兼并势力上已有所退步，而宋哲宗绍圣元年九月间，新登台的变法派公布的免役法条例上规定又比元丰年间还后退了一步。④ 由此可以说宋哲宗、徽宗在继承新法主旨上是很不成功的。

### （四）宋徽宗时期艺术领域的创新

北宋开国之初建立了翰林图画院。初设在东京宫城宣祐门内东廊，太宗时又置于内东苑东门里，南宋则设在临安城东新门富景国。由于宋历代皇帝大都喜好书画，遂不遗余力搜罗名画和名画家。一时名手云集，至南宋末年而不衰，并成为两宋绘画的活动中心。画院的画家有待诏、艺学、祇候、画学生等职称等级，享有较优裕的待遇，许服绯紫官服，徽宗宣政年间并许佩鱼。画院画家的创作主要为皇室服务，如装饰宫廷，图绘"贤臣"，绘制宫观壁画，为皇帝代笔作画，搜访鉴别名画等。图画院有严格的考核制度，尤其是宋徽宗时期皇家绘画学院的建立，在培养绘画人才和推行帝制时代的绘画教育方面取得了较大的成就和经验。在创作上，画院重视格法，要求形象描绘的精确。画院对画师的要求是"笔意简全，不模仿古人而尽物之情态，形色俱若自然，意高韵古为上。模仿前人而能出古意，形色象其物宜，而设色细，运思巧为中；博模图绘，不失其真为下"⑤。

宋徽宗绘画造诣很深，尤工花鸟，画风工整，神形俱妙。据《画继》记载：宋徽宗曾图绘各地所献名花珍禽，多达一万五千种。虽说绝大多数未必是赵佶

---

① 《宋史》卷一七四，食货上二，第4200页。
② 《宋会要辑稿》食货一四之一五，第5045页。
③ 《宋会要辑稿》食货一四之一六，第5046页。
④ 漆侠：《王安石变法》，《漆侠全集》第二卷，河北大学出版社，2008年，第191—192、214页。
⑤ （宋）赵彦卫：《云麓漫钞》卷二，中华书局，1996年，第28页。

亲笔,但却透露了他把各地搜刮来的珍奇物品,多作为祥瑞的绘画题材,以粉饰太平。

宋徽宗的"瘦金体"劲拔飘逸,亦别具特色。

北宋末年风俗画大师张择端所画《清明上河图》代表着风俗画的辉煌成就。所绘开封境况,真实形象地反映了中古城市面貌,有着文字资料不可替代的历史文献价值。在艺术表现上把纷杂的社会生活作了精心处理。画面上合理安排,使人如身临其境,具有浓郁的生活气息。《清明上河图》现今受到学界越来越多的关注,有学者提出建立清明上河学[1]。新近又有学者对《清明上河图》反映宋徽宗政宣时盛世景象的旧说提出质疑,并指出《清明上河图》实际反映的是宋神宗熙丰变法时的辉煌与矛盾。[2]

## 三、北宋的灭亡

### (一)宋徽宗的腐败统治

宋徽宗是一位颇有天赋的艺术家,在书画艺术上取得了很高的成就。但是作为君临天下的统治者,宋徽宗却是一个地道的昏君。

宋徽宗以蔡京为宰相,与蔡京、童贯、王黼、梁师成、杨戬、朱勔、李彦等人结成权力统治集团,他们排斥异己,结党营私;招权纳贿,货赂公行。宋徽宗一心粉饰太平,声色犬马无所不好。蔡京为迎合宋徽宗的嗜好,将《周易》中"丰亨,王假之"和"有大而能谦必豫"曲意发挥,唱导"丰、亨、豫、大",以为太平盛世尽情享乐的根据。

蔡京之子蔡攸甚至对宋徽宗说,"所谓人主,当以四海为家,太平为娱,岁月能几何,岂可徒自劳苦"[3]。"今泉币所积赢五千万,和足以广乐,富足以备礼",于是铸九鼎,建明堂,修方泽,立道观,作《大晟乐》,制定命宝。[4]

宋徽宗为大规模兴建园林宫室,特别是为工程始自政和五年(1115),经六七年,至宣和四年(1122)初成的"艮岳",在苏州设立应奉局,由朱勔主持,在两浙地区大肆搜寻奇花异石,作为贡品用运粮的船只装运,每十船组成

---

[1] 周宝珠:《〈清明上河图〉与清明上河学》,河南大学出版社,1997年。
[2] 〔加〕曹星原:《同舟共济:〈清明上河图〉与北宋社会的冲突妥协》,浙江大学出版社,2012年。
[3] (宋)陈均:《皇朝编年纲目备要》卷二八,第730页。
[4] 《宋史》卷四七二,《蔡京传》,第13726页。

一"纲",经运河、淮河、汴河运往京城,称为"花石纲"。花石纲之役两浙受害最为严重,江南、湖南、福建,乃至两广、四川也受害不浅,大批民户因此家破人亡,民怨沸腾。又"欲广宫室求上宠媚,召童贯辈五人,风以禁中偪侧之状。贯俱听命,各视力所致,争以侈丽高广相夸尚,而延福宫、景龙江之役起,浸淫及于艮岳矣"①。

宋徽宗君臣肆意挥霍浪费,不仅将北宋几代积累的国库耗费殆尽,而且加剧了社会危机。

宋徽宗统治下的北宋恰似一座金碧辉煌的大厦,其梁柱已被腐朽的政治侵蚀一空,已无法经受急风暴雨的袭击。终于在宣和元年(1119)和宣和二年(1120),先后爆发了宋江、方腊领导的两次大的农民起义。宋徽宗虽然镇压和瓦解了这两次农民起义,渡过农民起义带来的一场统治危机,但是东北地区女真族的兴起,却使北宋王朝面临覆没的命运。

### (二)海上之盟

蔡京力主开边,对辽夏采取强硬政策。崇宁四年(1105),在哲宗元符王赡取湟州青唐的基础上,至政和王厚复取湟、鄯、廓州。② 至宣和元年,"凡平青唐吐蕃全国、建州四、军一、关一、城六、寨十、堡十二、降王子三、部族二十万、俘斩四万"③。由此在西夏左厢兵进青唐,取得决定性胜利,对西夏造成极大压力。

早在政和元年(1111),宋徽宗派郑允中为辽国生辰使,以大宦官童贯为副使,出使辽国。童贯在这次出使过程中,遇到了燕人马植,向童贯献策取燕(今北京),深受童贯赏识,被童贯改名为李良嗣,带回开封。李良嗣向宋徽宗陈说辽天祚帝的荒淫和政治腐败,女真对辽恨之入骨,如能从登莱过海,与女真族结好,相约攻辽,则燕地可取。宋徽宗对此非常高兴,又赐姓赵,开始了谋取燕云的一系列活动。

当辽朝在金兵的进攻下,处于岌岌可危之时,宋徽宗、蔡京等人以为联合女真夹击辽朝,进而收复燕云十六州的时机已成熟。于是,重和元年(1118)宋廷以买马为名,遣使从登州(今山东蓬莱)渡海到辽东,同金朝商议共同伐

---

① 《宋史》卷四七二,《蔡京传》,第 13726 页。
② 《长编纪事本末》卷八五《取洪(熙)兰会上》、卷八六《取洮河兰会下》、卷一三九《收复湟州》、卷一四〇《收复鄯廓州》有较详细的叙述。
③ (宋)王安中:《初寮集》卷六,《定功继伐碑》,文渊阁四库全书景印本,第 1127 册,第 111 页。

辽的事宜。宣和二年（1120）宋再遣赵良嗣等使金，遂与金订立"海上之盟"。

海上之盟约定：长城以南的燕云地区由宋军负责攻取，长城以北的州县由金军负责攻取；待夹攻胜利之后，燕云之地归于北宋，北宋则"银绢依与契丹数目岁交"，即宋朝每年给予金国银二十万两，绢三十万匹，绿矾二千栲栳。[①]

宋廷原以为据此便可轻易夺取燕云十六州，可是没料到辽军抵不住金兵的进攻，却不惧怕与腐朽不堪的宋军作战，结果宣和四年（1122）北宋两次出兵攻打燕京，均被辽的燕京守兵打得大败。主持这两次战役的宋军统领童贯只得以与金夹攻的名义，邀请金军攻打燕京。到这年年底金兵由居庸关进军，攻克燕京。这样金人就表示不再把燕云诸州交给北宋了。

经过双方讨价还价，宋朝方面一再退让，最后金朝只答应把燕京及其所属的六州二十四县交给宋朝，却要宋朝每年除把原给辽朝的五十万岁币交给金朝外，还要把这六州二十四县的赋税如数交给金朝。宋朝答应每年另交一百万贯作为燕京六州的"代税钱"，金朝才答应从燕京撤军，而在撤军时，金兵却把燕京的金帛子女官绅富户席卷而去，只把几座空城交给宋朝。

### （三）金军的南下与北宋的灭亡

辽朝灭亡后，金朝最高统治集团从北宋对辽作战的表现，以及交涉交割燕云的过程中，已经看透北宋政治的腐朽和军事的无能，遂即乘胜侵犯北宋。于宣和七年（1125）十月分兵两路南下，西路军由完颜宗翰率领从云中府（今山西大同）进攻太原府。

东路军由完颜宗望率领，由平州（今河北卢龙）进取燕山府。两路约定攻下太原、燕山府后，西路军进出潼关北上洛阳与南渡黄河直向东京的东路军会师于开封城下。西路军在太原城遭到王禀领导的宋朝军民的顽强阻御，长期未能攻下，东路军到达燕山府，宋守将郭药师投降，金兵长驱直入，越过保州（今河北保定），进攻中山府（今河北定州），渡过黄河向东京进军。

宋徽宗听到金兵南下的消息后，不敢亲自担当领导抵抗敌人的责任，急忙禅位给太子赵桓，企图南逃避难。赵桓即位，是为宋钦宗，改明年为靖康元年（1126）。这时朝野官民纷纷揭露蔡京、王黼、童贯、梁师成、李彦、朱勔等"六贼"的罪恶，要求把他们处死，宋钦宗被迫陆续将蔡京等人贬官流放或处斩。

---

① （金）佚名撰，金少英校补，李庆善整理：《大金吊伐录校补》（三）《宋国书》、（二三）《南宋誓书》，中华书局，2001年，第13、74页。

靖康元年正月，宋钦宗迫于形势起用主战派李纲为亲征行营使，部署京城的防御。李纲刚把京城守备设施布置就绪，完颜宗望所率金军就已兵临城下，向开封的宣泽门发起猛烈进攻。李纲组织开封军民坚守城池与金军展开激战，把攻城的金兵击退。

完颜宗望见开封一时难以攻下，便施展"以和议佐攻战"的策略，宋钦宗原本就是一个畏葸惧战的昏君，便急忙派使者去金营议和。完颜宗望提出宋须交金五百万两、银五千万两、牛马骡各一万头匹、驼一千头、杂色缎一百万匹，割让太原、中山（今河北定州）、河间三镇，尊金帝为伯父，以宋亲王、宰相作人质，送金军北渡黄河，才许议和。

宋钦宗竟不顾一切，全盘答应完颜宗望的苛刻要求，下令在开封全城刮借金银运送给金军。李纲坚决反对同金军议和，宋钦宗就以宋兵一次夜间出击金营失利一事，追究李纲的责任，下令罢免李纲，废掉李纲主持的亲征御营司，借以向金人表示议和的决心。

宋钦宗这一倒行逆施，激起了开封军民的愤慨，太学生陈东等在宣德门上书，要求复用李纲，罢免主张和议的李邦彦、张邦昌等人，几万人不约而同来到皇宫前，声援和支持陈东，要求宋钦宗接见，并砸碎登闻鼓，打死宦官几十人。

宋钦宗不得已宣布再用李纲，让李纲主持京城四面的防御。这时宋朝各路勤王兵，约计二十万人也陆续赶到。面对这种形势，完颜宗望知道以六万兵马深入是难以攻下开封了，于是在得到宋钦宗同意割让三镇后，于靖康元年（1126）二月率军撤离开封北还。完颜宗望北还，河北一线的战局虽暂时平静，而河东的战事却继续紧张进行着，从靖康元年二月至七月，宋军曾三次大规模入援太原，合计投入兵力四十万人，均被金军击败，宋军主力耗折殆尽。

河北暂趋平静和河东战事胶着的军事形势，只是金军更大规模入侵的间歇。然而，以宋钦宗为首的腐朽统治集团却以为太平无事了。罢了有声望的老将钟师道的兵权，各路赶来的勤王兵也全被遣还，宋廷又恢复了以往文恬武嬉的故态。当时有针砭时弊的《九不管》民谣流传甚广。

主和派在朝廷重新占了上风。靖康元年（1126）六月，宋钦宗因为厌恶李纲屡言备边之策，借入援太原之际，派他为河东、河北宣抚使，强行把他赶出朝廷。八月，李纲因入援太原失利，又被罢去两河宣抚使之职。

靖康元年八月，金军在经过一个夏天的休整后，又以宋朝不如约割让太原、河间、中山三镇为口实，再次南侵。完颜宗翰和完颜宗望分东西两路进兵。这时宋将王禀坚守太原已八个多月，因粮尽援绝，九月初三日被攻破。

完颜宗翰乘胜南下，直逼黄河北岸的河阳（今河南孟县）。金军上下齐擂战鼓，通宵达旦，声震云天，十数万宋军被鼓声吓得丧魂落魄，望风而逃。西路金军乘胜渡河，攻克河阳、洛阳。完颜宗望的东路军，也于十月初攻入河北重镇真定府（今河北正定），其后仅用二十天的时间便兵临北宋首都汴京城下。

金军的这次南侵已摆出了一举灭亡北宋的态势。宋钦宗却一心只想投降，以为可以继续用金帛赂使金军撤退，急忙派出一批批的使者到金营乞和，在军事上不做认真的准备。而朝廷内部的主和派唐恪、耿南仲等人坚主割地，遣返各地再次聚集的勤王军，撤除京城的防御工事。由于宋廷不在军事上做认真准备，两路金军未遇大的抵抗，于闰十一月二日金军东西两路在开封城下会师，对开封展开攻势。开封城内兵力有限，士气不振，宋廷于危急之际，竟派郭京带领"六甲神兵"出战，大败溃散。汴京城被围凡三十日，遂为金军攻破。

东京城虽然被攻破，统治者依然决意投降，但是东京城的军民不愿做亡国奴，抗金情绪很高，有30万民众要求参战。金军见东京城军民已准备展开巷战，不敢贸然进占全城。于是又施出"和议"的故伎，向宋王朝索取一千万匹绢、一千万锭金、二千万锭银、马一万匹等钱帛。金军渡过黄河，完颜宗翰又向宋廷提出要划黄河为界，河东、河北地归金朝，宋钦宗一一答应，并且亲自下诏给两路百姓，劝谕他们"归于大金"①。

然而至此危在旦夕之时，宋钦宗仍不能醒悟，他派宰相何㮚去金营乞和，完颜宗翰和完颜宗望却要宋钦宗亲自到金营商议割地赔款之事，钦宗不得已进了金营求降，献上降表，并秉承金人的意旨，下令各路勤王兵停止向开封进发，对自发组织起来准备抵抗的民众进行镇压，然后金军大肆搜括宋朝宫廷内外的府库，以及官、民户的金银钱帛。

当时正值严冬季节，大雪纷飞，被掳掠一空的开封人民遭受饥寒无情的袭击，冻死、饿死的人不计其数。宋朝腐朽统治者的投降政策，使开封人民遭受难以言状的灾难。

靖康二年（1127）正月，金军先后把宋徽宗、宋钦宗拘留在金营，二月六日金主下诏废宋徽宗、宋钦宗为庶人，另立同金朝勾结的原宋朝宰相张邦昌为伪楚皇帝。四月初一日金军俘虏徽、钦二帝和后妃、皇子、宗室、贵戚等3000多人北撤。宋朝皇室的宝玺、舆服、法物、礼器、浑天仪，天下州府图及官吏、内人、内侍、技艺、工匠、娼优、府库畜积等也被搜罗一空满载而归。北宋从

---

① （宋）徐梦莘：《三朝北盟会编》卷六四，靖康中帙，上海古籍出版社，1987年，第481页。

此灭亡,这就是所谓的"靖康之变"。

北宋王朝的灭亡,亡于大敌当前统治者畏敌如虎,亡于政治腐败、应敌无方,更亡于宋初以来文武失衡偏重文官政治的体制。

## 四、士大夫集团的分裂与理想光环下的现实悲剧

### (一)士大夫集团的分裂

#### 1. 由学术之争引发政治斗争

当年刘安世回答马永卿问神宗为何必欲变法时说:"盖有说矣,天下之法未有无弊者,祖宗以来,以忠厚、仁慈治天下,至嘉祐末年,天下之事似乎舒缓,委靡不振,当时士大夫亦自厌之文字论列。"[①] 如前所述,要求改革是士大夫集团一致的政治诉求,但是在如何变上却发生了重大分歧。这些分歧主要源自士大夫们对儒家学说的不同解释和对时局的不同认识。正如王安石对司马光说,他们之间"议事每不合,所操之术多异故也"[②]。

中国传统学术在汉武帝至汉宣帝罢黜百家、独尊儒术之前是子学时代,百家争鸣,汉武帝以后是经学时代,唐中叶以前佛学、道家也颇为兴盛,儒佛道并驾齐驱,唐五代至北宋中期,儒佛道三教合流产生"新儒家",学术争鸣主要是儒家内部诸派争鸣。前面提到北宋仁宗至神宗时期,大致形成了王安石的"荆公新学派"、司马光的"温公学派"、苏轼的"蜀学派"、二程的"洛学派"、张载的"关学派"。这些学派虽然都讲"义理",但是对社会的认识却不尽相同,特别是对待如何重建理想的社会秩序有很大分歧,是遵奉儒家"义主利从"的经济信条,还是坚持"理天下之财"?因而出台的方案就遇到了议论纷纭、众口难调的矛盾。

代表新经学的王安石在解决国家财政问题上主张开源,王安石以孟子为榜样,期望在政治经济军事选官等方面做全方位的改革,借助皇权重建社会秩序。他在儒家经典《周礼》《尚书》《诗经》之中发现可以治理现实社会的理想制度,所以他在"复古"这面旗帜下制订"新法"。王安石因为在经典中发现了政治制

---

① (宋)朱熹:《宋名臣言行录》后集卷六,王安石荆国公,文渊阁四库全书景印本,第449册,第207页。
② (宋)王安石:《临川先生文集》卷七三,《答司马谏议书》,《王安石全集》第六册,第1305页。

度的原则,轻蔑历史作为评价政策的指导作用。这些原则从未在后世的历史中充分展现,因此对有缺陷的历史的研究容易使政策设计者误入歧途。"糟粕所传非粹美,丹青难写是精神"。在力图实施经典的乌托邦理想中,王安石将法家观念糅进了他的儒家政治思想。儒家的主要政治原则在其思想中明显呈现。"今人未可非商鞅,商鞅能令政必行。"面对着保守派敌意的批评和阻挠,王安石从韩非子、申不害那里吸取了管理技术与方法方面的思想;因此,解决制度问题的技术性知识及管理专长在王安石的思想里起着愈加重要的作用。

代表新史学的司马光在财经上坚决主张节流,其历史观与王安石也是鲜明的对立。他把历史看成一个独立的、与经学地位相当的研究领域,经典能为道德修养提供启示,而历史则可以为评估政策及对付连续而各异的变化提供比较详细的范例。历史证明道德水准在政治中具有决定性的重要意义,因此特别强调个人在以家庭为起点的社会群体中的行为和价值。他重视皇帝独裁政治和符合道义的君臣关系及保守主义的社会经济利益,主张通过选拔正直高尚的官员,以渐变的方式提高政府的行政质量,反对王安石的变法和一切激烈变革。①

代表新文学的苏轼也是欲展宏图,正如朱熹所说"凡荆公所变更者,初时东坡亦欲为之"。苏轼始终希望潜移默化地推进高雅文化,从而提高士大夫的文明程度,并借助士大夫的影响提高整个社会的普遍文明程度。

议论纷纭、众口难调只是问题的一个方面,更难的是各自都坚持自己的学说和信仰,以致固执、执拗到不可调和,由思想交锋逐渐演变成残酷的政治斗争。政治斗争的介入,又加剧了学术派别之间的对立。当变法向纵深发展之际,曾共同倡导变革的士大夫也就此分化瓦解,以学术派别为核心形成不同的政治利益集团。王安石的新学作为变法的理论根据,在官府的支持下,其学术风行北宋后期六十年。二程洛学与反变法派重臣司马光、文彦博、富弼、吕公著等人一道互相标榜,形成了在野的政治舆论力量。这些学派都有一个共同的追求,就是用自己的学说"一道德",意欲把所有士人的思想统一在自己学说的旗帜下,非同类的学说一律予以排斥或打击。当王安石的新学派独行六十年之时,洛学、蜀学则只能在民间缓慢地发展。可以说这种政治学术化、学术政治化,是宋朝士大夫阶层由组合走向分化以致分裂的主要原因,而且在相当程度上构成宋代政治史的一大特色。朝野士大夫分成了两个阵营,陷于朋党之争,

---

① 参见萧公权:《中国政治思想史》第十四章"两宋之功利思想",新星出版社,2005年;〔美〕田浩:《功利主义儒家——陈亮对朱熹的挑战》,姜长苏译,江苏人民出版社,1997年。

直到宋朝灭亡而后已。

值得玩味的是，王安石变法被否定，虽然分别是由宋神宗死后被高太后、司马光为首的反变法派和南宋之初宋高宗两次在政治上之所为，但是真正把王安石及其变法钉在历史耻辱柱上的不是反变法派，而是曾经一道呼吁变法的理学家们。荆公新学是王安石变法的指导思想和理论基础，自南宋建立以后荆公新学所遭受的抨击之严厉，要远甚于对新法措施的否定。

南宋前期，胡安国曾对杨时《上钦宗皇帝》的奏章评论说："此是取王氏心肝底脍子手段，何可不书，书之则王氏心肝悬在肉案上，人人见得，而诐淫邪遁之辞皆破矣。"[①] 于此可见理学家们必置新学于死地而后快之一斑。这种否定既与程朱理学和荆公新学在南宋的消长有关，更是理学家们自南宋初期以后不懈批判贬抑的结果，从北宋后期至南宋，理学家对荆公新学的政治思想的批判主要集中在两个方面：一是斥荆公新学为异端邪说"于学不正""杂糅佛道"或"学本出于刑名度数"。二是把新学作为变乱祖宗法度而致北宋亡国的理论依据，予以无情打击。由于理学在元明清被定为一尊的统治思想，"是当时思想的主流"，荆公新学作为异端邪说遂成不易之论。新学指导下的新法也就成为北宋亡国的根源，被祭上了历史的审判台。

### 2. 义利观的冲突

北宋士大夫开始在"三代"理想的号召下，提出对文化、政治和社会进行大规模革新的要求，他们依据的是儒家的理论学说，也就是说要按照儒家的政治理想来建构新的社会秩序，因而变法的措施要符合儒家的基本原则，不能越雷池一步，否则就会被视作大逆不道而遭到唾弃。事实也是如此。把王安石的诸项新法称作聚敛之术"聚敛害民"，把王安石的理财思想视作兴利之道"剥民兴利"，这既是熙宁、元祐时反变法派批评新法的主要观点，而且也是自南宋至晚清绝大多数史家和思想家评议王安石新法的基本观点之一。这种一致的思想根源是南宋以后评议者与当年的反变法派所持的理论根据都是传统儒家的经济教条"义主利从"论。

众所周知，在中国古代义利之争不仅在哲学思想方面贯彻始终，更重要的

---

① （宋）胡安国：《杨文靖公·墓志铭（龟山志铭辩）》，朱熹：《伊洛渊源录》卷一〇，丛书集成初编本，第100页。

是它渗透到社会的各个方面，直接关乎着帝制国家治国的主导思想、用人标准、政治经济文化政策的制订和推行，以及每个人立身行事的基本出发点等。王安石公开打出"理天下之财"的旗帜，不啻是对儒家传统经济思想的公开背叛，触动的最根本原则就是"王霸义利"准则，因而受到反变法派和南宋以后儒家传统经济教条的保卫者一致的反对和批评，是他们坚守"崇道德黜功利"原则之使然。用"崇道德黜功利"这一原则审视唐宋以降的中国历史，不独是王安石及其变法的不幸，也是宋元明清欲有作为而不能为的士大夫们的不幸。于是，南宋以后的士大夫们只好在"内圣"上不断下功夫，而不再侈谈"外王"。学界有中国历史自南宋开始转向内倾之说，不是没有道理。详见后论。

### 3. 士大夫与皇权的矛盾

当时士大夫们要实现其理想，亦即行道，需得到皇权的支持，没有皇权的支持，士大夫们的道只能是书斋里的道。而要得到皇权的支持就必须与皇权的政治需求相吻合。在历史上王安石与宋神宗的关系，被后来的士人所钦羡，所谓得君之专，很少有人企及，这只是问题的一个方面，因为起初王安石欲建构理想社会的抱负与宋神宗欲改变受辽夏欺辱局面的动机在富国强兵上找到了共同点，于是他们君臣之间的合作有一个很好的开端。随着变法的深入，王安石与宋神宗在施政理念上的矛盾也开始加深。王安石的富国强兵、摧抑兼并、赈济贫乏是以"法先王之政"为出发点，而宋神宗更关心变法为充盈国库带来的好处，他们之间的矛盾深刻地影响着变法的走向。熙宁新法遇到了种种阻力，青苗法、免役法、市易法等均未能达到最初抑兼并、均济贫乏的目的。而新法实施范围愈广，影响愈深，财富大量集于朝廷，显然与王安石的施政理念愈趋遥远，却更能符合为用兵而先理财的要求。在此过程中，王安石时时以神宗未能取法先王而耿耿于怀，并且随新政之推行，愈感到与神宗之间距离难以缩短，这应是他屡屡求去的主要原因。但在神宗方面，由于王安石能力高强，在其主政之下，不论充裕国库或开疆拓土，皆绩效卓著，自然予以支持，但对王安石期望于他的一些做法，并不同意，只是一味敷衍。于是王安石毅然辞去相位，回到书斋里建构他的理想世界。随着王安石的去位和宋神宗对局面的完全操控，新法开始按宋神宗的"宸意"发展。

对于元丰时期宋神宗不用王安石这个问题，朱熹是这样回答弟子的："神宗尽得荆公许多伎俩，更何用他？到元丰间，事皆自做，只是用一等庸人备左右趋承耳！"①朱熹的回答可谓是鞭辟入里。而且揭示了一个士大夫与君主关系的重大转变。神宗在熙宁时期选择王安石主持变法，神宗与王安石为代表的士大夫之间的关系在很大程度上属于"与士大夫治天下"，这种关系的基础是，不论是王安石还是反对派司马光等人尚有独立的人格和操守，他们的"得君行道"不是无条件的，亦即当君臣变法的大方向一致时就可以合作，如果背离了大方向，君臣之间的合作就可终止。王安石两次辞去相位，司马光六辞枢密副使，就与他们不愿放弃自己的政治主张密切相关。从宋神宗的角度来说，变法之初欲有所为而不知如何为，因而他需要能帮助他有为的士大夫为他择"术"。所以他们因"富国强兵"的共同理想走到一起，又因为共同理想中的不同旨趣而分道扬镳。特别是在学会了"许多伎俩"后，皇权的独断专行便不须再有他人的牵制，"事皆自做，只是用一等庸人备左右趋承耳！"宋神宗如此，宋哲宗、宋徽宗亦如此，甚至走得更远。宋哲宗绍圣、元符时期的绍述派和宋徽宗时期的蔡京集团莫不是备左右趋承的一等庸人。王安石变法的最后走向，对于怀抱理想的北宋士大夫们来说是一种失败，他们不仅没有通过变法建构起理想的社会秩序，反而成就了专制主义皇权，他们中相当大的一部分人也从与皇权"与士大夫治天下"的参与者而沦为皇权的附庸。

**（二）理想光环下的现实悲剧**

北宋建立者有鉴于唐末五代的武人干政、藩镇跋扈的历史教训，推行右文政策，至北宋中期儒学复兴，一批饱读儒家经典的士大夫们，面对由种种社会矛盾、民族矛盾等构成的社会危机，怀抱经世济民的思想，欲重建社会秩序。孟子的"法先王之政"思想和建立"王道社会"的理想受到追捧。王安石是这批士大夫中的杰出代表。王安石变法着眼于富国强兵是建立理想社会的基础，即是引导走出当时政治、经济困境的努力，但是王安石变法最终或最高的目标是使普通民众能够得到基本的生活物质保障，生老病死、鳏寡孤独能够得到国家与社会的帮助和扶持，进而使人民能够受到良好的教育，懂得人伦道理。从"小康社会"最终走向天下大同。就变法的主线索来说，北宋神宗、哲宗、徽宗三朝是有继承和发展的，就变法效果来说，财政困境有较大改善，经济发展有所进步，军事作战能力有所加强，这些成果为近现代大多数学者所认同。但是若从王安石欲建构孟子提出的"王道社会"理想来说，不能说没有成效，从神

---

① （宋）黎靖德编：《朱子语类》卷一三〇，《自熙宁至靖康用人》，第3096页。

宗朝至徽宗朝连续的办学运动，徽宗朝建立的社会救济及官办慈善事业在中国古代都留下了浓墨重彩的一笔，但是从总体上来说，没有达到既定的目标，之所以出现这种局面，究其原因可能会列出很多，但下面两点可能较突出：

第一，自周秦以来因占有土地不均所造成的贫富两极分化，一直是社会矛盾的集中体现，而唐中叶实施"两税法"以降，贫富两极分化的趋势日益严重。因而解决贫富两极分化是历代有识之士追求治世不能回避的大问题。摧抑兼并是王安石变法的核心内容，而这一核心内容也是实现孟子政治理想最重要的方面，因为孟子认为王道社会的基础是普通百姓占有一定数量能够保证基本生活来源的土地，即为民制产。为了实现为民制产的主张，孟子提出了利用西周井田制加以润色而使之适合战国时代实际情况的具体措施，即所谓"正经界，均井地"。他说："夫仁政，必自经界始。经界不正，井地不均，谷禄不平。是故暴君污吏必慢其经界。经界既正，分田制禄可坐而定也。"① 所谓"正经界""分田制禄"，朱熹注云："经界，谓治地分田，经画其沟涂封植之界也。此法不修，则田无定分，而豪强得以兼并，故井地有不均；赋无定法，而贪暴得以多取，故谷禄有不平。"② 朱熹的解释是符合实际的。孟子所提出的关于正经界、均井地、平谷禄的具体措施，旨在防止豪强兼并，保证农民"百亩之田"的恒产不受侵犯。③ 王安石变法处于"田制不立"的时代，由国家授田已不可能，孟子保证农民都有"百亩之田"，也只能是宋人对历史的回望。因此，王安石变法"摧抑兼并"，不再是反对合法的土地买卖，而是反对和抑制兼并势力凭借土地、资产对国家正常财政收入的侵夺和对农民再生产能力的侵害，从而舒缓国家财政的困窘和减轻农民生存的贫困。但是，王安石变法摧抑兼并的主张和措施，从神宗朝至哲宗、徽宗朝，其落实和收到的效果呈递减的趋势，因而"王道社会"的理想失去了物质基础和根本保障，培育农民抵抗自然灾害能力无从谈起，大力发展的社会救济制度、官办慈善事业、兴办学校的成效也因此大打折扣。

第二，专制制度是腐败的温床，之所以这样说，就在于专制制度下权力和欲望不受节制或难以节制。在历史上，王安石与宋神宗的关系一直被后来的士人所钦羡，所谓得君之专，很少有人企及，这是一方面；另一方面"得君行道"

---

① 《孟子·滕文公上》。
② （宋）朱熹：《四书章句集注》，中华书局，2005年，第256页。
③ 李埏、章峰：《孟子的"井田说"与"恒产论"浅析》，《云南学术探索》1996年第2期。又见李埏：《孟子的井田说和分工论——读〈孟子〉札记》，《社会科学战线》1991年第1期。后收入氏著：《不自小斋文存》，云南人民出版社，2001年，第141—153页。

也使"得君"的变法派居于权力的顶峰,在专制制度下,手握大权的变法派更容易滋生腐败,如果说王安石主持变法时期,主持变法的君臣宋神宗和王安石都有远大抱负,且宋神宗用祖宗家法"异论相搅"始终节制着变法派的权力不至于过度膨胀,李焘曾引一部笔记说王安石对所谓受神宗全力支持慨叹说:"只从得五分时也得也"①,是故宋神宗朝的变法派的权力和欲望虽然也有滋生出腐败的迹象,但是总的来说还是在可控范围之内,没有给朝政带来过多的危害。及至宋哲宗、宋徽宗两朝,特别是宋徽宗朝,蔡京在徽宗支持下,将反变法派连同妨碍自身攫得利益的变法派后期骨干,统称之为"奸人",予以彻底清除,从而为自身发展打开了政治道路。宋徽宗朝的"崇宁"之政,是在蔡京只听命于徽宗,徽宗的最高权力,既不受自身道德的节制,也不受来自朝臣的制约,更没有来自异论的羁绊的条件之下实施的,于是权力欲望像从打开的潘多拉魔盒中飞了出来,贪婪的人性肆无忌惮。

必须指出,徽宗、蔡京"崇宁"之政不是没有建树,只是所有种种建树都被腐败暴政侵蚀殆尽。抑制兼并没有成效,普通百姓最多不过回到变法前的生活状况,而腐败暴政不仅将新法聚集的财富挥霍一空,而且巧取豪夺,大大增加农民新的负担。"从两宋三百年统治的历史来看,宋仁宗期间出现了赋税激增的第一个浪头,宋徽宗及蔡京集团统治期间便掀起了赋税激增的第二个浪头,而这次赋税的激增乃是在第一次的基础上激增的,因之它就给劳动人民更加深刻的苦痛。"②贫富两极分化不仅没有减轻,反而被扩大,这是一种理想光环下的现实悲剧,令人扼腕叹息。

学界已对徽宗、蔡京的腐败之政给以细致的论述,③在此不多讲。虽然不能将北宋的亡国归咎于王安石变法,但是北宋的亡国标志着北宋中期以来以王安石为代表的士大夫,通过皇权支持,实践孟子建立"王道社会"理想的社会运动遭遇重大挫折。不过实践孟子政治理想,建立王道社会的理想并未破灭,而是在南宋社会以新的形式出现。朱熹继承二程建构的"四书"体系,取代王安石的"三经义"体系,士大夫建构理想社会由依赖王权推行强有力的制度自上而下来实现逐渐转向"正君心""尊德性",通过改造乡村社会和影响王权双轮

---

① 《长编》卷二七八,熙宁九年冬十月丙午注引吕本中《杂说》,第6804页。今本吕本中《紫微杂说》无此条记载。
② 漆侠:《王安石变法》(增订本),河北人民出版社,2001年,第239页。
③ 王曾瑜:《北宋晚期政局简论》,《中国史研究》1991年第1期;张邦炜:《北宋亡国的缘由》,《西南民族学院学报》1999年第6期;张邦炜:《北宋亡国与权力膨胀》,《天府新论》2000年第1期。

驱动来达到建立理想社会的目的。这是后话。

## 参考文献及拓展阅读

漆侠:《王安石变法》(增订本),河北人民出版社,2001年。

罗家祥:《朋党之争与北宋政治》,华中科技大学出版社,2003年。

杨小敏:《蔡京、蔡卞与北宋晚期政局》,中国社会科学出版社,2013年。

〔美〕伊佩霞(Patricia Buckley Ebrey)与 Maggie Bickford 编:《徽宗与北宋后期:文化政治与政治文化》(Emperor Huizong and Late Northern Song China: The Politics of Culture and the Culture of Politics),哈佛大学亚洲中心,2006年。

李华瑞:《王安石变法研究史》,人民出版社,2004年。

李华瑞:《论北宋后期六十年的改革》,《华中国学》2017年春之卷第9辑。

# 第六章 偏安江左的南宋政治

## 一、南宋建立与宋高宗对金屈辱苟安的政治路线

靖康元年（1126）冬，金军第二次围攻开封。宋钦宗派人给当时留任在相州的康王赵构送去蜡书一封，任命他为兵马大元帅，负责营救开封。赵构遂在相州组织了大元帅府，但是他并没有敢去营救京城，次年，金军攻破开封，俘虏宋徽宗、宋钦宗北去，北宋亡。金国扶植了原北宋宰相张邦昌为皇帝，建立伪楚政权，作为金国的傀儡。但是多数北宋旧臣不支持张邦昌而拥立幸免于难的赵构。靖康二年（1127），赵构在应天府（今河南商丘）即位，改年号为建炎，是为宋高宗。赵构所建政权，史称南宋。

南宋初立，宗泽以东京留守的身份，事实上主持前沿军事，情况就发生重大改变。从建炎元年（1127）冬到翌年春，金军在灭辽破宋之后，正值兵威最盛，又在最善战的完颜宗翰（粘罕）等指挥下，对开封发动了最凌厉的攻势，却遭受严重挫败。这与北宋末的开封失守形成鲜明对照。宗泽先后上了二十多道奏章，请求赵构回京，每每被黄潜善等人所阻碍，忧愤成疾，背上长毒疮。建炎二年七月十二日（1128年7月29日），宗泽在弥留之际，最后连呼三声"渡河！渡河！渡河！"溘然与世长辞。宗泽的逝世，又不能不使南宋抗金战局发生逆转。在宋高宗和黄潜善、汪伯彦的昏暗政治下，南宋终于走向蹙地数千里，自黄河退到大江的悲惨局面。

建炎三年（1129）、四年（1130）间，金军渡江作战，既是其军事胜利的巅峰，却也走向了物极必反。韩世忠指挥的黄天荡之战，使金军受到挫折，岳飞又麾兵克复建康（今南京），将金军全部逐出江南。金人在这次南侵过程中遭到南宋军民的顽强抵抗，深感统治中原地区之难，于是便在建炎四年（1130）立原宋济南知府刘豫为大齐国皇帝，划中原和陕西地区给他，令其做代理人，同

时以伪齐作为金与南宋之间缓冲地带。

绍兴元年（1131）三月，张荣率抗金义军在缩头湖一战，赢得全胜，遂迫使金军退到淮水以北。绍兴二年（1132）高宗回到临安（今浙江杭州）。金军倾注全力攻打四川，吴玠军在当年的和尚原之战和绍兴四年（1134）的仙人关之战，使金军蒙受自灭辽破宋以来的两次惨败。岳飞麾兵收复襄汉六郡，两年后又再次北伐，以及金军在绍兴四年冬进犯淮南的失败，则标志着金朝军威的进一步没落。

当时，女真骑兵最利于在秋冬季节，弓劲马肥，纵横驰骋于平原地区，而不耐暑热多雨天气，需要后退到北方避暑。和尚原和仙人关两战是山地战，金军尚可说有"以失地利而败"的因素。然而到绍兴十年（1140），刘锜军进行的顺昌之战，则开创了在平原地区大败金军的新纪录。如果说，顺昌之战尚有利用女真人不耐酷暑的天时，而含有以逸待劳的因素，而岳家军大举北伐，则是在闰六月之后的七月，即在最利于女真骑兵发挥威力的天时和地利条件下，以少击众，先后在郾城和颍昌两次大战中，大破金军。其他将帅只能做到以步制骑，而岳飞却重视骑兵建设，除了以步制骑之外，还建设了一支强大的骑兵，足以与金朝引以为骄傲的骑兵周旋。岳飞身后二十年，金完颜亮攻宋时，"金人自为'岳飞不死，大金灭矣'之语"①。南宋抗金形势一派大好，金军的南侵终于被阻止。但宋高宗与秦桧迫不及待地再次与金议和，解除了岳飞、韩世忠、张俊的兵权，并且以"莫须有"的罪名杀掉岳飞及部将岳云、张宪，韩世忠也被迫退闲。绍兴十一年（1141）十一月底，宋金再次达成和议：（1）约以淮水中流画疆，割唐、邓二州界之。又重定陕西地界，宋失去商州（在今陕西省）、秦州（在今甘肃省）两州约一半土地予金；（2）宋奉表称臣于金，金册宋主为皇帝；（3）每逢金主生日及元旦，宋均须遣使称贺；（4）宋向金国岁奉银二十五万两、绢二十五万匹，从绍兴十二年（1142）开始，每年春季送至泗州缴纳。

金皇统二年（绍兴十二年，1142）二月辛卯，"宋使曹勋来许岁币银、绢二十五万两、匹，画淮为界，世世子孙，永守誓言"②。至此，南宋的统治最终稳定下来，宋金隔淮对峙，中国历史又进入了南北朝时期。

那么为什么在南宋抗金形势明显好转之时，刻意签订带有屈辱性的和议，

---

① （宋）薛季宣：《浪语集》卷二二，《与汪参政明远论岳侯恩数》，文渊阁四库全书景印本，第1159册，第351页。
② 《金史》卷四，《熙宗本纪》，中华书局，1975年，第78页。

并不惜自毁长城杀害岳飞呢？究其原因也许会有许多，但有一条主因是与高宗从即位之初就开始确定对金屈辱苟安的政治路线分不开。宋高宗即位之初，面对国破家亡、人民流离失所的严重危机，图存救亡就成为他当时最为紧要的政治问题。既然要图存救亡，就要检讨造成危亡的原因，以及确定由谁来承担造成国破家亡的历史罪责，在此基础上方可收服人心，推演新一朝的政治。宋高宗为开脱父兄的亡国之责，以靖康元年（1126）以来士大夫们的议论，把"国事失图"由蔡京上溯至王安石及其新法，但是高宗与靖康时期反对王安石新法的士大夫考虑问题的出发点不尽相同，士大夫们反对王学独尊，而高宗以为北宋亡国就是因为王安石变法其间轻启边衅，导致蔡京、童贯主兵连年攻打西夏、吐蕃，而后又与金订立海上之盟谋取燕云，彻底变乱了祖宗确立的和戎之法，最终有了靖康之难。

这一政治需要是通过改修《神宗实录》《哲宗实录》来实现的。赵构上台翌日，便下诏为"以母改子"的宣仁圣烈高皇后辩诬，"宣仁圣烈皇后保佑哲宗，有安社稷大功，奸臣怀私，污蔑圣德，著在史册，可令国史院差官摭实刊修，播告天下"①。

高宗特别尊崇宣仁太后和元祐之政有两个原因，第一，靖康二年（1127）四月金军掳宋二帝、后妃、诸王北去，幸存者有两个人，一个是领兵在外的康王赵构，二是哲宗的废后孟氏。当康王继帝位之时，仅有的合法程序即是由孟氏下的诏书"由康邸之旧藩，嗣宋朝之大统"②。孟氏原是宣仁太后为哲宗选的皇后。由于当时北宋新旧党争正烈，孟氏是支持旧党的高太皇太后与向太后所立，高太皇太后去世不久，哲宗亲政，欲极力摆脱这位祖母的阴影，改而支持新党，提拔新党的章惇做宰相，章惇也支持哲宗宠爱的刘婕妤，遂有绍圣三年（1096）之废。"元符末，钦圣太后将复后位，适有布衣上书，以后为言者，即命以官。于是诏后还内，号元祐皇后，时刘号元符皇后故也。"③但徽宗即位后，蔡京为徽宗推行绍述，又再度废除了她的尊号。所以她在政治上倾向于宣仁太后的"元祐更化"。赵构继大统直接得之于"元祐皇后"，自然使高宗与元祐皇后多了一份亲近，当然高宗尊奉元祐之政除了这层关系外，更重要的是高宗对元祐之政的褒奖是为其父兄推托国事失图的责任之使然。建炎二年

---

① （宋）李心传：《系年要录》卷五，建炎元年五月辛卯，中华书局，2013年，第134页。
② （宋）陈均：《皇朝编年纲目备要》卷三〇，靖康二年四月甲戌，第817页。
③ 《宋史》卷二四三，《哲宗昭慈圣献孟皇后传》，第8634页。

（1128）三月甲午，诏经筵读《资治通鉴》，遂以元祐更化功臣司马光配飨哲宗庙庭。据侍读朱胜非尝言："陛下每称司马光，度圣意，有恨不同时之叹。"① 建炎三年（1129），苗傅、刘正彦发动兵变，史称明受之变，请元祐太后听政，又请立皇子。元祐太后劝诫苗傅"自蔡京、王黼更祖宗法，童贯起边事，致国家祸乱。今皇帝无失德，止为黄潜善、汪伯彦所误，皆已逐矣"。苗傅不听劝诫，必立皇太子，元祐太后说："今强敌在外，我以妇人抱三岁小儿听政，将何以令天下？"苗傅等泣请，元祐太后力拒之。② 苗刘之变被平定后，高宗复辟，对元祐太后更加敬重。建炎四年（1130）十一月癸卯，宋高宗"既数下诏褒录元祐忠贤，而朝廷多故，有司未暇检举"，于是宋高宗告诉大臣，尽快做这项工作，命令按元祐党籍碑"一一契勘褒赠"，遂追封吕公著鲁国公，吕大防宣国公、谥正愍。范纯仁许国公，"皆赠太师"。③ 绍兴四年（1134）五月正值开始重新编撰《神宗实录》，高宗当得知范冲以"惟是直书安石之罪"为编撰宗旨后，说"极是，朕最爱元祐"。④ 这是其一。

第二，宋高宗怯懦畏敌，他曾到金国的兵营中做过人质，亲眼看到过女真贵族们的野蛮残暴和威武军容，因而患有严重的"恐金病"。金人于建炎二年（1128）兵锋指向扬州。建炎三年（1129）初，高宗自扬州到镇江，再到杭州，再北上到建康府（今江苏南京）。高宗致书金人乞求投降，金人予以拒绝，再次南侵。高宗自建康而镇江、杭州、越州、定海，最后坐船逃入大海。建炎四年（1130）在金人追击下遣使给金太宗完颜晟致书请和，并且致书金军左副元帅完颜宗维，"曲尽哀祈"：

> 古之有国家，而迫于危亡者，不过守与奔而已。今以守则无人，以奔则无地，此所以鳃鳃然，惟冀阁下之见哀而赦已也。故前者连奉书，愿削去旧号，是天地之间，皆大金之国，而尊无二上，亦何必以劳师远涉，而后为快哉？⑤

与此同时，不顾所受奇耻大辱和大臣的所有反对意见，打着问候囚系中的

---

① （宋）李心传：《系年要录》卷一四，建炎二年三月甲午，第344页。
② 《宋史》卷二四三，《哲宗昭慈圣献孟皇后传》，第8635页。
③ （宋）李心传：《系年要录》卷三九，建炎四年十一月癸卯，第866页。
④ （宋）李心传：《系年要录》卷七九，绍兴四年五月戊寅朔，第1487页。
⑤ （宋）李心传：《系年要录》卷二六，建炎四年八月丁卯，第608页。

父母、兄长、妻妾、宗室的旗号，向金人派出一拨又一拨的使者，表示自己的乞和姿态。高宗为了乞和甚至对投降女真的刘豫起初也不加谴责，相反，却请求这位变节者充当向其新主子传递乞和消息的中间人。

如果他的乞和不从祖宗之法找到合理的依据，一味地屈膝投降是难以向天下人交代的，因而奉行元祐之政就为他的苟安乞和找到了依据。元祐更化在前面讲到除了在内政上逐一废罢新法外，在对外关系上则是一改神宗的开边举措，对西夏和辽朝特别强调怀柔之策，不仅停止开边，而且不惜弃地求和，即将宋已攻占的鄜延路塞门、安疆、米脂、浮图、葭芦五寨主动归还西夏。显然赵构尊崇元祐之政，主要是尊崇元祐终止开边、"弃地求和"的妥协屈辱政策。[①]

为何这样说呢？因为虽然高宗否定王安石变法，但是徽宗朝"绍述"之政下的敛财政策及科举、学校等文化政策都在继续执行，甚至元祐派士大夫最反对的王安石新学仍然是占统治地位的官学之一，由于秦桧主王学，赵鼎主洛学，高宗采取不偏不倚的态度。但赵鼎被排挤，王学的势力在秦桧未死前远大于洛学。而青苗法虽废除，但绍兴二年（1132）八月，"复诸道常平官，还其籴本，自青苗钱不散外，常平、免役之政皆掌之"[②]。所以根据赵构后来的所作所为可以断定他奉行的元祐之政就是"弃地求和"之政。

事实也是如此。建炎元年（1127）六月一日，李纲新任尚书右仆射兼中书侍郎，第二天便进札子论事实，第一札即是定"国是"，李纲说"今欲战则不足，欲和则不可，莫若现自治，专以守为策"[③]，高宗看了"大喜，付中书省遵守"[④]。绍兴八年（1138）高宗决计与金媾和，遭到群臣的激烈反对，正如大臣所上奏疏："今日屈己之事，陛下以为可，士大夫不以为可，民庶不以为可，军士不以为可。如是而求成，臣等窃惑之。"[⑤] 高宗深知大臣中反对和议者甚多，但是他的解释却恰得其反，他声色俱厉地说："士大夫但为身谋。向使在明州时，朕虽百拜，亦不复问矣。"[⑥] 余英时对此解释说，"在明州时"指建炎四年正月金兵陷明州、袭高宗于海上，南宋当时有覆亡的危险，"辞色俱厉"四字则显示出他非"和"不可的决心，言外之意当然是说他"屈己求和"是"为国谋"。但

---

① 详见李华瑞：《论哲宗元祐时期对西夏的政策》，《中州学刊》1998年第6期。
② （宋）李心传：《建炎以来朝野杂记》甲集卷一一，《提举常平茶盐》，中华书局，2000年，第227页。
③ 《宋史》卷三八五，《李纲传》，第11251页。
④ （宋）徐梦莘：《三朝北盟会编》卷一〇五，起建炎元年六月二日庚申尽四日壬戌，第771页。
⑤ （宋）徐梦莘：《三朝北盟会编》卷一八六，起绍兴八年十一月二十一癸卯尽二十五日丁未，第1341页。
⑥ （宋）李心传：《系年要录》卷一二四，绍兴八年十二月戊寅，第2344页。

他和秦桧都知道当时反对声浪绝不是一般的相权甚至君权所能压制得下去的。在"为国谋"的借口下，他们君相二人便决意从李纲的建议，把和议定为"国是"。① 正如何俌《中兴龟鉴》："景德与契丹讲和故事，今日可以遵行。命以《真宗宝训》进呈，于是而得继志述事之孝矣。"②《朱子语类》亦有类似的记述："'终始为讲和所误。虏人至城下，攻城，犹说讲和。及高宗渡江，亦只欲讲和。'问：'秦桧之所以力欲讲和者，亦以高宗之意自欲和也。'曰：'然。'"③

从上述所讲可以对南宋前期政治有三点思考，第一，赵构建立南宋伊始就对金朝决意媾和，以往多是从高宗猜忌武将、畏金军如虎等原因来解释，其实这只是问题的一个方面，由以上所讲来看，赵构在即位之初对于建立一个什么样的政权就有认真的思考，亦即通过对北宋亡国历史的反思，打着尊奉元祐之政的旗号，既可为父兄的"国事失图"开脱责任，又为"中兴"王朝确立既定方针，以免重蹈父兄旧辙，可谓一箭双雕。第二，正是一开始就选择"弃地求和"的元祐更化政策，因而南宋放弃两河、山东等固有领土，放弃从五代后周至北宋抵御外族、维护中华民族同一性的统一战争，所谓"朝廷弃三路如弃土埂，弃两淮如弃敝屣"④ 是这一政策的合理解释，也就是说"绍兴和议"并不能说是双方军事和经济力量达到某种平衡的产物。第三，高宗朝初期起用主战派，任用武将抗金，甚至也唱过恢复的高调，都不过是高宗为偏安江左、寻求与金人谈判有利条件的权宜之计，在屈辱苟安政策的阴影下，即使后继者孝宗有恢复的企图也只能是空有"壮怀激烈"而已。

## 二、南宋初防御性军政体制的确立

拥立高宗，占据初期政权中枢是北宋末的权门官僚。黄潜善、吕颐浩及其所起用的财务官僚群体，多出于北宋末的权门，他们在南宋政权的建立过程中扮演了主导性的角色。叶适在总结宋朝建章立制的法度主旨时说"本朝之所以立国定制、维持人心，期于永存而不可动者，皆以惩创五季而矫正唐末之失策

---

① 参见余英时：《朱熹的历史世界》，生活·读书·新知三联书店，2004年，第271—275页。
② （宋）何俌《中兴龟鉴》，转引自《系年要录》卷六五，绍兴三年五月癸亥，第1134页。
③ （宋）黎靖德编，王星贤点校：《朱子语类》卷一三三，《本朝七·夷狄》，第3200—3201页。
④ （宋）李心传：《系年要录》卷二九，建炎三年十一月壬戌引吕中《大事记》，第672页。

为言，细者愈细，密者愈密，摇手举足，辄有法禁"①。赵构建立南宋以后，在内政方面以防制武将、恢复赵宋家法为重点。

首先便是从抑制武将、收夺诸将兵权上措手。南宋初期，北宋的禁军体制早已被金兵击溃。在对外对内的战争中，南宋各将领通过招募和改编各军事集团以及农民起义武装，扩大了自己的武装，增强了实力，因而南宋初期的武将具有较高的地位。而且在战争中出现了吴玠、张俊、韩世忠、岳飞等握有重兵的大将，他们各自有相当的兵力几乎处于各自为战的状态，朝廷对他们没有绝对的控驭能力。兵权归诸将，武将势力增强，这与以文御武、防制武将的赵宋王朝家法背道而驰。而建炎三年（1129）发生的苗、刘之变是构成赵构最终收缴兵权的一个重要因素。赵构本来就惧怕地方武力和将领拥兵坐大，这次的政变更成了赵构心中挥之不去的阴影，使赵构终其一生都不再信任武将，且频繁调度将领，达到"兵不识将，将不识兵"的目的，从而使南宋崇文抑武政策再现。因而宋高宗一方面要利用武将以达到苟安的目的，但是防制武将仍是他心目中的重要问题。

绍兴五年（1135），大学士张守言向高宗建言："今之大将，皆握重兵……故朝廷之势日削，兵将之权日重。而又为大将者，万一有称病而赐罢，或卒然不讳，则所统之众，将安属耶？臣谓宜拔擢麾下之将，使为统制，每将不过五千人，棋布四路。朝廷号令，径达其军，分合使令，悉由朝廷之权以用之，然后可以有为也。"②这实际上就是要削弱诸将，分散军权，由朝廷直接控制军队。后来，宋高宗在收回诸将兵权后，就是按照这一思路制定整军政策的。

其措施之一是变更统军体制。建炎时期，设置御营军，由宰相和执政分别任御营使和御营副使，掌管御营军。枢密院是北宋负责军政的最高军事机关，御营司的设立，就使枢密院的治权归御营司，宰相和执政分别任御营使和御营副使，也改变了北宋宰相不掌兵、政权与军权分立的成例，开创了南宋宰相兼最高军事长官的先例。建炎末年（1130），取消御营司，设立神武军、神武副军和宣抚司军。绍兴五年（1135），又改神武军为行营护军，重新编制在对金战争中形成的张俊、韩世忠、刘光世、岳飞四大帅军队和吴玠统率的川陕军。南宋以来统军体制的不断变更，主要是贯穿了宋高宗要把各抗金力量纳入南宋朝廷控制之下的思想。

---

① （宋）叶适：《水心别集》卷一二，《法度总论二》，《叶适集》，第789页。
② （宋）李心传：《系年要录》卷八七，绍兴五年三月癸卯，第1682页。

在绍兴十一年（1141）罢三大将兵权后，"分命三大帅副校各统所部，自为一军，更衔曰统制御前军马。罢宣抚司，遇出师取旨，兵皆隶枢密院，屯驻仍旧"①。宋高宗恢复了赵匡胤的治军办法，把调兵权收归枢密院而诸将只有掌兵权而已。绍兴十二年（1142），宋高宗又采纳郑刚中的建议，以地位较低、易于控制的偏裨充任诸军最高统帅——都统制。北宋时期统管军队的三衙体制，在南宋时发生了根本的变化。三衙统兵体制在北宋末已有所破坏。南宋御营使司的设置，宣告了三衙统兵体制的废除，三衙长官也成为所部军队的统兵官，已不能统辖全国的正规军。

建炎四年（1130），赵鼎为相。他向宋高宗提出，现在诸将各总重兵，不隶三衙，则兵政已坏。绍兴三年（1133），命神武中军统制兼提举宿卫亲兵。绍兴五年（1135），废神武中军隶殿前司，以杨沂中主管殿前公事，又以都督府兵分隶三衙。绍兴七年（1137），又合马司余军及八字军为六军、十二军，恢复了三衙之军。在罢三大将军兵权后，各衙前诸军都削减兵力，唯独点前军有增无减，总共有 7 万余人，兵籍为天下冠。这体现着宋高宗强干弱枝的良苦用心。恢复后的三衙军与各屯驻大军平列，不再像北宋那样统辖全国禁军。三衙长官在南宋多用主管殿前司公事、主管侍卫马军司公事、主管侍卫部军司公事的头衔。而北宋时的三衙都指挥使、副都指挥使和都虞候的军职成为授予武将的虚衔。

南宋初期，仍然保留禁军、厢军的番号，但是禁军已成为非正规军，州郡军执行维持地方治安的职能，但常常为各类官员所役使，军政废弛，事实上成为无用之兵。总之，以弃地议和偏安东南为代价，宋高宗总算把赵宋祖宗家法大致恢复起来了。南宋初年的收兵权，是赵匡胤释兵权后又一次大规模的军事制度改革。

南宋初期，除军事制度的变化外，在官制方面也做了一些调整，以适应新形势的需要。北宋政和年间（1111—1117），蔡京当权，以太师身份总领三省政事，号为公相，改左右仆射为太宰、少宰，仍分兼中书、门下二省侍郎，为宰相。靖康中，又改太宰、少宰为左右仆射。宋高宗建炎三年，吕颐浩为相，"议者请并三省为一"②，吕颐浩于是由中书侍郎改任同中书门下平章事。尚书左右仆射都加同中书门下平章事，以示尚书左右仆射通治三省之事。北宋前期，设参

---

① 《宋史》卷一八七，《兵志》，第 4583 页。
② （宋）李心传：《建炎以来朝野杂记》卷一〇，《丞相（总论建隆至乾道相名更易）》，中华书局，2000 年，第 197 页。

知政事为执政，元丰改制后改为门下、中书侍郎，尚书左右丞。南宋建炎三年（1129），合三省之政，改门下、中书侍郎为参知政事，废尚书左右丞，恢复旧制，参知政事在无宰相的情况下代行宰相职务。

南宋初，设御营使，由宰相兼任，执政为御营副使，开创了宰相兼任最高军事长官的先例。御营使的设置使枢密院形同虚设。建炎四年（1130），撤销御营使及其官属，恢复枢密院的职权，枢密院才又称为最高军事机构，长官为知枢密院事。绍兴七年（1137），又设枢密使为长官，枢密副使为副长官。北宋时期，宰相不兼任枢密使。南宋初，为适应战争环境的要求，达到军政大权的统一，提高行政效率，以宰相兼御营使；御营使废后，宰相兼枢密院长官。此后，宰相常兼枢密院长官，也有不兼者，如在收大将兵权时，就命张俊、韩世忠为枢密使，岳飞为枢密副使。以宰相兼最高军事长官，是南宋特定历史条件下发生的新变化。宰相集行政大权和军事大权于一身，也为南宋权相的出现创造了条件。

三省之制的变化与宰相制度的变化相联系。南宋初"合三省为一"，通过宰相、执政通治或分治三省事，不再别置三省长官。三省的具体机构，则是中书、门下两省合并为中书门下省，与尚书省同列，实际上为两省，仍称为三省。

南宋科举制度也为适应新形势而作了变通。制科是由皇帝主持的考试，绍圣初以后取消。绍兴二年（1132）春，又恢复了制科考试。南宋还在省试之外开创了类省试，这是由地方举行的相当于省试的考试。建炎年间，宋高宗在扬州，由于战乱，不能举行统一的科举考试。建炎元年（1127）十二月，遂命诸路提刑司选官于漕司所在州举行省试。绍兴元年（1131）始专择诸路宪漕或帅守中词学之人总其事。张浚在四川权宣抚处置使，令川陕举人在置司州参加类省试。绍兴五年（1135），在南省试进士，唯四川在宣抚司举行类省试，后来改在制置司，四川的类省试保留下来，相沿不改。

南宋地方官制亦有相应变化。建炎元年，诏提举常平之任并归提刑司，至绍兴九年又恢复建置。经制司改常平官为经制某路干办常平公事，不久罢去。复为提举常平司，东南提举多以茶盐司兼领之。南宋初年，在四川设置总领所，为宣抚处置使司措置财赋。掌屯驻江淮诸军钱粮，绍兴十一年，收诸帅兵权后，将其所部改为御前军，分屯诸处，遂置淮东、淮西江东、湖广三总领所。叙位在转运副使之上，淮东总领掌镇江诸军钱粮，淮西总领掌建康池州诸军钱粮。其属有粮料院、审计司、榷货务、都茶场、封桩库、赡军酒库、惠民药局等，官俱统于总领。其他若制置使、经略使、招讨使、招抚使、镇抚使等皆有事则设,不常置。

## 三、关于南宋史研究中的岳飞抗金问题

岳飞(1103—1141),两宋之际相州汤阴(今属河南)人,字鹏举。北宋末,投军抗金,南宋初,先后隶属张所、宗泽、杜充,累官至东京留守司统制。建炎三年(1129),随军南撤,转战于江淮、湖湘,收容溃兵、平灭盗匪、镇压民众暴动,迅速成长为一代抗金名将。32岁建节,可谓荣耀一时。自绍兴七年(1137)以后,宋高宗对战功卓著的诸将,特别是对岳飞愈来愈猜忌,因迫于金朝的军事压力,又不敢不用岳飞,借以护卫自己的皇位和半壁江山。等到他对偏安淮水之南已经有了足够的把握,不再担心金朝会卷土重来,便迫令岳飞班师,解除其抗金将领的兵权,以"莫须有"的罪名杀害岳飞。故元朝史臣在《宋史》岳飞本传论说:"高宗忍自弃其中原,故忍杀飞。呜呼冤哉!"① 自毁万里长城,可谓是一针见血。

岳飞死后,直到宋孝宗即位,给予平反,追谥武穆。宁宗嘉泰中,追封为鄂王。南宋以后,明清时期,岳飞作为忠君的典范和虚构的许多传奇故事经小说、戏曲得到广泛的传播。清代末年,反清的革命党人为鼓舞士气,开始讲数百年前坚决抗敌,最后被投降派迫害致死而其英雄事迹在民间已家喻户晓的岳飞,并将其事迹写入汉族人民反抗异族压迫的斗争史中。20世纪初,帝国主义列强为维护各自在华利益,积极扶持各派军阀进行争夺地盘、扩大实力的混战和争斗,给国家民族带来了很大的灾难,广大民众对各省军阀深恶痛绝,因此吕思勉在《自修适用白话本国史》中谴责历史上的军阀,否定韩世忠、岳飞等人,肯定秦桧和宋金和议。进入30年代,"九一八"事变东北沦陷后,中华民族发出了救亡抗日的吼声。有识的爱国志士,立即想到从岳飞身上汲取力量,把岳飞视作民族英雄。此后出版了多种普及读物,宣讲岳飞的抗金救国故事,用以激励民众的士气,坚持抗日。进入60年代,由于左倾理论占据主导地位,学术界对岳飞的忠君思想展开了批判活动,否定岳飞是中国历史上的杰出民族英雄。改革开放以来,绝大多数人都赞同岳飞不仅是南宋杰出的抗金将领,也是中国历史上著名的民族英雄,他的活动体现了中华民族的根本利益和愿望,

---

① 《宋史》卷三六五,《岳飞传附子云传》,第11397页。

因此是进步的和具有积极意义的。这主要基于以下两种认识。

首先是宋金战争的性质决定的。宋金战争具有奴役与反奴役的性质,这表现在四个方面:

第一,金军进入中原之初对宋朝造成的强烈破坏。

金兵灭宋战争肆虐,自靖康至建炎初攻占淮河以北地区,"舍屋焚爇殆尽,东至柳子(今安徽濉溪县西南),西至西京(今洛阳),南至汉上(汉水流域),北至河朔,皆被其毒,坟无大小,启掘略遍,郡县为之一空"①。天会七年(1129,宋建炎三年)金军追击南宋政权,围攻瓜州(今江苏邗江西南瓜州镇东南)时,尚有未渡江民众数十万,"奔迸坠江而死者,不啻大半。妇人无贵贱老幼悉被驱掳,不从者杀之,所不忍见"②。在洪州(今南昌)"取索金银宝货、百工技艺皆尽,是日,大肆屠戮焚掠殆尽"③。

金军暴行加上旱蝗连年、疫灾并起,可谓天灾人祸,致使北宋末年至南宋绍兴初,江淮一带大旱,竟发生惨烈的人吃人现象。庄绰写道:

> 自靖康丙午岁,金人乱华,六七年间,山东、京西、淮南等路,荆榛千里,斗米至数十千,且不可得。盗贼、官兵以至居民,更互相食。人肉之价,贱于犬豕。肥壮者一枚,不过十五千。全躯暴以为腊。登州范温率忠义之人,绍兴癸丑岁,泛海到钱塘,有持至行在犹食者。老瘦男子廋词谓之"饶把火",妇人少艾者,名为"不羡羊",小儿呼为"和骨烂"。又通目为"两脚羊"。唐止朱粲一军,今百倍于前世,杀戮、焚溺、饥饿、疾疫、陷堕,其死已众,又加之以相食。杜少陵谓"丧乱死多门",信矣。不意老眼亲见此时。呜呼,痛哉。④

第二,金朝强制推行落后的奴隶制,破坏了中原地区的较先进的租佃制,使社会发生严重倒退。金朝女真贵族将大量汉人驱掠为奴隶。奴婢成为女真贵族的财产项目,可以作博戏时的赌注,贵人们死后,要生焚所宠的奴婢。军队缺粮时,甚至杀戮奴婢作食。

第三,古代汉人长期保留蓄发习俗,《孝经·开宗明义章》说:"身体发肤,

---

① (宋)徐梦莘:《三朝北盟会编》卷八七,靖康中帙六十二引《宣和录》,第647页。
② (宋)徐梦莘:《三朝北盟会编》卷一二一,炎兴下帙二十一,第883页。
③ (宋)徐梦莘:《三朝北盟会编》卷一三五,炎兴下帙三十五,第983页。
④ (宋)庄绰:《鸡肋编》卷中,中华书局,1983年,第43页。

受之父母，不敢毁伤。"汉人将蓄发看得极重。金朝对汉人强行剃头辫发，这在当时对汉人是极大的侮辱，严重地激化了民族矛盾。

第四，大规模地掠夺田地，严重影响了广大汉族农民的生计。

在金朝女真贵族的侵掠、屠杀和奴役政策之下，以汉族为主体的各族民众，进行了英勇顽强的抗争，其动员之广，规模之大，持续之久，在中国古史上是没有先例的，岳飞即是英勇顽强抗争中的杰出代表。

其次，岳飞的个人品质和军事思想集中反映了中华民族传统优秀文化品德。岳飞针砭时弊，有一句流传九百年的名言："文臣不爱钱，武臣不惜命，天下当太平。"① 在宋代社会，官场中充溢着崇文抑武的习气，武将被指为粗人。武将能讲出如此一针见血、言简意赅的名言，已属极为不易，更何况是身体力行。岳飞强调"正己然后可以正物，自治然后可以治人"②。他不是如《孟子·万章上》所批评的"枉己而正人者"。像岳飞那样为山河一统的崇高事业而献身，仅就不贪财、不好色、不恋官、严以待子四条，就足以成为辉耀千古的历史伟人、爱国英雄。岳飞的军事思想可概括为以下四个方面：第一是重视人民的抗金力量，制订了"连结河朔"的战略方针，主张黄河以北的游击军与正规军互相配合，夹攻金军，以收复失地。第二是在正己的前提下治军，全面贯彻《孙子兵法》倡导的"仁、信、智、勇、严"的为将之道，创建了一支军纪严明、英勇善战的岳家军。岳家军号称"冻杀不拆屋，饿杀不打虏"③，成了古代兵匪一家社会中难能可贵的特例。第三是岳飞批评宋廷的"仅令自守以待敌，不敢远攻以求胜"④，反对消极防御，主张积极进攻。他是当时唯一组织大规模进攻战役的将帅。第四是"仁心爱物"，珍惜人命，不轻杀戮，发扬光大了古代"以仁为本"的军事观。岳飞的军事思想无疑是一份值得后人珍爱的华夏文化遗产。⑤

有关岳飞的研究，自20世纪初以来一直受到学界的关注，除了上面讲到岳飞是不是民族英雄以外，对于岳飞的家庭、亲属、子女、爱将、行军、词作、书法都有较多的讨论，特别是有关题为《满江红》一词的作者到底是不是岳飞、

---

① （宋）黎靖德编：《朱子语类》卷一一二，第2737页。
② （宋）岳珂：《鄂国金佗稡编》卷一五，《辞男雲特转恩命第四札子》，引自《鄂国金佗稡编续编校注》，中华书局，1999年。
③ （宋）岳珂：《鄂国金佗续编》卷二三，《百氏昭忠录》卷七，《纪律》，引自《鄂国金佗稡编续编校注》。
④ （宋）岳珂：《鄂国金佗稡编》卷一二，《经进鄂王家集》卷三，《乞本军进讨刘豫札子》，引自《鄂国金佗稡编续编校注》。
⑤ 详见王曾瑜：《南宋初年的抗金斗争》，《王曾瑜说辽宋夏金》，上海科学技术文献出版社，2009年，第87—90页。

岳飞北伐是否取得朱仙镇大捷、秦桧是金人派来的奸细还是乘乱而归、杀害岳飞的元凶是宋高宗还是秦桧等，迄今仍有争议。不过，有一点值得注意，传世的岳飞墨迹，还有全篇《出师表》和"还我河山"四字，事实上皆是伪品。

## 四、孝宗、宁宗为恢复中原的改革活动

自太宗传位给真宗以来，历代皇帝都是太宗的子孙，但至高宗，因无子嗣，又由于北宋末年的靖康之难，金人攻陷汴京，按照玉牒所载大搜宋之宗室，凡得三千余人，太宗子孙几无幸免，故高宗不得不在太祖后裔中选择后继者。孝宗正是在这样的背景下从民间走上皇帝的宝座，孝宗自幼聪慧，关心时政，在金人不断入侵的情况下，积极主张抗战。绍兴三十一年（1161）完颜亮南侵之时，主和派纷纷要求退守，时为太子的宋孝宗上书反对，请求亲任前锋抗敌。完颜亮率领金军主力，虽然接连攻下庐州、真州、和州、扬州等地，进逼临安城，但由于金朝内讧，加之李宝指挥的胶西之役和虞允文指挥的采石之役取得大胜，使宋朝转危为安。绍兴三十二年（1162），孝宗即位。这一方面使皇权由太宗一系转入太祖一系，在当时统治集团中起到了一新耳目的作用；另一方面，由于孝宗一贯主张积极抗战，他即位，使主战派很受鼓舞，给南宋的政治带来了希望。因而自孝宗朝至宁宗朝，整军理财，革新政治，以图北伐中原，便成为这一时期政治的主线索。

宋孝宗作为南宋一位有为的君主，立志要洗雪靖康之耻和向金称臣之辱，恢复失去的大好河山，还于旧都。即位之初，首诏"追复岳飞元官，以礼改葬，访求其后，特与录用"①，这是不同于高宗朝政治路线的第一个信号。

宋高宗、秦桧杀害岳飞与金朝再次订立屈辱和约——绍兴和议后，他们排除异己，大兴文字狱，极力贬斥主张抗金的官员，压制抗金舆论，篡改官史，极大地打击了当时人们的抗金热情。宋孝宗为岳飞平反昭雪，追赠太师，谥"武穆"，一切官爵复旧；岳飞的尸体本来葬在九曲丛祠，无人敢于过问，这时也以大臣之礼，起棺改葬于西湖旁栖霞岭下；岳飞的子孙也都特予录用。这既表明了宋孝宗的抗战态度，对长期以来遭受压抑的主战派和广大人民群众也是一个鼓舞。

---

① （宋）李心传：《系年要录》卷二〇〇，绍兴三十二年秋七月戊申，第 3953 页。

宋孝宗即位后所做的第二件大事，就是起用主战派将领，驱逐朝中的秦桧党人。当年的元老重臣、被秦桧百般迫害的张浚以及遭到秦桧诬陷、流落二十年的辛次膺，被秦桧以"妄议和好"的罪名贬斥的胡铨，都陆续被召入朝，委以重任，朝中的秦桧党人大都被驱逐。从此，主战派在朝中占了上风。

宋宁宗嘉泰四年（1204），宁宗、韩侂胄追封岳飞为鄂王，给予政治上的极高荣誉，以此支持、激励主战派将士。秦桧死后，宋高宗加封他为申王，谥"忠献"。孝宗时，揭露秦桧的罪行，但尚未改变其爵谥。开禧二年（1206），宋宁宗、韩侂胄削秦桧的王爵，并把谥号改为"谬丑"。宋宁宗、韩侂胄对秦桧的贬抑，实际上是对妥协势力的一个打击，为北伐中原做舆论上的准备工作。

孝宗和宁宗的崇岳贬秦，在当时具有重大影响，朝廷加给死者的谥号和封号，既是官方所做的评价，同时也是推行一种新政策的标志。孝宗和宁宗时期，为改变对金国的屈辱地位，曾在隆兴元年（1163）和开禧二年（1206），先后两次下诏伐金，但都以失败告终。

隆兴元年（1163），孝宗起用张浚为相，主持北伐，派大将李显忠和邵宏渊出师北上，连破灵璧县（今属安徽）和虹县（今安徽泗县），攻克宿州（今安徽宿州）。但这时南宋的军队，经过秦桧的破坏，素质已远不如绍兴和议以前，加上李显忠和邵宏渊互相猜忌，结果当金军反攻时，宋的前方将领不能协调一致，宿州得而复失，宋军后撤，大败于符离，损失惨重，符离一战败绩后，主和派官员纷纷攻击张浚，抗战派参知政事辛次膺辞官。宋孝宗被迫遣使与金议和，并重新起用主和派秦桧余党汤思退。隆兴二年（1164），南宋与金订立隆兴和议：南宋对金不再称臣，改为叔侄关系；宋金之间仍维持绍兴和议后旧疆；"岁贡"改为"岁币"，每年减少十万两、匹，割商、秦两州给金。隆兴和议是宋金对峙新形势下的产物。使宋、金间旧的不平等关系虽有所改变，但对南宋仍是一个屈辱的和议。

隆兴和议之后，宋孝宗对宋金之间的不平等关系，一直感到非常愤慨。他并不甘心于就此妥协，而是继续作收复失地的打算。为此，他励精图治，改良政治，整顿军务，理财备战。特别留心吏治，希望通过改善政治环境，增强国力。

宋孝宗倡导循名责实，把严法度、明赏罚、移风俗、励士气、择人才、正纪纲作为政治革新的要务，也确实收到了较好的成效。孝宗乾道、淳熙时期（1165—1189），出现了国家没有废事、人人知道奋勉、政治富于生机、官吏富有朝气的景象，被史家称为"小康局面"。高宗朝官员冗滥相当严重，对此孝宗有意国政，他说"国朝以来，过于忠厚，宰相而误国者，大将而败军师者，皆未尝诛戮之",他认为"懋赏立乎前,严诛设乎后,人才不出,吾不信也"。这些话还是颇有见地的,但在宰相和大臣群起反对的压力下,不得不表示"悔悟",事情又不了了之。①

孝宗为了避免高宗朝时秦桧专相权,在位二十八年,除副相多达三十四人,宰相十五人,任期不足一年的有十八人,比其父三十六年更换参知政事四十八人有过之而无不及。宰相不但任期短暂,而且职权也受限制,所以宰相和参知政事只能但求无过,宰相专政的现象在孝宗朝是没有再出现,但从上到下各级重要官职经常变动,不利于政治上的稳定,当然也不利于任何重大决策的贯彻执行。

在政治改革的同时,孝宗为准备再次北伐,进行整军和理财,乾道五年(1169),以虞允文为右相兼枢密使。翌年,遣范成大出使金朝,向金朝正式提出索取北宋皇帝陵寝所在地和重新订立金国国书收受礼仪的主张,尽管遭到金方的拒绝,但显示了南宋欲改变现状的诉求。在此之前,只有金朝不断向宋索地,而宋则步步退让割地,因而此次宋主动索地,无疑在政治上具有积极意义。

虞允文向宋孝宗建议简汰各支屯驻军队的孱弱老兵,强化训练。孝宗均予以采纳并多次亲自阅兵,取得不小成效。虞允文以少保、武安军节度使出任四川宣抚使,选将练兵,储集军粮和马匹,联络北方抗金武装,准备从四川和东南同时出兵,会师河南。但是不幸的是,淳熙元年(1174),虞允文突然病故,北伐计划遂告中辍。宋孝宗仿效太祖的办法,把州县的积余钱物集中到朝廷,设置左藏封桩库,为北伐准备充分的军需。淳熙六年(1179)封桩库只有缗钱530万贯,到淳熙十年(1183),就已增加到3000余万贯,加上各地库存钱币,共达4700余万贯,是宋神宗之后的又一次高额储备记录。宋孝宗颇有感触地说:"《周礼》一书,理财居其半。后世儒者尚清谈,以理财为俗务,可谓不知本矣。"②他在东宫之时,就知道王安石变法理财很有效果,尽管神宗实录诋毁王安石,到这时,他已完全理解王安石的理财观点。当然,宋孝宗的"理财",其侧重点只不过是把地方的财税更多地集中到朝廷,并没有从制度上做重大改革。是故远不能与王安石的变法理财相提并论。

淳熙十四年(1187)高宗病故后一年多,金世宗也病死,金章宗即位,这时孝宗已年过花甲,按隆兴和议,金章宗要称他为侄皇帝,于是孝宗在虽有壮

---

① (宋)李心传:《建炎以来朝野杂记》乙集卷三,《孝宗论用人择相》,第545页。
② (元)佚名撰,李之亮校点:《宋史全文》卷二七上,淳熙十年八月庚申,第1881页。

志却一事无成的一声叹息中，沿袭旧法，让位给赵惇，是为光宗，自己当太上皇。光宗赵惇在位短短五年，宫廷内部矛盾重重，孝宗当了五年太上皇，病死于绍熙五年（1194）。同一年宁宗继位，光宗成了南宋第三位太上皇。

宁宗取代光宗，是宗室赵汝愚和外戚韩侂胄等人共同策划的。宋光宗因有疾病不能为宋孝宗执丧，赵汝愚、赵彦逾、叶适、徐谊等朝臣以此为理由，通过外戚韩侂胄联络后宫，获得高宗吴皇后的支持，逼迫宋光宗让位，实际上是一场宫廷政变。从宋宁宗即位，到理宗时期（1194—1234）韩侂胄和史弥远两位权臣控制朝政前后长达四十年。

韩侂胄为独揽大权，赶赵汝愚下台，制造了"庆元党禁"。韩侂胄认为理学家朱熹是赵汝愚一派的精神之柱，把与朱赵有关的所有文武官员统统称之为"伪学之党"或"逆党"予以清除，正是在"庆元党禁"过程中，韩侂胄先后拜太师，封平原郡王，又加太傅，同时他又想建盖世功名，于是有了对金作战以图恢复的"开禧北伐"。韩侂胄作为南宋最高决策者完全错误估计宋金双方政治军事形势，在政治上、军事上尚未作过认真准备的情况下，于开禧二年（1206），贸然发动北伐战争，起初宋军收复了一些地方，如泗州等地。但因准备不足，进攻唐、蔡、宿、寿等州的南宋各路军队节节败退。十月，金军乘胜分路南下，自秋至冬，光化军、枣阳军、随州等地相继失陷，金军渡过淮河，又攻陷安丰军、濠州、滁州、真州等地。四川宣抚副使兼陕西、河东路招抚使吴曦叛变，向金称臣，割让关外四州之地，金人封吴曦为蜀王，所以西线战事屡败。虽然后来迅速平息吴曦叛变，西线出兵克复关外四州，击破金军，但不能挽救全局的失败。

开禧三年（1207）四月以后，宋向金朝议和，使臣不断往返。同年十一月，发动战争的韩侂胄被史弥远暗杀。开禧北伐换来的一个惨败结局，是在主和派史弥远主持下，签订嘉定和议，满足金人提出的全部条件增岁币为三十万犒师银三百万两，更荒唐的是史弥远答应金人的无理要求，将韩侂胄的首级割下送给金人。这一事件让许多大臣认为有失国体。大臣王介为此提出抗议："韩（侂胄）首固不足惜，但国体为可惜！"① 当时人写诗予以讽刺："自古和戎有大权，未闻函首可安边。""岁币顿增三百万，和戎又送一于期。"②

嘉定元年（1208），主和派与金重新订立和约，完全遵照金朝的要求：改金

---

① （宋）叶绍翁：《四朝闻见录》乙集，《函韩首》，中华书局，1989年，第74页。
② （宋）周密：《齐东野语》卷三，《诛韩本末》，中华书局，1983年，第50页。

宋叔侄国为伯侄之国；岁币由银绢各二十万两、匹增至各三十万两、匹；南宋另付犒军银三万两。

从开禧北伐筹措战费，至嘉定连年战争，军费开支日益庞大，府库竭尽，于是增加纸币会子的发行量，人为制造货币贬值。据当时的记载，孝宗淳熙年间会子发行 2400 万缗，开禧猛增至 1 亿 4000 万缗，嘉定年间又增至 2 亿 3000 万缗，绍定年间激增至近 3 亿甚至超过 3 亿，货币迅速贬值正是韩、史先后掌权时期。南宋已经到了破败不堪的境地。

## 五、权相政治与南宋的灭亡

在南宋国势日益走向衰败之际，中国政局已发生了重大变化，与韩侂胄开禧北伐的同年即公元 1206 年，蒙古成吉思汗即位于斡难河（古称黑水为黑龙江上游之一。发源于蒙古小肯特山东麓，是蒙古部族的发祥地）。随着宋金的腐败，在辽阔的大漠南北蒙古族正在崛起，新的大一统局面也处在了胚胎之中，世界历史上又多了一个征服者。

### （一）南宋的权相政治

开禧北伐失败后，朝政落到权臣史弥远手中。宋宁宗无子，嘉定十四年（1221），以皇侄赵贵和为皇子，更名赵竑。竑不满史弥远与杨皇后专权，曾言即位后将史弥远决配，史弥远得知，便有废赵竑之意。嘉定十七年（1224）宁宗死，史弥远与杨皇后勾结，另立赵昀为帝，是为理宗，以赵竑为济王，出居湖州（今属浙江）。宝庆元年（1225），潘壬、潘甫、潘丙发动政变，欲立竑为帝。竑不从，以州兵讨捕潘壬等，事平。史弥远乘机遣门客秦天锡逼赵竑自缢。湖州别名霅川，故称"霅川之变"。

宋理宗即位后，史弥远又执政九年，总计宁宗、理宗两朝，史弥远专擅朝政共达二十六年，超过秦桧、韩侂胄，绍定六年（1233）史弥远病死，理宗才亲政。南宋局势在史弥远把持下进入晚期，这时兵员不足，官官相护，剥下媚上，将不知兵，兵不知战，整个朝廷内暮气甚重，已呈江河日下之势。

讲到史弥远专权，前有秦桧独相 18 年，加上理宗后期到度宗时期的贾似道独相 17 年，一般都会提及南宋政治中的权相问题。关于南宋权相出现的原因，一种意见认为南宋权相现象的出现主要由南宋的宰相制度发生了与北宋不同的变化所致。建炎三年（1129）至乾道八年（1172），宰执制度的变化主要表现在三个方面：其一，二府合一。北宋二府分秉民、兵大政（太祖及仁宗朝，尝以宰相兼枢密使，然仅为兵兴特命，边事定即罢）。南渡高、孝、光、宁初，尝以宰相兼枢密使。宁宗开禧后，枢密使且为宰臣例兼之阙。而南宋之世，枢密院自枢密使至同签书枢密院事，可与参知政事互兼或兼权；唯不能上兼宰相。则枢密院诸执政，权位仅比参知政事，西府遂成宰相属府；民、兵二政合一，二府空有名义之殊，而政同一体也。其二，参知政事权力之削弱：宋太祖置参知政事为宰相贰，用分其权。南渡后，宰辅互兼之制大行，每以兼权试用参知政事，经试用罢黜者，较迁正员者多，时参知政事，具员而已。致使得参知政事者，不以为荣。鲁宗道敢抗王钦若，唐介敢抗王安石，此风扫地矣。其三，相权之加重：宰辅互兼之制大行，二府合一，宰相知兵，执政屡易，相权遂重。南宋宰相六十三人，号曰权相者十人，其著者亦五人。南宋相权之重，远超北宋，一百五十二年间，权相秉政期过半，即五大权相，亦共专政达七十年。

另一种意见从南北宋宰相的实际权力大小比较认为，南宋的宰相比起北宋以来是大了很多。不过，并没有出现达到危害君权的地步，宰相虽兼枢密使，但宰相始终没有统率权或直辖的队伍。在北宋，财政另设三司，不归参知政事掌理，而南宋因为常有国防问题，所以宰相也参与国计，监督财政。可是这权并不像想象那样大。许多定项，无法挪动。而整个国计，常常入不敷出。政府就得向皇帝私有的内藏库借钱。换言之，皇帝如果不愿意借钱，或是管内藏库的太监和近习作梗，这宰相就不容易做下去了。南宋相权扩大，主要是在民政方面。南宋宰相在官吏任免、与台谏的关系上和北宋不同，加强了宰相的控制力。但是相权尽管大，皇帝本人尽管无能，但宰相最后还是受君权的管辖。南宋的君权，经过高宗立国几十年的措施，比北宋更大。君主本人无能，照样可以委任权相，但并非大权旁落，因为相权是可以收回来的。宰相的权大，归根结底，还是表现君权的另一种方式。

与此同时，蒙古的崛起及其势力迅速膨胀，对南宋产生了影响和威胁。随着金朝的迅速崩溃，南宋朝廷逐渐与蒙古联合，端平元年（1234），蒙、宋军联合灭金，但是，蒙宋关系并未因此趋向友好，而且蒙古转而攻宋，南宋王朝又面临一次生死存亡的大问题。

### （二）理宗时期的"端淳更化"和"公田法"的实施

宋理宗赵昀出生在一个皇室远族家庭，童年与少年时代均生活于下层社会，对人民的生活有所了解,对当时的腐败朝政也有所认识,即皇帝位后,他希望有所作为,称为"中兴圣主"。但是,由于他入宫与即位均借助于权相史弥远的扶持,在宝庆元年(1225)即位以后的十年间,朝政被史弥远控制,一直未能施展自己的抱负。绍定六年(1233)十月,史弥远死,理宗亲政,改年号为端平。他励精图治,"日与大臣论道经邦",在政治、经济、军事等方面采取了一些措施,并陆续在端平、嘉熙、淳祐年间(1234—1252)实施,所以有称这一时期的改革为"端平更化"。①

"端平更化"的措施大致有:

1. 拔贤黜佞。史弥远专政的二十多年间,任人唯亲,忠正之士被排斥,谄媚之徒充斥朝廷,这是朝政不振的一大原因。理宗亲政,深知用人的重要,以郑清之为相,希图重用,在史弥远专政时期被排斥的一些较有才干的臣僚先后被召回,像真德秀、魏了翁、李宗勉、杜范、徐清叟、袁甫、李韶等一大批名士,擢为要职。同时,理宗罢黜了曾为史弥远鹰犬,被时人目为"三凶"的梁成大、莫泽、李知孝及其他一些险恶佞臣,一时朝政气象为之改观,上下振奋。

2. 整顿吏治。铨选冒滥,人浮于事,是吏治败坏的主要表现。为此,理宗屡次召见宰执、台谏、侍从等要员,严禁他们发私书为各级官吏的迁徙罢黜说项。同时,理宗还要求各路的监司帅守,要为国家举荐贤良,不要徇私附结权要。对于贿赂之人,要以法处之。官员叙迁、地方州县缺官的填补、改官班引之人等都严格按规章制度办理。对于犯赃的官员,不但永远不许注授差遣,而且是"必罚无赦"。

3. 整顿财政。盐课是朝廷收入之大宗,盐业不兴,对朝廷财政收入影响甚大。因此,理宗专任徐鹿卿兼领江东茶盐,严缉私盐。盐课一直是理宗倍加留心的事。救楮是整顿财政的主要措施。楮币之坏,南宋皆然,而尤滥于宁宗以后,到端平三年(1236)底,理宗下诏"措置会子",着手救楮,以扭转整个经济形势。具体办法是:第一,任命专人负责;第二,回收楮币,提高信誉;第三,节用。

除此之外,理宗在措置籴粜、整顿田制、没赃吏之资以"裕国款民"等方面,亦采取了一些拯救财政危机的措施。

4. 出师汴洛,部署防蒙。对河南一带宋之故土,南宋王朝数次企图收复,

---

① 段玉明、胡昭曦:《宋理宗"端平—淳祐"更化刍论》,《宋史研究论文集》(1987年年会编刊),河北教育出版社,1989年。

均告失败，理宗企图利用金朝灭亡之机，占据黄河以南地区，以建盖世之功。端平元年（1234），赵葵、全子才等率军进驻原北宋三京，即东京开封府、西京河南府和南京应天府，三城已被蒙古兵掳掠一空，宋军乏食。蒙古兵反攻洛阳，宋军溃败。蒙古遂对南宋发动进攻。其后理宗转而向蒙古做出求和的姿态。但灭宋是蒙古的既定方针，因而理宗又采纳一些朝臣的意见，积极部署对蒙防务，沿江布置了疏密有致的防线。

"端淳更化"的各项措施，实际执行的情况很不一样。尽管有的措施有名无实，但也有些措施在一定时期内是执行了的。拔贤黜佞虽在"端淳更化"后期逐渐名存实亡，但在初期与中期尚能执行，尤其是在更化之初，"收召诸贤，聚之本朝"，一时群贤毕至，气象一新。对于吏治的整顿，一直到宝祐时期（1253—1258）理宗还不断颁诏督行。整个"端淳更化"时期，吏治较之此前是有起色的。救楮的结果，嘉熙初年币值出现了短暂的稳定，就对蒙古防务而言，至淳祐末，无论是兵力配备还是城堡修筑，各大防区也基本部署就绪，从而在开庆元年（1259）的蒙宋战争中发挥了很大作用。可以说，"端淳更化"是给垂危的南宋王朝添加了一剂"兴奋剂"，延缓了南宋走向覆灭的进程。但总的来说，"端淳更化"是不彻底的，有始无终，也是失败的。因而"端淳更化"没有也不可能使南宋"中兴"，从而避免走向灭亡。

既然宋理宗的软弱改革未能改变南宋时局的发展，南宋政权也就愈益腐败。即使是宋理宗本人，在他统治的后期，也逐渐将"端淳更化"时期所表现出来的少许锐气丢弃得一干二净。宦官董宋臣、卢允升，侍御史丁大全和理宗贾妃之弟贾似道相继受到宠信而专权。景定元年（1260），宋理宗死去，宋度宗即位。度宗更加昏庸荒淫，尊奉贾似道为"师臣"，又加以平章军国重事的头衔。面对当时财政艰难、军饷无措的形势，贾似道竟以"盖世英雄"自居，要实行所谓"富国强兵之策"，推出了他的经济改革措施，在景定四年（1263）颁布"公田法"。

根据历代限田的办法，按官品高低规定占田限额，凡官户超出限额多占的田地，由政府收买其中的三分之一。这些被政府强制收买的田地称为"公田"。公田所得租米归朝廷。按规定，凡占田二百亩以上的官户和民户，一律由政府抽买三分之一。事实上，强买不限于大户逾限之田，小户的田地也在强买之列，虽百亩之家也难以幸免。官府买到公田后，设公田庄。按规定，公田地租比原先私人地租减五分之一，但由于官吏和庄主从中作弊，不少公田地租却高于原来私人地租。至于作价，官府往往用早已贬值的纸币以及"官诰""度牒"等折价支付。这实际上等于是无偿强行征收。公田法实施于浙西,在民间造成极大祸害。

与此同时,还有所谓景定推排之法,即清丈田亩,命诸路漕帅都要施行,上自地主下及农民无不受到骚扰。当时有诗讽其事:"三分天下二分亡,犹把山川寸寸量;纵使一丘添一亩,也应不似旧封疆。"① 南宋王朝,长期以来依靠大量印发纸币来挽救它的财政困难。景定四年(1263)贾似道当权以后,更是把发行纸币作为一项便捷的"富国之策",当时甚至每天增印十五万贯。纸币的大量发行,使物价浮动,市井萧条,致使城市工商业遭到破坏。

贾似道所推行的经济改革,其主导思想十分明确,那就是为了聚财。其聚财的对象,归结到底是平民百姓;其聚财的方法,可谓是不择手段;其聚财的目的,名义上是为"富国强兵",实则主要是供统治阶级腐朽糜烂的生活之需。

直到南宋灭亡前夕的德祐元年(1275),贾似道已失败下台,南宋朝廷有鉴于元兵已经攻到江浙地区,为了动员江浙地主起来拯救就要覆灭的南宋王朝,才不得不下令废除公田法,把田地归还地主。

### (三)南宋灭亡

度宗死于咸淳十年(1274)七月,他的儿子赵㬎在贾似道的支持下继位,史称恭帝。赵㬎即位,尊理宗谢皇后为太皇太后,封赵昰为吉王、赵昺为信王。恭帝即位之初,元军号称百万,分为左右两路,全面进攻南宋。德祐元年(1275)三月,元军直入建康,威逼临安。城中人情汹汹,谢太后发布文告,禁止士大夫逃跑,她说"我朝三百余年,待士大夫以礼",但并未阻滞士大夫逃跑的势头,逃跑者多达数十人,连宰相章鉴也托故而去。② 德祐元年十一月,宰相陈宜中请求迁都,谢太后不许。德祐二年(1276)正月,元军攻破临安,陈宜中及文武百官纷纷逃离。谢太后以恭帝的名义奉传国玺及降表,向元军统帅伯颜请降称臣。时人写诗讥讽道"太后传宣许降国""臣妾佥名谢道清""满朝朱紫尽降臣"。③

文天祥临危受命,出任右丞相兼枢密使。文天祥(1236—1283),字云孙,后改履善和宋瑞,吉州吉水县人。21岁参加科举考试,中状元。德祐元年,文

---

① (元)刘一清:《钱塘遗事》卷五,《推排田亩》,文渊阁四库全书景印本,第408册,第993页。
② (元)佚名撰,王瑞来笺证:《宋季三朝政要笺证》卷五,德祐元年三月壬申,中华书局,2010年,第392、390页。
③ (宋)汪元量:《增订湖山类稿》卷一,《醉歌》,中华书局,1984年,第14、16页。

天祥任江西安抚使等职。文天祥出任右丞相后随即协同左丞相吴坚等为祈请使出使元军，企图延续南宋国脉，遭到伯颜拒绝，文天祥被扣留军营，文天祥在敌军中，进行不屈不挠的抗辩，并且痛斥降元的官员。吴坚回朝，南宋只得按元军意旨修改降书，打开临安城门投降。德祐二年二月，元军进入临安。三月，恭帝以及皇亲、官员等数千人被押解北上。至此，南宋实际上已经灭亡。

德祐二年（1276）五月一日，陈宜中等人在福州拥立益王赵昰即帝位，是为宋端宗，改年号为景炎。是月从元军营中逃出的文天祥也应召至福州，宋廷任命他为右丞相、兼知枢密院事。但文天祥不愿做徒有虚名的右丞相，而请求外任都督。其后，文天祥于景炎元年（1276）七月在南剑州设立同都督府，准备反攻江西。张世杰则进入福建积极反攻。但很快文天祥和张世杰都从各自战场上败退。景炎三年（1278）四月端宗病逝，帝昺年仅7岁就任皇帝，由杨太后垂帘听政，陆秀夫为左丞相，与张世杰共同秉政，改元祥兴，这时陈宜中已逃往占城不归，朝政实际由枢密副使张世杰掌控。是年六月退出江西进入广东的文天祥，请求率领他的军队入朝，遭到宋廷的回绝，宋军兵败雷州（今广东海康），帝昺一行只得移居厓山（今广东新会县南）。文天祥转战在广东一带，十二月，元军发动奇袭，文天祥不幸在潮阳县五坡岭被俘。祥兴二年（1279）正月，张弘范率领的元军与张世杰带领的宋军在厓山决战。张弘范押文天祥前往厓山，强令他招降宋廷。文天祥遂赋著名的《过零丁洋》诗："辛苦遭逢起一经，干戈落落四周星。山河破碎风抛絮，身世飘摇雨打萍。惶恐滩头说惶恐，零丁洋里叹零丁。人生自古谁无死，留取丹心照汗青。"① 由于张世杰指挥失误导致宋军在兵力占优的情况下大败。陆秀夫眼看大势已去，立即身背帝昺赴海自尽。厓山之战是长达四十五年之久的宋蒙元战争的最后一战。它标志着腐朽衰弱的南宋王朝的最后覆灭，宣告了长期南北对峙的局面的结束，全国又重归统一。

## 参考文献及拓展阅读

王曾瑜：《大家说历史：王曾瑜说辽宋夏金》，上海科学技术文献出版社，2009年。
〔美〕刘子健：《岳飞——从史学史和思想史来看》，载氏著：《两宋史研究汇编》，台北联经出版事业股份有限公司，2000年。

---

① （宋）文天祥：《指南后录》卷一之上，《文山先生全集》卷一四，四部丛刊初编缩印本（八）。

邓广铭：《岳飞传》(增订本)，人民出版社，1983年。

王曾瑜：《岳飞和南宋前期政治与军事研究》，河南大学出版社，2002年。

梁天锡：《宋代枢密院制度》，黎明文化事业公司，1981年。

朱瑞熙：《中国政治制度通史》宋代卷，人民出版社，1996年。

〔日〕寺地遵：《南宋初期政治史研究》，刘静贞、李今芸译，台北稻禾出版社，1995年。

何忠礼等：《南宋全史》政治和民族关系卷；苗书梅、葛金芳：《南宋全史》典章制度卷；葛金芳：《南宋全史》社会经济与对外贸易卷，上海古籍出版社，2012年。

陈世松等：《宋元战争史》，四川社会科学院出版社，1988年。

李天鸣：《宋元战史》，台北食货出版社，1988年。

李华瑞主编：《中国改革通史》两宋卷，河北教育出版社，2000年。

# 第七章 南宋社会的历史性转折

## 一、两宋之际的北方移民与南方经济、文化重心的确立

### （一）经济重心南移的确立

北宋灭亡以后，随着皇室被掳掠至金上京地区，而宋的苏、皖、鄂三地北部地区的官员、大族、民众大举南迁，形成自两晋南北朝以来由北向南移民的第二个高潮。他们从秦岭、淮河以南，四川盆地以东到长江南岸平原之间，经三条路线迁入南方，以致北方人口在当地户口中占了相当大的比例，有些地区如临安、平江府，甚至"数倍土著，今之富室大贾，往往而是"[1]，据研究，孝宗时这两个地区的北方移民及其后裔分别在18.9万户和9万户左右。韩淲有"莫道吴中非乐土，南人多是北人来"[2]的诗句，可证明这两地人民多迁自北方。

由北自南的大批移民，给南宋社会造成很大影响，譬如在江淮之间流动的移民武装集团和流寇集团不下二百个，多达百万之众。他们攻城略地，四处流荡，使得金宋战争之下残破的南方经济雪上加霜，给初建的南宋政权构成很大威胁。南宋政权组织军队进行镇压、剿杀、改编和安抚，逐渐消除了北方移民带来的负面影响。相对这类负面影响，北方移民对南宋社会的积极影响持久而广阔。

北方移民是经济开发的基本力量。江淮地区在宋金战争的巨大破坏之下，经济残破、人口凋零，北方移民的涌入不仅补充了大量劳动力，而且促使经济较快得到恢复，而中后期移民的不断迁入在一定程度上加剧了一些地区人多地少的矛盾，促使当地农业生产向广度和深度进军；虽然迁入岭南地区的移民数

---

[1]（宋）李心传：《系年要录》卷一七三，绍兴二十六年七月丁巳，第3320页。
[2]（宋）韩淲：《涧泉集》卷一七，《次韵》，文渊阁四库全书景印本，第1180册，第805页。

量较少，但对于当地的开发和人口数量增长也发挥了积极作用。

北宋时，一年两熟的稻麦复种制在长江以南较为普遍，但在淮南、江北地区尚没有普遍实行。南宋时期习惯面食的北方人大量南下，是推动稻麦一年两熟种植制度空间扩展的直接因素。北方移民在参与所有农业活动的同时，还成为水稻插秧与稻麦复种两项技术的携带者与推广者。"淮民避兵，扶老携幼渡江而南无虑数十百万。"①"建炎之后，江、浙、湖、湘、闽、广，西北流寓之人遍满。"②绍兴初年，由于喜欢面食的北方人骤然增加，冬小麦一时成为紧俏食品，麦一斛至万二千钱。为了满足需求，南宋朝廷多次下诏劝民种麦，乾道七年（1171），孝宗颁诏："江东西、湖南北、淮东西路帅漕"劝民种麦，"官为借种"。淳熙七年（1180）孝宗再次下诏："复诏两浙、江、淮、湖南、京西路帅、漕臣督守令劝民种麦，务要增广。"且"自是每岁如之"③。嘉定八年（1215）宁宗又下诏："两浙、江、淮路谕民杂种粟麦麻豆，有司毋收其赋，田主毋责其租。"④正是朝廷推行的这一政策，"佃户输租，只有秋课，而种麦之利，独归客户"，出现种麦之后"农获其利，倍于种稻"，"于是竞种春稼，极目不减淮北"的现象。⑤南宋江南地区在北方移民的推动下出现稻麦复种制，农作物一年两熟使土地利用率从100%发展到200%，并在这一基础上加大了精耕细作的力度，由提高土地利用率转向提高亩产，进而在亚热带地理条件的支撑下，为江南赢得经济重心的地位。⑥

由于政治中心由北方开封转移到临安，大大促进了临安所在地江南地区的城市乡镇、商业贸易的发展，带动了消费经济的快速增长。

### （二）文化重心的转移和确立

北方移民不仅带来了生产技术，而且大批士大夫与数以万计的流民、难民一起举家举族仓皇南渡，也把学术文化传至南国。北宋理学代表人物集中于北方的洛阳和关中，程颢、程颐、邵雍、张载、司马光等人都是北方人，南方虽然是周惇颐的故乡，其地位远逊于北方，直到"中兴以来，始盛于东南"⑦。南

---

① （宋）杜范：《清献集》卷八，《便民五事奏札》，文渊阁四库全书景印本，第1175册，第675页。
② （宋）庄绰：《鸡肋编》卷上，中华书局，1983年，第36页。
③ 《宋史》卷一七三，《食货志上一》，中华书局，1977年，第4175、4176页。
④ 《宋史》卷三九，《宁宗本纪》，第762页。
⑤ （宋）庄绰：《鸡肋编》卷上，中华书局，1983年，第36页。
⑥ 韩茂莉：《论北方移民所携农业技术与中国古代经济重心南移》，《中国史研究》2013年第4期。
⑦ （元）马端临：《文献通考》卷三二，《选举考五》，中华书局，2011年，第927页。

宋时期南方儒学获得巨大发展并成为儒学中心，主要应归于靖康之乱以后北方思想家的南迁。当时南迁的思想家主要有程氏弟子尹焞、杨时、胡安国、郭雍、吕本中等人。吴莱说"自东都文献之余，天下士大夫之学日趋于南。或推皇帝王霸之略，或谈道德性命之理，彬彬然一时人才学术之盛，不可胜纪"[1]。北方思想家在两宋之际对南宋思想界所起的作用重大，他们也迁入南宋壮大了南方思想家队伍，他们在思想学界已取得崇高地位。杨时在程学南传过程中具有举足轻重的地位，杨时早年追随王安石，后以程颢、程颐为师，"程门立雪"的典故就出自杨时追随程颐之时。杨时与吕大临、谢良佐、游酢在程门，号"四先生"。南宋之初，东南学者推杨时为程氏正宗。南宋孝宗时期在学界有广泛影响的三大著名学者朱熹、张栻、吕祖谦的学术渊源都与北方南迁思想家有着千丝万缕的联系。被后世将南北宋理学称作"程朱理学"，即是朱熹承袭二程并集大成的有力证明。朱熹的父亲朱松、老师李侗均是程氏高足杨时的弟子或再传弟子。宋史编撰者说："凡绍兴初崇尚元祐学术，而朱熹、张栻之学得程氏之正，其源委脉络皆出于时。"[2]

不过这里需要特别交代的是，虽然王安石新学在南宋初期因王安石变法遭到彻底否定而受到很大冲击，但作为一种学术流派却并没有很快退出历史舞台。这是因为：第一，"士之习王氏学取科第者，已数十年"，他们反对完全抛弃王安石的学说，"忽闻以为邪说，议论纷然"[3]。高宗政权稳定以后，秦桧主王学，科举考试基本上是与"元祐之学"分庭抗礼。第二，创建于熙丰之际的理学（洛学），其传人虽趁南宋初时局转变之际，力倡理学，理学由此兴起。但是，由于长期以来理学的传播多限于理学的门人和一批反对王安石变法的政客，因而，在其兴起之时，在社会上还缺乏替代新学所必须的影响和坚实基础。第三，在相当长一段时间里南宋最高统治集团还没有把王安石的新学与王安石"变乱祖宗法度"的政事完全等同起来，即"议者尚谓安石政事虽不善，学术尚可取"[4]。宋孝宗也认为"安石前后毁誉不同，其文章亦何可掩"[5]。有鉴于这三个原因，荆公新学在南宋孝宗乾道、淳熙以后才真正走向式微。而被彻底否定，则要到宋理宗淳祐以后。这可从南宋时期朝野士人对新学的议论、新学作为官办

---

[1] （元）吴莱：《渊颖集》卷一〇，《石陵先生倪氏杂著序》，文渊阁四库全书景印本，第1209册，第180页。
[2] 《宋史》卷四二八，《杨时传》，第12743页。
[3] 《宋史》卷四二八，《杨时传》，第12742页。
[4] 《宋史》卷三七九，《陈公辅传》，第11694页。
[5] （宋）李心传：《建炎以来朝野杂记》乙集卷四，《元丰至嘉定宣圣配享议》，第569页。

学校的课程和教材的废罢、王安石父子受祀享的兴废三个方面得到验证。绍兴、乾道、淳熙时期的士人在论及北宋以来的儒家发展时,还以王学与理学、苏学并峙而论。宁宗以后士人或不再把新学列入儒学流派,或视作异端邪说,这不能不是新学在南宋时期社会影响逐渐消退的一个发展轨迹。而王学在南宋的官学地位及其所受祀享与此大致相仿佛。理学完全取代荆公学派,并形成完整的体系,是由朱熹完成的。

在艺术领域,北宋东京画院学生进入南宋画院,从而促进了南方画坛繁荣。刘克庄在分析南宋高宗朝绘画水平很高的原因时就指出,是因为徽宗时期画院学生"犹多存者"。元人夏文彦《图画宝鉴》共收南宋画家295人,北方后裔大约占40%,南宋著名画家梁楷、苏汉臣、李唐、萧照、赵伯驹兄弟、米友仁、李迪、法常、赵孟坚均是北方移民及其后裔。北方画家南迁以后,受南方柔美环境的熏陶以及南方画派的影响,形成了新的绘画风格。南方画家也向他们学习北方画法,融南北画法于一炉。山水画至南宋在风格、题材、审美旨趣诸方面都发生了明显变化。"和北宋相比,山水画由山重水复、气势壮阔的全景发展到烟水凄迷、幽寂虚旷的一角,花鸟画由坡石花鸟俱全的宫苑小景发展为折枝写生。……从绘画发展的角度看,这种由表现全景转向深入发掘、细腻表现平凡的角落和近景中所蕴藏的美的变化,是观察和表现能力的进步。南宋院体画气势没有北宋宏大,笔墨没有北宋坚实,但构思巧密,手法新奇,笔墨简练含蓄,风格典雅优美,长于表现特定的气氛、意境和瞬间情态,并留有供阅者想象的余地,则是其主要成就和特色。"[①]

对于南北画风的融汇和转变,李唐具有开创地位,刘松年继之。至马远、夏圭则更为成熟,他们合称南宋四大画家。李唐传世代表作《万壑松风图轴》集中表现了他以斧劈皴画出山石峻角突兀,严谨而有气势,笔墨渐趋精炼,景物注重剪裁的艺术手法。刘松年的山水画兼具水墨及青绿两种形式,画风清丽严整。传世作品有《四季山水图卷》。马远以山之一角,水之一涯,画出形象鲜明诗意浓郁的景色,被人称为"马一角"。传世名作《踏歌图》是一幅含有浓厚风俗情节的山水画。夏圭作品中富于特色的是他的长卷巨帙,景物变化万千,构思、立意、景物的剪裁都达到了炉火纯青的境界。传世名画有《溪山清远图卷》《长江万里图卷》《西湖艇图轴》《山水四段》等。南宋画坛杰出的四位山水画家

---

[①] 傅熹年:《南宋时期的绘画艺术》,《中国美术全集》光盘版,绘画编·两宋绘画下·论文,人民美术出版社、文物出版社、北京银冠电子科技公司,1998年。

的作品被称之为"院体",是为了与北宋熙丰时期以郭熙为代表的山水画派相区别,并以其典丽、精巧、秀润为特点的宫廷山水画风格著称于世,并对后世画风产生重要影响。

在文学领域更有明显而深刻的表现。① 活跃在南宋前期的诗人陈与义、吕本中、韩子苍、曾几,词人张孝祥、康与之、朱敦儒、向子諲、李清照、辛弃疾都是北方文学家。他们的作品保持中原承平时期的厚重与深永,一扫南方文风中繁碎、纤细、柔弱的一面。在北宋有重要影响的吕氏家族从仁宗朝吕夷简和晏殊相交起,即与"江西诸贤特厚",历数欧阳修、王安石、曾巩、刘敞、刘攽、"三孔"、曾肇、黄庭坚等人与历代吕氏传人之间的友谊。因而,南渡以来,吕本中在临川地区"乃收聚故人子曾信道辈,与吾兄弟共学,亲指画,孳孳不怠,既又作诗勉之。今集中寄临川聚学诸生数诗是也",并说:"吾家与江西贤士大夫之疏密,亦门户兴替之一验也。"②

除移民作家外,南宋诗文作家的占籍地域,多集中在浙江、江西、福建、两湖地区,他们既寝馈于中原文化的营养,保存北宋欧阳修、苏轼、王安石、黄庭坚诸大家之文学创造精神与特点,又与南方的地域文化、风土习俗、自然山川相交融,形成有南国韵味的文学风貌。此均得益于南北文学交流之功。

南宋散文在样式和技巧方面,于北宋之后也有进一步的发展,如骈文经欧、苏参以散文笔法,至南宋由雅淡清通而渐趋散化。但最能体现南宋散文发展状况的,是笔记的大量出现,如随笔、游记、诗话、日记、杂录等,多为篇幅短小之文,也就是人们所称的"小品文"。小品文这种体裁发展到南宋,已进入了它的成熟阶段,并以著作的形式独立登上文坛。据粗略统计,《四库全书》收集的南宋小品文专集有 120 余种,《中国丛书综录》辑录的南宋笔记有 234 种,诗话词话 68 种。小品文的各种体裁,如游记、书信、序跋、随笔、日记、诗话词话等,南宋时均已齐备。自赞也是当时方兴未艾的一种小品文。还有介乎游记与地理志之间的小品文,如孟元老《东京梦华录》、吴自牧《梦粱录》。南宋小品文多以笔记杂文的著作形式出现,如洪迈《容斋随笔》、罗大经《鹤林玉露》等。③

---

① 本节关于南宋文学的转型,参考了王水照:《南宋文学的时代特点与历史定位》,《文学遗产》2011 年第 1 期。以下不再出注。
② (宋)吕祖谦:《东莱吕太史文集》卷七,《题伯祖紫微翁与曾信道手简后》,《宋集珍本丛刊》第 62 册,第 179—180 页。
③ 罗思宁:《论南宋小品文》,《中山大学学报》1994 年第 4 期。

时文是古代专供贡举和学校考试使用的一种特定的文体，南宋中后期的时文，一向被认为是明清八股文的滥觞。

在词坛上，南北融贯推毂之势更显强烈。词素有南方文学之称，其"微词宛转"的特性与南国氛围天然合拍。唐圭璋《两宋词人占籍考》，综观从北宋到南宋的词人籍贯，按省统计，词人之众也以浙、赣、闽三地占先，从词家多为南产而言，也显示出词体本质上属于南方文学的特点。然而，北来移民词人的大量南下，为词坛带来慷慨激昂、大声镗鞳之音，抒写家国之恨、亡国之悲、抗敌之志，极大地提高了词的审美境界，促成了词的重大转型，进入了我国词史发展的一个新阶段。南宋建立之初，活跃于词坛者几乎都为南渡词人。如叶梦得、朱敦儒、李纲、李清照等，张元幹虽占籍福建长乐，却也是滚滚南渡人流中的一员。最优秀的作家当推女词人李清照。李清照恪守传统词法，对苏轼突破词律束缚而以意为主的词颇为不满，曾撰《词论》，力主词"别是一家"之说。李清照的词以北宋灭亡为界可分为两个时期，具有清新自然、意境沈博的语言风格，被称为易安体，在当时就产生了较大影响，并成为后继者学习的楷模。嗣后，南宋的最大词人辛弃疾，也是北来的"归正人"。他的作品不论是数量还是质量上，都堪称宋词中的第一流。有《稼轩长短句》620多首。他的词作多表现当时重大的抗战、爱国主题，以及在妥协议和政治的氛围里，壮士报国无门的忧愤心情。从艺术上讲，他继承了苏轼以来的豪放词风和张孝祥等作家的爱国主义的创作思想，进一步推高了雄奇阔大的词境，彻底打破了词为艳科的传统观念。抒情、写景、叙事、议论，无往不宜，气势磅礴，进一步提高了词的社会功能和文学史上的地位。没有北方词风的相融相摩，南宋词的进一步境界开拓与内蕴深化是不可能的。

南宋处于从中原文化向江南文化转移的重大时期，使南北文学交流进入更高更深的层次。伴随着中国经济重心的南移，也出现了文化重心南移的现象，江南也从"江南之江南"的地域性概念，而成为"全国之江南"的政治经济文化性概念，以后元、明、清均以北京为首都，也都无法改变江南在全国举足轻重的地位。因而南宋文学中这一重心南移现象，具有预示中国政治、经济、文化总体走向的意义。

另外值得注意的是，随着道学渐成主流思想的影响，程朱重道轻文思想与北宋中期古文运动"文以载道"的价值取向迥异，程颐从道学家的立场出发，把宋代的学术分为文章之学、训诂之学、儒者之学三类，公开表明"作文害道"

的观点，把文当作"玩物丧志"的一类。①朱熹更是明确反对"文以明道"和"文以贯道"的主张，认为"道者，文之根本，文者，道之枝叶"，"才要作文章，便是枝叶，害著学问，反而两失"，"诗律杂文，不须理会"②，把重道轻文思想推向极致，强调道学修养和学问，把理当作第一义，诗文当作第二义。程朱的文道思想不能不对"文"产生巨大的压抑。随着道学在南宋地位日隆，学风、文风也在悄然变化。如果说与朱熹大约同时代的吕祖谦奉孝宗之命选编《宋文鉴》，入选的大多数为北宋经典作家的作品，表现了朱熹生前的文道思想影响尚有限的话，那么到朱熹身后，宁宗嘉定十三年（1220）九月，道学信徒胡卫有关宋代文风三变的议论已贯穿了朱熹的文道思想，在胡卫看来，古文运动及苏轼、王安石等人虽然有文才，但是只超过唐代，文风真正变革的正道是自二程兴起，才是超越汉代并接近三代，而乾道、淳熙之际，朱熹等人文风的变革"皆根柢乎义理，发明乎章句，文风三变，几至于道"③。这大致是朱熹身后南宋道学家们的基本看法，也是道学家们追求的方向，因而抽象思维比纯文学更具有挑战性，大部分创造性能量不再投向文学。文学艺术创作缺乏时代精神，缺乏想象力，自然会造成南宋后期乃至明清的文学创作的转型。

宋词被称为一代文学之胜大致始于20世纪初，王国维把词说成有宋一代之文学，宋词取得了与唐诗、元曲并列的文学史地位。又经胡适将词作为平民文学、白话文学、活文学加以宣传后，宋词的文学史地位甚至已在宋诗、宋文之上了。所以在较长的一段时间内，唐诗过后是宋词的说法，得到了普遍的认同。唐之取士以诗赋，宋之取士以策论，故宋之文学，不在诗而在文，文主明义理，故韩愈所倡导之散文，为适于发达焉。更因为文学是人学，词难以成为宋代的"民族史诗"。

岭头便是分头处。钱锺书先生在论及宋代白话小说时说过："这个在宋代最后起的、最不齿于士大夫的文学样式正是一个最有发展前途的样式，它有元、明、清的小说作为它的美好的将来，不像宋诗、宋文、宋词都只成为元、明、清诗、词、文的美好的过去了。"④王水照先生在钱先生议论基础上进一步发挥说："诗、词、文、小说、戏曲是我国文学的主要样式。诗歌从'风'、'骚'传

---

① 《河南程氏遗书》卷一八，引自《二程集》上，第187、239页。
② （宋）黎靖德编：《朱子语类》卷一三九，《论文》上，第3319页。
③ 《宋会要辑稿》选举六之四一，第4350页。
④ 《宋代文学的承先和启后》，载中国科学院文学研究所编：《中国文学史》第2册，人民文学出版社，1962年。

统算起，经唐代极盛而创'唐音'，降及北宋形成'宋调'，已有数千年的历史；文（主要是"古文"）由先秦两汉以著述体裁为主的诸子散文和历史散文，发展到'唐宋八大家'为代表的以篇什体裁为主的新散文传统，到北宋亦似能事近毕，南宋文人大都取径欧、苏，在创立新的散文范式上已少发展空间；词则发轫于隋唐，至北宋而大放异彩，尚留下开辟拓新的余地。在这些传统士人大显身手的领域之旁，新兴的流传于市井里巷的白话小说和戏曲悄然勃兴，正显出强大的艺术生命力。"① 斯言甚是。

## 二、文化思想内倾及其社会原因

近二十多年来研究宋代思想的中外学者共同认识到："宋学从创始阶段到发展阶段亦即从范仲淹到王安石，把学术探索同社会实践结合起来，力图在社会改革上表现经世致用之学。宋学之所以在北宋取得蓬勃发展，这是一个重要的原因。"② "古文之学以及古文作家充当政治与社会变革的鼓动者这一角色，奠定了 11 世纪宋代思想文化的基本议程。"③ 余英时先生在为田浩《朱熹的思维世界》作序时依据作者对南宋道学史的分期亦得出相应的看法："北宋儒学主流其实是王安石所代表的新经学和司马光所代表的新史学。这是熙宁、元祐党争的学术核心所在，二程在其时没有太大的社会影响力。"④

早在 20 世纪 80 年代初，李泽厚先生提出一个问题：在北宋有那么多科学材料和内容的宇宙论和科学观点，但宋代理学没有向实证的自然科学方向发展，却反而浓缩为内向的伦理心性之学。这究竟是什么原因？宋明理学由宇宙论转向为伦理学的这种逻辑结构的现实历史依据何在？这是李泽厚从以理学为主架构宋代思想史的角度提出的问题，对于这个问题他未做正面回答，只是推测说："这大概与北宋中期以来相当紧张的内忧外患和政治斗争（如变法斗争的严重性、持续性、反复性）密切相关，社会课题和民生凋敝在当时思想家头脑中占据了压倒一切的首要位置。"⑤ 李泽厚先生提出的这个问题，实际上是宋代思想

---

① 王水照：《南宋文学的时代特点与历史定位》，《文学遗产》2011 年第 1 期。
② 漆侠：《宋学的发展和演变》，河北大学出版社，2002 年，第 6—7 页。
③ 〔美〕包弼德（Peter K. Bol）：《斯文：唐宋思想的转型》，刘宁译，第 156 页。
④ 〔美〕田浩（Hoyt Cleveland Tillman）：《朱熹的思维世界》，陕西师范大学出版社，2002 年，第 3 页。
⑤ 《中国古代思想史论》，人民出版社，1986 年，第 231 页。

史上的关键问题，也是两宋之际社会发生深刻变化的问题，下面根据学界的研究，大致梳理出以下四个方面的原因：

### （一）再造儒家"道德至上"的信仰

北宋亡国以后，赵构重建南宋政权，为开脱乃父乃兄"国事失图"的责任，由蔡京追溯到王安石，矛头直指王安石变乱祖宗法度。元祐以来的反变法派和洛学门人则把北宋亡国的原因指向王安石变法的理论基础——荆公新学。其实，早在王安石变法轰轰烈烈展开的时候，他们对于王安石高扬儒家"内圣外王"旗帜、偏向"外王"（功利思想）而推行新法、"汲汲于兵革财利"（朱熹语）的做法就不赞成，由对儒家经典的认识分歧最后走向政治上的决裂。更有甚者，当王安石罢相和去世后其绍述者虽然在很大程度上继承了王安石的理想主义初衷，但是在坚持改革的同时，投机钻营毫无顾忌，贪赃枉法肆意公行，权力欲望高度膨胀，皇帝好大喜功，奢侈无度，整个社会道德沦丧，结果女真人的入侵招致了王朝的危机。

早在元丰时期程颐就说过："今异教之害，道家之学则更没可辟，惟释氏之学衍蔓迷溺至深。今日是释氏盛而道家萧索。……然在今日，释氏却未消理会，大患者却是介甫之学。"① 北宋的亡国使得理学信徒和传人更加确信只有在排斥佛、老"异端"的虚无主义的同时，坚决打倒王安石"新学"的功利主义，才能再造儒家的道德信仰。余英时先生说："道学家在政治上与王安石分裂以后，转而更沉潜于'内圣外王之道'，为秩序重建作更长远的准备，因为他们始终认定'新法'的失败，其源在错误的'新学'。为了解除上述的疑问，建立更稳固的信仰，他们发展了关于秩序重建的双重论证。第一是宇宙论、形而上学的论证，为人间秩序奠定精神的基础；第二是历史的论证，要人相信合理的秩序确已出现过，不是后世儒者的'空言'，而是上古'圣君贤相'所已行之有效的'实事'。这双重论证都前有所承，不过在道学家手上发挥得更为深透而有系统。经过文献的考察，我现在可以进一步指出，他们最得力的经典是《孟子》一书，因为孟子才是第一个运用此双重论证的儒者。程颢死后，程颐和友生都异口同声，说他是'孟子之后，传圣人之道者，一人而已'。张载学成之后，当时也流行着'识者谓与孟子比'。这都不是寻常的恭维话。所以后面我将结合着王安石，对孟子的影响问题略作讨论，因为早在程、张之前已先有安石'《淮南

---

① 《河南程氏遗书》卷二上，《二程集》上，第38页。

杂记》初出，见者以为孟子'之说。此事看起来似乎微不足道，但却不失为宋代儒学整体动向的指标。"在这里余先生指出道学家从《孟子》一书作为双重论证的根据，早在王安石那里已经有充分表现。而且这是"宋代儒学整体动向的指标"，斯言甚是。①

不过再造儒家"道德至上"的信仰和重构社会秩序更为深透而有系统的双重论证的重任，是由朱熹完成的。朱熹（1130—1200），字元晦，后字中晦，号晦庵，又号晦翁、遯翁，祖籍歙州婺源县（今属江西），生于南剑州尤溪县，曾寓居建州崇安和建阳（今皆属福建）两县。朱熹的一生主要是在读书、著书、讲学中度过的。早年研习儒家经典之外还学佛教禅学、道经、文章、楚辞、诗、兵法等无所不学。自而立之年追随程颐的三传弟子李延平为师，专治性命义理之学。朱熹及其同道从五位北宋经学家周惇颐、邵雍、张载、程颢及其弟程颐的著作中找到了答案。朱熹及其同道认为，忽略形而上学理论正是其致命的错误。儒家道德思想需要广阔的宇宙论基础来诠释经典，有效应对佛道两家特别是佛家的挑战，吸纳非儒家思想，将其整合为浑然一体的系统经学思想，从而重新规范价值体系。为实现这一理想，真正的儒者必须反躬自省，对万事万物——物质世界、社会关系和宇宙进行观察思考。这种方法并不排斥政事，但将其置于次要地位。

朱熹学派发展了"理"和"气"这一对概念，"理"指存在于万事万物之中，永恒不变的非物质性原则，它赋予万事万物以形；"气"是物质力量，它使万事万物呈现千差万别的实际面貌。朱熹从"理"在万物之先的原理出发，把传统的纲常学说加以理论化和通俗化，把三纲五常当作当时社会的最高道德标准。他说："未有这事，先有这理。如未有君臣，已有君臣之理；未有父子，先有父子之理。不成元无此理，直待有了君臣父子，却旋将道理入在里面！"②又说："宇宙之间，一理而已……其张之为三纲，其纪之为五常。盖皆此理之流行。"③而且伦理纲常是永久存在，亘古亘今不可易，"千万年磨灭不得"④。朱熹正是用理本论论证伦理纲常，使得宇宙论与伦理论融为一体，从而完成了儒家经学和政治学说的形而上的建构。

此外，第三个概念"道"或道路，一向是中国经学各流派的核心，道学家

---

① 〔美〕余英时：《朱熹的历史世界》绪说，生活·读书·新知三联书店，2004年，第122页。
② 〔宋〕黎靖德编：《朱子语类》卷九五，第2436页。
③ 〔宋〕朱熹：《朱文公集》卷七〇，《读大纪》，第1282页。
④ 《朱子语类》卷二四，《子张问十世可知章》，第597页。

也不例外。儒家自古便相信"道"是一种充盈于天地万物之中的内在原则，道学家则强调该原则绝非神秘莫测，而是与人本身、人的本质、社会关系的全体以及整个宇宙息息相关的，"道"由此得到升华。它的宇宙论和形而上学将儒家思想提升到空前绝后的高度；更深远意义的是，它将整个儒家遗产融入了一个包罗万象的体系当中。按照朱熹乐观的估计，再过五十年左右，一个真正儒家社会的黎明便将到来。

这一信念鼓舞道德先验论者怀着迫切的心情和近乎宗教的虔诚孜孜不倦地从事教育活动。由此复兴发展较为缓慢的北宋书院，打破近一个世纪由太学和州县学等公立学校在教育领域独领风骚的局面。淳熙六年（1179）朱熹首先兴复白鹿洞书院，次年竣工，并置学田，聘主讲，亲订《白鹿洞书院揭示》，还常常亲去授课，质疑问难。绍熙五年（1194）朱熹又恢复并扩建岳麓书院，学生达千余人。白鹿洞、岳麓书院的复兴，对南宋书院的发展起了推动作用。它一方面成为道学家传布其主张的中心，其建置、规约，乃至讲授、辩难方式，无不受禅宗寺院的影响。另一方面则走了官办教育的道路，特别是宁宗朝以后，道学得到官方承认。宋理宗积极支持书院建设，亲自为许多书院题写院名。书院如雨后春笋般在全国兴起，每个州一般有一所公立书院，有的州建了二三所，不少县也办了公立书院，各地总数达300多所，其中以白鹿洞、岳麓、陆九渊主持的象山书院和吕祖谦的丽泽书院最著名，号称南宋四大书院。书院与州县官学称为南宋地方的教育机构，书院大多是道学的传布中心，道学因而益盛，简言之，道学超越了传统本本主义的儒家教学范式。它是儒学的一个革新性支脉，强调系统化的经学，特别是形而上学；强调通过讲授、鼓励提问和讨论进行持续性的教学；强调思想和行为两方面的自修。在与书院大讲道学的同时，还通过私塾、乡规、家规、族规、童蒙教育等一切可以实行的办法让"道"确立无疑。

在上述传播活动中，朱熹是责任心最强的道学思想家和教育家。据他的学生回忆，朱熹时时刻刻都关心着国家，听到朝政中出现的问题，就表现出不满和忧虑；谈到国家的衰弱，就感叹甚至流泪。他认为道学的指导能够使政治清明，从而让国家强大起来，所以，他不顾朝廷的压力，不屈不挠地钻研和传播道学。自从朱熹在高宗绍兴二十三年（1153）开始登上讲台，之后不管政治气候怎样变化，不管他是出外做官还是在家闲居，几乎从来不停止教育活动。甚至在离家赴任和离任回家的途中，朱熹也仍然在指导随行的学生。教书授业已经成为朱熹生活不可缺少的组成部分。除了讲课，通过书信进行指导也是朱熹教育活动的重要方面。根据他的文集中保存下来的材料，朱熹用这种方式指导过的学生达二百多名，其中不少人长期与他保持着书信联系。他作为道学家的领袖，跟吕祖谦、张栻等思想家和他们的众多学生一起艰苦努力，使道学成为全国势力最强的学派，在社会上产生了不可抗拒的影响。

通过从 12 世纪晚期到 13 世纪早期的积极鼓吹，道学教义传布开来，首先在帝国的经济、政治中心区域——大致相当于今天的浙江、江西和福建——拥有了大批追随者；而后其影响又扩展到今天的湖北、四川、湖南，后者差不多都是文化的边缘地带。理宗淳祐元年（1241）正月，经理宗的褒扬道学才得到官方的正式认可，王安石新学从此被打入冷宫。

## （二）由下而上推动社会等级秩序的重构

如果说北宋中后期以王安石为首的士大夫群体，欲法先王重建社会秩序是站在帝制国家的立场，由上而下推动社会"变风俗"，那么以二程、朱熹为代表的士大夫群体也欲重建社会秩序，但却反其道而行之，即采取由下而上重建以宗法家长制为社会基础的社会等级秩序的思想路线，这个社会等级秩序的核心就是三纲六纪。

所谓三纲六纪，是作为帝制统治的纲纪而提出的。三纲即君为臣纲，父为子纲，夫为妻纲。六纪即诸父有善，诸舅有义，昆弟有亲，族人有序，师长有尊，朋友有旧。第一纪诸父，即父亲叔伯这一辈；第二纪诸舅，即母亲这一系；第三纪昆弟，即自己的兄弟；然后是族人，即自己父系家族里的一批人；最后是师长和朋友，此乃六纪。二程理学则把三纲六纪之说推展到一个新阶段，使之更广泛，更加浅显，从而赋予新的理论意义。程颢回答"如何是道"说"于君臣、父子、兄弟、朋友、夫妇上求"[①]。"三纲六纪"这个伦理纲常，经过程氏兄弟的改造制作，蕴涵丰富得多了，适应性进一步加强了，对细民百姓来说，更富有眩惑性了。"青出于蓝而胜于蓝"，二程伦理道德思想超出了三纲六纪，北宋诸学派中任何一个学派在这一方面，尤其是从帝制统治阶级需要来看，是全然无法与二程洛学抗衡的。朱熹承袭二程洛学，将三纲六纪衍化为学规，令士子学习、践行，规定了书院的教育方针和学生的行为准则。《晦庵集》卷七十四《白鹿洞书院揭示》：

> 父子有亲、君臣有义、夫妇有别、长幼有序、朋友有信。右五教之目。

---

[①] 《河南程氏外书》卷一二，《二程集》上，第 432 页。

尧舜使契为司徒敬敷五教,即此是也。学者学此而已,而其所以学之之序,亦有五焉,其别如左:博学之、审问之、慎思之、明辨之、笃行之。右为学之序。

学、问、思、辨四者,所以穷理也,若夫笃行之事,则自修身,以至于处事、接物亦各有要,其别如左:言忠信,行笃敬,惩忿窒欲,迁善改过。右修身之要。

正其义不谋其利,明其道不计其功。右处事之要。

己所不欲,勿施于人,行有不得,反求诸己。右接物之要。

这个简短的学规,集儒家经典成语,有利于学者记诵。其一,它提出了儒家教育的根本任务,是让学生明确传统纲常的"义理",并把它付诸身心修养,以达到人人自觉维护帝制统治的最终目的。其二,它规定学生遵循学、问、思、辨的"为学之序"去"穷理""笃行"。其三,它明确了将修身、处事、接物之要作为实际生活与思想教育的准绳。总的来说,它要人们知道传统伦理是"天理",人性就是此理在人身上的禀赋,传统道德伦理是永恒的、神圣的,人们必须循此为学。

唯其如此,二程洛学经朱熹的深化和推衍,到宋理宗时终于成为官学,尤为重要的是,到元明清诸代,程朱系理学成为帝制国家正统思想而居于主导的政治地位了。

与三纲六纪推衍过程相向而行的是宗族制度的重建。唐中叶以后由于均田制的瓦解、科举制度逐步占据选士的主导地位,加上唐末农民战争,作为王朝统治基础的地方世家大族分崩离析。北宋中叶开始,范仲淹、欧阳修、二程、张载等人从理论上、实践上都积极倡导重建地方宗族组织,范仲淹、欧阳修都是父亲早亡,正因为如此,他们非常重视本族的团结。范仲淹为了加强本族之间的互相扶助,晚年在苏州设立了"义庄";欧阳修为了明确本族的来龙去脉,亲自编纂了"族谱",这些敬宗收族的举动,不仅是为了给自己的子孙后代在官僚社会的生存竞争中积蓄资本,同时也是为了构筑支持王朝体制的组织。苏轼的父亲苏洵也曾编写自己的族谱。程颐、张载等人也强调宗族的重要性,他们认为普及儒教式庆吊仪式的基础应该是宗族。司马光著有《司马氏书仪》,列举了统帅一个大家族的规范,规定了婚礼和葬礼的仪式细节。但是由于他们的社会思想与王安石希望构筑自上而下的政治秩序的主张相左,因而宗族制度的重建在北宋中叶到南宋中叶的发展实际上是相当缓慢的。只有到朱熹集大成从理论上给以完善和推动，才加快了宗族制度发展的步伐。朱熹特别注重编撰《四书章句集注》，其中从《礼记》中独立成章的《大学》篇，是朱熹道学思想的重要组成部分。《大学》主要讲三纲领和八条目，三纲领是"明明德""亲民""止于至善"。其中"亲民"的"亲"，从程颐到朱熹都认为是"新"的误字，所以应该解释成"新民"。八条目是三纲领的具体实践：格物、致知、诚意、正心、修身、齐家、治国、平天下。朱熹将《大学》篇原是针对君主个人修养的三纲领、八条目扩大解释为对一般士人的教导，给地方的士人指出了人生的意义。士人的人生理想当时是以优异成绩科举合格，然后辅佐皇帝，治理天下国家，用范仲淹《岳阳楼记》中的话来说就是"居庙堂之高"。但是现实问题是能做到这点的人总是少数。大多数的士人奋斗一辈子也难以中举及第。那么，"处江湖之远"的士人们，难道就不能为国君分忧吗？不能承担治国、平天下的一部分重任吗？八条目的最终目标虽然为治国、平天下，但它更重视达到目标的过程。它教育士人修身、齐家是治国、平天下的基础。这是建立宗族制度的核心内容，即自下而上，也就是通过家族和地方组成的社会秩序基础，来促使王朝统治体系的安定。越来越多的致仕的士大夫和未中举及第的士人家族参与地方活动，共同致力于救荒、救济、慈善等地方公益活动，乃至书院、桥梁等地方建设。

朱熹在《大学章句》中极力主张的儒教式的葬送仪礼同后来的祭礼一起，获得宗族这个平台，慢慢开始普及。作为一族之长统领全族，这也是对社会做贡献。给他们提供了安心立命根据的，是通过统领家族为君主尽忠，为国家安定一方社会做贡献，从而得到内心的肯定和满足。朱熹特别注重"乡约"在重建宗族中的作用，他将北宋张载门生吕大临兄弟与乡亲们一起商定的乡约改成《增损吕氏乡约》，成为朱子学有关乡村秩序的规范。如果说《家礼》是以家庭为单位的宗族血缘组织的规范，那么这就是以乡为单位的地缘组织规约。

科举制在隋唐之时是对世族选官的反动，但是当世族门阀退出历史舞台，科举制为有能力的士人通过考试提供了参与朝政的机会，使得知识成为获取功名利禄的重要凭借。进士及第不仅是个人趋向仕途、改变人生命运的重要起点，也是光耀祖宗、提升家族地位的关键。因此家族和家族所在的宗族不论是在起家过程中，还是维系家族已有的社会地位，建设义庄以及为科考者开办义塾就成为赋予辈出科举官僚、维持自己宗族势力的使命。道德与理性的生活秩序从上层向下层的渗透，社会规则从外在到内在的被认同，逐渐建构起来一套生活习俗，渐渐由于制度化与世俗化而深入生活的世界。"南宋以后的宗族普及与朱子学的胜利，二者其实是一个铜板的两面。"①

### （三）对外开放政策发生重大转变

中唐以前的东西陆路交通是政治、经济、文化的全方位开放，而中唐以后转向海上交通是在经济（主要是经贸）上开放，在政治和文化上则采取防范甚或排斥的政策。这主要是由于汉唐通过西域的陆路交通与当时文明程度较高的西亚和欧洲的交往在地理上是"近距离"的，在中唐以后至宋朝海上交通虽然与西亚、阿拉伯仍有经贸关系，但在政治上已相对疏远，而与欧洲则更只有零星的交往，因而在反映中西交通史的著述中两宋时期是着墨最少的。换言之，从中唐进入宋朝以后，由于先后在北部、西部与辽、西夏对峙，陆路交通不畅，宋已不能像唐朝般直接与较为发达的西亚、阿拉伯、欧洲文明交流，海路所邻近的南海诸国及东亚要么属于汉字文化圈，要么是文明程度较低，交流只能停留在经济物产互补的水平上，不能有新的文明碰撞。而到了南宋建立以后，陆路东西交通已不可能，这在客观上更加促成了南宋对外保守文化交流政策和文化内敛性格的形成。②

### （四）域外视域下道学的兴起

李泽厚先生提出的问题，美国学者田浩、包弼德在他们的著作中也从不同的角度提出了类似的看法，并且均力图作出回答。

田浩从四个方面解释道学为什么能在 1241 年获得国家与学术思想的正统地位。（1）北南宋之交金人入侵引发的政治和文化危机，使北宋后期六十年占主导地位的意识形态——王安石新经学遭到怀疑，外族入侵占领中原对宋代学者来说意味着中国的某些根本性的做法是错误的。正如胡宏的评论"中原无中原之道，然后夷狄入中原也；中原复行中原之道，则夷狄归其地矣"。金人割断朝廷命脉引起了学者的恐慌并使他们转向内心寻求原因。他们认为以精神修养重振儒家的正道、复兴道德意识，是将政治、文化与社会导向正途的不二法门。（2）南宋中央政权控制地方的能力削弱，不能直接介入地方事务、监督宗教与文化团体，所以道学的发展比北宋末年少受官方的控制。（3）南宋士人的人数

---

① 〔日〕小岛毅：《中国思想与宗教的奔流——宋朝》，何晓毅译，广西师范大学出版社，2014 年，第 207 页。
② 详见李华瑞：《唐宋之际陆路与海路东西交通比较》，《宋夏史探知集》，中国社会科学出版社，2020 年。

空前众多,也提供道学潜在的成员。士人阶层的规模随着经济繁荣、书籍印刷与教育的发展而不断扩大,使仕途也日益壅塞,愈来愈多的文人学士竞争日益减少的科举配额,落榜的考生更多,日益难以达成以政府职位维系家族社会地位的目标。根据最近学者的猜测,宋朝士人见仕途暗淡时,道学变得更有吸引力,主要因为道学强调道德修养,可以为社会的精英地位基础提供正当的理由。关于这一方面,包弼德先生有专门的论述。(4)道学自身的哲学思想是道学能够成功的重要因素。道学家能够对一些基本观念达成共识,无疑是能够团结的重要因素。这些因素背后有一个共同的关怀:如何界定与建立道学的传统。①

包弼德在《斯文:唐宋思想的转型》的第九章"程颐和道学新文化"中,专门讨论"为什么道学成为一场运动,程颐的哲学最初不过是11世纪后半期价值观寻求的几条道路之一。我们应该如何解释这样一个事实,越来越多的士人选择了这条道路"。他认为回答这个问题的有效途径是"对唐宋思想和社会转变的描述,可以提供一个观察道学的视角,即把道学作为士人社会内部的运动,这个视角不是由道学运动本身内在的历史所提供"。这个途径依据的基础是唐宋的社会——思想历史提供的两个相关故事:第一个是思想的描述,从初唐朝廷学术的文化性、综合性道路,到8—11世纪文士(Literarg Intellectual)寻求上古之文中的圣人之道,再到道学运动中对自我道德的修养;第二个是社会的变化,即"学"作为士人的一种活动,最终在实践中成为士人确定其身份最主要的尺度,就像学者们一直认为它应该如此一样。而这两个故事变化的具体轨迹是:在中唐以前确定士人身份的尺度有三个:家世、仕历和"学",初唐时士人仍然把出身作为最重要的身份标志,尽管仕历已被士人越来越看重;从中唐到北宋特别是晚唐五代宣告门阀制度终结,仕历和"学"成为确定士人的身份标志,但宋朝政府通过科举制使大多数的士人在获得职位以后,不能使自己的家族代代为官,这就意味着11世纪末维持士人地位的两个尺度——家族门第和某种形式的为官——对大多数士人已不再适用。这样,那些士人家族的子孙和希望成为精英的人,只有一条道路来确保他们的精英地位代代相承,这就是"学",那么"学"何以能够吸引士人呢?包弼德继续解释说:"我们猜想通过解释为什么自我修养和伦理行为具有真正和首要的价值,它把士人的注意力从政府和那些只有通过政府才能起作用的转变社会的观念中转移开,简单地讲,世俗上的成

---

① 〔美〕田浩(Hoyt Cleveland Tillman):《功利主义儒家陈亮对朱熹的挑战》,第38—39页;《朱熹的思维世界》,第302—304页。

败对为学能否有成已经无关紧要,那些加入学道行列的人得知,他们是所有可能成为士的人当中最优秀的,只有他们才有真正的价值,因为他们在成圣的道路上。亦即,道学不只是一个成为士的手段,它让人成为一个好的'士'。"① 对包弼德的猜测,田浩先生以为"对那些无法通过科举考试而绝意仕途的无数芸芸众生,这项解释当然很可能成立"②。

同时,包弼德指出北宋时期社会变革的失败为南宋士人选择道学提供了历史的借鉴,从而有利于道学在南宋的发展,"南宋的士大夫可以反思北宋,并且得出结论说,他们的前辈是试图把世界变得更好,他们信赖文学,在科举中以取士统治国家,并试图通过道德严肃的写作来改造人。随后他们试图通过政府来完善制度、改造社会。这些无一收效。但是德行尚未尝试,尽管有人提到它的重要性"③。

## 三、法祖宗与南宋中后期社会的保守倾向

如前揭王安石变法之后,因对儒家经典的认识不同以及对如何变法产生分歧,最终学术分歧导致政治上的决裂,士大夫集团也由此分裂。概括地讲,从儒家内圣外王之道的角度讲,王安石变法是外王为先,内圣次之,表现为在文化、经济和政治领域进行激烈的制度改革;而元祐反变法派及洛学则主张先内圣,后外王,但是因他们在野的缘故以及王安石变法的强势,其主张并没有得到施展的机会。北宋亡国,使得元祐反变法派和洛学门人得以声张自己的主张,而且以事实证明王安石变法行不通为由,积极重新建构社会秩序。到南宋中期,朱熹领导的新儒家则希望通过形而上、道德、文化,最终是社会和政治方面的进步使社会发生同样彻底的转变。简而言之,新儒家不只是想成为官方正统,而且要对一切重新定位。尽管他们宣称自己的主张是从三皇五帝传下来的正道,但实际上却恰恰代表了一种对整个社会的全新的思考方式。这就是一方面终南宋历朝谈变法色变,因而法祖宗成为维系、包容、推进政治的最大旗号;另一方面在道学政治思想影响下,把重建社会秩序的理想寄托在"正君心"上,于

---

① 〔美〕包弼德(Peter K. Bol):《斯文:唐宋思想的转型》,刘宁译,第343—347页。
② 〔美〕田浩(Hoyt Cleveland Tillman):《朱熹的思维世界》,第302—303页。
③ 〔美〕包弼德(Peter K. Bol):《斯文:唐宋思想的转型》,刘宁译,第355页。

是"法祖宗"和"正君心"使得南宋中后期政治日趋保守，也由此影响了南宋以后的政治走向。现从三个层面分述之。

**（一）法祖宗：以王安石变法为史鉴**

既然否定了熙丰以来的政治，效法祖宗之治就成为宋高宗君臣立国行政的旗号。宋高宗在即位初期的赦书中"首称遵用嘉祐条法"。宋高宗法祖宗之所以专法仁宗，主要原因是指向对王安石变法的否定，因为当年反对派攻击王安石"祖宗之法不足法"之祖宗系专指仁宗，宋人吕中就明确指出"安石所谓祖宗不足法者，大抵指仁宗为言"。所以南宋"法祖宗"之祖宗，主要是法仁宗。章如愚、赵汝愚对法祖宗的表述可谓是南宋人看法的代表。章如愚说：

> 欲法祖宗者，当以我朝仁宗为法，昔庆历中，迩英出御书十三轴，凡三十五事，一曰遵祖宗之训，二曰奉真宗之业，三曰念祖宗艰难，四曰思真宗爱民。四十二年太平之事，实由于此。方其初年，从李淑之请而作《三朝宝训》之书，则固已有意祖宗之治。①

章如愚的这段叙述，表达了两层意义：一是仁宗是法祖宗的典范；二是仁宗在位四十二年之所以有太平之治，皆由于遵奉了太祖、太宗、真宗之训、之业，所以法仁宗就是法太祖、太宗、真宗。

南宋私人修史有很大成就，在编撰北宋当代史时，均从资治、戒鉴的史学功用出发，刻意追念祖宗之世，推崇祖宗之法是其显著特点。他们通过总结北宋兴亡史来寓意遵奉祖宗之法则国家兴旺、天下太平，而变乱祖宗法度则国家衰亡、天下大乱的历史教训，从修史层面表达了一种"法祖宗"的政治意图。李焘《续资治通鉴长编》是北宋编年通史，亦是中国古代卷帙最大的私修编年史。他在《进续资治通鉴长编表》中说："仰惟祖宗之丰功盛德，当与唐、虞、三代比隆。……然而统会众说，掊击伪辨，使奸欺讹讪不能乘隙乱真，祖宗之丰功盛德益以昭明，譬诸海岳，或取涓埃之助。"由于自神宗至钦宗四代"大废置，大征伐，关天下之大利害者，其事迹比治平以前特异，宁失之繁，无失之略"②。

---

① （宋）章如愚：《群书考索》卷四七，《祖宗（稽古附）》，文渊阁四库全书景印本，第936册，第627页。
② （元）马端临：《文献通考》卷一九三，《经籍二十》，第5612页。

赵汝愚《宋朝诸臣奏议》是迄今所见最大的一部北宋奏议选集。陈均《皇朝编年纲目备要》是一部仿朱熹通鉴纲目体北宋通史。王栐《燕翼诒谋录》是一部记述北宋前六朝的笔记体"野史"。这些著作编纂宗旨从其序跋和内容来看，与李焘著史的目的和动机是一致的。

法祖宗思想教育深入科举考试。绍兴二十七年（1157），高宗廷试策"首以监于先王成宪，恪守祖宗之法为言"①，是年王十朋擢进士第一。一般地说，科举考试的内容在相当大的程度上折射着当时统治集团的政治取向，因而从用于科场考试的类书《群书会元截江网》记述的法祖内容和思想即可窥见南宋中后期法祖宗政治倾向之一斑。是书卷四"法祖"，从历代事实、宋朝事实、经传格言、名臣奏议、诸儒至论、分段标识，又有主意、警段、排偶成句、事证等多个角度较为详细地记述了"法祖"的内容。其中"偶句"："不愆不忘率由旧章，祖功宗德万世源流，一举一动圈越成宪，圣子神孙一意润色"；"必有精明之实德而后能以家法新天下，必有真积之实功而后能以家法用天下"；"类三朝典故以为模范仁宗继述之善也，进累朝实录尽见规模高宗欲承之意也"。②

改元建号作为传统的纪年法和帝王个人统治的重要标志，一向受到古代中国统治者的重视，而且透过改元建号可以从一个侧面折射两宋发展的运行轨迹。南宋时期的许多年号往往具有特定的政治含义，即打着尊崇圣政、效法祖宗旗号。譬如宋孝宗淳熙年号取太宗淳化、雍熙各一字。绍熙五年，宁宗即位改元，取"庆历、元祐故事，乃改庆元"。改元庆元又见绍熙五年诏："亲君子，远小人，庆历、元祐所以尊朝廷也；省刑罚，薄税敛，庆历、元祐所以惠天下也。……掇取美号于纪元。《诗》云：'不愆不忘，率由旧章'，盖庶几周成焉。其以明年为庆元元年。"③宁宗开禧年号取太祖开宝、真宗天禧，端平年号则取太宗端拱、太平（兴国），宋理宗宝祐取太祖开宝、仁宗嘉祐年号。

## （二）法祖宗与法先王

南宋人往往把法祖宗与法先王联系在一起，这与王安石以用先王之政压祖宗之法有很大不同。法先王是宋儒追求三代治世理想的重要观念，把法先王与法祖宗联系起来，既是他们追念理想政治，更好地为其矫弊治乱的现实政治服

---

① （宋）王十朋：《梅溪集》，《廷试策》，文渊阁四库全书景印本，第1151册，第50页。
② （宋）佚名：《群书会元截江网》卷四，《法祖（附更变）》，文渊阁四库全书景印本，第934册，第46页。
③ （宋）陈傅良撰，周梦江点校：《陈傅良先生文集》卷一〇，《庆元改元诏》，浙江大学出版社，1999年，第130页。

务的一种寄托,也是南宋时期法先王思想及实践出现的一个新特点。

《古今源流至论》前集卷五《法帝王》对宋代帝王教育中法祖宗与法先王的内在联系有这样一段概述,包含了三层意思:一是祖宗之世均能敬心诚意法先王;二是祖宗之治比肩尧舜、三代盛世;三是祖宗之法比诸三代之道有过之而无不及。所以宋朝君主谨守祖宗之法,即是对先王的最好效法。把祖宗之世描绘成比肩三代之治,是南宋时期追念祖宗之世,推崇祖宗之法的一个显著特点。

真德秀论"祖宗家法"与祖宗之治云:

> 惟我祖宗继天立极,其于事亲教子之法,正家睦族之道,尊王御臣之方,大抵根本仁义,故先朝名臣,或以为家法最善,或以为大纲甚正,或以为三代而下皆未之有,猗欤休哉。①

南宋人美化祖宗之治,比之三代有过之而无不及,这与受理学道统思想的影响分不开。其实在古代中国治世与治道一向是相辅相成的。按照程朱理学的道统说,程朱是孔孟之后天地之道的传道人,那么周公之后的行道治世由谁来继承呢?在理学家们看来,汉唐时代是不够格的,因为理学家们虽然也承认汉唐君王的功绩,但他们以人欲为主,不以天理为主,因而汉唐是一个物欲横流的"霸道"时代,远非是行仁政的"王道"之世。当道学思想在南宋士人社会得到越来越广泛的传播和认同的情况下,那种把法祖宗与法帝王(法先王)联系起来的做法,除了有其对赵宋王朝歌功颂德和追尊祖宗的成分而外,显然是有着"无善治,士犹得以明夫善治之道"的深意。

### (三)正君心与南宋后期法祖宗

南宋后期道学兴盛,法祖宗的倾向也深深地打上了"正君心"的烙印。这实质上是对王安石新学的反动,程朱学派把王安石变法导致亡国归结为"学术不正"和"心术不正"乃至开启人主欲心。朱熹说:"治道别无说,若使人主恭俭好善,'有言逆于心,必求诸道;有言孙于志,必求诸非道',这如何会不治!这别无说,从古来都有见成样子,真是如此。""天下事有大根本,有小根

---

① (宋)真德秀:《西山先生真文忠公文集》卷四,《召除礼待止殿奏札一(乙酉六月十二日)》,四部丛刊初编缩印本。

本。正君心是大本。""天下事,须是人主晓得通透了,自要去做,方得。"①朱熹把"君心"的正邪与天下万物的"正邪"紧密地联系在一起,只有正君心才能正天下之心,那么何谓君心之是、君心之正呢?朱熹又说:

> 臣闻人主所以制天下之事者,本乎一心,而心所主,又有天理人欲之异,二者一分,而公私邪正之途判矣。盖天理者,此心之本然,循之则其心公而且正;人欲者,此心之疾疢,循之则其心私而且邪。公而正者,逸而日休;私而邪者,劳而日拙。其效至于治乱安危有大相绝者,而其端特在夫一念之间而已。②

显然,朱熹把君心中存在的"天理"和"人欲"作为君心正邪的标准,因而正君心,就要本着使君主存天理、灭人欲的理念。

朱熹对儒学(严格说孔孟之学)发展的贡献也许大于王安石,但他只是大思想家,而不能称其为大政治家。所以他虽然羡慕王安石有得君行道的历史机遇,可是当他处在类似的历史机遇来临之际,却被他反王安石之道而行之的做法所错过。王安石被欲大有为的神宗召对时"入对,帝问为治所先,对曰:'择术为先。'帝曰:'唐太宗何如?'曰:'陛下当法尧、舜,何以太宗为哉?尧、舜之道,至简而不烦,至要而不迂,至易而不难,但末世学者不能通知,以为高不可及尔'"③。这与朱熹在也想大有为的孝宗即位之初,奉诏入朝上封时一再强调"帝王之学,必先格物致知,以极夫事物之变,使义理所存,纤悉毕照,则自然意诚心正,而可以应天下之务","大学之道在乎格物以致其知。陛下虽有生知之性,高世之行,而未尝随事以观理,即理以应事。是以举措之间动涉疑贰,听纳之际未免蔽欺,平治之效所以未著"形成鲜明对照,直到孝宗退位前夕依然奉行不改,淳熙十五年(1188),朱熹上书时"有要之于路,以为'正心诚意'之论上所厌闻,戒勿以为言。熹曰:'吾平生所学,惟此四字,岂可隐默以欺吾君乎?'"④正是缘于王安石和程朱理学的区别不仅是主张的区别——一方主张制度变革,一方主张伦理定位——更是理念的区别。王安石公开地吸取释老诸家的义理以阐释儒家的经典,而又用这样的经术去经理事务,即付诸

---

① (宋)黎靖德编:《朱子语类》第 7 册,第 2678、2679 页。
② (宋)朱熹:《朱文公文集》卷一三,《延和奏劄二》,四部丛刊初编缩印本,第 191 页。
③ 《宋史》卷三二七,《王安石传》,第 10543 页。
④ 《宋史》卷四二九,《道学传三·朱熹传》,第 12752、12757 页。

第七章　南宋社会的历史性转折

政治实践，重视并谋求建立一个运行高效、刚健的政府，程朱理学家们专讲求内圣而不讲求外王，把如何御侮、安民、理财、练兵等事一律放在极其次要的地位，渴望建立一个具有自我道德完善能力的社会。这种分野大致是朱熹失去"得君行道"机会的原因，这也为理学（道学）家在未来历史进程中对政治、经济、军事改革不可能有所作为埋下了伏笔。

南宋后期法祖宗的政治倾向深受其影响，把人主的"心术"视作法祖宗的必要前提。《群书会元截江网》卷四在"法祖"一节中所汇辑的"时政"，则更是把法祖宗与天地之心联系起来，所汇辑的"时政"云：

> 法其一心之天，夫有阳而有阴，有中国而有夷狄，有君子而有小人，此天之所以为天也。内阳而外阴，内中国而外夷狄，内君子而外小人，此仁祖之所以为天也。故论仁祖者，当论其一心之天，而法仁祖者亦当法其一心之天，天之在仁祖，其定也久矣，定吾之天以应天之天。阴阳之未调，夷狄之未服，是天之未应也。而吾之天固定也，阴阳之已调、夷狄之已服，是天之已应也，而吾之天亦定矣。①

从格君心之是非或正君心的角度谈论法祖宗，进而推进政治革新，未免给人以迂阔之感，很难讲对时政有多少裨益。这使我想起刘子健先生早年曾提出一个思想史上的问题："南宋道学兴起，特重'正心诚意'。在当时，在后世，常常觉得这不免迂阔。果真如此吗？当时儒者看透皇帝和官僚的虚伪，深深觉悟不从道德风气上来倡导精神改革，还有什么出路？至于这种倡导，是否收效，是另一个问题，也是儒教史上一个最基本的问题。是不是在许多限制之下，它还是有相当影响的？政治上的功效也许少些，对社会道德是不是颇有贡献？"②的确，把正君心作为法祖宗的一个内容，在很大程度上表现了入仕的儒者的一种无奈的为政心境和取向，尽管无补于弊政的救治，然诚如刘子健先生所言是儒者看透皇帝和官僚虚伪的一种"深深觉悟"。

但是不可否认觉悟者毕竟是极少数，南宋后期在"法祖宗"的旗帜下，空谈政治，使南宋社会上上下下因循守旧，政治保守主义日益弥漫，变法之门被

---

① 《群书会元截江网》卷四，《法祖（附更变）》，文渊阁四库全书景印本，第934册，第56页。
② 〔美〕刘子健：《南宋君主和言官》，《清华学报》1970年第1—2期，后收入氏著：《两宋史研究汇编》，台北联经出版事业股份有限公司，1987年。

关闭。在遵循所谓的"祖宗之法"上，不敢越雷池一步。魏了翁为宋理宗所开具的救弊治国之方是：一曰复三省旧典，以求六卿；二曰复二府旧典，以集众思；三曰复都堂旧典，以重省府；四曰复侍从旧典，以求忠告；五曰（原阙）；六曰复台谏旧典，以公黜陟；七曰复制诰旧典，以谨命令；八曰复听言旧典，以通下情；九曰复三衙旧典，以强本朝；十曰复制阃旧典，以黜私意。再看方岳为宋理宗所开列的图治方案：一曰正人心，二曰定国本，三曰别人才，四曰谨王言，五曰节邦用，六曰计军赏，七曰徽士习，八曰清仕途，九曰结人心，十曰祈天命。姑且不论魏了翁、方岳的治国方案是否能被当局者采纳，单就他们的治国胸怀而言，除了在所谓的"祖宗之法"的窠臼里和道学家的空论中兜圈子外，实在看不出有什么革新政治的意义。这只是两个事例而已，其实在南宋后期官僚士人的文集中，举凡涉及革新政治，大致都不出其右，即只在赞美祖宗家法，或称颂太祖、太宗、真宗，或美誉仁宗，或溢美元祐，似乎只要恢复祖宗圣政，一切弊端都可消除，腐朽破败的政治就会得到医治，所谓"论恢复则曰修德待时；论富强则曰节用爱人；论治则曰正心；论事则曰守法"①。正是在这些空洞的议论声中，南宋政治日趋走向颓废。南宋末年，黄震言当时之弊，曰民穷，曰兵弱，曰财匮，曰士大夫无耻。可谓一针见血。

## 参考文献及拓展阅读

〔美〕刘子健：《中国转向内在：两宋之际的文化内向》，赵冬梅译，江苏人民出版社，2002年。
〔美〕刘子健：《两宋史研究汇编》，台北联经出版事业股份有限公司，1987年。
漆侠：《宋学的发展和演变》，《漆侠全集》第六卷，河北大学出版社，2008年。
吴松弟：《中国移民史》第四卷，《辽宋金元时期》，福建人民出版社，1997年。
王水照：《南宋文学的时代特点与历史定位》，《文学遗产》2011年第1期。
袁征：《宋代教育——中国古代教育的历史性转折》，广东高等教育出版社，1992年。
〔美〕狄百瑞：《东亚文明：五个阶段的对话》，何兆武、何冰译，江苏人民出版社，2012年。

---

① （宋）陈亮：《陈亮集》（增订本）卷一，《上孝宗皇帝第二书》，中华书局，1987年，第10页。

王善军:《宋代宗族和宗族制度研究》,河北教育出版社,2000年。

"中央研究院"历史语言研究所编:《中国近世家族与社会学术研讨会论文集》,1998年。

黄宽重:《宋代的家族与社会》,台北东大图书公司,2006年。

李华瑞:《略论南宋政治上的"法祖宗"倾向》,《宋史研究论丛》第六辑,河北大学出版社,2004年。

# 第八章 宋朝的"内忧"与社会保障

宋太宗曾告诫大臣们:"国家若无内患,必有外忧,若无外忧,必有内患。外忧皆可预防,惟奸邪无状,若为内患,深可惧也,帝王用心,常须谨此。"① 宋太宗所讲的"内忧""奸邪无状",20 世纪 80 年代以前,一般多指为防范或镇压"农民起义",改革开放后有学者以为,不仅指防范或镇压农民起义,而且应当包括统治阶级内部的矛盾和威胁,也就是说预防"奸邪无状"包括女主当政、外戚干政、宦官专权、宗室之乱、武将跋扈、藩镇割据等影响皇权稳定的内容。目前学界对宋朝的内忧或内患的理解大致包括这两项内容,即统治阶级与被统治阶级之间的矛盾与冲突、统治阶级内部的矛盾与冲突。为了便于叙述,先讲统治阶级内部的矛盾与冲突,由于武将跋扈、藩镇割据后面会专门讲到,这里只讲宋朝的宗室、后妃、外戚、公主、宦官。

## 一、统治阶级内部的矛盾与防范

元明清人对宋代的武功及制度建设多有微词,但是对宋朝治理后宫、外戚、宦官、宗室则称赞有加。但是实际上宋朝并非无内乱,只是与前后代相比危害程度相对小一些而已。

周秦以降,皇权维护统治的中国传统政治,在皇权主导下,朝廷政治一般分作"内朝"和"外朝",外朝主要由文武百官组成,而内朝除宗室、外戚以外,还应包括后妃、公主和宦官。内朝作为皇帝用来制衡外朝权力的工具,具有两个主要特征:一是由皇帝的亲属或亲信组成,二是凌驾于外朝之上。内朝

---

① (宋)陈均:《皇朝编年纲目备要》卷四,第 88 页。

与外朝相比，更能显示中国帝制政治的"家天下"统治特色。文武百官（亦即士大夫集团）与内朝人员是皇权用以治天下的两个基本政治力量，或倚重士大夫，或倚重内朝。汉唐明清倚重内朝似大于倚重士大夫集团，虽有不同侧重点的利弊，但共同点则是两者都是被皇权操纵的。

皇位之争是最大的宗室之祸，宋朝也不能完全说无，如太祖与太宗之间的传承就被指为篡弑，即所谓的斧声烛影之疑，虽然学界对此有很多争议，但是大多数史家还是认为斧声烛影是有所本的，只是在太祖是被太宗亲手所弑还是太祖暴卒另有他因上有所争议而已。可以说斧声烛影之疑颇有五代时期子弑父、弟篡兄之遗风。斧声烛影之后，宋朝大体上无宗室之祸。至于神宗时期涉嫌谋反的太祖第四代宗亲赵世居之狱、理宗即位之时的霅川之变，虽然涉及宗室之间的猜嫌，但终究没有酿成宗室间的暴力冲突。

内禅的含义是皇帝在生前把皇位传给儿子或养子。宋朝在斧声烛影之疑以后，与唐朝同样都有过4次内禅，但是不同的是唐朝大致都是子逼其父，父不得已，而宋朝的四次内禅：徽宗传钦宗，高宗传孝宗，孝宗传光宗，光宗传宁宗，大多出于禅让者本人自愿，特别值得注意的是，高宗传孝宗，宋的皇室传位由太宗一系至孝宗又回到太祖一系，则肯定与宗室之争有一定关系，不过总算是平安交接政权。

宋朝治理内朝的方法和制度多种多样，但是最核心的方法和制度可以概括为优容与防闲相结合。即在政治上给以较高的荣誉地位，在经济上给以丰厚的俸禄，但用制度约束不给实际的权力，或者说即使掌握权力也不能超越允许的范围，大致是把内朝权力关在笼子里。

在宋人看来，从前各个朝代之所以发生宗室之祸，其原因在于对宗室"宠之太过，任之太重"，宋太宗在对一切有可能危及其皇位的至亲骨肉都借故加以剪除的同时，逐步建立制度，限制宗室权势，防止宗室作乱，宋朝先后颁行过《宗室座右铭》《宗室六箴》《宗室善恶宝戒》等劝诫文书。宋朝待宗室的基本原则是"赋以重禄，别无职业"①，即采取剥夺政治权力而给以优厚的经济待遇的政策。宋朝宗室担任实职的状况大致经历了三个阶段：宋真宗大中祥符（1008—1016）以前，宗室虽不许参加科举考试，但可以被任命为地方行政长官。"我国家祥符之前，皇亲尚出临郡，后绝外授。"②至大中祥符以后，宗室非但不许参加

---

① （宋）范镇：《上仁宗乞宗子以次补外》，《宋朝诸臣奏议》卷三二，第312页。
② （宋）张方平：《乐全集》卷一〇，《皇族试用》，《宋集珍本丛刊》第5册，第701页。

科举考试，而且不再出任地方官。宋神宗熙宁二年（1069）以后，五服以外的宗室远亲可以通过科举考试获得差遣即实职。宗室参加科举考试，与庶姓相比虽然"取之太优"，但是录取后"用之有限"①。宗室近亲几乎无一不授予较高的官职，虽然常常没有实权，但俸禄比一般官员优厚。一般地说，宋朝宗室不领兵、不拜相。唐朝宗室拜相达十数人，而宋朝只有赵如愚一人担任过宰相。宋代的宗室既享有某些法律特权，又受到某些特殊限制。特别是宗室近亲，往往被局限在狭窄的圈子里，说他们被软禁或许言过其实，几乎与世隔绝则接近于事实。他们担任实职尚且受到种种限制，通常更是难以凌驾于宰相之上，宋朝不存在"宗室内朝"是显而易见的。如果说唐代多次发生宗室之祸，关键在于太子、亲王大权在握，尤其是兵权在手，那么宋朝的太子和亲王一般不具有实权，更不能管军，则是宋朝大体无宗室之祸的重要原因之一。

在女性宗室中公主地位最高并最有代表性。宋朝公主很少插手朝政，是个颇引人注目的历史现象。公主在政治上贵而不骄。宋朝公主不仅无权任命官员，即使她们为自己的丈夫或子孙请求加官晋爵，也难免不碰壁。公主出嫁后在夫家内恪守妇道，并要求要向公婆下拜，"奉姑舅以孝"②。这与唐代公主跋扈形成鲜明的对照。不特如此，而且驸马极少出任要职。

外戚是指皇帝的母族、妻族，也包括皇帝的姐妹和女儿的夫族。宋朝对待外戚也是"养之以丰禄高爵，而不使之招权擅事，从容进退，以永保其安荣，诚所以厚之不薄也"③。就制度而言，外戚可以任武职高官，不得担任有实权的文资和侍从，"历考祖宗朝，后父无任文臣侍从官者"④。在宋代担任某州观察使、防御使、团练使、刺史的外戚比比皆是，可是这些职务"大率不亲本州之务"，也就是说外戚不得在地方担任监司、郡守。就历史实际来看，整个北宋时期以及南宋初期均无大外戚，大外戚仅见于南宋中后期。宋代的外戚执政不过钱惟演、王贻永、孟忠厚、钱端礼、张说寥寥数人，而外戚宰相则只有韩忠彦、郑居中、韩侂胄、贾似道4人，其中权倾中外者韩侂胄、贾似道两人而已。即使是韩、贾两人，也不敢妄想篡位。与汉唐相比，"外家不任要职，亦不干预政

---

① （宋）蔡勘：《定斋集》卷五，《论选用宗室札子》，文渊阁四库全书景印本，第1157册，第616页。
② （宋）刘挚：《忠肃集》卷一四，《宋宗室慈州防御使宗博故夫人普宁郡君郭氏墓志铭》，文渊阁四库全书景印本，第1099册，第609页。
③ （宋）吴执中：《上徽宗论郑居中除同知枢密院事》，《宋朝诸臣奏议》卷三五，第352页。
④ （宋）李心传：《系年要录》卷一一，建炎元年十二月甲子，第287页。

事"①，宋代外戚的权势显然较小。南宋中后期韩侂胄、贾似道不是内朝的头目，而是外朝的首领。近人将秦桧、韩侂胄、史弥远、贾似道称为南宋四大权臣，他们都是大权在握的外朝首领。由此大致可以说宋朝无外戚之内朝。

后妃作为帝王的妻妾，一旦干预外朝正事，其影响力之大，绝非普通宗室以至亲王、太子可比，往往酿成所谓"女祸"。宋朝逐步完善对后宫的约束机制，使之程序化和法制化，具体表现为：（1）确立"治内之法"，严厉限制后宫与外朝的联系，尽可能地将皇后嫔妃的日常活动控制在内宫之内，限制她们参与朝廷政治；（2）限制内宫的人数，以减轻财政负担；（3）宋代精密的官僚制度制约皇后嫔妃之权力；（4）从宋初以来就注重抑制和防范宦官与外戚，于是削弱了后妃擅权的统治基础；（5）朝廷大臣干涉宫人的挑选和后妃的废立。宋朝建立等级森严的后宫制度，从皇后、夫人、九嫔、二十七世妇，一直到服役的宫女，阶梯分明。选择后妃，并不刻意要求出身，既有出身巨室贵臣之女，也有出身平民和富商之女，司马光说"祖宗之时，犹有公卿大夫之女在宫掖者，……近岁以来，颇隳旧制，内中下陈之人"，通过"监勒牙人，使之雇买"，"致有军营市井下俚妇女杂处其间"，"置之宫掖"②，后妃实力有限。因而宋代摄政皇太后虽有八位之多，但从未威胁皇位。宋朝无武则天、韦皇后政变、改制之事，宋真宗皇后刘氏，在仁宗即位后垂帘听政，权倾一时，但并非武则天第二。宋神宗母后高氏，神宗病故以太皇太后身份临朝称制，元祐年间扶持、重用反变法派，否定神宗改革路线，号称"元祐更化"，但不敢逾越后宫祖制，以严守妇德而著名。在南宋时期，后妃干政的典型要算宋宁宗杨皇后，她曾两次矫宋宁宗之诏，发动政变。一次发生在开禧三年（1207）十一月，杨皇后串通礼部侍郎史弥远等人，命令中军统制夏震将秉政多年的平章军国事韩侂胄杀死于临安玉津园。另一次发生在嘉定十七年（1224）闰八月，宋宁宗死时，废赵竑为济阳郡王，另立赵昀为皇帝，其主谋为宰相史弥远。虽然杨皇后在改拥的整个过程中犹豫不决，但最终还是"默然良久"③，参与其事。

中国帝制时代的集权专制制度在北宋时期又有所发展，宦官作为这一制度的产物，其权势在当时的历史条件下不可能受到严格的抑制，加之猜忌武将以至文臣是北宋王朝的一项基本国策，太后承制、刚明之主在位、昏庸之君在位

---

① （宋）李心传：《系年要录》卷二一，建炎三年三月丙戌，第492页。
② （宋）司马光：《上英宗论后宫等级》（嘉祐八年二月二日上），《宋朝诸臣奏议》卷二九，第279页。
③ 《宋史》卷四六五，《恭圣仁烈杨皇后传》，第8657页。

都可能重用宦官。不过宋代汲取汉唐历史教训对宦官管理亦较严格。马端临说宋代"惟内侍所掌，犹仿佛故事"①。北宋宦官机构有两个：一个是入内内侍省，"宋初，有内中高品班院，淳化五年，改入内内班院，又改入内黄门班院，又改内侍省入内内侍班院"②，简称后省，其官员有都都知、都知、副都知、押班等；另一个是内侍省，曾经叫作内班院、黄门院、内侍省内侍班院，简称前省，其官员有左右班都知、副都知、押班等。后省"尤为亲近"③，地位高于前省。前后省的下属部门如往来国信所，其职则是掌宋辽通使交聘之事；军头引见司，其职责是掌诸军拣阅、引见、分配之政。这些职掌显然不属于宫掖中事。在《宋史·宦官传》里有传的北宋宦官共43人，除冯世宁1人而外，其他42人皆担任他职，兼领外事。在这42人中，曾奉命到外地完成特殊使命者19人，负责治理黄河、兴建宫殿、筑城修路等土木工程者15人；出使党项、辽朝者5人；曾管勾修国史、干当实录院者4人；或勾当群牧司或任群牧副使，管理马政者7人；勾当三班院，主管武官三班使臣的注拟、升迁、酬赏等事者6人；担任经制市舶司、勾当内藏库、监在京榷货物、提举诸司库务之类的职务，或奉命议更茶法、经制财用、督运物资，以参与理财活动者7人。此外，某些宦官或权州事，或知军事，或提举保甲，或任山陵使，或掌弓箭军器库。概括地说宦官参政集中表现在四点：一是率军作战，二是监视军队，三是侦探臣民，四是审理案件。虽然受皇帝信用，宦官普遍参政，但是宋廷并没有放任或放纵宦官，采取了控制宦官人数、设立宦官介官、压低宦官品级、不许宦官掌握机密等一系列的限制措施，因而宦官权势再大，如宋徽宗时官至使相的童贯、梁师成，也很难像唐代后期那样废立皇帝、生杀大臣，形成宦官内朝。南宋初年高宗宠信的宦官与武将勾结，作威作福，激起以清君侧为名的苗刘之变，其后南宋朝廷以此为戒，为了防止宦官人数增多，南宋帝王采取一套比北宋削弱宦官权势更严厉的制度。④

从上述可以看出，宋朝皇权之所以没有汉唐和明清的内朝之乱，是与宋朝制定旨在约束内朝权力的系列制度分不开的，当然宋廷在限制权力的同时给以内朝成员优厚的经济待遇和优容的政治地位作为不染权力的代价。除此之外还有两个重要的因素不能忽略，一是北宋自真宗朝以后新儒学复兴运动，"理学"

---

① （元）马端临：《文献通考》卷四七，《职官考》，第1361页。
② （元）马端临：《文献通考》卷五七，《职官考十一》，第1701页。
③ 《宋史》卷一六六，《职官志》，第3939页。
④ 详见张邦炜：《宋代宦官问题辨析》，《宋代政治文化史论》，人民出版社，2005年。

观念虽然在未居官学之位之前，对社会风俗影响有限，但通过经筵等家庭教育，士大夫家庭、皇室皇宫应当比较早地接受理学一类思想，因而行为规范与社会普通百姓不尽相同，譬如公主大多比较节俭，后妃大多不私外家。宋哲宗时吕大防把祖宗家法区分为八大类即"事亲之法""事长之法""治内之法""待外戚之法""尚俭之法""勤身之法""尚礼之法""宽仁之法"，就体现了理学家们的礼学思想。二是宋朝的士大夫集团与汉唐的豪族、世家大族集团不一样，他们没有任何一个家庭的实力和根基能够同从前门阀士族相比，其地位又不能世袭。他们对皇权，不仅很难构成威胁，而且具有向心力，越发需要皇帝来代表他们的利益。而赵宋统治集团由军阀而来，他们依靠文人士大夫集团抑制唐末五代武人跋扈、藩镇割据找到了治理天下的共识，因而在巩固皇权时不如汉唐和明清更多依靠内朝势力以制外朝，所以宋朝无内乱有其强烈的时代特征。

## 二、统治阶级与被统治阶级之间的矛盾与冲突

"农民起义""农民战争史"在 20 世纪曾是国内中国古代史研究中最受关注的"五朵金花"之一，随着以阶级斗争为纲的时代渐成历史的记忆，"农民起义""农民战争史"研究也已淡出历史研究主流所关注的视野，并且将"农民起义""农民战争"等概念名词转而称为带有很浓中性色彩的"民变"名词。不过，"官逼民反"是宋代农民反抗国家暴政和地主残酷剥削压迫的主因，从这个角度称其为"起义"未尝不是一个合适的定义。

农民起义无疑是社会矛盾激化的最终表现，农民反抗的原因或是反抗国家暴政，或是反抗贪官污吏，或是反抗地主的重租压迫，或是反抗对民间贸易的禁榷，或是怀有对朝廷的"异志"，或是打家劫舍的强盗行为，或是因民族矛盾加剧国内矛盾等不一而足。宋朝虽然没有像前后代爆发大规模的农民起义，但是数十人、数百人、数千人的小规模的起义从太祖建立北宋伊始就没有间断过，起义地区广，层出不穷。比如宋仁宗统治的 11 世纪 40 年代，农民起义连年不断，欧阳修说"今盗贼一年多如一年，一火强于一火"[①]。而嘉祐四年（1059）四月，刑部官僚上报说，由于民贫乏食一年当中曾发生"劫盗"九百七十起之多。不过具有一定影响的农民起义，据统计，北宋有 30 余次，南宋有 40 余次，其

---

① （宋）欧阳修：《奏议集》卷四，《再论置兵御贼札子》，《欧阳修全集》下册，第 799 页。

中规模较大的有4次：淳化四年（993）四川地区王小波、李顺领导的起义；宣和元年（1119）山东宋江三十六人起义；宣和二年（1120）浙江青溪县方腊领导的起义；建炎四年（1130）湖南洞庭湖地区的钟相、杨么领导的起义。而且其中规模较大，较剧烈的起义则多集中在四川、江浙、湖南、江西、福建和广东等土地肥沃物产丰富的地区，因为当时经济最繁荣的南方各省，实际上也是地主阶级兼并土地较为剧烈、国家赋敛沉重的地区。

宋代农民起义的主要民众有：（1）佃农。普通称作庄客、佃客、佃户、旁户、浮客、客户、租户、种户、种地人、地客、火客、佃仆等；（2）自耕农。自耕农也是宋代农民起义中的主要群众；（3）中小工商业者。两宋时期，除了佃农、自耕农和中小工商业者以外，还有渔民、盐贩、海民、士兵、流民、知识分子等。

从起义的规模和时间来看，单由农民领导的叛乱案例不多，规模也不大，反而是由私贩茶、盐的商人所发动的"起义"最值得注意。譬如：北宋初期王小波、李顺领导的起义反映了四川地区布帛茶贩小所有者对于官榷法的反抗。方腊起义反映了浙西地区茶漆竹木手工业原料供给者们对官家掠夺榨取的反抗。钟相、杨么起义反映了洞庭湖地区的佃农和庶民对于南宋官吏趁国难之际大肆搜括和剥削等行为的反抗。范汝为起义和赖文政的起义则反映出私盐贩者、茶商对南宋统治者过重的压迫和剥削的反抗。

宋朝的农民起义与前后时代相比有一个突出的特点是，继唐末起义领袖王仙芝自称"天补平均大将军"，黄巢号"冲天太保平均大将军"，要求实行赋役负担上的"均平"，五代南唐的起义提出"使富者贫，贫者富"的要求之后，北宋初期王小波、李顺领导的起义更加明确地提出"吾疾贫富不均，今为汝均之"①的要求，南宋初钟相、杨么起义在这种"均贫富"的思想基础上，进一步提出"法分贵贱贫富，非善法也。我行法，当等贵贱，均贫富"②的主张。

为什么在唐末五代两宋时期起义领袖能提出这样的口号？这是与土地占有关系变化，使参加起义的基本成员发生变化的产物。众所周知，在唐中叶以前，国有土地较多，所以统治者能够不断推行徙民给田、赋民以田、占田、均田等土地制度，自唐中叶开始到宋，大地主土地所有制和土地买卖制度已确立，前期的土地制度不能再推行。随着土地占有关系的变化，参加农民起义的基本成

---

① （宋）陈均：《皇朝编年纲目备要》卷四，淳化四年二月，第90页。
② （宋）李心传：《系年要录》卷三一，建炎四年春正月甲午，第721页。

员也发生了变化，前期以自耕农为主，次之佃客，后期则以佃农为主，次之自耕农、流民及中小工商业者，这是因为在国有土地所有制下的生产者，大都是国家的编户齐民，是自耕农，即使用一部分土地，他们在农民阶级中构成大多数，国家的赋税的征收、徭役的征发都是由他们来承担，因而当国家赋役过重，逼得他们走投无路、揭竿而起的时候，他们自然把矛头指向皇帝和地主政权，秦末农民以"天下苦秦久矣"为口号，高高举起"伐无道，诛暴秦"的旗帜，汉末黄巾义军以"苍天当死，黄天当立"为口号，等于公开宣布要以农民政权代替汉政权，都是在这种生产关系下将矛头直指国家政权的反映。

到宋朝，地主大土地所有制已取代帝制国家土地所有制，而居土地占有关系的主导地位，租佃关系得到空前发展，佃农也成为农民阶级的主要成分。这时的国家赋役的形式，采取了间接的方式，这就是地主和有财产者向国家交赋税，佃农向地主交地租，其实国家的税收仍然是源于佃农的劳动剩余产品。在这种情况下，国家征取赋役就会被地主向佃农征取私租的关系所掩盖，因而佃农起义时必然把矛头集中在地主身上。

宋朝的社会结构、土地占有形态、政治经济制度等决定官僚地主阶级占有大量的财富，而广大劳动人民处于赤贫的境地，同时宋代"官无世守"、"田无常主"的社会现实，使农民阶级先进分子认识到贵贱、贫富是可变的，易变的，并非天命所定。既然官僚、商人和地主通过土地兼并囤积居奇、营私舞弊、敲诈勒索等手段，不断改变自己的经济和政治地位，甚至有些官僚、商人和地主就在激烈的竞争中破产而沦为贫贱。比如寇准去世，豪强一世到其子孙沦为贫困。正像有些士大夫已经看到的"贫不必不富，贱不必不贵"①的社会现象那样，那么农民阶级也未尝不可用起义的方式改变自己的贫穷命运而成为拥有财富的人，实现"均贫富，等贵贱"的口号，这是宋朝起义不同于前代的重要特征。所以，五代南唐至北宋初起义口号的变化集中反映了两个多世纪以来的社会变迁，反映了农民阶级社会地位的变化。其次，唐代虽有客户，但系土、客相对，土户与宋朝的主户还有区别。只有到北宋建立以后，主客户制度才正式确立，它集中反映了土地制度、佃客地位的变化，所以北宋的建立并非一般的革代易姓，而是标志着历史时代的转折，具有特殊的社会意义。

特别值得注意的是，两宋农民起义没有扩大到全国范围，延续时间也不很长。与秦、汉、隋、唐、元、明、清相比，宋朝是一个唯独没有发生全国范围

---

① （宋）刘跂：《学易集》卷六，《马氏园亭记》，文渊阁四库全书景印本，第1121册，第589页。

农民起义的王朝，也就是说起义的规模不如陈胜、吴广、黄巾、黄巢、红巾军、李自成、张献忠和洪秀全。这是什么原因造成的呢？这个问题学界一般多从社会结构、经济制度、民族矛盾、统治阶级的策略、起义领袖素质等方面提出了许多有益的见解，概括地讲可以归纳为客观条件和主观因素两大方面，客观条件大致有如下几方面：

首先是民族矛盾尖锐，民族矛盾与阶级矛盾互相交错是原因之一。宋代自始至终都处于与少数民族政权对峙的局面中，北宋有辽、夏与之鼎足而立，南宋又与金称南北朝，兵燹连年，战祸不已，民族矛盾相当严重。在一定情况下，民族矛盾掩盖了阶级矛盾，因为抗击侵略者保家卫国，成了当时的主要问题，如许多起义是在两个矛盾尖锐下爆发的，起义军自发地起来同侵略者作斗争，因而，民族矛盾转移了国内阶级斗争的视线。

其次是租佃关系的发展，在某种程度起了安集农民的作用。租佃关系下的农民，虽然仍然处在地主和国家双重地租赋役的剥削下，但他们毕竟可以依赖契约获得一部分土地耕种，并能保证一定数额的必须生活资料。穷苦农民能有田佃耕总算是维持生活的一线希望，不至于流徙他方，因此，租佃关系的普遍发展，起了一定的安集农民的作用，减少了农民的流亡，因而也影响了起义范围的扩大。同时，又由于沉重的地租剥削，佃农生活之苦，起义集中在反抗地租、赋税剥削的斗争，成为两宋农民起义的另一特点。

第三是工商业的发达，吸纳了相当数量的劳动者。宋朝手工业生产和商业活动的发展，使得在沉重赋税地租压榨下的农民转向手工业生产和商业活动的机会增多了。比如仅在福建一带参加茶叶种植经济的人在四十万左右。宋代榷酤特别发达，据《文献通考》的统计熙宁十年全国有酒务1861处，每务管理人员约需15—20人，每务辖有数个酒场，每场需要工匠少则二三十人，多则四五十人，由此推算，在酒场工作的人员不下数十万。商业活动其他手工业行业人数也不少。当然，农民转为工商的出路也并不能真正解决农民的生活，但在当时来说，它毕竟是谋求生活、避免流亡的又一个途径。

主观因素大致包括统治阶级采用恩威并举的两种手段：

一方面宋统治者对农民起义的镇压，除屠杀、招安以及"或招、或捕、或使之相戕"①三策并用外，于起义多的地区立重法，利用土豪，使用乡兵保伍，断绝义军的粮食，甚至使用美人计等手段来镇压起义。另一方面宋朝政府与历

---

① 《宋史》卷四四五，《叶梦得传》，第13135页。

代封建统治者相比,对起义更注重于运用非军事对抗性策略,以养兵政策为例,赵匡胤认为"可以利百代者,唯养兵也",所以凡某地发生灾荒即派人募兵,既加强了作为政权支柱的军队,又用釜底抽薪的办法防农民起义于未然。又如太宗朝以后宽减饥民"强盗"死罪,亦即对于因灾荒抢夺官府和富家粮仓的饥民"取其为首者杖脊,余悉减杖"[①];"持仗劫人仓廪,非伤主者,减死,刺配邻州牢城,非首谋者又减一等"[②]。如果仅从上述各种条件和应对起义措施,可以防止中小规模起义的发生,并不能真正防范全国农民起义于未然,这是因为农民起义固然是社会矛盾激化的最终表现,但是从导致历代农民战争发生的原因看,最终社会矛盾激化形成全国性对抗,主要有两个因素,一是较大范围和特别严重的自然灾害的发生,一部部农民战争史是最好的说明,新莽末年、东汉末年、隋末、唐朝后期、元末、明末等时代爆发的农民战争均发生在自然灾害危机的时期。二是统治者在自然灾害发生时不仅不采取缓和矛盾的政策和措施,反而征调和剥削不已,从而加剧矛盾的激化,从前面提到的历代农民战争爆发原因看,无不是如此。

宋朝自然灾害发生的频率和程度都不比前后各代少和小,可以说是一个自然灾害频发、高发的历史时期,据不完全统计,北宋各类自然灾害发生1113次,南宋发生825次,合计1938次。其中,明确记载死亡人数逾万人者,或有骨肉相食、积尸满野相类记载的特大灾情23次;明确记载死亡逾千人者,或毁坏农田数万顷,或受灾面积"数百里""赤地千里",或流民数万,或灾害发生后官府有较大赈灾措施的大灾情48次;明确记载死亡人数逾百人,或灾情发生在两路以上者,或损田数百顷,或毁坏民居、仓库、官署等千区以上,或雹如卵,数县乃至一二十州县受灾,或六级以上、七级以下强烈地震灾害的严重灾情249次。从有宋一代自然灾害对社会生活的影响整体情况来看,水灾(主要是黄河、长江泛溢及海潮)对人民生命财产方面的威胁最直接也最大,其次是疾疫,再次是地震,而造成人民背井离乡和饿殍遍野的饥荒,则主要是旱灾所致。两宋时期见于记载的饥荒年份,共计195年,其中发生在三个州至一路较大范围的饥荒年,计58年。两宋时期,灾荒年间饥民和流民人数众多,规模相当庞大,从数千、数万至数十万乃至上百万,有统计的记载峰值是250余万人。[③]

---

① (宋)陈均:《皇朝编年纲目备要》卷五,淳化五年正月,第96页。
② 《长编》卷一〇三,天圣三年三月戊寅,第2378页。
③ 详见李华瑞:《宋代救荒史稿》,天津古籍出版社,2014年。

在如此频发、高发的自然灾害面前，最容易遭受伤害和打击的是两个群体，一是弱势群体，即孟子所言"老而无妻曰鳏，老而无夫曰寡，老而无子曰独，幼而无父曰孤，此四者天下之穷民而无告者也"。二是贫困不能自存者和乞丐。这两类群体主要是社会发展水平及社会矛盾所致。中唐以后随着均田制瓦解，至宋代土地买卖成为合法。由此贫富分化也日益扩大。苏洵曾从"田制"变化敏锐地观察到造成贫富的根源所在：

> 耕者之田资于富民，富民之家地大业广，阡陌连接，募召浮客，分耕其中，鞭笞驱役，视以奴仆，安坐四顾，指麾于其间。而役属之民，夏为之耨，秋为之获，无有一人违其节度以嬉。而田之所入，已得其半，耕者得其半。有田者一人而耕者十人，是以田主日累其半以至于富强，耕者日食其半以至于穷饿而无告。①

董煟在《救荒活民书》中指出："自田制坏而兼并之法行，贫民下户极多，而中产之家赈贷之所不及，一遇水旱，狼狈无策，只有流离饿莩耳。"② 因失去土地的人群绝大多数是贫苦的乡村下户和乡村客户。乡村下户和乡村客户在宋朝总户数中所占比重极大，王曾瑜先生认为约占北宋总户数的 78.2%—93.5%，漆侠先生估计为 85% 左右，南宋时期所占比重还要更高一些。

这样庞大的社会群体，在特大自然灾害和大灾害发生时如果没有较为完整的救助体系和救护保障，是极易发生全国性农民起义的，但是宋朝没有发生，这不能不是宋朝建立了当时世界最为先进、最为有效的社会保障制度和实施了有效的社会保障工作的反映。由于宋朝的社会保障在中国古代具有承前启后的历史意义，也是宋代文明的重要表现，故下面作较为细致的讲述。

### 三、社会保障的基本制度和措施

宋朝社会保障包括两大部分，一是荒政，二是保息。《周礼》已有较为系统的"荒政""保息"理论：

---

① （宋）苏洵：《嘉祐新集》卷五，《田制》，《宋集珍本丛刊》第 7 册，第 458 页。
② （宋）董煟：《救荒活民书》卷一，祥符中，珠丛别录本，艺文印书馆，第 16 页。

"以荒政十有二聚万民。""一曰散利、二曰薄征、三曰缓刑、四曰弛力、五曰舍禁、六曰去几、七曰眚礼、八曰杀哀、九曰蕃乐、十曰多昏、十有一曰索鬼神、十有二曰除盗贼。"注:"荒,凶年也。"郑司农云:"救饥之政,十有二品,散利,贷种食也;薄征,轻租税也;弛力,息徭役也;去几,关市不几也;眚礼,掌客职所谓凶荒杀礼者也;多昏,不备礼而娶昏者多也;索鬼神,求废祀而修之;除盗贼,饥馑则盗贼多,不可不除也;蕃乐,谓闲藏乐器而不作玄;舍禁,若公无禁利。眚礼谓杀,吉礼也。杀哀谓省凶礼。"

"以保息六养万民,一曰慈幼,二曰养老,三曰振穷,四曰恤贫,五曰宽疾,六曰安富",注:"保息,谓安之使蕃息也。慈幼谓爱幼少也,产子三人与之母,二人与之饩,十四以下不从征;养老,七十养于乡,五十异粮之属;振穷,抌挍天民之穷者也,穷者有四,曰矜、曰寡、曰孤、曰独;恤贫,贫无财业,禀贷之,宽疾,若今癃不可事不算,卒可事者半之也;安富,平其繇役,不专取。"疏:"赡养万民之道云。"①

汉唐时期,中国式的"社会保障"已有相当水平的发展,至宋朝则将中国古代的社会保障推进到最高水平,可以说汉唐不能企及,元明清也没有超过。

宋朝社会保障的基本制度和措施主要有三项内容:

### (一)官府经营的仓储救助机构

宋代的救荒仓廪,大致可分为五大类:(1)在京诸仓;(2)诸州都仓、县仓(省仓);(3)转般仓(大军仓);(4)隶属中央官府的常平、义仓以及由地方临时设置具有常平义仓类似性质的平籴、平粜、州储、均籴、州济等仓;(5)民间组织的社仓等。

前三种仓储是具有发放官员俸禄、备荒、军用等多用途的财政机构。仁宗时,张方平在《论京师军储事》中也说:"今仰食于官廪者,不惟三军,至于京城士庶以亿万计,大半待饱于军稍之余……夫金帛轻货缓急易聚,至于粮馈非素为备,若因之以饥馑,倘别有不可预防之事,一旦阙误,岂可仓卒而致者"②,

---

① (汉)郑玄注,(唐)陆德明音义,贾公彦疏:《周礼注疏》卷一〇。
② (宋)张方平:《乐全先生文集》卷二三,《论京师军储事》,《宋集珍本丛刊》第6册,第18—19页。

"省仓以待廪赐，而凶年又资以贷振"①。

后两种常平仓和义仓是专门用于救荒保障的粮仓。常平仓从太宗淳化三年（992）、宋真宗景德三年（1006）至天禧四年（1020）八月在全国范围之内陆续建置，南宋人董煟评论说："汉之常平止立于北边，李唐之时亦不及于江淮以南，本朝常平之法遍天下，盖非汉唐之所能及也。"②主要分布在州县城，且作为宋代救荒之政的重要举措来倚重的政策，未曾改变过。清人说"汉耿寿昌为常平仓，至宋遂为定制"③。宋代常平仓的主要功能，仍然是平粜、平籴。义仓之设，在北宋时期置废反复有四次，乾德年间，庆历年间，熙宁、元丰间，三次置废时间长不过八年，绍圣元年复置后，才得以长期维持。义仓的功能主要是用于赈济。

宋代的仓储制度与前代不同的特点是，汉唐时期，各种仓储制度是有严格界限的，各有司职，而北宋仁宗朝以后，随着中央对地方的集权，五大系统的仓储制度逐渐打破界限，特别是常平仓和义仓的储粮往往被临时调用，充作军粮或别的财政支出。即所谓常平仓、义仓与州县仓合流。南宋时期，常平仓、义仓在运用上也常相混，有时合称常平义仓。由于常平仓储粮平时被移用或挪用充作军需和官吏支出费用，及救荒之时，军储、州县仓又被调拨充作赈灾物质，而义仓粮谷被挪用的情形也和常平仓相同。这种拆东墙补西墙的做法，在现实生活中已是司空见惯，并不妨碍救荒措施的正常进行。

常平仓与州县仓合流还有一个表现是，南宋时期常平仓与各地省仓在建置上渐趋合一。朱熹曾批评常平仓与省仓相连的弊端："某在浙东尝奏云：常平仓与省仓不可相连，须是东西置立，令两仓相去远方可。每常官吏检点省仓，则挂省仓某号牌子，检点常平仓，则挂常平仓牌子，只是一个仓，互相遮瞒。"④

### （二）官民互济的社仓

社仓是朱熹所创的一种社会互助制度，由地方政府挪用或乡里富家提供粮谷，设置贷本，以低利贷给农民，用作农业资本或生活费用。虽说朱熹创建社仓其渊源可上溯至隋朝的义仓，但从朱熹的陈述来看，其具体做法和主旨显然

---

① （宋）王应麟：《玉海》卷一八四，《元丰诸仓（宋朝二十三仓）四河运》，广陵书社，2007年，第3380页。
② （宋）董煟：《救荒活民书》卷一，宣帝五凤四年按语。
③ 《御览经史讲义》卷二五，《周礼》，文渊阁四库全书景印本，第723册，第620页。
④ （宋）黎靖德编：《朱子语类》卷一〇六，第2642页。

是直接取法于王安石新法中的青苗法。

青苗法是一种以抑制农村高利贷为目标的农贷措施,政府运用常平仓、广惠仓(用于赈济州县城郭中老幼贫疾不能自存的人)的钱谷,于每年新陈不接时贷予农民,农民在收成后加息二分归还。当时富家贷放利息达五分至一倍,而一般认为合理的利息是三分。青苗法虽然为农民而设,但常平仓、广惠仓均设于州县城郭,而非乡村,对农民的泽惠自然受到限制,到后来反而以城郭之民为其主要贷方对象。朱熹采用青苗法借贷收息的经营方式,设社仓于乡里,免除青苗法偏于城邑的弊病,扶助农民的功用因而得以确实发挥。

朱熹创建社仓的意义有三:其一,社仓制度的主旨与青苗法"耕敛补助,裒多补寡而抑民豪夺之意也"的主旨颇为相近,也有"摧抑兼并"的意味。不同的是,青苗法是以国家的权力压抑豪强兼并,而朱熹追求的是人人各遂其所生的社会蓝图,[1] 贫富相恤正是实现这种蓝图的途径之一。而贫富相恤的中心思想是启动和建立完备的民间救济机制。

其二,改变常平仓、义仓难以惠及乡村的弊端。常平仓、义仓是汉唐以来备受推崇的救荒制度,但是自实施之初就伴生了种种弊端,其中,常平仓、义仓都设在远离乡村的州县而遭到历代有识之士的诟病。朱熹在创建社仓之制时就指出:"常平、义仓尚有古法之遗意,然皆藏于州县,所恩不过市井惰游辈,至于深山长谷力穑远输之民,则虽饥饿濒死而不能及也。"[2] 显然朱熹将社仓建在广大乡村,无疑是对常平义仓的一种补益。"社仓之设,其常平之辅乎?有余则敛,不足则散,与常平无以异,然常平裒聚于州县,而社仓分布于阡陌,官无远运之劳,民有近籴之便,足以推广常平赈穷之意,此所谓辅也已。"[3] 从而使得救济乡村贫穷农民的措施落到实处,才使得协助边远偏僻农民储蓄以改善生存环境成为可能。

其三,仓储制度的目的在于储粮备荒,以常平仓、义仓及社仓为骨干——在汉代首创常平仓,继之在隋代出现义仓,至南宋朱熹创设社仓而三仓具备,沿用至清代仍不衰。

由于朱熹和他的弟子们的不懈努力,社仓制度至宋理宗时已遍行南宋全国,成为仓储制度中不可缺少的一环。

---

[1] 参见梁庚尧:《中国历史上民间的济贫活动》,《宋代社会经济史论集》下册,台湾允晨文化实业股份有限公司,1997年。
[2] (宋)朱熹:《朱文公文集》卷七七,《建宁府崇安县五夫社仓记》,第1427页。
[3] (宋)袁燮:《絜斋集》卷一〇,《洪都府社仓记》,文渊阁四库全书景印本,第1157册,第122页。

## （三）社会救济福利制度及机构

### 1. 养老、济贫机构的继承和发展

宋代养老济贫的机构是居养院。居养院的前身源自唐代的悲田、福田院。北宋沿用其名称和职掌，最早也只设置于京师，有东、西二所，仍名福田院。主要收养"老疾孤穷丐者"，英宗即位前规模很小，只收养24人。英宗时扩大到300人，经费增加到5000贯和8000贯。宋神宗时增加对特殊天气如寒冬异常下的收养人数，福田院也由一所增加到四所，每天受到政府救济的人数达到1200人。神宗之前福田院的经费来自皇帝的私藏封桩库收入，神宗元丰以后则改由户部左藏库支付，这表明神宗以后社会救济从皇帝的私人仁民为主转向以政府行为为主。

北宋前期福田院主要设于京城，宋仁宗嘉祐二年（1057）以后，天下遍置广惠仓，以诸路户绝租募人承佃，租入用于济助在城老幼贫疾不能自存，但没有机构收容的人。宋哲宗元符年间，居养救济制度有了一定发展。收养机构的设置已不仅限于京城开封，地方上开始陆续建置类似于京城福田院的居养机构，由知州、县令一干地方官亲自负责，收养鳏寡孤独、贫乏不能自存者以及乞丐、冻馁者，以户绝者的屋室、财产、常平仓的息钱为收养经费，官府也修建房屋。根据地方志知晓，明州（庆元府）所属慈溪、定海、奉化、象山等县都建有居养机构，从此地方的老病孤寡之人也由政府提供房舍，收容安养。到宋徽宗崇宁五年（1106），正式将这类机构定名为居养院。居养院收养老人，据大观元年（1107）的规定，年龄必须在50岁以上，每日领米、豆一升，支钱十文，每五日一发放。高龄者待遇更为优厚，80岁以上，给新色白米及柴钱；90岁以上，每月增给酱菜钱二十文，夏月支布衣，冬月给衲衣絮被；百岁以上，每日添给肉食钱并酱菜钱共三十文，冬月给绵绢衣被，夏月给单绢衫裤。

### 2. 安济坊（医院）的建立

宋代疗病的机构是安济坊，安济坊的建立经历了仁宗至哲宗时期的缓慢发展。宋仁宗时，对于疾病患者的救治已引起朝廷的关注。"先是，仁宗在位，哀病者乏方药，为颁《庆历善救方》。知云安军王端请官为给钱和药予民，遂行于天下。"[①] 宋哲宗元祐年间，苏轼知杭州，看到杭州作为一个水陆交通的大都会，

---

① 《宋史》卷一七八，《食货志上六》，第4338页。

来往客商多，遇到疾病，在异域他乡人生地不熟，无法得到及时的救治，于是筹集一部分结余经费，又自出俸禄，建立了病坊，专门收治无人照料的病患。①这两项措施，可以说是安济坊的前身。宋徽宗崇宁元年（1102），朝廷诏令诸郡设安济坊，收养有病而无力医疗的病人，随后又推广到各县。南宋时除安济坊外，又有养济院，也是医疗贫病的机构。安济坊与养济院内均有医生，由城内医生轮差，为病人看病。

自北宋以来，政府又设有药局，以廉价供应药物给民众。药局初创于宋神宗时，起初只在京师有一所，崇宁二年（1103）增为五所，又增设和剂局二所。南宋绍兴六年（1136），设置行在和剂药局，给卖熟药；绍兴二十一年（1151）进一步令诸州皆置和剂药局，于是药局的设立推广到地方。地方官在疫病流行时，注重药政、设置药局，如宁宗嘉定年间丰有俊在江西建昌军任职时就创办两所药局，交由善士主持，以平价售药给民众。朝廷也编集药方，颁行诸路，作为药局合药疗治民病的参考。临安府的药局，除卖药之外，又分遣医人至民众家中治病，兼事医、药两方面的工作。

宋徽宗时期，蔡京主政，社会救济制度有较大发展，他把此前设置于京师地区和部分地区的救济机构，运用国家的行政力量向全国推广，"崇宁初，蔡京当国，置居养院、安济坊。给常平米，厚至数倍。差官卒充使令，置火头，具饮膳，给以衲衣絮被"②。

### 3. 漏泽园：助葬制度的建立

漏泽园的缘起在宋代有两种说法，一是宋真宗天禧年间，由政府在京畿近郊买地设公共坟场，用以埋葬无主尸骸，"一棺给钱六百，幼者半之"，这种做法没有坚持下去，直到宋仁宗嘉祐末年才重新下诏执行。③宋神宗元丰二年（1079）三月，令畿县拨出荒地将开封府僧寺寄留的棺柩掩埋。④二是徐度记载说："漏泽园之法，起于元丰间。初，予外祖以朝官为开封府界使者，常行部，宿陈留佛祠，夜且半，闻垣外汹汹，若有人声。起烛之，四望积骸蔽野，皆贫无以葬者，委骨于此。意恻然哀之，即具以所见闻，请斥官地数顷以葬之，即日报可。神宗仍命外祖总其事，凡得遗骸八万余，每三十为坎，皆沟洫什伍为

---

① 《宋史》卷三三八，《苏轼传》，第812页。
② 《宋史》卷一七八，《食货志上六·振恤》，第4338页。
③ 《宋史》卷一七八，《食货志上六》，第4338页。
④ 《宋会要辑稿》食货六八之一二八，第6317页。

曹，序有表，总有图，规其地之一隅以为佛寺，岁轮僧寺之徒一人，使掌其籍焉，外祖陈氏，名向，字适中，睦州人。"①两种说法主要是时间有异，而助葬活动的兴起不应是一蹴而就，而是经历一个发展时期，徐度记载已是比较成熟的制度。

宋徽宗崇宁三年（1104），在蔡京的主持下，宋廷将宋神宗时协助寺院妥善安葬死尸的做法制度化，正式设置了漏泽园，"至是，蔡京推广为园，置籍，瘗人并深三尺，毋令暴露。……亦募僧主之"。

宋徽宗大观、政和期间，扩大居养院、安济坊、漏泽园建置的规模和范围："诸城、砦、镇、市户及千以上有知监者，依各县增置居养院、安济坊、漏泽园，道路遇寒僵仆之人及无衣丐者，许送近便居养院，给钱米救济。孤贫小儿可教者，令入小学听读，其衣襕于常平头子钱内给造，仍免入斋之用。遗弃小儿，雇人乳养，仍听宫观寺院养为童行。"宣和二年，诏："居养、安济、漏泽可参考元丰旧法，裁立中制。应居养人日给粳米或粟米一升，钱十文省，十一月至正月加柴炭，五文省，小儿减半。安济坊钱米依居养法，医药如旧制。漏泽园除葬埋依见行条法外，应资给若斋醮等事悉罢。"②居养院、安济坊、漏泽园等，于是得以广泛设立于全国主要的州县。

居养院、安济坊、漏泽园等机构的经费来源有以下几部分：一是户绝财产，二是常平息钱，三是个人捐助。个人捐助随意性大，不稳定。就政府而言，首先是户绝财产，若户绝财产支出不够，则拨用常平息钱。蔡京推行的居养院、安济坊、漏泽园制度，由于州县奉行过当，不免率敛，故而"贫者乐而富者扰矣"。然而，这一定程度上正反映出制度推行中的"抑富济贫"思想和对社会财富再分配的实践。

救助机构的管理规范化了，有一套监督激励的奖惩制度。从京师的开封府尹到路级的提举常平司、提点刑狱司官员，地方州县的知州、通判、县令、佐再到乡村的保正长，都要对居养院、安济坊、漏泽园的管理负责。监察机构御史台和提举常平司、提点刑狱司均有权监督制度推行情况和受理百姓投诉。而居养院、安济坊、漏泽园等内部的管理也很规范。经费出纳有账目，被救助人员的接收、救治和死亡原因、时间、年龄、葬埋时间等都有记录。

---

① （宋）徐度撰，朱凯、姜汉椿整理：《却扫编》卷下，《全宋笔记》第三编第十册，第174页。
② 以上所引未注出处者均见《宋史》卷一七八，《食货志·振恤》，第4339页。

### 4. 慈幼

北宋以来，民间有"生子不举"的习俗盛行。民家或由于家贫而无力养育，或由于无力负担丁税，往往子女生出后，即予以溺死或抛弃，还有灾荒逃难，也往往使父母抛弃子女。宋代政府做得更多的，是对于孤儿的收养。对于凶年灾民所遗弃的子女，政府鼓励富有的人家收养，收养之后，政府每日给常平米二升。收养的年龄最早规定为 3 岁以下，乾道元年（1165）改为 10 岁以下，嘉定二年（1209）又改为 7 岁以下。政府并且规定，在灾荒中遗弃的小儿，父母不得复取，使养父母能够安心收养。除了鼓励富家收养之外，政府本身也从事孤儿的收养。前述的居养院，一方面收容孤苦无依的老人，另一方面也收养幼儿。南宋晚期，一些地方官设置慈幼庄、婴儿局等专门收养弃婴机构。

南宋晚期设立的慈幼局是全国性的，淳祐七年（1247），朝廷诏令临安府首先设置，到宝祐四年（1256）推广于全国。慈幼局除收养弃婴外，又资助贫困的产妇，贫家子多，无力养育，也可以送到局中来。由政府给钱雇乳妇，养在局里，哺育幼儿，对于收养的小儿，政府也每月给钱米绢布，使其保暖，养育成人。从居养院到婴儿局、慈幼局，收养弃婴的方式基本上没有改变。

收养弃婴之外对产妇进行济助，当孕妇怀孕，尚未生产时，政府给予经济支援。例如在北宋仁宗嘉祐二年（1057）与南宋宁宗庆元元年（1195），政府都颁发胎养令，对于不能自存的孕妇，赐之以谷。贫乏人家的妇女，在生产之后，政府又给予常平钱或义仓米，作为生活上的补助，这种补助在南宋时期尤其常见。但是常平仓、义仓都设在城市，不易济助乡民，因此在南宋淳熙年间（1174—1189）以后，在生子不举风气最盛的福建等地又有举子仓的设立，并且与社仓相结合。福建安抚使赵汝愚在淳熙年间建议设举子仓，以户绝田租作仓本，充一路养子之费，而社仓也在同时推广，两者同有以粮谷济助农家生活的作用，于是相互结合。

### （四）社会保障工作的特点

### 1. 损有余补不足的社会共济模式

宋朝统治者常以推行仁政为标榜，故"赈荒之要：抑有余而补不足"[①]，是

---

[①] （宋）王栢：《鲁斋集》卷七，《赈济利害书》，文渊阁四库全书景印本，第 1186 册，第 115 页。

宋朝从中央到地方施政的重要内容。"天之所生，地之所养，以之足斯民之用有余也，特有偏而不均之患耳。富者庾满，则贫者甑空，势也。于是均平之政生焉，曰常平，曰劝分，曰由狭徙宽，凡所以使之有丰而无凶，损有余以补不足，皆王政之纲也"①；所以胡太初论县令居官之道时说："今之从政者，类以抑强扶弱为能。其说曰'贵者势焰熏灼，而喑呜叱咤，可使贱者夺气；富者田连阡陌，而指麾拱揖，可使贫者吞声。吾能中立不移，劚贵沮富'，故凡以势利至者，不问是否，例与摧抑。"②

"劝分"作为一种社会救助现象在先秦时代已出现，其意是指劝导人们有无相济。③到了宋代"劝分"更是成为救荒的重要举措。"大抵劝分之政，为富而积粟者设，为愚而嗜利者设"，"照对救荒之法，惟有劝分。劝分者，劝富室以惠小民，损有余而补不足，天道也，国法也。富者种德，贫者感恩，乡井盛事也。"④"劝分"成为官府通过以爵位官职、优惠价格、免役等条件为号召，鼓励或激励富民、士人、商贾等有力之家将储积的粮食拿出来赈济、赈贷和赈粜灾民的一种救荒补助办法。但是自北宋中后期至南宋，"劝分"由自愿发展成为一种强制性的措施："州县劝谕赈粜，乃有不问有无，只以户等高下，科定数目，俾之出备赈粜。"⑤由此可见，"劝分"已完全名不副实，实乃成为强制出粟的别名。特别值得注意的是光宗绍熙五年（1194）宋政府"令巨室、富家约度岁计食用之外，交相劝勉""接济细民"的做法，⑥与北宋初"劫富济贫"的王小波、李顺所为"悉召乡里富人大姓，令具其家所有财粟，据其生齿足用之外，一切调发，大赈贫乏"⑦何其相似乃尔。

### 2. 确保社会保障落实到位的抄劄制度

抄劄是北宋中期至南宋在救荒和社会救助活动中普遍实行的一种排查核实

---

① （宋）程珌：《洺水集》卷五，《弭盗救荒》，文渊阁四库全书景印本，第1171册，第282页。
② （宋）胡太初：《昼帘绪论》势利篇第十四，（宋）李元弼撰，闫建飞等点校：《宋代官箴书五种》，中华书局，2019年，第195页。
③ 《左传·僖公二十一年》："修城郭，贬食，省用，务穑，劝分，此其务也。"杜预注："劝分，有无相济。"杨伯峻注："劝分者，劝其有储积者分施之也。"
④ （宋）黄震：《黄氏日抄》卷七八，《（咸淳七年）四月十三日到州请上户后再谕上户榜》，文渊阁四库全书景印本，第708册，第790页。
⑤ （宋）董煟：《救荒活民书》卷二，详见李华瑞：《劝分与宋代救荒》，《中国经济史研究》2010年第1期。
⑥ 《宋会要辑稿》食货六八之九六，第6301页。
⑦ 沈括：《梦溪笔谈》卷二五，《杂志二》，载杨渭生新编：《沈括全集》中册，浙江大学出版社，2011年，第532页。

登录制度。抄劄在宋代社会是一个使用较为广泛的词汇。抄劄又写作钞劄。抄劄的含义与现今的登记、调查、核实相似。抄劄也与抄籍、抄检、括责等意义相近。据任广《书叙指南》卷十八云："抄劄家业曰簿录其家（刘晏）"，意指抄劄与"簿录"相通。"簿录"在汉唐以来，是一种没收财产的刑罚。

根据北宋中期以来至南宋救荒和社会救济活动中抄劄制度实施的情况来看，抄劄制度包括以下三个环节：

首先，路、州、县长官是临灾或灾后实施调查登记灾民户口的组织者。执行抄劄的具体工作是由胥吏和乡一级的职役者乡官、里正、保长、社甲首、副等担当。

第二，抄劄制度调查登记对象不仅包括遭遇大灾、特大灾害如水灾、疾疫、地震后失去基本生活资料，不分有无产业，需要救助的男女老幼全部人口，而且包括水灾、疾疫、地震、旱蝗等灾情延续过程中，生活、生存受到影响，需要赈济、赈贷、赈粜的男女老幼全部人口。还有都城收养救助鳏寡孤独、寒冬季节无助贫困人群，登记事项包括姓名、大小、口数、住处等几项。因而宋朝在丁簿、五等丁产簿、税账、保甲簿等户口统计系统之外，还存在一个登记全部人口的赈灾户口统计系统。

第三，抄劄的作用是为"计口给食"提供直接的依据。"赈济官司止凭耆、保、公吏抄劄第四等以下逐家人口，给历排日支散。"① 淳熙七年（1180）知临安府韩彦质"欲以二十万人为率，将所委官当日抄劄到贫乏老疾之家人口，每名先支钱四百文、米二斗计钱八万贯，米四万石，候抄劄尽绝，将散不尽钱米再行均给"②。宋代计口给食的标准通常有大人小儿之分，大致是成人不分男女每人每日一升，小儿减半，"抄札被水人户，计口大人日支一升，小儿减半支给常平米斛"③。也有成人"大口"日给二升，小儿减半的情况。孝宗时湖州"赈粜，人日食米二升，小儿一升，各给印历一道"④。

抄劄的目的有二：一是调查登记受灾人数即救助范围；二是排查核实，防范假冒，使救助落到实处。因而一般要给被抄劄对象发放一个称作"历子""历头""牌历"或"帖子"的凭证。

从宋朝编制户口统计系统的目的来看，除了赈灾户口统计系统外，其他丁

---

① 《宋会要辑稿》食货六八之六一，第6284页。
② 《宋会要辑稿》食货六八之八四，第6295页。
③ 《宋会要辑稿》食货六八之一〇七，第6307页。
④ 《宋会要辑稿》食货六八之八七，第6297页。

簿、五等丁产簿、税账、保甲簿都是为国家和地方官府课税、科差、治安、征役等提供劳动力依据，概括地说，就是为国家和各级官府"取之于民"服务，而赈灾户口统计系统则相反，是为国家和各级官府救助民众提供依据，带有一定的"养民"和"回馈"色彩。从户口统计按财产家业划分取民和养民户等来看，两者之间又出现一个悖论：在为国家和各级官府"取之于民"服务的户口统计系统中，民户承担的义务大小是随着户等由低向高递增，即户等越高承担的义务就越多，而在赈灾户口统计系统中，民户所受救助赈济的程度恰好相反，户等越高得到的救助或资助就越少。"大率中产之家与贫乏之家，其为缺食而仰给于官则一，尝闻其言率多怨怼曰：'吾薄产之家，岁输秋夏二税以报国家，今吾田荒不种，无所得食，而国家止济无产之家耶？'"① 中产以上家庭不仅"无所得食""不系赈救"，而且还要被"劝分"，即出粮帮助各级政府赈济贫民。这只是问题的一方面。另一方面，这种状况又深刻体现了中唐以来土地、赋役制度变化的社会现实，即土地占有者向国家上供税赋，而无地或少地的直接生产者向土地占有者缴纳田租，因而当灾荒发生时，无助的直接生产者得到国家的特别赈济，既是切实保障他们基本生活权益的人道主义善政，也是最大限度地保障了宋代社会延续和再生产对劳动生产力的基本需要。

### 3. 层次分明的救灾、救助措施

宋朝建立了较为完备的救灾、减灾制度：救灾主要是临灾和灾后的救助措施，南宋人指出："朝廷荒政有三：一曰赈粜，二曰赈贷，三曰赈济，虽均为救荒而其法各不同。市井宜赈粜，乡村宜赈贷，贫乏不能自存者宜赈济。"② 具体的内容是：

赈济：主要是在灾歉时对贫乏无助的城乡贫困户及鳏寡孤独病残人群，大灾、特大灾年导致流离失所的流民实施直接的救助。由政府提供无偿的活命口粮。赈贷：一般多是在灾害发生后的恢复阶段，在这一阶段如是冬春青黄不接之际，受灾民众的生产和生活难以为继而需要救助。一般是无偿借给粮种和牲畜饲料。赈粜：通过平抑粮价达到救助灾民的一种方法，亦即常平法的基本职能。其对象主要是家中无粮食积蓄的下层民众。

---

① （宋）戴栩：《浣川集》卷四，《论抄劄人字地字格式札子》，文渊阁四库全书景印本，第1176册，第716页。
② 《宋会要辑稿》食货六八之九八至九九，第6302页。

赈济、赈贷和赈粜的粮食来源，属中小灾的，一般由州级路级地方官府主持，从常平仓和义仓调拨粮食，或置场籴买。大灾、特大灾则主要由中央官府调集粮食和筹措资金。

## 四、社会保障与农民起义规模

宋朝社会保障在中国古代史上取得巨大进步，对于宋朝统治者来说，讲求荒政和保息固然与其具有最基本的救死扶伤的人道主义关怀精神和情怀分不开，但为防止农民于饥荒之时作乱或起义，巩固其既有的统治秩序，乃是荒政更重要的目的所在。是故所谓"欲除盗贼者当如何？曰：自散利始"，足以说明平素足民储蓄在荒政的初始与结局之间诸多环节中是最为核心的要素。翻开《宋朝诸臣奏议》《历代名臣奏议》，凡遇到自然灾害以及治国等门类，"名臣"们大都会将防范"盗贼"乘机作乱闹荒为第一要务，除用严刑峻法予以防范外，"犹恐春冬之交，饥民啸聚，不可禁御"，所以为防范"小有水旱，辄流离饿莩，起为盗贼"，建立相应的社会保障制度，"正消除盗贼之原也"①，是大多数名臣的共识。这种共识和社会保障制度的不断完善，某种程度上也是被称作"盗贼"的农民闹荒斗争的副产品。

现在回过头再看看宋代社会保障对于消弭全国农民战争于未然的关系。前面讲到宋代荒政有两大特点与宋之前宋之后历朝不同的是，其一，社会保障始终贯穿着"摧抑兼并"、抑制豪强的思想和方针，并将其落实到实处，如"劝分"从自愿到强制，令豪强富人出粮出钱救助贫困饥民，这种做法一石三鸟，既缓和兼并、富人与下层民众的矛盾，又减轻政府财政负担，同时也能安抚贫困饥民，使他们不至于因自然灾害造成无衣无食不能生存下去而最终铤而走险。其二，宋朝对严重自然灾害后的乡村下户和乡村客户的救助，通过严格的抄劄制度可以落实到实处，尽管这一制度在专制社会的吏治条件下完全达到公平和公正是不可能的，但是能在相当大程度上得到落实，对于避免流民和饥民走上反抗道路是有着"积极"的消弭作用，则是有据可查有案可依的。现只检索部分有代表性的材料和数据如下以作说明：宋太宗淳化二年（991）四月癸未，岁歉，陕西转运使郑文宝诱豪民出粟30000斛，活饥者86000余人。宋真宗天禧

---

① 《宋史》卷一七六，《食货志上·常平》，第4278页。

二年（1018）闰四月戊申，知并州薛映言民饥设糜粥济之，计30余万人。宋仁宗宝元二年（1039）十二月癸酉，益、梓、利、夔路饥，韩琦活饥民190余万。庆历三年（1043）十二月，是冬，大旱，河中、同、华等十余州军，物价翔贵，饥民相率东徙。（韩琦、许宗寿）所活凡2542537人。皇祐元年（1049）二月辛未，初，河北大水，流民入京东者不可胜数，凡活50余万人。募而为兵者又万余人。宋徽宗宣和二年（1120）六月癸酉，开封府民饥。四日，开封府赈济乞丐22000余人。宋高宗绍兴十八年（1148）冬，浙东、江淮郡国多饥，绍兴尤甚。民之仰哺于官者，286000人。宋孝宗乾道八年（1172）二月八日，隆兴府、江、筠州、临江、兴国军五郡，各系灾伤及七八分以上，先行赈给缘人口几及百万。

　　为了更好地说明问题，不妨与明朝相比。明代的社会结构和历史发展条件与宋朝有很大的相似程度，明朝荒政在前中期也是很有成绩，统治者对荒政投入的力度一点也不亚于宋朝。与宋朝相类，明朝政府发展了劝分赈灾的措施，把旌表制度运用到灾荒赈济中去，这就是义民旌表。义民旌表主要是用道德表扬的形式来奖劝、酬谢富民的仗义疏财。义民旌表在充实仓廪、灾荒赈济、稳定社会秩序等方面发挥了积极的作用。但是与宋朝不同的是，朝廷经常颁诏，严禁违背社会有力阶层意志的强行沮迫的劝分行径。如正统五年（1440），朝廷遣使服恤大江南北灾民，户部要求办服官员在"劝借"于民时，"宜皿所有，毋强所出"；嘉靖二年（1523）行劝借之策时，亦力禁有司强逼，杜绝强行劝分之弊。这种不同，表明明朝政府抑强、抑富的同时，对富贵者表现出"优容曲从"的另一面。同时也表明明朝利用劝分制度缓和社会矛盾、救助贫民的成效远不能与宋朝相比。

　　明朝的救荒政策主要是蠲免赋税和赈济灾民。据研究，永乐朝蠲免、赈济粮食总计不会超过3000万石。从蠲免所占明政府每年的粮税收入来看，比例并不算大，但是从绝对数字来看，22年间对灾区的蠲免应是不算少的。这个数据比宋朝某一22年间的蠲免和赈济程度要大许多。明朝永乐特别是中期以后，官方一次性蠲赈与减免租赋，渐变而成普遍之减赋。众所周知，从宋以后租佃制成为主要经济制度，有土地的人户向国家缴纳赋税，而没有土地租种他人田地的佃客则向田主缴纳田租，由此而言，明朝惠民的减赋救荒措施对于占有田亩的人户来说是土地占有越多者所得实惠也越多，反之对于土地占有很少者，或没有土地的民众来说，可以说是惠而不及，这对缓和自然灾害发生时的社会矛盾作用甚微。而且随着明朝政府财政日渐捉襟见肘，自然灾害发生时的赈济已是心有余而力不足。明朝政府所能做的只是减免数年前的逋赋，饥民得不到及时的救助，于是，饿殍遍野，"李自成自湖广走河南，饥民附之，连陷宜阳、永宁，杀万安王采𨫢，陷偃师，势大炽。是年，两畿、山东、河南、山、陕旱蝗，人相食"①。

要之，如前揭民变的种种原因，其领导者可以组织动员成千上万的民众，驰骋一个地区或几个地区，但是要形成一呼百应，风起云涌得到全国民众的响应则不是单靠领导者的组织和动员能达到的，正如南宋人所说"甑有麦饭、床有故絮，虽（张）仪、（苏）秦说之，不能使为盗。惟其冻饿无聊，日与死迫，然后忍以其身弃之与盗贼"②，也就是说中国古代的广大农民只要还有一息生存的条件或机会都不会走上反抗的绝路。宋朝的荒政在很大程度上使得濒临绝望的民众总是在最后能得到一息生存的机会，从而消弭了形成全国规模民变的可能性。

从上面的讲述不难看出，宋太宗以后，他的继承者乃至最高统治集团，在近三百年的时间里，对其"惟奸邪无状，若为内患，深可惧也，帝王用心，常须谨此"的谆谆教诲可谓是心领神会且尽力实践，不论是防范内朝之乱还是预防农民起义，宋朝的"守内"在中国古代史上都是比较成功的，它维持了相对安定的政治局面，这应当是宋朝社会经济、文化取得大发展的重要条件。

## 参考文献及拓展阅读

张邦炜：《宋代皇亲与政治》，四川人民出版社，1993年。
戴建国：《唐宋变革时期的法律与社会》，上海古籍出版社，2010年。
王德毅：《宋代灾荒的救济政策》，台湾商务印书馆，1970年。
张文：《宋朝社会救济研究》，西南师范大学出版社，2001年。
关履权：《论两宋农民战争》，《历史研究》1962年第2期。
黄宽重：《宋代变乱研究的检讨》《南宋军政与文献探索》，台北新文丰出版公司，1990年。
〔美〕贾志扬（John W. Chaffee）：《天潢贵胄：宋代宗室史》，赵冬梅译，江苏人民出版社，2005年。

---

① 《明史》卷二四，《庄烈帝二》，第328页。
② 《宋史》卷三七八，《胡交修传》，第11677页。

〔美〕马伯良（Brian E. Mcknight）：《宋代的法律与秩序》，杨昂、胡雯姬译，中国政法大学出版社，2010年。

李华瑞：《宋代救荒史稿》，天津古籍出版社，2014年。

李华瑞：《宋代的社会保障与社会稳定》，《探索与争鸣》2016年第3期。

# 第九章　宋朝的积弱国势与对外战争

秦朝以降，中国古代史上的主要朝代秦、两汉、西晋、隋、唐、两宋、元、明、清，只有两宋亡于少数民族政权（所谓的"外族"），其他王朝均亡于"内乱"。明朝是首先亡于李自成领导的农民战争，清军入关是打败了立足未稳的大顺政权，也就是说明朝并没有亡于"外族"。为何只有宋亡于"外族"，这既与宋朝的外部力量强势有关，也与宋朝奉行的对外政策密不可分。

## 一、守内虚外：宋朝消极防御政策的形成与发展

### （一）太祖时期西、北、南疆界的形成与"守内虚外"

前面讲到宋太宗的名言："国家若无内患，必有外忧，若无外忧，必有内患。外忧皆可预防，惟奸邪无状，若为内患，深可惧也，帝王用心，常须谨此。"一般认为，这是标志宋朝对外关系政策重大转折的表现，其实并不然。若从宋朝对西、北、南边疆守土来讲，从太祖开始就只守唐中期以后的"内地"——以汉族聚居区为主，并无恢复汉唐"内地"以外旧疆的举措。

秦汉以降，大一统的观念不断深化，以汉族为主体的统一王朝基本都奉行文武并重的治国政策，既加强对内的统治，又力图保持强大的武力，并通过积极主动的战略部署来改善外部环境。与此同时，中原王朝以先进文明自视为天下中心，将周边民族及政权看作落后的四夷，故一方面力图防范四夷的威胁，另一方面则尽可能慑服对方。汉、唐帝制国家强盛时，还追求运用武力手段开疆拓土，将边防线推进到塞外，以积极防御的态势压制主要对手——北方游牧政权势力，削弱其军事威胁。[①]

---

① 陈峰：《中国古代治国理念及其转变》，《文史哲》2013 年第 3 期。

宋太祖建立北宋以后，并没有按照汉唐以来的治国理念制定对外政策，如前面第一章所讲到的，宋太祖制定南北统一方针时，是不包括收复燕云十六州，更没有要与契丹开战的计划。宋太祖统一的意图是恢复唐朝后期的唐朝藩镇所辖地区，而不是盛唐时期的唐朝，唐朝中期以后因吐蕃占领陇右道大部分的西部地区，但西部广大地区在9世纪中叶吐蕃政权分崩离析至西夏崛起之前，党项、吐蕃等族分散而居，尚没有形成独立的政治力量，或者说没有形成直接让中原王朝感到威胁的力量，河湟、河西、河套、银川平原，乃至鄂尔多斯高原都有丰美辽阔的牧场，如果着力经营，完全可以组建与契丹抗衡的骑兵武装，"当唐之盛时，河西、陇右三十三州，凉州最大，土沃物繁而人富乐。其地宜马，唐置八监，牧马三十万匹。以安西都护府羁縻西域三十六国。唐之军、镇、监、务，三百余城，常以中国兵更戍，而凉州置使节度之"①。但自太祖至宋神宗朝，对西部基本采取的是放弃政策。张方平在回答宋神宗"问祖宗御戎之要"时，说太祖不勤远略，在河朔、河西地区听由地方酋豪世袭管理，而在西、北两边派心腹将领十数人，给以优厚禄赐和便宜行事的特权，令其守边，故能以十五万人而获百万之用。② 所以明清之际人顾祖禹说："宋关中戍守不越秦、凤，熙宁以后始务远略。"③

唐末时期契丹已占据唐朝营州以北的地区，后唐时期营州、平州并入契丹的版图。后晋时期又割让燕云十六州之地给契丹。而燕云十六州之地是唐朝重要的河北三镇所辖区。在河北一线，宋太祖对契丹境内的燕云地区也是采取了一种防御为主而不是如学界一般认为要必欲收复的积极进攻政策，实际上，后周世宗进行统一战争时是把吴、蜀、幽、并列为统一对象，而宋太祖则是把北敌分成两个明确的概念，即河东北汉是卧榻之侧必欲消除的"他人家"，而燕云则属于如何处置的边患问题。实际上宋初的先南后北只是针对太祖不满"小天下"而言，太祖之所以汲汲于南北用兵，主要是削平割据，而不能容忍一榻之侧有他人鼾睡。这与他对内实行一系列政治、军事改革措施，借以强化皇权，强化唯我独尊的专制主义是内外照应、一脉相承的。而幽燕之地则不能与之同日而语，太祖之所以念念不忘幽燕，主要是看重幽燕的军事地理，幽燕之失，北部门户洞开，来自契丹的威胁成为心头之患。但是幽燕归属契丹差不多二十

---

① 《新五代史》卷七四，《四夷附录》，中华书局，1974年，第913页。
② （宋）陈均：《皇朝编年纲目备要》卷二〇，第478—479页。
③ （清）顾祖禹撰：《读史方舆纪要》卷六四，《陕西十三·西宁镇》。

年了，收复幽燕之举牵一发而动全身，故幽燕问题实质上是如何对待蛮夷之国造成的边患的问题，因而解决边患的办法，诚如赵普所言自古有上中下三策：即据险而守、和戎和以兵锋相见一争雄长。从宋初太祖和赵普的看法，显然倾向于"和戎"之策。所以宋太祖制定先南后北统一方针时不包括收复燕云地区，事实上也是在位后期与辽互通友好往来。故宋真宗与辽朝订立"澶渊之盟"，使北宋北部的疆界基本定在雁门关和白沟一线，与太祖防御辽朝的主导思想是一致的。

唐朝后期南部南诏（大理）、安南常与唐朝处在交战的状态，叛服不常，也不是唐朝的藩镇。宋太祖取后蜀后并未采取将领们继续南下兵取大理的建议，而是与大理以大渡河为界，亦是太祖"不暇远略"的结果。后世有"宋挥玉斧"的故事流布。周煇《清波别志》卷一引《西南备边录》载："艺祖既平蜀，议者欲因兵威以复越嶲，上命取地图视之，亲以玉斧划大渡，曰自此以外，朕不取，即今之疆界也。河滨旧有划玉亭，今犹在。"周煇所引的这个故事对后世影响甚大，《方舆胜览》《蜀中广记》《明史》《滇史》等文献均有类似的记载。南宋初，翰林学士朱震言："按大理国，本唐南诏。大中咸通间，入成都，犯邕管，召兵东方，天下骚动，艺祖皇帝鉴唐之祸，乃弃越嶲诸郡，以大渡河为界，欲寇不能，欲臣不得，最得御戎之上策。"① 可见宋在西南边区也采取以防御为主的策略则是无疑的。

宋太祖生前对周边民族政权采取防御政策，是否就是太祖的终极想法，因为死得突然，又在 50 岁的时节，所以还不能过多猜测，但是从太祖开始，宋的治国理念在文武平衡上已有向内政倾斜的端倪。不过，太祖的防边与太宗以后的消极防御还是有所区别的，他自己出身武将，因而不会过于轻视武将和武功，这与宋太宗有着根本区别。

### （二）"守内虚外"概念的内涵和外延

宋太宗即位后，因得国不正，欲建超过太祖的不世之功，改变太祖奉行与辽友好的政策，在完成内对唐朝南北诸藩镇统一任务后，两次对辽主动进攻，意欲收复燕云地区，但两次战争均惨遭失败。第二次北伐的失败成为一个重要的转折点，宋统治集团产生了辽朝不可战胜的认识，军事失败主义一时笼罩在朝廷上空。在宋太宗晚年，以隋炀帝、唐太宗征辽失败为鉴，奉行黄老清静致

---

① （宋）李心传：《系年要录》卷一〇五，绍兴六年九月癸巳，第 1978 页。

治思想,"当修德以怀远",宋的"守内虚外"政策的指导思想已经形成。

"守内虚外"一词最早出现在南宋吕祖谦的《历代制度详说》卷十《屯田》中,吕祖谦批评了当时本末倒置,不把重兵屯戍在边缘要冲,而是屯聚在内部"阃奥至安之地"的戍守方式。漆侠先生认为吕祖谦提出的"守内虚外"这种边防政策"虽然是以南宋为靶子,但是他的矛头所向,则指向了北宋,指向了宋太宗"。"虚外"是一种对外态度,即以不生事为原则,不主动进攻,消极防御,尽量避免正面冲突,随后发展成以"和戎"为利。邓广铭先生从军事部署方面指出,北宋统治者采用了"守内虚外"这一原则,主要表现为不关注境外或者不敢与草原民族一争雄长,专力镇压内部可能叛变势力。在这里根据上述还要补充一点,即宋的"守内虚外"在疆界上"内"是指唐末五代以来形成的以汉族居住区为主(所谓的王化之地)的辖区,"外"则是"内"之外的区域。南宋退居江淮以南,其"守内虚外"已是偏安之局的代名词。

宋太宗正是在这一思想指导下,对辽由攻到守,故放弃以武力收复燕云的打算,只在河北平原上疏浚沟通沿边河道,使西起沈苑泊(今河北保定北)、东达泥沽海口(今天津塘沽南)的屈曲450公里之地,遍布塘泊、筑堤贮水,沈苑泊以西则依靠种植榆柳林,设置寨铺,派兵戍守,以与辽朝相对峙。宋真宗、仁宗基本奉行了太祖和太宗以来的消极防御政策。

从宋太宗第一次伐辽战争(979)失败到澶渊之盟签订,太祖以来"不勤远略"的消极防御竟导致宋朝北部和东北部的所有民族与宋朝的联系均被切断,甚至高丽也不得不向辽纳贡而不是向宋纳贡。南部的交趾、大理也与宋不通往来。而想与宋保持密切关系的部落和小国发现在关键时刻得不到宋的庇护和支持,如南部的占城国王"一心事上",但是发现在危急关头,宋朝实际上无能为力。又如西部党项族反叛后向河西发展势力,河西的吐蕃、回鹘、瓜沙曹氏政权希望与宋结盟,出兵协助打击党项,但是宋朝仅仅给以封授官职、赏赐钱帛进行安抚,可以说宋对周围政权交往的宗旨即是多一事不如少一事。这种状况一直持续到神宗继位变法才又主动联系周边政权。

由此可见,宋朝自太祖朝伊始,较汉唐统治者缺乏一种开拓进取的精神。1978年由杰弗里·巴勒克拉夫主编、80位西方历史学家执笔编撰的《世界历史地图集》曾指出:"宋比唐的世界主义为少,对外部世界经常采取防范和猜疑的态度。"①

---

① 《世界历史地图集》,伦敦泰晤士图书公司,毛昭晰等译,生活·读书·新知三联书店,1982年。

这种防范和猜疑有多方面的内容，表现在国防建设上则是奉行以消极防御为主的战略思想，即被动单纯防御敌人进攻的战略，与积极防御战略相对。消极防御又称"专守防御"。故其军事设施、军队建制、兵种配置、战争手段、作战方式等无不贯穿消极防御的思想。虽然，宋神宗时起用王安石，进行富国强兵的变法，在改变宋与西夏战略地位上有明显收效，但是就宋的以防御为主的国防性质而言，基本没有大的改观。

### （三）消极防御政策的具体表现和后果

一是助长以金钱买和平的苟且行为奉若传家宝。景德元年（1004），面对辽军的大举南攻，宋真宗在抗战初见成效的情况下选择了议和，以付出经济条件为代价，与辽朝签订了"澶渊之盟"。如果说此举是像西汉初年对待匈奴、唐初对待西突厥那样，属于暂时采取的守势，然后卧薪尝胆，发奋努力，改变屈辱现状，那不失一个很好的决策，但"澶渊之盟"后，宋廷并没有积极备战，而是躺在金钱买和平的高枕上，放马南山，不思振作。"当国大臣，论和之后，武备皆废。以边臣用心者，谓之引惹生事；以搢绅虑患者，谓之迂阔背时。大率忌人谈兵，幸时无事，谓敌不敢背约，谓边不必预防，谓世常安，谓兵永息，恬然自处，都不为忧。"① 甚至有相当多的大臣还以用很小的岁币代价换来和平自以为得计。因而"澶渊之盟"的订立，使宋王朝避免了与辽军的一场殊死决战，统治集团由此片面地获得了一种启示：通过金帛赎买的办法也能够消弭边患，并且代价比用兵更小。因此，宋与辽议和后，当政者通过实践进一步补充了"守内虚外"的内容，视议和为解决边患的一种重要手段。《剑桥中国辽西夏金元史》作者也认为：北宋王朝"是以高度的现实主义政治为特征的"，"依靠军事手段不能打败契丹人的国家"，便与辽议和，"宋辽缔结的澶渊之盟成了处理日后冲突的一个样板"②。

事实也是如此。宋仁宗庆历年间与西夏订立和议，给西夏25.5万岁币，换得元昊名义上不称帝，又给辽朝追加岁币，换取辽在宋夏之间保持中立，徽宗更许诺以岁币笼络金人草签"海上之盟"，直至金军兵临东京城下，宋钦宗依然要仿效澶渊之盟，不惜倾尽国库所有托金钱美梦救江山于欲倒。结果只能自取

---

① 《长编》卷一五〇，庆历四年六月戊午，第3640页。
② 〔德〕傅海波、〔英〕崔瑞德编：《剑桥中国辽西夏金元史》，史卫民等译，中国社会科学出版社，1998年，第21页。

其辱,以亡国告终。南宋初期,高宗与臣僚反思亡国原因,不去探究如何增强武备而是归咎王安石变法开边生事,没有坚持"澶渊之盟"的精神,于是依然把与金的关系寄托在金钱买和平上,一位文士指责他"偷安独乐","结胡虏之好,罢天下之兵,诛大将而挫忠臣之锐,窜元戎而销壮士之心","自旷古来,未有受辱如朝廷也!未有忍辱如陛下也!"① 即使蒙元大军压境之时,南宋君臣仍两次主动称臣纳币,以期苟延残喘。

二是促成"华夷之辨"成为宋代朝野的主流意识。② 从汉、唐、宋对待周边民族政权的主流意识来看,对于北方草原游牧民族,中原王朝大致是采取过三种政策:驱逐、兼容和排斥。汉朝是驱逐,汉武帝时,为解决匈奴对汉的威胁,"汉使骠骑将军(霍)去病将万骑出陇西,过焉支山"。将匈奴驱逐出河西走廊,并在河西建置四郡,移民屯田。汉的驱逐政策对匈奴打击甚大,《史记正义》对焉支山的解释很形象地说明了这一点:"焉支山一名删丹山,在甘州删丹县东南五十里。"《西河故事》云:"匈奴失祁连、焉支二山,乃歌曰:亡我祈连山,使我六畜不蕃息;失我焉支山,使我妇女无颜色。其悯惜乃如此。"③

唐朝则采取兼容政策,贞观四年(630)四月,突厥归顺,诸蕃君长到长安,请太宗为天可汗。"制曰:'我为大唐天子,又下行可汗事乎'。群臣及四夷皆称万岁。是后以玺书赐西域北荒之君长,皆称'皇帝天可汗'。"④ 唐太宗说:"自古皆贵中华,贱夷狄,朕独爱之如一。"⑤

宋朝自建国伊始对域外抱有一种怀疑甚或蔑视的态度,雍熙年间,赵普说:"彼蕃戎,岂为敌对?迁徙鸟举,自古难得制之。前代圣帝明王,无不置于化外,任其追逐水草,皆以禽兽畜之。"⑥ 至道二年(996)宋太宗也说过类似的话"因谓宰相曰:'吐蕃言语不同,衣服异制,朕常以禽兽蓄之'"⑦。与辽订立城下之盟"澶渊之盟"以后,更是对外彰显自身的文化优越感,特别强调华夷之辨。北宋中期,程颐的学生"或问'蛮狄猾夏,处之若何而后宜'?(程)子曰:'诸

---

① (宋)徐梦莘:《三朝北盟会编》卷二二七,起绍兴三十一年正月尽其月,第1633页。
② 黄纯艳先生新近著文以为:"宋朝面临着对辽、金的倒悬之势和'汉唐旧疆'内的西夏、交趾等政权行皇帝制度的华夷秩序困境,采取了对外的弹性做法和对内的绝对法虚实相应的应对办法。"此看法甚有道理。《绝对理念与弹性标准:宋朝政治场域中对"华夷"和"中国"观念的运用》,载《宋史学术前沿论坛论文集》,上海师范大学人文与传播学院古籍所,2017年。
③ 《史记》卷一一〇,《匈奴传》,第2908页。
④ (唐)杜佑:《通典》卷二〇〇,《边防·盐漠念》,中华书局,2003年,第5494页。
⑤ (宋)司马光:《资治通鉴》卷一九八,贞观二十一年五月。
⑥ (宋)赵普:《谏太宗皇帝伐燕疏》,引自《邵氏闻见录》卷六,中华书局,1983年,第48页。
⑦ 《宋史》卷四九二,《外国传·吐蕃》,第14153页。

侯方伯明大义，以攘却之，义也。其余列国，谨固封疆，可也。若与之和好，以苟免侵暴，则乱华之道也。是故《春秋》谨华夷之辨'"①。北宋后期范祖禹在《唐鉴》中批评和讥讽唐朝的民族兼容政策："孔子曰：夷狄之有君，不如诸夏之亡也。以其无君臣之礼也。太宗以万乘之主，而兼为夷狄之君，不耻其名而受其佞。事不师古，不足为后世法也。"②其实，汉唐时期的士大夫也有"华夷之辨"的思想，也有类似宋代文人的议论，但是由于文臣士大夫的舆论并不能完全左右朝政，汉唐的统治者既有主观意识又有能力与草原民族一争雄长，故华夷之辨只是一种儒生的议论而已。但是宋则不同，经过太宗以后"崇文"政策的培育，文臣士大夫的舆论和宋最高统治者的认识不谋而合，故"华夷之辨"遂为宋朝朝野对北方民族认识的主流意识。这正是石介会写《中国论》，欧阳修会写《正统论》的原因。

三是宋朝的军事体制从太宗朝晚期起，军事设施、军队建制、兵种配置、战争手段、作战方式等无不贯穿消极防御的思想。步兵是其主力部队，"步兵主要具备固守原地的性能"，深入进攻西夏非其所长。即使是神宗在熙丰时有吞幽蓟、灵武之志，在对西夏的战略决策上力图改消极防御为积极进攻，并企图深入夏境而达到彻底制服的目的。但在强兵改革上也没有放弃以防御为主的军事体制的祖宗之法，其军事体制依然没有做相应的调整。尽管实行了将兵法，也增加了骑兵编制，宋的军队仍然是一支以防御为主的武装力量的性质没有改变。众所周知，用以步兵为主的军队，在古代用以吞灭擅长铁骑的游牧民族是一件令人难以置信的事。汉代霍去病、唐朝唐太宗之所以打败彪悍的匈奴、突厥等族，依靠的正是比匈奴、突厥等族的铁骑还要强大的骑兵。③故而以步兵为主的宋军在元丰年间两次主动进攻西夏的大战中惨败。到了南宋时，虽然主战文臣多有北伐的呼声，甚至有两次大的实践：隆兴北伐和开禧北伐，但是没有进攻战的机制，宋朝凭什么反击或讨伐侵略者？所以这种北伐无异于"纸上谈兵"，文人士大夫注定要把北伐战争引向失败。而宋徽宗时与金人订立的"海上之盟"、理宗时的"端平入洛"，都是不懂兵又主政的好大喜功统治者和文臣士大夫联袂的轻率之举。正是这种轻率在很大程度上导致北南宋万劫不复。

---

① 《二程粹言》卷一，引自《二程集》，第1214页。
② （宋）范祖禹：《唐鉴》卷三，文渊阁四库全书景印本，第685册，第487页。
③ 参见《史记》卷一一〇，《匈奴列传》。汪篯：《唐初之骑兵》，载《汪篯隋唐史论稿》，中国社会科学出版社，1981年。

## 二、崇文抑武国策与宋代统治集团尚武精神的丧失

### （一）崇文抑武国策的形成

唐末五代以来，武夫跋扈，悍将称雄，如后来宋太宗所说："自梁晋已降，昏君弱主，失控驭之方，朝廷小有机宜，裨将列校，皆得预御坐而参议，其姑息武臣乃如此。"① 而文臣深受压制，文官武将之间的关系严重失衡，导致朝政紊乱，地方割据愈演愈烈。长期存在的这种武力左右政局的局面，影响十分深远。西方学者也认为："在960年以前，北方一直被一系列不稳固的、短命的军事政权所统治。正是在这一时期，军事力量决定着政治状态，并继续成为宋初几十年间的一个主要因素。"②

宋朝开国伊始，武人跋扈习气依旧，各地藩镇欺压文官的现象，更是比比皆是。宋太祖在采取一系列的"收兵权"措施的同时，又着手解决积淀已久的文武关系失衡的问题，以便保证官僚队伍与机构的正常运行，并从体制上牵制武将集团。于是，宋太祖采取大力整顿骄兵悍将逞强和提高士大夫文官地位并举的两手政策，概括而言，其措施主要有：其一，在中枢机关逐步恢复文臣应有的角色。其二，以文臣知州县。他曾说："朕令选儒臣干事者百余，分治大藩，纵皆贪浊，亦未及武臣一人也。"③ 其三，开始陆续建立严格的军法军纪制度和阶级法，从各方面约束军队和军人的行为，其核心原则是要求军兵和各级军官逐级绝对服从，军队最终无条件听命皇权。

但当时五代重武之积习依然保留，在宋太祖开国第二年，因杜太后葬礼已毕，"宴宰臣、节度、防御、团练使、刺史、统军、诸军、厢主军指挥使以上及诸道进奉使于广政殿"④。众多武将，包括官阶不太高者都有资格参加御宴，这在往后是不可设想的事。之所以如此，大致与太祖是武将出身，且有较高的驭将能力有关，所以太祖抑制武将主要在于夺其能够逐主的兵权，矫正文武失衡偏向武将的格局，恢复文臣相应的地位。对武人并不歧视，甚或可以得到重用。而太宗并没有领兵作战和统御武将的经历，因而在抑制武将方面打破了太祖恢复文武制衡的做法，变为用文臣制约武将的新抑武政策，矫枉过正，使武人的

---

① 《长编》卷三七，至道元年五月丙寅，第815页。
② 〔德〕傅海波、〔英〕崔瑞德编：《剑桥中国辽西夏金元史》，史卫民等译，第7页。
③ 《长编》卷一三，开宝五年十二月，第293页。
④ 《长编》卷二，建隆二年十一月壬申，第55页。

地位一落千丈，走向与五代不同的另一个极端。所以崇文抑武方略的确立，是完成于宋太宗时期。

宋太宗在位期间，无论是出于个人狭隘的防范心理，还是因治国思路调整后确定的保守战略路线，都决定了军事手段在王朝施政过程中要退居次要的位置，而以意识形态化的儒家思想为核心的文治则日益受到推崇。据李攸《宋朝事实》卷三《圣学》记载："上览兵法《阴符经》，叹曰：'此诡诈奇巧，不足以训善，奸雄之志也。'至论《道德经》，则曰：'朕每读至兵者，不祥之器，圣人不得已而用之，未尝不三复以为规戒。王者虽以武功克敌，终须以文德致治。'"由此可以看出太宗对文武治国理念的不同评价和偏向，遂使"崇文抑武"在治国方略中占有极为重要的地位。

宋太宗即位初便亲自主持科考，录取进士、诸科及特奏名达五百多人，不仅人数大大超过以往，又对他们超等任官，连执政大臣都觉得过分。但史称太宗"意方欲兴文教，抑武事，弗听"[①]。南宋人也称："国朝科举取士，自太平兴国以来，恩典始重。"[②]宋太宗对号称天下文渊之薮的昭文馆、集贤院和史馆进行迁址和大规模重建，又亲自赐名为"崇文院"，以示"崇文"的态度。又为翰林学士院题写"玉堂之署"，以示尊崇。时人评论说道："自唐置学士来，几三百年，今日方知贵矣。"宋真宗朝宰相王旦还对此赞颂道："以文章化人成俗，实自太宗始也。"可以说到宋太宗朝中后期，文官在政坛上占据主导地位，武臣则被排挤到边缘位置，其精神状态也呈现一派颓势，并受到士大夫的轻蔑。

宋太宗抑制武将的做法主要有四个方面：

第一，改变太祖的驭将之道，对于守卫西北的边将不再专任，不容许组建亲兵，不得营利自备军费，把边将军中亲信牙兵改由内郡兵卒取代换防，同时还派内臣充当监军。

第二，雍熙元年（984）宋太宗对禁军上自都指挥使、下至百夫长在内的大批军官，"皆按名籍参考劳绩而升黜之，凡逾月而毕"。宋太宗升降武臣的主要标准是看其是否"循谨"，即："朕选擢将校，先取其循谨能御下者，武勇次之。"自此开创了由皇帝直接考核罢黜将校的制度，史称："自是，率循其制。"[③]吕蒙正曰："上之制下，如臂使指，乃为合宜，傥尾大不掉，何由致理。"[④]

---

① 《长编》卷一八，太平兴国二年正月丙寅，第394页。
② （宋）洪迈：《容斋续笔》卷一三，《科举恩数》，中华书局，2009年，第374页。
③ 《长编》卷二五，雍熙元年二月壬午，第573页。
④ 《长编》卷三二，淳化二年春正月乙酉，第710页。

第三，宋的军事体制中存在着有悖于军事规律的严重弊端，"将从中御"，有学者认为不论是独揽禁军日常训练、调动和将校任免权，还是战时或御驾亲征，或居中遥控，不授大将以重权，都表明宋太祖是"将从中御"的始作俑者。"将从中御"是宋太祖就宋初具体的政治、军事形势所采取的针对性很强的举措，也取得了巩固北宋政权的良好效果。但是宋太宗以后历朝多是处于猜忌和防范将帅的目的，实施"将从中御"之法，"手札处画，号令诸将，丁宁详密，授以成算。虽千里外，上自节制，机神鉴察，无所遁情"①。"将在外军命有所不受"是中国古代军事理论的基本观点之一。宋代君主不仅违背这一符合战争规律的基本观点，而且相当多的士大夫从维护君权至上的角度，在道义上给以支持和赞赏。如苏轼在《孙武论》中说：

其书曰："将能而君不御者胜，为君而言者，有此而已。窃以为天子之兵，莫大于御将，天下之势，莫大于使天下乐战而不好战；夫天下之患，不在于寇雠，亦不在于敌国，患在于将帅之不力，而以寇雠敌国之势，内邀其君。"②

第四，用文臣统兵，以文驭武。枢密院是宋代最高的军事决策机构，其长贰枢密使、知枢密院事、枢密副使、同知枢密院事、签书枢密院事等自宋仁宗朝以后主要由出身文职人员担任；与此同时，宋仁宗朝文臣出任地方经略、安抚使等帅职，地方文官长吏往往兼管本地驻军，武将遂退出各地统军体制中的主导地位，沦为文臣主帅的副职或部将。

### （二）武人地位的急遽下降

宋哲宗时，大臣刘挚说："祖宗之法，不以武人为大帅，专制一道，必以文臣为经略，以总制之。武人为总管，领兵马，号将官受制，出入战守，惟所指麾。国家承平百有二十余年，内外无事，以其制御边臣，得其道也。"③宋仁宗朝以后"自来武臣在边，多被文臣掣肘"的现象日益突出。欧阳修曾说过："大凡武臣，尝疑朝廷偏厚文臣，假有二人相争，寔是武人理曲，然终亦不服，但谓

---

① 《长编》卷三五三，元丰八年三月戊戌，第8457页。
② （宋）苏轼：《应诏集》卷八，《孙武论下》，《苏东坡全集》下，第771页。
③ 《长编》卷三六一，元丰八年十一月丙午，第8639—8640页。

执政尽是文臣，递相党助，轻沮武人。"①

从《武经总要》的编纂也可看到文臣对军事的掌控，鉴于李元昊称帝与宋决裂，康定元年（1040），宋仁宗命曾公亮（999—1078）和丁度（990—1053）编纂一部对宋以前的军事组织、军事制度、步骑兵教练、行军营阵、战术战略、武器的制造和使用、军事地理、历代用兵故事，乃至军事阴阳等许多问题进行总结性论述的兵书，于庆历三年（1043）完成。这部书的编纂者曾公亮和丁度是仁宗朝的著名文臣，由他们领导编纂兵书，完全体现了宋代文人掌控军政、筹划边防、指导战略、以文御武的事实。

文臣不仅掌控军事，而且歧视武将。像仁宗时抗夏及敉平侬智高之乱有功的大将狄青（1008—1057），出身行伍，升任枢密使后，由于他的武将身份，遭到欧阳修等文臣的激烈反对，备受猜忌，最后郁郁而终。抗金名将岳飞（1103—1141）被高宗、秦桧杀害之时，当时竟无一个文臣为他说话，唯一敢挺身而出，直接去找秦桧责问的，是识字不多的武将韩世忠。有的士大夫不仅不为其说话，反而倒过来说，岳飞不过是个武夫，言外之意武夫中间的英雄，也还不及儒臣高超。朱熹是夸奖岳飞的，但是他也说岳飞太粗。宋代有个传统，不杀大臣，士大夫都认为这传统很圣明。岳飞在解除兵权以后，是枢密副使，论阶职，确实是大臣之一。但他被朝廷杀了，难道不是违背祖宗成法了？但是南宋人论史，论官制，照样夸不杀大臣，而不提岳飞。因为士大夫根本不认同岳飞，把他看作武将粗人，不算大臣。

以文驭武的直接后果，是导致军功阶层在宋朝政治上消亡，入伍从军为世人所鄙视。不特如此，宋代军队仍沿袭五代刺字的风气，在士兵的脸颊、手臂或手背上刺上各部队的番号。当时，社会上只有身份卑贱的奴婢、罪犯及某些官府的工匠有刺字的现象，军人刺字，不仅为其他朝代所无，也使军人成为被社会歧视的一群人。就连做到枢密院高官的狄青和岳飞的脸上、手臂上也有这种象征耻辱的标记。

在抑武同时则大张旗鼓地推行"崇文"的方针举措。与武将受抑相反的是，宋代士人成为最受优遇的身份集团，可由下列事实看出：

一、在政治前途上，由于科举的扩张，读书人的出路有了保障，儒家的经术文学与仕进发生制度性的连锁。进士的上升，虽在中唐已发其滥觞，但科举在宋代始成为主要的登仕途径。宋代贡举登科人数，据研究，正奏名进士约为

---

① 《长编》卷一四八，庆历四年四月丙辰，第3590页。

四万三千人，正奏名诸科约为一万七千人，二者共约六万人。平均每年录取约为一百八十八人。加上特奏名约五万人，每年平均录取约为一百五十六人，这样两宋共取士约十一万人。科举取士之盛，远超隋唐，明清也不能与之相比。

二、宋太祖立下了秘密誓约："藏于太庙，誓不诛大臣、言官，违者不祥。"① 故北宋的政争少有诛杀，较为文明。即使在北宋后期有三次大规模贬窜士大夫的运动，一般也不开杀戒。在刑罚上，宋代继承古来"刑不上大夫"的传统，除去品官及其家人犯法，可以免杖，又可免官赎罪外，曾与省试的举人犯罪，徒杖也可听赎。

三、在荣誉上，士人成为万民羡慕的对象。高门贵族，早成过去；僧道二门，经过屡行屡禁，声势远不如前，而读书一途，前程既大，又享受种种优遇，儒士遂成为钦羡的对象。北宋时期洛阳人尹洙说："状元登第，虽将兵数十万，恢复幽蓟，逐强房于穷漠，凯歌劳还，献捷太庙，其荣亦不可及也。"② 南宋人杨万里亦有诗描述士人等第的盛荣："殿上胪传第一声，殿前拭目万人惊。名登龙虎黄金榜，人在烟霄白玉京。"③

至北宋中叶已完全形成文臣治国的局面，几乎当时国家各方面的重要职位皆由文官承担，"今世用人，大率以文词进：大臣，文士也；近侍之臣，文士也；钱穀之司，文士也；边防大帅，文士也；天下转运使，文士也；知州郡，文士也。虽有武臣，盖仅有也。故于文士观其所长，随其才而任之，使其所能，则不能者止，其术莫善于换"④。传说为宋真宗《劝学文》云："书中自有黄金屋，书中自有千钟粟，书中车马多如簇，书中有女颜如玉。"前代劝学诗文："富家不用买良田，书中自有千钟粟，安居不用架高堂，书中自有黄金屋。""万官（般）皆下品，唯有读书高"，这一谚语正反映了这一事实。

此外，宋代科举所形成榜下择婿的社会风气，也说明文武在仕途与地位上的差异。在朝廷的推波助澜下，进士出身的人集荣华富贵、功名利禄于一身，不仅在从政上可以取得优势，更是晋身上层社会的台阶，以致原来在政治、社会上拥有优势的名宦、士族之家，为了保持甚至扩大他们在政治、社会乃至经济上的影响力，在科考放榜的时候，纷纷到皇帝赐宴新科进士的路上，争相

---

① （宋）曹勋：《进前十事札子》，《松隐文集》卷二六，文渊阁四库全书景印本，第1129册，第483页。
② （宋）田况：《儒林公议》，《全宋笔记》第一编第五册，大象出版社，2003年，第88页。
③ （宋）杨万里：《诚斋集》卷二二，《朝天集·四月十七日侍立集英殿观进士唱名》，文渊阁四库全书景印本，第1160册，第238页。
④ （宋）蔡襄：《上英宗国论要目十二事·任材》，《宋朝诸臣奏议》卷一四八，第1695页。

选择新科进士作为东床快婿。这种例子，多得不胜枚举，像宋神宗时，蔡卞（1058—1117）刚中举，就被宰相王安石选为女婿，宋高宗时郭知运一登第，马上被宰相秦桧（1090—1155）选为孙婿。宋人朱彧曾讽刺地将高官贵戚及富商大贾，以丰厚的嫁妆为饵，招进士为婿的现象称为"榜下择婿"。从另一个层面看，这种为未婚的才子佳人缔结美好姻缘的社会风气，更鲜明地描绘了文武地位的差别。

宋朝以兴盛的科举制，造就了发达的文官政治。文官政治，即"以儒立国"①，对政治稳定和文化发展是有正面影响的。但"过犹不及"，一切事物超过限度，必然走向反面。宋朝厉行文尊武卑，在各方面过分压制武将，南宋初的汪藻说："祖宗时，武臣莫尊三衙，见大臣必执梃趋庭，肃揖而退，非文具也，以为等威不如是之严，不足以相制。"②胡寅说，宋仁宗朝的"吕夷简为相日"，有高级武将"忽遇于殿廊，年老皇遽，不及降阶而揖，非有悖戾之罪也。夷简上表求去，以为轻及朝廷，其人以此废斥，盖分守之严如此"。③这与宋太祖朝文武同堂的情况适成鲜明对照，在制度上保证武将在文官大臣面前必须低声下气。

## （三）宋朝统治集团尚武精神的沦丧

过分的崇文抑武，以压抑和束缚武将的军事才能与指挥权为快，又造成整个时代的尚武精神沦落、军事的萎靡不振。与军事萎靡不振成鲜明对照的是百官的文弱。柳诒徵先生很早就注意到，宋代文献中关于士大夫以坐轿为交通工具的记载，并用朱熹等人的话总结说"唐宋大臣年老或有疾者，始乘肩舆，余多乘马"，"宋室南渡，仕宦皆乘舆，无复骑马"。"居处行动，皆求安适，人之文弱，盖缘于此矣。"④日本学者宫崎市定研究宋代文明特征时，曾说"士大夫阶级的出现和成熟，使悠久文明出现'个人主义、文弱、女性化和意志薄弱'等弊端，对外来的侵略变得'软弱无力'"，宫崎市定是在20世纪三四十年代从讨论中国文明停滞的角度而言的，他指出宋代士大夫阶级的软弱特征应当给后人以足够的警示。士大夫阶级不仅整体"文弱"，而且在思想深处对外来强势也是甘心处于弱势：

---

① （宋）陈亮：《陈亮集》（增订本）卷一，《上孝宗皇帝第三书》，第14页。
② （宋）汪藻：《浮溪集》卷一，《行在越州条具时政》，文渊阁四库全书景印本，第1128册，第8页。
③ （宋）胡寅：《斐然集》卷一六，《上皇帝万言书》，文渊阁四库全书景印本，第1137册，第497页。
④ 柳诒徵：《中国文化史》下，上海三联书店，2007年，第521页。

> 国家之所以存亡者，在道德之浅深，而不在乎强与弱。历数之所以长短者，在风俗之厚薄，而不在乎富与贫。道德诚深，风俗诚厚，虽贫且弱，不害于存而长。道德诚浅，风俗诚薄，虽强且富，不救于短而亡。人主知此则知所轻重矣。是以古之贤君，不以弱而亡道德，不以贫而伤风俗。而智者观人之国，亦以此而察之。①

苏轼的这个道德至上的论断，不仅在相当大程度上代表了北宋中期以后士大夫们有关国家兴亡的心声，而且为明清士大夫阶级所继承。

当然必须指出，宋代抑武政策主要是针对兵权和以文制武，出于国防的需要，宋朝在经济上给武人待遇较优厚，容许军队及军官兼营及从事回图贸易，投资土地，经营酒坊、店铺等活动以取利。南宋初年中兴四将之一的刘光世，统领数万的军队中，竟有八千人从事贸易、营利的活动，刘光世且比为陶朱公。另一位大将张俊（1086—1154）营利每年达数百万缗，每年收入的田税也多达六十万石，其子孙亦多善于经营。宋朝对武臣、军职人员在道德礼法上也较文臣相对宽容，父母死亡，武官可以不必罢官服丧。宋廷也准许有功的军将或其子弟转换成文资，不少大将的子弟"皆耻习弓马"，要求换成文资，以致宋高宗曾有"十年之后，将无人习武矣"②的感叹，孝宗时也产生武举从军之人孤高自傲，不亲戎旅的现象。

宋政府这些优容曲从补偿武人的举措，既反映政策推行时有其现实的考量，同时也说明军职人员在当时社会上不被多数人重视。而武人纷纷谋求武换文资，也表明武人不满意自己所处的地位。

## 三、宋朝与辽西夏金蒙元的攻防战

本节主要回答为什么说宋朝经济文化高度繁荣发达，在战场上却总是打不过周边的西北民族政权：辽、金、（蒙）元，甚至与蕞尔小国西夏的战争也常常处于下风。近些年也有人认为宋朝军事并不弱，如蒙古军队当年征战欧亚，所向无敌，只有南宋军队能抵抗七十年之久，说明南宋军队很有战斗力。回答这

---

① （宋）苏轼：《奏议集》卷一，《上皇帝书》，《苏东坡全集》下册，中国书店，1986年，第406页。
② （宋）李心传：《系年要录》卷一五五，绍兴十六年四月戊午，第2933页。

个问题，不仅是关涉澄清史实，而且也是学习宋史必须搞清楚的问题。先讲宋军是否能打仗。

其实宋人不是不能打仗，过去论者在论及宋与辽、西夏、金、蒙元战争时，往往多注意双方的进攻战，而对双方的防御战，特别是在辽金蒙古深入南北宋境内后宋军反击侵略的防御战则没有给以足够的重视。纵观两宋与辽、西夏、金、蒙元战争的重要战役，若以进攻和防守这两种战争基本形式和双方进行战争的目的来衡量，宋的军事失败基本上都发生在宋发动的进攻战役方面，宋在境内抵抗来自辽、西夏、金、蒙元进攻的防御战，则宋军多能取得不俗的战绩。

先看宋辽战争。① 从979年宋发动收复燕云地区高梁河战役到1004年辽进攻宋，在澶渊城下订立和约，长达25年，其间北宋主动进攻的高梁河之战（979）、雍熙北伐（986）包括岐沟关之战、陈家谷之战、君子馆之战三大战役均以宋方大败告终。

防御性战役有：满城会战（979）辽大败，瓦桥关——雄州之战（980）辽军小胜但未攻破宋军雄州城，辽军亦受创。辽在河北、河东先后三路南侵（981），皆败。徐河之战（989）辽败、裴村等之战（999—1000）宋败，遂城之战（1001）宋胜、望都之战（1003）宋败。

澶渊之役（1004），辽深入宋境，宋在军事有利局面下与辽签订"澶渊之盟"。其后直到宣和二年（1120）宋徽宗欲谋复燕云之地与金订立海上之盟，宋辽间未发生直接战役。宣和四年，宋两度由南向北进攻辽军把守的幽州城，大败而归。

其次，宋与西夏战争。自公元982年李继迁反宋至北宋灭亡、金占领宋陕西诸路、宋夏脱离直接联系为止，在近150年的时间里，双方处在交战和敌对状态的时间约占四分之三以上。但李继迁时期对宋的进攻，因其自身战争力量很有限，宋夏之间的战争尚没有明显的战略意义上的进攻和防御。及至元昊反宋，宋夏战争全面爆发，宋夏三次大的战役：三川口之战（1040）、好水川之战（1040）、定川寨之战（1042），虽都因西夏侵宋而爆发，但具体战役则是宋军主动出击迎战西夏，元昊则采取诱敌深入的战术各个击破，宋军惨败。

宋神宗时期实施以富国强兵为目的的变法运动，对西夏展开积极进攻。绥州啰兀城之战（1070—1071）、灵州之战（1081）、永乐城之战（1082）均以宋

---

① 这里所讲宋与辽西夏金蒙元战争攻防战，主要是指具有较大规模或具有战略性质的战争，一般边区之间较小规模，或扰边性质的战争不包括在内。以下同。

军失败而告终。其后西夏挟永乐城大胜的余威,数次围攻北宋边城兰州,兰州城坚,西夏不能克。宋哲宗绍圣至徽宗政和时期对西夏依然采取进攻的态势,但不是采取大规模征伐主动进攻的形式,而是采取在宋夏边境西夏一侧进筑堡寨,步步为营,蚕食西夏。西夏力图阻扰宋的蚕食,遂爆发具有战略决战性质的争夺平夏城战役(1098),西夏是主动进攻一方,宋取得平夏城保卫战大捷。

再次,宋金战争。从靖康元年(1126)金发动第一次灭北宋战争至1234年金灭亡,在近110年间,可以1141年订立绍兴和议为中轴划分为前后两个阶段。前一阶段,宋金战争经历了一个由宋军全面溃败望风而逃到逐渐砥砺抗衡金军的过程。"自金虏入中原,将帅望风奔溃,未尝有敢抗之者。"① "挟劲骑,直越燕赵,蹴齐鲁,遂至句吴以观南海。中有大河、江流、孟门、太行之险而不能为之限,所过城邑,无不开门迎劳,行留自恣,莫敢袭逐。"② 其间金两次南下攻取东京,和南宋建炎年间两次攻取东京以及富平之战(1126),是两宋遭遇击溃战的典型战役。建炎以后南宋军抗击金军可以值得一提的战役,据宋孝宗乾道二年八月甲午,立中兴以来十三处战功格目,③ 其中绍兴和议前被列为战功的有五处:"张俊明州城下(1129—1130)、韩世忠大仪镇(1134)、吴玠杀金平、和尚原(1130、1133)、刘锜顺昌府(1140)五处,依绍兴十年九月二十二日指挥。"④ 由于绍兴十年九月秦桧当政,这五处战功没有包括已被关押的岳飞指挥的郾城之战、颍昌之战(1040)两次战役。有研究者以为"南宋绍兴时,宋军五次大捷,即和尚原之战、仙人关之战、绍兴十年(1140)刘锜指挥的顺昌之战、岳家军进行的郾城之战和颍昌之战。都是大败完颜兀术亲率的金军主力,而吴玠指挥的则属前两次"⑤。前一阶段除了宋军防御反击取胜战役外,靖康元年宋金太原之战异常惨烈,宋军在王禀率领下阻击金军西路军于太原城下250多天。⑥

后一阶段,绍兴三十一年至隆兴二年,爆发第二次金宋战争。此次战争有四次重要战役,即胶西海战(1161)、采石之战(1161)、德顺之战(1162)和符离之战(1164)。前两战是完颜亮打着混一天下的旗号进攻南宋,以金军的失

---

① (宋)李心传:《建炎以来朝野杂记》甲集卷一九,《十三处战功》,中华书局,2000年,第449页。
② (宋)叶适:《水心别集》卷一,《治势下》,《叶适集》,中华书局,1983年,第641页。
③ 《宋史》卷三三,《孝宗纪》,第635页。
④ (宋)王应麟:《玉海》卷一三五,《乾道定十三战功》,广陵书社影印本,2003年;又见《宋会要辑稿》兵一九之一七,第7089页。
⑤ 王曾瑜:《和尚原和仙人关之战述评》,《西南师范学院学报》1983年第2期,载氏著:《凝意斋集》,兰州大学出版社,2003年,第142页。
⑥ 李华瑞:《宋金太原之战》,《西北师大学报》1993年第6期。

败而告终，后两战是宋孝宗欲恢复故土北上攻金，以宋军的失败而告终。双方签订隆兴和议。① 其后宋宁宗时韩侂胄主政，积极北伐，开禧二年（1206）南宋在宿州和唐、邓一带向金发动进攻，金亦分兵六路侵宋，宋军惨败。宋理宗绍定六年至端平元年（1233—1234），南宋与蒙古联手灭金。

最后看宋与蒙古和元的战争。从金朝灭亡的第二年1235年，蒙古军以宋军收复三京，破坏宋蒙同盟关系为导火索，向南宋大举进攻，至1279年南宋灭亡，在长达45年的宋蒙战争期间，可以元世祖忽必烈即位（1260）和宋理宗赵昀病逝（1264）为标志分作前后两个阶段。前一阶段虽然蒙古军向南宋发动一波又一波的进攻，开辟了全面对宋作战的战场，摧残了长江中上游地区若干大中城市，但总的说来，蒙军建树不大，南宋军队在巴蜀、荆襄、江淮三大战场有效地阻击和重创了蒙古军的进攻，其中孟珙指挥的江陵之战（1236）、邓穰之战（1240）、黄州保卫战（1237—1238），杜杲杜庶父子死守安丰之役（1237），王安指挥的寿春争夺战（1244）、余玠领导的嘉定会战（1252）都是宋军取胜的重要战役，特别是1259年王坚和张珏指挥的钓鱼城之战大捷，重创蒙古军，蒙哥汗死于是役。

1260年忽必烈即大汗位以后经过几年的准备，又开始进攻南宋，1269—1273年的襄樊战役宋军战败，同时宋金对峙以来，南宋借以为国的巴蜀、荆襄、江淮三边守备也被蒙元军切割，至此南宋的防御体系溃乱不堪。1273年，元军发动全面灭宋战争，在两淮郢州、沙洋之役，湖北阳逻堡之役，江淮芜湖丁家洲之役，荆湖南北之役等重要战役中以摧枯拉朽之势击败宋军，1275年逼近临安，宋军又在焦山之战中大败于元。"宋军大溃，数十万众，死伤几尽。"②"自是宋人不复能军矣。"③ 翌年二月，宋帝出降。其后，虽有一二忠良起兵勤王，为宋坚守，但犹如大厦将倾，已非一木所能支撑的了。

从以上史实来看，宋朝在战争进攻和防御两个战略方面，其防御战在大多数情况下具有相当强的作战能力，因而在观察宋朝"积弱"问题时，应当充分估计宋朝在防御战中取得的不俗战绩。

---

① 王曾瑜：《南宋对金第二次战争的重要战役述评》，《纪年陈寅恪先生诞辰百年学术论文集》，北京大学出版社，1989年，载氏著：《点滴集》，河北大学出版社，2010年。
② 《元史》卷一二七，《伯颜传》，第3103页。
③ 《元史》卷一二八，《阿术传》，第3123页。

## 四、宋与辽西夏金元攻防战优劣析

先看宋朝打进攻战的劣势,除了宋朝建国伊始即确立"守内虚外"的消极国防政策外,还有三个原因。

### (一) 北宋立国的形势

宋与辽西夏金元的战争总体上说,宋大多处于守势,但也有多次积极进攻的情况发生:北宋太宗、徽宗对于燕云地区的经略,北宋仁宗、神宗对西夏的战略进攻,南宋欲复北方故土而展开对金的数次北伐战争:岳飞四次北伐、宋孝宗隆兴北伐、宋宁宗开禧北伐、宋理宗端平入洛。宋的进攻战多以失败甚或击溃而告终。[1]

那么宋进攻战败多胜少的原因何在? 以往学界已多有讨论,除去从军政角度总结的有"招刺太滥、拣选不实、训练很差、军法的废弛、军政的腐朽、军纪的败坏,官员对军士的役使和刻剥,军队的赢利性经营,对骑兵建设的轻视,实行以文制武,兵权的分散,将从中御"等原因外,[2]还可从宋朝立国的形势加以探讨。

唐朝中叶发生安史之乱,唐朝调陇西、河朔守兵镇压叛乱,吐蕃乘虚而入占领唐朝广大的西部地区,除了归义军短暂的归附外,长时期不再为唐朝疆理,五代之初契丹建国,唐朝后期所辖的广大东北地区不在五代的疆理范围内。后晋时期又将燕云十六州割让契丹。五代的政治中心转移到开封。所以当北宋立国之时,其地理条件已远不能与汉唐相比。宋神宗熙宁年间,张方平曾论及地理条件和形胜对宋朝立国的影响:宋朝的京师地处天下四冲八达之地,没有长安和洛阳的山河形胜可以依托,只能依靠重兵把守。

南宋理宗时人吕中在《宋大事记讲义》卷一,《国势论》中集浙东学派、朱熹等人的议论早有深刻的分析:

> 汉唐多内难而无外患,本朝无内患而有外忧者,国势之有强弱也。……而国势之所以不若汉唐者,则有由矣。盖我朝北不得幽冀,则河

---

[1] 宋的进攻战也有少数很成功的范例,如南宋初岳飞的四次北伐。参见王曾瑜:《岳飞和南宋前期政治与军事研究》,河南大学出版社,2002年。

[2] 王曾瑜:《宋朝军制初探》(增订本),中华书局,2011年。

北不可都，西不得灵夏，则关中不可都，不得已而都汴梁之地，恃兵以为强，通漕以为利，此国势之弱一也。

宋人的分析即是20世纪学界所强调的，宋朝立国缺少与草原民族一争雄长的两个条件：一是失去燕云地区不能以长城天险为依托阻御草原民族牧骑南下，以保障中原地区的安全。二是失去广大的西部（河西、甘南草原）和东北部（蒙古和坝上草原），不能据有一片草原，繁衍马匹，编组为骑兵，主动出击，以机动对机动，以能够支持长期战争的国力为基础，终于战胜对手，成为国势强大之王朝。学界也大多认为北宋与边疆民族在兵种上，特别是骑兵力量上的差异，是其在军事上不能取得较大成就的原因。作为宋辽战争主要战场的河北平原的地理环境，又强化了这种观点。确实，这两种解释模式均有高瞻远瞩，与事实若合符节之处，其影响力历久不衰，本身就是对这点一个很好的说明。

军事地理造成的劣势固然是不利于进攻战的重要因素，但在中外军事历史上这又不完全是不可逾越的决定因素，战争胜负往往取决于决策者的主观能动性和制定战略战术的意志。宋的消极防御战略使其着力经营步兵，主张以步兵制骑兵，而轻视骑兵建设。范仲淹认为"自古骑兵未必为利"，"沿边市马，岁几百万缗，罢之则绝戎人，行之则困中国"。① 骑兵在宋军队除开封府京畿地区，河北河东陕西沿边配置骑兵外，其他路分极少配置，就是配置较多的陕西和河东沿边地区，亦只占禁兵总数的1/4。神宗以前，河东帅司路有禁兵160指挥，其中骑兵只有48指挥，陕西五个帅司路329指挥，其中骑兵只有96指挥。就是已组建的骑兵也兵多马少。

仁宗时，宋祁竟说："今天下马军，大率十人无一二人有马。"② 宋祁的说法可能失之偏颇，但他至少说明宋军缺马的事实。宋仁宗以后组建的蕃兵、弓箭手，虽然较多骑兵，比此前有一些进步，但并未从根本上改变骑兵落后的局面。宋神宗时，也是马军多而马不足，妨废教阅。宋哲宗初曾规定"马军所阙马应给者，在京、府界、京东、京西、河东、陕西路无过额，并支马七分"③。可见哲宗时，陕西骑兵至少有十分之三无马匹，宋骑兵战斗力于此可见一斑。南宋时，更无法组建强大骑兵。

---

① 《长编》卷一一二，明道二年七月甲申，第2625页。
② （宋）宋祁：《上仁宗乞收还牧地罢民间马禁》，《宋朝诸臣奏议》卷一二五，第1384页。
③ 《长编》卷三六一，元丰八年十一月丙午，第8640页。

由于不能组建强大骑兵，宋的步兵的作战范围大致难以跨越五百里方圆的战区。宋与西夏之间由今甘肃岷县经渭源、陇西、隆德各县，越六盘山，再经宁夏固原、甘肃环县，进入陕北，循横山山脉东行，至于榆林县南无定河畔。别有一支由横山山脉中部北行，经靖边、榆林、神木诸县，而东北止于内蒙古托克托县黄河右岸。在此段长城以北的地区，西夏据"汉界缘边山险之地三百余处，修筑堡寨"。再往北走便是瀚海沙漠戈壁，使以步兵兵种为主的宋王朝望瀚海兴叹。西夏"据平夏全壤，扼瀚海要冲，倏忽往来，若居衽席之上。国家若兵车大出，则兽惊鸟散。莫见其踪由"。宋的后勤给养军队"自环抵灵，瀚海七百里，斥卤枯泽，无溪涧川谷，荷戈甲而受渴乏"，这又安能与西夏争锋。①所以从李继迁叛宋之日起，宋派大兵进剿西夏几乎没有胜算。是故，哲宗绍圣元符开拓，针对这一地形特征，制定了步步为营的蚕食政策，才取得了一定的效果。

宋朝所处的时代正是北方游牧民族充当战争舞台主角的时期，虽然北宋初年就发明并使用了火器，中国古代战争从此进入了冷兵器和火器并用的时代，但在仍以冷兵器为主的战场上，骑兵以其行程远、速度快、机动性强，适宜于平原旷野的远程作战等优势，充当着主要突击力量。这也是因为，就力量而言，骑兵是人力和马力之合。对此宋人早有深刻的认识："马者，兵之用，国之所恃以为险者也。有国以来，未尝无马，国多马则强，少马则弱。"②所以由此审视上述宋与周边政权的战争，恰恰说明了进攻战非宋之所长，受其所限，失败也在情理之中。

### （二）缺乏军功动力的职业兵

宋朝的军队由职业军人组成，分为禁军和厢军，他们不从事其他职业。和平无事时集中训练、校阅，若有战事听命征战。宋朝职业军人基本来源于招募。招募的对象：有当地百姓、营伍子弟和受灾饥民，还有罪犯间或也有平民。招募灾荒之年的饥民和流民，是宋朝养兵政策的重要内容之一，所谓平居无叛民，饥荒时无叛兵，被宋太祖赞为有"百代之利"。职业士兵依靠领取军俸生活，"当兵吃饷"，其性质类似雇佣兵。但禁军将士待遇优厚除"厚其赐粮"外还常有额外赏赐。所以，宋朝实行募兵制，养兵数十万乃至百万，却并没有争取军

---

① 《长编》卷三九，至道二年五月壬子，第835页。
② 《长编》卷三七四，元祐元年夏四月辛卯，第9067页。

功的动力。

### （三）宋朝的防御工事

再看宋朝打防御战的优势，因为是消极防御国防，不主动进攻，怕惹是生非，所以特别注重防御工事的建设，因而北宋及南宋在防御辽西夏金乃至蒙古的入侵上还是很有值得称道之处。

首先，北宋为防止辽和西夏的入侵，国防建设十分艰巨，故以军旅事务为头等大事，"国曰军国，州曰军州"，以兵立国是其基本国策。张方平说："今朝廷所言大事必曰军国，是知兵者，时之大务，邦之重柄。"①王明清也曾经说："一郡则尽行军制，守臣、通判名衔必带军州，其佐曰签书军事，及节度、观察、军事推官、判官之名，虽曹掾悉曰参军。一州税赋民财出纳之所，独曰军资库者，盖税赋本以赡军，著其实于一州官吏与帑库者，使知一州，以兵为本，咸知所先也。置转运使于逐路专一飞挽刍粮饷军为职……"②林駉亦云："况国朝之制，库曰军资，官曰参军，务曰赡军，而为守倅者亦先军而后州，其于军事重矣。"③可见，以兵立国的基本策略贯穿于宋的各种制度。其次，如上所述，从北宋到南宋实行"将从中御"的军事制度，在进攻战中无疑是致败的重要原因，但是从防御的角度来看皇帝制颁、使用"阵图"，结果会是另一种状态，事实上《武经要要》所载常阵制、本朝平戎万全阵法、本朝八阵法以及宋神宗九军新阵，④基本上都是在吸纳前代已有经验的基础上，根据宋朝所处的时代特点加以改进，成为以步制骑的防御阵法，而且取得不菲的效果。

其次，为抵御游牧民族铁骑的突袭，两宋多采用筑城防御的战术，进而发展到利用河流和山地等自然地形，结合完备的城邑防御设施，以步兵防御的积极战术抵抗骑兵的迅猛进攻，使这一时期步兵抗击骑兵作战展现出前所未有的新特点。宋夏战争之初宋总是力图用大兵团剿灭西夏，但宋屡战屡败，西夏在战略方面，利用广漠原野，敌进则退，敌退则进。敌驻成不出，则窥破良机，集中绝对优势之兵，以行局部之歼灭战。战术方面，则以设伏诱敌为惯技。宋

---

① （宋）张方平：《乐全先生文集》卷一三，《武备论》，《宋集珍本丛刊》第 5 册，第 718 页。
② （宋）王明清：《挥麈录余话》卷一，《祖宗兵制枢廷备检》，《全宋笔记》第六编第二册，大象出版社，2013 年，第 24 页。
③ （宋）林駉：《古今源流至论》续集卷一，《州兵》，四库类书丛刊，上海古籍出版社，1992 年，第 942 册，第 351 页。
④ （宋）曾公亮等：《武经总要》前集卷七。（明）唐顺之：《武编》前集卷四，《宋神宗皇帝九军新阵辩》。

之所以屡败，即此故也。宋哲宗以后，北宋改变大兵团进剿的战略，而改为防御反击战略或称为积极战术防御，在宋仁宗以来的牵制策应之法的基础上发展为浅攻进筑或浅攻扰耕，也就是说北宋花费很大的气力在宋夏边界西夏一侧沿河流、山崖和平原之地修筑集军事、经济、居地等功能于一身的堡寨和城池，用以抵御西夏入侵的手段，且把战区由本土转向西夏一方，变被动挨打为防守反击，蚕食一地，进筑一地，蚕食是进攻，进筑是下一次蚕食的依托和保障，诸路并进，西夏首尾难顾，这正是哲宗绍圣以后西夏难以应付，并节节败退的原因，从而从根本上解除了西夏对宋的威胁。

北宋末年的太原之战，南宋初年的和尚原之战、顺昌之战等都是据城邑和山地地形的著名防御战。吴玠说："高山峻谷，我师便于驻队，贼虽骁勇，甲马厚重，终不能驰突；我据嵯峨之险，占关辅之势，贼虽强悍，不能据我尺寸地。"① 宋蒙战争期间，宋军在守城方面，又创造了以"串楼"对付蒙古军的火炮，以山城寨堡对付蒙古铁骑的战术，取得了战争前一阶段黄州、安丰大捷和钓鱼城保卫战的胜利。后人总结宋蒙钓鱼城之战蒙军失利的原因时就指出："弃野战之长，违北族之性。聚数十万之众，冒盛暑而攻合州，顿兵坚城，累月不下，情见势绌，以身殉之。所谓千金之弩，为鼷鼠而发。甚矣，其不知兵也。"② 南宋不仅发挥擅长守城的优点，而且大大提升水战的优势。宋军的水战优势主要体现在利用舟师从水路增援受困城市上。例如，1237年的史嵩之从鄂州援光州、陈韡从建康遏和州、赵葵从扬州趋淮西之役，1240年的孟珙从荆襄援夔之役，1244年吕文德增援寿春之役，1259年的吕文德自长江中游增援重庆、合州之役等。刘整说，蒙古的"精兵突骑，所当者破，惟水战不如宋耳"，是故他建议"夺彼所长，造战舰，习水军，则事济矣"。③ 宋蒙元战争的第二阶段，元军连克宋军防御阵地，使宋军节节败退，即与采纳刘整建议，组建强大水军密不可分。

显然从反击侵略的防御作战能力来说，宋朝军队不能完全说不能打仗，即不能完全说是弱，那么为什么北宋和南宋均被金、元在短时间内灭亡？为什么宋辽澶渊之盟（还有仁宗时追加的战争赔款）、宋夏景德和约、宋夏庆历和议、宋金绍兴和议、隆兴和议，又常常扮演乞求、赔款、苟且、退让等屈辱的角色

---

① （宋）徐梦莘：《三朝北盟会编》卷一九六，炎兴下帙九十六·起绍兴九年六月二十一日己巳尽其日，引《吴武安公功绩记》，第1410页。
② 屠寄：《蒙兀儿史记》卷六，《蒙格可汗本纪论》，中华书局，1962年。
③ 《元史》卷一六一，《刘整传》，第3787页。

呢？这只能从宋朝统治者的边防战略指导思想找原因，也就是说如果宋统治者即使不像汉唐要与草原民族一争雄长，而是采取积极防御的战略，即为了反攻或进攻采取积极的攻势行动，挫败进攻之敌的防御，利用发达的经济、科技力量，阻击侵略者于境外，完全可以战胜来犯之敌。而上述的宋与周边民族政权的战史也从一个侧面证明宋朝若发挥战略主动性是可以有所作为的。

但是历史不能假设，残酷的现实是，宋在边防长期奉行不惹事、不生事的政策，然而树欲静而风不止，因而总是事到临头抱佛脚。虽然宋打防御战颇有战斗力，但是悉数宋的防御战不难发现，大都是对侵略者深入境土之内的顽强抵抗，也就是说在第一时间并不能阻击侵略者于境土防线之外。一个常在国境线内纵深地区进行顽强抵抗侵略的国家，不论抵抗有多么的卓越，也不能不是"积弱"的反映。战争是政治的继续，宋朝对外战争就是宋朝奉行畏敌如虎、守内虚外政治的继续，亦即奉行消极防御战略和崇文抑武国策的继续。

## 参考文献及拓展阅读

王曾瑜：《宋朝军制初探》（增订本），中华书局，2011年。
陶晋生：《宋辽关系史研究》，中华书局，2008年。
陈峰主编：《宋代治国理念及其实践研究》，人民出版社，2015年。
何冠环：《宋代武将研究》，香港中华书局，2003年。
《中国历代战争史》第11册，第十四卷，《宋、辽、夏、金》（上），军事译文出版社翻印，1983年。
陈世松等：《宋元战史》，四川社会科学院出版社，1988年。
〔美〕田浩（Hoyt Cleveland Tillman）：《西方学者眼中的澶渊之盟》，载张希清等编：《澶渊之盟新论》，上海人民出版社，2007年。
李华瑞：《宋夏关系史》，中国人民大学出版社，2010年。
李华瑞：《宋朝"积弱说"再认识》，《文史哲》2013年第6期。

# 第十章　宋朝的农业、手工业及其区域特色

## 一、农业、手工业的高度发展

漆侠先生认为从中国古代经济纵的方面考察，周秦以降中国古代的社会生产的发展，大体上经历了两个马鞍形这样一个过程。由于春秋战国以后社会生产力显著的发展，到秦汉时期便发展到第一个高峰。魏晋以下，社会生产力低落下来，到隋唐有所恢复、回升，从而形成第一个马鞍形。在唐代经济发展的基础上，宋代社会生产力以前所未有的速度迅猛发展，从而达到了一个更高的高峰。元代生产急遽下降，直到明代中叶恢复到宋代的发展水平，这样便又形成了第二个马鞍形。宋代社会经济发展处在两个马鞍的最高峰，这具体表现在冶铁技术和铁制生产工具的发展进步、人口的增长、垦田面积扩大和单位面积产量提高等三个方面。

### （一）生产工具的改进

继战国秦汉之后，唐宋之际特别是两宋三百年间是我国古代冶铁技术和铁制生产工具第二次变革的重要时期，变革的主要内容是：灌钢法、百炼钢法的广泛使用，铁犁进一步改进，钢刃农具的创制和推广等。特别是由于铁产量的激增使这次变革具有了更坚实的基础。

冶铁炼钢需要高温，宋代冶铁技术的进步，与煤的广泛使用有密切关系。以煤冶铁在魏晋六朝已经开始，到宋朝因煤炭开采的日益广泛，森林面积的日益缩小，煤成为北方广泛使用的一种燃料，家庭生活使用它，铸钱冶铁也使用它。钢刃农具兵器之能够大批量生产，与把煤使用在冶铁上是分不开的。

北宋铁产量在当时世界上是首屈一指的。20 世纪日本学者估计大约每年的产量在 5000 吨至 4 万吨之间，而美国学者则估计较高，每年产量在 7.5 万吨至

15万吨之间，若是按照美国学者的高估，北宋在神宗时期（1067—1085）的铁产量可与17世纪的英国和18世纪的欧洲铁的产量相仿，但是王菱菱教授从两宋时期长期制作铁钱、铁兵器和铁成为生产胆铜的原料三个方面考察其增长需求，以及制造铁农具对铁原料的消耗总量，重新进行估算，最后得出宋代最高年产铁额大致在3.5万吨至7万吨之间。这个新的结论比美国学者仅从铁税课额或农具耗铁量来估算每年的产量要严谨科学得多，因此可信程度较高，也更接近宋朝铁的实际年产量。①

在冶铁、冶铜技术有所改进和推广、铁产量激增的同时，宋代在农具制作上也有所变革和创新。宋代使用的曲辕犁创始于唐代，这种犁由直辕改为曲辕，在操作使用、掉转方向方面更加方便和灵活，对深耕翻土的性能愈加良好。因此，范成大在《吴郡志》中称赞吴中农具甲天下。当然，这种最先进的农具不限于吴中一隅，其他地区也推广使用（如南宋时推广到广西静江府）。特别值得注意的是宋代的犁有了"䥯刀"的装置，这是对犁的一项重大改进。五代十国两宋三四百年间曾对两浙江淮大片低洼地进行了大力改造。对低洼地改造，一是排水（或筑圩御水），二是排水后芟刈丛生的蒲芦杂草。䥯刀就是改造这种低洼地的极其得力的工具。

## （二）人口的发展与户口登记制度

人口发展状况是衡量中国历史上传统社会发展的重要指标。下面将宋代人口中户数增长的情况制成一览表。② 由此可观察宋朝社会经济的稳步发展。

| 北宋 | | 南宋 | |
| --- | --- | --- | --- |
| 年代 | 户数（户） | 年代 | 户数（户） |
| 宋太祖开宝九年（976） | 3090504 | 宋高宗绍兴三十年（1160） | 11375733 |
| 宋太宗至道三年（997） | 4132576 | 宋孝宗乾道三年（1167） | 11800366 |
| 宋真宗天禧四年（1020） | 9716712 | 宋孝宗乾道四年（1168） | 11683511 |
| 宋真宗天禧五年（1021） | 8677677 | 宋孝宗淳熙二年（1175） | 12501400 |
| 宋真宗天圣七年（1029） | 10162689 | 宋孝宗淳熙十年（1183） | 11156184 |

① 王菱菱：《宋代矿冶业研究》，河北大学出版社，2005年。
② 本表和下面区域户数表数据均选自吴松弟：《中国人口史》第三卷，《辽宋金元卷》，复旦大学出版社，2000年，第346—348、353—354、394页。

续表

| 北宋 | | 南宋 | |
|---|---|---|---|
| 年代 | 户数（户） | 年代 | 户数（户） |
| 宋仁宗嘉祐八年（1063） | 12462317 | 宋孝宗淳熙十一年（1184） | 12398309 |
| 宋英宗治平三年（1066） | 12917221 | 宋孝宗淳熙十六年（1189） | 12907438 |
| 宋神宗熙宁八年（1075） | 15684529 | 宋光宗绍熙四年（1193） | 12302873 |
| 宋神宗熙宁十年（1077） | 14245270 | 宋宁宗开禧三年（1207） | 12669310 |
| 宋神宗元丰六年（1083） | 17211713 | 宋宁宗嘉定十一年（1218） | 12669684 |
| 宋哲宗元祐六年（1091） | 18655093 | 宋宁宗嘉定十六年（1223） | 12670801 |
| 宋徽宗崇宁元年（1102） | 20264307 | 宋端宗德祐二年（1276） | 11746000 |
| 宋徽宗大观四年（1110） | 20882258 | | |

据此表可以清楚地看到，宋朝人口前期从976年至1029年，仅五十余年，人口户数就从300余万户增长到1000余万户，又经过约八十三年，人口户数再上一个台阶，大观四年（1110）户数达到20882258户，每户以五口计算，也超过了一亿，这是前代未曾有过的。宋朝发展到这个数字，从宋太祖开宝九年算起，历时134年，平均每年增加13.34万户，平均增长率为1.436%。而唐代自唐太宗贞观初（627）的300万户发展到唐玄宗天宝十四载（755）的891万户，历时128年，平均每年增加4.7万户，平均增长率为0.854%。无论从人口增长的绝对数字、增长速度，或是增长率，宋朝不仅远远超过了号称帝制盛世的唐代，而且在历代王朝中也是极其突出的。

宋朝以后南方户口所占的比率，比起唐代元和年间虽然略有升降，但是始终在北方之上，这说明南密北疏的户口分布形态已经确立，南方已成为人口集中的地区。以下比较北宋元丰三年（1080）、南宋淳熙十四年（金大定二十七年，1187）南北户口的比率。北宋元丰三年全国总户数为16570474户，南宋淳熙十四年宋、金户数为19166001户：

| | 元丰三年 | 淳熙十四年 |
|---|---|---|
| 北方 | 30.6% | 35.4% |
| 南方 | 69.4% | 64.6% |

可知北宋和宋金时期，南方户口所占比率在2/3左右。

宋朝政府户口登记的一大特点，是进行分类管理。如居住城市者称坊郭户，居住乡村者称乡村户；拥有田地、房产等称主户，主户也称之为税户，不拥有田地、房产等称客户；田地、房产等多者称上户，田地、房产等少者称下户。乡村主户分为五等户，坊郭户分十等户，品官之家称官户，非品官之家称民户，官户与富有的吏户称形势户，其余的人户称平户。户口分类便于官府在赋役的摊派、灾年赈贷与蠲免赋税等方面实行不同的政策。

户口分类在某种程度上反映了宋时的阶级结构，如官户大致上是官僚地主，乡村上三等户大致是地主，乡村四、五等户称下户，乡村下户与客户都是农民。土地所有者大致可划分为皇室、官户、吏户、乡村上户、僧道户、干人等几个阶层。除了赵氏皇室外，官户作为一个法定的阶层，居于社会的最高层。熙宁变法，改差役为募役，对户等又做了较细致的划分。其中第一等户又区分为甲、乙、丙、丁、戊五等；财产特多的则在一等户之上，称为出等户、高强户或无比高强户；第二、第三等户称为中户，又分为上、中、下三等；第四、第五等户则称为下户，仍分上下二等。客户在总户数的比重是30.4%—43.1%，主户的比重则是56.9%—69.6%。如果取其中数，客户为35%，则主户为65%，这是主户在总户口中所占比重的基本情况。

根据张方平《论天下州县新添置弓手事宜》《论率钱募役事》、刘安世《论役法之弊》和孙谔的奏章评估，下户占总户数的比重大约是43.3%—58.5%，如果取其中数，大约为50%，这是北宋第四等五等户亦即自耕农半自耕农在总户数中所占比重的情况。

虽说在唐代已有乡村户与坊郭户之分，但将在城市居住的坊郭户作为法定户名则是在宋朝确立的。坊郭户包括了官吏、城居地主、工商业者等复杂成分。尽管坊郭户及其他城市居民在数量上不构成宋代的主体阶级，大约占总户数的10%左右，然而这一阶层的活动，代表着社会发展的历史走向，因此宋国家正式把坊郭户（城市户口）单独列籍定等，表明中国古代传统经济发生了一个重要变化。宋时的私人奴婢称人力和女使，其身份较前代有所提高。

### （三）土地的开垦与单位面积产量

土地是农业生产的最基本的生产资料，土地垦辟的多少，是帝制时代社会生产力发展的一个重要标志。据推算宋神宗元丰年间以来的垦田为7亿亩至7.5亿亩，大体上是接近宋代垦田的实际数字的。

宋代单位面积产量有了较大幅度的增长。自秦汉迄隋唐，传世的亩产量记录不多，有的记录也难以凭信。宋的亩产量却有一批确切的记录，大致是北方一宋亩产粟麦一宋石，南方发达地区一宋亩产米二三宋石。宋人谈论亩产量只是以一次收种为准，并无现代按每年每亩收获总量估算亩产量之习惯，在有复种制的地区，两种亩产量的计算标准自然有明显差异。按一宋尺约为 31 厘米，一宋亩为 6000 平方宋尺计，一宋亩约相当于 0.8649 市亩。又一宋石约折合三分之二市石，一市石米为 150 市斤，小麦为 140 市斤，粟为 135 市斤。依此折算，宋代北方亩产量，约相当于一市亩产粟 104 市斤，小麦 108 市斤。南方发达地区亩产量，约相当于一市亩产米 230 至 345 市斤，依稻谷 70% 折米率，约折合稻谷 329 至 493 市斤。长江流域一带稻麦两熟，另加每宋亩产麦一宋石，约折合每市亩产量 437 至 601 市斤。宋时广南属不发达地区，耕作粗放，但福建发达地区，其双季稻依每宋亩年产米四宋石，约折合每市亩产稻谷 658 市斤。

关于南方稻米亩产量，还有另一种计算方法。沈括在《梦溪笔谈》卷三说："今人乃以粳米一斛之重为一石，凡石者以九十二斤半为法。"一宋斤约合 1.2 市斤，则一宋石粳米为 110 市斤。依此折算，南方发达地区产米约合每市亩 254 至 381 市斤，约折合稻谷 363 至 545 市斤。另加每宋亩麦一宋石，则约折合每市亩产量 471 至 653 市斤。福建双季稻约折合每亩产稻谷 726 市斤。宋时在今宁波一带，还有每宋亩一次收获六至七宋石稻谷的高产纪录，后者约折合每市亩一次产稻 762 市斤。以上两种计算方法所以产生差异，是由于古代度量衡很难精确地折算成现代度量衡。但是，宋时因实行精耕细作和复种制，其南方发达地区的亩产量达到前所未有的可观水平，应是无可置疑的。[①] 总的说来宋代人口不到汉唐的两倍，垦田也不到两倍，但其农业总产量则在汉唐的两倍以上。这说明，在精耕细作式的集约经营方面，宋代较汉唐推进了一大步。

## 二、农业经济制度

### （一）租佃制经济关系的确立

与土地所有制的变化相适应，社会经济关系也有了许多巨大变化，这就是魏晋以来的士族门阀及其部曲佃客制，经过多次农民的反抗斗争的打击之后，在唐时基本上已经崩溃了，代之而起的是庶族地主，主要是官僚地主阶级，宋代的品官地主称为官户是当时统治阶级的上层，是宋王朝的主要统治支柱。宋

---

[①] 参见王曾瑜：《宋代的绿色革命》，《王曾瑜说辽宋西夏金》，第 122—126 页。

以后，虽无"官户"的名称，但按品官高低决定其特权地位却成为以后各代政治上的重要特色。与之同时，部曲佃客制瓦解，代之而起的是租佃制。

租佃制关系的首要特征是，佃农正式登入国家户籍，脱离了过去那种只是地主私属的卑贱地位，地主与佃农之间，是一种契约关系联系着，佃农人身依附关系松弛，有了较大程度的人身自由。宋代的官田和民田的租佃一般都订立书面契约，而且租佃耕牛也要订立契约。一些极为贫苦的佃客，"犁、牛、稼器无所不赁于人"①，连牛以外的生产工具也订立租赁，租赁契约的范围更加扩大了。北宋初年统治者下令"农师"督促地主和贫苦农民"明立要契，举借粮种，及时种莳。俟收成，依契约分，无致争讼"②。在租佃契约里写明佃户所佃土地的类别、四至、面积、地租数量以及田主、租佃人姓名等款项。地主和佃户之间的租佃契约，对农民而言总要比私属依附关系好得多，尽管地主可以制造种种理由，刁难佃户，但书面契约毕竟使佃户有了一种法律依据。

第二，客户有了迁移的自由。宋仁宗天圣五年（1027）十一月诏："江淮、两浙、荆湖、福建、广南诸州军，旧条私下分田客非时不得起移，如主人发遣，给与凭由，方许别往，多被主人折（当作抑）勒，不放起移。自今后客户起移，更不取主人凭由，须每田收田（此田字当系衍文）毕者，商量去往，各取稳便。即不得非衷私起移，如是主人非拦理拦占，许经州县论详。"③这是最早一道有关宋代客户可以自由"起移"的诏书，因而具有重要意义。诏书限于包括江淮在内的广大东南地区，没有提到北方诸路，但据研究，北方诸路客户此前经唐末农民战争可能早已获得了这种自由。不过在现实中，可以看到宋代佃户中既存在由于小经营的不稳定性，不得不在再生产过程中勉力应付对田主所负债务的阶层，又包含了对人身负有债务的所谓佃仆、地客，这种佃户阶层不清算其债务，就没有迁徙自由。从帝制社会等级关系和维系这种关系的礼法来看，客户同他的主人地主相比，当然是低一等的。许及之《劝农口号》之三中有云："三劝农家敬主人，种它田土耐辛勤。若图借贷相怜恤，礼数须教上下分。"④宋代的士大夫在谈到客户同主户的关系时，与以前有所不同了。他们总是强调这两者之间的同一性——相互依存，即客户离不开主户，主户也离不开客户。朱熹曾说："佃户既赖田主给佃借以养活家口，田主亦借佃客耕田纳租以供赡家计，

---

① （宋）陈舜俞：《都官集》卷二，《厚生一》，《宋集珍本丛刊》第 13 册，第 59 页。
② 《宋会要辑稿》食货一之一六，第 4809 页。
③ 《宋会要辑稿》食货一之二四，第 4813 页。
④ （宋）许纶：《涉斋集》卷一五，《劝农口号》，文渊阁四库全书景印本，第 1154 册，第 509 页。

二者相须，方能存立，今仰人户相告戒，佃户不可侵犯田主，田主不可挠虐佃户。"①苏轼所说："客户乃主户之本，若客户阙食流散，主户亦须荒废田土矣。"②更表明客户与田主之间的关系，主户依赖性更大，没有客户，他们就无法生存下去。

第三，客户在社会生活中的地位的提高，也反映在法律上有所变化。魏晋隋唐时期的客户和部曲可以充当赏赐品，可以受到庄园主剜眼截肢的残害，在租佃契约制占主导地位的宋朝，佃客是不能随意杀害的。嘉祐二年（1057）以前杀死佃客是犯死罪的。虽然自实行嘉祐法以后，元祐、绍兴时期国家对地主殴死佃客的罪行有逐渐减刑、从轻处罚的趋势，但与魏晋隋唐庄园主迫死部曲、奴婢而不受任何惩罚，还是有区别的，也就是说客户之不能任意杀害是得到确认的。客户的法律地位比以前有了好转。佃客与奴婢在南宋全部都是国家的编户齐民，在法律身份上全都是良人。尤其需要特别指出的是，《宋史·刑法志》、《庆元条法事类》、《宋会要》的《食货》与《刑法》、《文献通考》的《户口考》与《刑考》等现存的宋朝代表性法律史料中，关于良民与贱民、主人与奴婢的法律规定，几乎可以说完全不存在。不仅是唐律，与元代的《元典章》和《元史·刑法志》，以及明律、清律（及其条例）相比，宋朝不存在良贱制度相关法律这一点，甚至称得上是宋代法的一种显著特色。③

第四，两浙路是南北宋生产最发达的地区；江南东路和福建路的靠海和平原地区，差肩于两浙路，也相当发达；江南西路在两宋时人口增加得多，生产也有较为显著的发展。因此，租佃制关系就在以太湖流域为中心的两浙路有了更进一步的发展，具有了新特征：租佃制关系更加复杂化了，出现了二地主阶层，土地所有权、占佃权和使用权的分离。以太湖流域为中心的两浙等地区的再一个突出的特点，就是流行小地块的租佃制。

第五，劳役地租被产品地租取代，并成为占支配地位的地租形态。产品地租在宋代包括粮食作物等，也有布帛。布帛占的比重不大，谷物占绝对优势，但在分配上又有种种差别：（1）对分制，"岁田之入，与中分之"，即土地所有者和土地租佃均分收获的产品。不论是国有土地制还是地主土地所有制，对分制都占主导地位。（2）四六分制，无牛客户在分成中得四成，地主占六成。（3）

---

① （宋）《朱文公文集》卷一〇〇，《劝农文》，第1783页。
② （宋）苏轼：《奏议集》卷一四，《乞将损弱米货与人户令赈济佃客状》，《苏东坡全集》下册，第582页。
③ 〔日〕高桥芳郎：《宋至清代身分法研究》，李冰逆译，上海古籍出版社，2015年。

倒四六分制，即佃客六成，主户四成。这种分配制度仅存在于南宋初年的部分国有土地中，在地租形态中所占比重不大。（4）三七分制，佃客三成，地主七成，存在于湖北鄂州、皖南歙州一带。另外，值得注意的是两浙等路在地租形态方面的演变，还表现在从分成制形态的地租向以实物和货币为形态的定额地租发展。所谓定额地租，其名称见于景定《建康志》记载："净纳租额，立为定额。"这种形态的地租在宋朝学田、一些庙产和两浙等路租佃制关系中颇为流行。定额租是从对分制演变而来，也很沉重，但在当时条件下，与生产力的发展是相适应的，因而具有重要意义。货币地租的出现和发展已不是偶发的经济现象，而是现实社会生活中的一种经济关系了。当然，这种经济关系的比重还很小，但它毕竟是有发展前途的经济关系。学界对于货币地租的性质有不同的意见，认为宋代的折租钱等与马克思经典作家所讲的货币地租不可同日而语。

**（二）土地制度的变革**

1. 土地政策的变化

自魏晋南北朝以来，土地受到国家的严格控制和支配，土地买卖亦受到限制，土地私有制很不发达。安史之乱后，唐朝土地所有制和赋税制度发生了较为明显的变化，以均田制为主的国家土地所有制形式渐趋衰落，有的甚至彻底崩溃。由于均田制的崩溃，那些一向隶属于国家作为国家分配调节之间的荒地、未垦地，只要按章纳税，全部许可民户垦辟；只要垦辟的土地登录在国家版籍上，政府能据此征收两税，即不再过问和干预这些土地的占有及其占有数量。晚唐及五代顺应土地制度的变化，采取了类似的土地政策。宋朝土地政策的变化正是沿袭晚唐以来的土地政策而又有较大的发展。

宋朝土地政策有三个方面的变化，其一，对土地的垦辟，采取自由的政策。宋太祖乾德四年（966）闰八月诏："所在长吏告谕百姓，有能广植桑枣、开垦荒田者，并只纳旧租，永不通检。"宋太宗至道元年（995）六月诏："近年以来，……民多转徙，……应诸道州管内旷土，并许民请佃，便为永业，仍免三年租调，三年外输税十之三。"①

其二，不抑土地兼并。自唐中叶以来，经唐末五代，抑制土地兼并的政策为不抑土地兼并所取代，也就是说宋统治者对土地的占有是放任的。正是在这种政策的支持、鼓励下，宋初文武官僚无不广占田产，而且这些田产都是"便

---

① 《宋会要辑稿》食货一之一六、一七，第 4809、4810 页。

好田宅""择肥而噬",成为宋代土地兼并的一个特点。

近些年学界对宋代土地兼并政策提出质疑,反对宋代"田制不立"的说法,但是讨论者忽略了宋代对地主依田纳税的"抑制兼并"与土地政策中"不抑兼并"之间"兼并"一词的不同,前者"兼并"是名词,系指因土地兼并而形成的豪强势力,后者"兼并"是动词,系指土地自由买卖的行为。所以抑或不抑的指向性质是根本不同的,是两种既有联系而又有区别的社会经济政策,不能简单混同。①

其三,对土地的买卖也是自由的、放任的。众所周知,唐中叶以前沿袭北魏孝文帝以来的均田制,口分田不能买卖,卖一亩要"笞二十"的;世业田虽然可以买卖,但也是有条件的,而不是随意的。到了五代十国时期,已出现土地所有权转移极为频繁的历史现象,所谓"千年田,八百主"的谚语即是。宋朝除国有土地外,私人土地的买卖不受任何限制。只要买者和卖者双方通过正常的手续,将双方买卖土地的田契向当地官府呈报,得到官府的认可,盖上官府的印信(即所谓的红契),缴纳田契钱,将卖主所卖土地从国家版籍上过录给买主,而后由买主承担这块土地的田赋,土地所有权的转移就算完成了。而不经过官府,田契上没有官府的印信,谓之白契,没有缴纳田契钱和钞旁定帖钱,就不算合法。

2. 土地占有关系的变革

宋朝土地所有制可以划分为国家土地所有制和土地私有制两种。其中国有土地主要包括官庄、营田、屯田、职田、学田、马监牧地、官田等形式。土地私有制又包括地主土地所有制、寺院土地所有制和自耕农土地所有制。宋代土地所有制演变有三个鲜明特点。

其一,土地私有制在宋代土地所有制中占支配地位,而地主的土地所有制又在土地私有制中占绝对的支配地位,造成地主所有制的这种优势,是来自于国家土地政策支持下的土地兼并。自宋初继承唐末实行不抑土地兼并政策以来,宋朝土地兼并的势头远远超过以前任何一个朝代。通观宋朝三百年的土地兼并,大致经历了三个浪潮:从北宋初年的缓和状态到宋仁宗时的猛烈发展,又从宋神宗时期的缓和状态到宋徽宗时期的再度猛烈发展,从宋高宗时期的猛烈发展一直持续到南宋末年。在这三次大的土地兼并浪潮中,官僚特别是权势特大的大官僚和贵戚,带头兼并土地,成为土地兼并浪潮的推动者。如在宋仁宗

---

① 李华瑞:《宋代的土地政策与抑制"兼并"》,《中国社会科学》2020 年第 1 期。

时，品官以及乡村身为里正而称之为形势户的品官之家，几乎占有了天下田畴之半。① 到宋徽宗时，当权的蔡京集团代表了大官僚、大地主、大商人、高利贷者的利益，土地兼并的发展尤为凶猛炽烈。蔡京仅占有的永丰圩田就有近千顷之多。朱勔及其父朱冲，"田产跨连郡邑，岁收租课十余万石，甲第名园，几半吴郡，皆夺士庶而有之者"②。朱勔败亡时，"籍其资财，田至三十万亩"③。南渡以后，自重建赵宋伊始，就开始了新的土地兼并，带头的仍然是官僚豪绅。于是土地进一步集中到大官僚、大地主、大商人、高利贷者集团中，以权臣为代表的官僚大地主则是这个集团中兼并土地最多的一个阶层。如秦桧在永丰圩一地就占有近千顷土地，新贵张俊有十五个庄子，分布在六州十县，全是两浙江东最肥沃的土地，每年收租达六十万斛。南宋中后期的权臣无不广占田产，以致"百姓膏腴皆归贵势之家，租米有及百万石者"④，"吞噬千家之膏腴，连亘数路之阡陌，岁入号百万斛，自开辟以来，未之有也"⑤。可见两宋三百多年间品官形势之家对土地兼并起着最为重要的作用。总之，由大官僚、大地主及大商人、高利贷者组成的土地兼并势力，从北宋到南宋占田约为40%至50%以上，而这个阶层在户口总数中占比不过千分之二三。

其二，从宋朝土地所有制发展中，可以看到国家土地所有制继续衰落，而土地私有制则得到更进一步的发展，并居于绝对的优势地位。据漆侠先生统计，宋代国有地的数量，北宋各类官田（包括营田、官庄、屯田、监牧地、职田、学田）总数为三十二万二千余顷，若按熙丰之际垦田总数七百万顷至七百五十万顷，国有土地占垦田总数的4%—5%，而各种形态的私有土地占总数的95%—96%，则私有土地居于绝对优势的地位。南宋时期这个比例无大变化，国有田占垦田总数4.4%左右，同北宋的比重相差无几。⑥ 这同样表明私有土地居于绝对优势地位。国家土地所有制在宋代继续衰落的原因大致有二：首先是在魏晋隋唐时期同世家大族大土地所有制相抗衡的帝制国家土地所有制，

---

① 《宋会要辑稿》食货一之二十，第4811页。
② （宋）王明清：《玉照新志》卷三，《乙巳泗州录》，《全宋笔记》第六编第二册，第173页。
③ 《宋史》卷四七○，《朱勔传》，第13686页。
④ 《宋史》卷一七三，《食货志上一·农田条》，第4180页。
⑤ （宋）刘克庄：《后村先生大全集》卷五一，《备对札子三》（端平元年九月），四部丛刊初编本，商务印书馆，1922年，第6页。
⑥ 漆侠：《宋代经济史》上册，《漆侠全集》第三卷，河北大学出版社，2008年，第334页。不过，魏天安认为，如果加上不纳税的官田，宋代熙宁时期官田447448顷16亩，约占全国耕地面积462万顷的9.68%，见氏著：《宋代官营经济史》，人民出版社，2011年，第9页。

诸如均田、营田、屯田等，已完成了它们的历史行程而走向衰落；其次是在租佃制代替庄园农奴制的过程中，各种类型的国有土地大多采用过时的落后的经济制度，已不适应生产力的发展，因此官田民田化和大量官田被投入流通领域，成为宋代国有土地发展的一大趋势。

其三，虽然土地私有制在宋代占绝对优势，但是自耕农小土地所有制与地主土地所有制相比却又有较大的差距，尤其是通过土地兼并的发展，地主土地所有更加膨胀，自耕农小土地日益缩小，两者对土地占有形成极其鲜明的反差，占总户数80%多的广大农民，占有耕地不过全部垦田的30%—40%；其中占户数差不多半数的客户和第五等无产税户则不占土地；占户口25%的第五等主户即半自耕农，占的土地很少。而占总户数不过6%—7%的地主阶级则占全部垦田的60%—70%，其中大官僚、大地主和大商人、高利贷者组成的大地主阶层，占地50%。对比之下，宋朝土地占有的不均便十分突出了。

## 三、手工业生产的分工特色、技术进步、生产规模及其工匠身份的变化

### （一）手工业生产的分工特色

从唐到宋，城市经济在不断地、急剧地发展着。这个发展表现在"行"的不断增加上。宋敏求《长安志》记载长安东市和洛阳丰都市有一百二十行。西湖老人《繁胜录》记载南宋临安有四百一十四行。加藤繁先生曾经指出"一百二十行是形容为数之多，不是实数"，这个判断是正确的。而且在一百二十行中，既包括了大量的商业性质的"行"，也包括了"亦商亦工"的"行"，纯粹的手工业诸"行"当然要少得多。临安四百一十四行的情况也同样是如此。但不论怎样说，从一百二十行到四百一十四行，行成倍地增加起来，不能不反映亦商亦工和纯粹手工业行也在成倍地增长，由此展现了自唐到宋手工业发展的一般图景。①

---

① 高寿仙近期对宋明行团性质的研究值得注意。他认为"从资料略微详细的宋代'团行'和明代'铺行'的情况看，它们只不过是官府设置的一种徭役制度，不但与欧洲的'行会'没有相同之处，而且可能只是一种'役籍'，即服役名册，而非实体性的组织，在册成员除了按照官府确定的次序轮流服役之外，相互之间并无组织性的活动和联系"。（《"行业组织"抑或"服役名册"？——宋代"团行"和明代"铺行"的性质与功能》，《北京大学学报（哲学社会科学版）》2011年第6期）

宋代手工业诸行第一个发展方向是农业的分工，呈现出两种情况：一类是经济作物，与种植业脱离，形成新的农业分支；这些新的农业分支为新的手工业提供原料，从而在此基础上形成了新的手工业生产部门。诸如榨糖、榨油、棉纺、蚕桑等都是从这个方向发展成功的新的手工业。另一类是家庭副业，与农业脱离，形成为独立的手工业。诸如丝棉纺织业、农产品加工手工业（磨坊、榨油等）、小农具制造（如制造锄柄之类），各类用竹、木、藤等制造而成的各种用具，都是沿着这一方向发展成功的。

第二个发展方向是发生在纺织业内部的专业分工。纺织业的专业分工有三类：一是专门植桑养蚕的蚕桑业，这类蚕桑业其中一部只纺丝和缫丝，而不进行纺织丝织品。二是以机户（坊）为代表的从事纺织的丝织业。这类丝织业有的已经与蚕桑业完全脱离，纺织的原料靠到市场上购买以进行纺织。城市的机坊可能是这类丝织业的代表者。三是既从事蚕桑业又从事纺织的纺织业。这类丝织业在两浙路很盛行，大都是以家庭作坊为形式的丝纺织业。

以上三类丝纺织业，不论产丝还是产各种丝织品，都是制作衣服的原料。正是在这一基础上派生出来一系列的新的手工业。如染坊或染肆，在大小城市或镇市上都很普遍，宋人笔记小说中记载甚多，形成了一个专门的手工行业。染色要有多种多样的颜色，茜草、红花等都是染色中的重要原料。到宋朝，印花布广泛通传，谓之"花缬"。"花缬"是我国古代染色技术上的一项创造。由此又产生雕刻各种花样的雕版业。既然花缬在宋朝流行，就需要雕刻各种花样以适应这一需要，于是推动了雕版业中分化出来一批手动匠人，专门从事这方面的雕刻，从而形成了特殊的雕版业。

以裁缝铺为代表的衣服缝制业。有了各种布料，制成衣服，还要有"裁缝"或"缝匠"才行。陶谷记载"燕赵衣裳福"为九福之一。幞头、纱帽也都有专门制作的作坊和出售的行铺。脚上要穿的鞋也有专门作坊制作出售，宋朝都市中都有，称之为双线行或者鞋靴行，袜类也有专门制作的行铺。

除上述制作外，在丝织业中还发展起来了特种手工艺，如刻丝，北宋时定州刻丝名噪一时，又如刺绣，也极为精致。这两种手工艺给元明清三代以极重大的影响，为后世倍加称赞，这也是宋代丝织业技术的重大进步。另外，各地还发展了带有地方特色如油衣、雨靴之类的手工业。

总之，为满足人们的生活需要，在纺织业带动下，染色、雕版、缝衣、制帽、制靴等，以及刻丝、刺绣等特种手工艺也都发展起来了，而这些手工业一个个独立起来，又推动了商品经济的发展。

宋朝手工业诸行发展的第三个方面是从冶金业中发展起多种制造业，如军工工业、制刀业、剪刀业、制针业等。有的制造业脱离了冶铁业，成为专门制作。这些制造业发展细小如针，在宋朝也成为专业化的生产。其中产于耒阳的针，"谙熟精好，四方所推。金头黄钢小品，医工用以砭刺者，大三分以制衣，小三分以作绣"①。医疗用针，缝衣用针以及刺绣用针都是有区别的。

由于社会上不断增长文化生活方面的需要，从读书认字到高深经典学习，说书人需要话本流传，而举子考生们则需要一些应付考试的书本，其中包括印刷一些字体很小的巾箱本，至于书法、绘画等方面的一些特殊需要，也不一而足。所有这些不同的客观要求，推动了造纸业、雕版刊刻和印刷业、制笔、制墨、制砚等手工业的不断发展，制造出许多新的产品，满足了社会的广泛需要。这是宋朝手工业出现的一个突出的发展方向。

### （二）手工业技术的进步

在农业生产发展的基础上，宋代手工业得到了全面的、前所未有的发展。采煤、冶金、纺织、食品加工、造船、军工、造纸、印刷、陶瓷等许多手工业都得到了发展，同时还发展起来一些新的手工业部门。

#### 1. 造纸技术的重大改进

宋代造纸在唐末五代的基础上在制作技术上有了重大的改进，并在某些方面有所突破。宋纸除去用来写字、绘画、印刷纸币和书籍之外，还有许多特殊的用途。做成纸衣，以纸为衣，不始于宋。贫苦人们衣纸御寒，边防上的军队甚至衣纸裹甲，甲也用纸做成。此外还有纸帐、纸衾、纸被等。纸被甚至被作为商品而出现在市场上，可见这种制作的数量也颇为可观。五代以来到两宋，纸不仅产量多，而且经过技术制作的进步，纸的韧性也相当强，否则耗纸量相当大的纸帐、纸被是生产不出来的。这是宋代造纸技术进步所表现出来的第一个突出的特点。

宋代造纸的原料多种多样，除传统的麻纸外，还有竹、桑皮、楮、藤、麦茎、苔和稻秆之类。各个地区就地取材，制造出富有地方特色的名牌产品。宣州歙州制作的纸极其精美，其中歙州绩溪的龙须纸在宋代很有名，尤其是宣纸

---

① （宋）陶谷：《清异录》卷下，《金头黄钢小品》，《全宋笔记》第一编第二册，大象出版社，2003年，第83页。

历千余载,至今仍负有盛名。两浙的剡纸、由拳纸、温州蠲纸都具有"洁白坚滑"的特点,其中温州蠲纸为最佳。蜀川是宋代造纸的一个重要地区,在宋以前,这里所产的麻纸,就有玉屑、屑骨之号。蜀川最有名的是所谓的薛涛笺,这类彩色的十色笺,"隐其花木麟鸾,千状万态",因而一直为人们所称赞。各地区虽都有自己的特点,但也有它们的共性,即从制作技术上看,名牌产品都具有厚薄均匀一致这一共性。这是宋纸在制作技术改进上所表现出来的第二个特点。

宋纸第三个特点是,纸幅比前代增大了。陶谷在《清异录》中曾记载他家所藏的徽纸纸幅长一丈以上。明人文震亨提到宋代的纸幅长三丈以上乃至四五丈。宋纸纸幅之所以增大,根本原因在于改变了此前将纸浆涂于墙壁的做法,实行新的制作技术。把纸浆从墙壁上晾干改变到在熏笼中焙干,这是我国古代造纸技术上的一次重大变革或突破,不仅所造纸张"匀薄如一",而且也能够制成三五丈长的巨幅。宋纸之所以超越前代,同这一改革分不开。

### 2. 利用动力方面的进步

我国古代很久以前就利用水力作为动力,推动各种机械,诸如筒车、水碓、水磨等,用来灌溉、碾米、磨面等,收到很好的效益。所有这些,无一不被宋代继承下来,在各个地区广泛地加以利用。而在动力利用方面又有新的成就。"宣歙就田水设碓,非若江溪转以车辐,故碓尾大于身,凿以盛水,水满则尾重而俯,杵乃起而春"——一种自动化的水碓,而前代未有。至迟北宋末年已有"五转连磨",唐代有五轮并转的碾,而不是磨。"五磨因缘"一语指的是能磨麦磨茶的五转大连磨,在水利的利用上,规模更加扩大了,经济效益更加显著。

### 3. 采掘技术进步

采掘手工业包括煤和各种矿产品的采掘。我国对煤的利用采掘为时甚早,《史记》《汉书》已有相关记载,而魏晋六朝以后,有关这类记载便比较明确了。1960年河南省文化局文物工作队在该年《考古》第三期发表了《河南鹤壁市古煤矿遗址调查报告》,指出这个遗址是北宋时的一个煤矿。报告指出,这个煤矿采用的是竖井,矿井直径为2.5米,深46米,井下到采煤而有巷道可通,4条较长的巷道总长500多米。所采掘的煤田,分割成为若干小区,"运用'跳格式'的先内后外的方法",逐步地把煤开采出来。矿井下有水,利用井上的辘轳将水提上来,余下的水则导至采过煤的低洼的地方蓄贮起来。从遗址中发现了辘轳、条筐、扁担、盛油用的瓷罈、照明用的小瓷盘，以及生活用的瓷碗、瓶、罐等等之类。根据遗址的规模，文物工作队的同志们估计这是一个能够容纳数百人的煤矿。

宋代文献记载府州州东焦山有石炭穴。所谓石炭穴就是采掘煤炭的矿井。宋代不仅煤矿已经有了可观的规模，诸如铜银诸矿也都是如此。宋代的广大坑丁冶夫，在获取地下各种宝藏的过程中，不是深入数十丈，而是深入百余丈甚至五七里，用自己的血的代价取得了这样可观的开采技术。

### 4. 冶金技术进步

各种金属的冶炼，在技术上也有进展。大体都经过碎矿、筛洗和冶炼三道工序。宋代冶矿的工序，大体上仍保持到今天，当然在碎矿、选矿和炼矿的机械化等方面已发生根本的变化。值得一提的是，在冶铜技术方面，则发展了胆水浸铜和胆土淋铜的新技术，从而在提高铜产量、降低炼铜成本方面都起了重要作用。

据考证，南宋人陈百朋《龙泉县志》记述的采铜冶炼方法真实地反映了南宋时期铜矿业的水平。南宋时在采矿过程中已普遍采用了先进的火爆法生产技术，"先用大片柴，不计段数，装叠有矿之地，发火烧一夜，令矿脉柔脆。次日火气稍歇，作匠方可入身，动锤尖采打。"这与宋代采矿者劳动生产率的提高和开采量的增加有着密切的联系。同时宋代已掌握了硫化炼矿技术，是采铜规模不断扩大和向深层推移必然要面临的技术难题。

### 5. 火柴的制造等其他方面

在其他手工业方面，诸如建筑材料手工业中对制瓦的改进，酿酒业中连三灶法对燃料的节省，也都降低了成本，起到好的作用。此外，值得提出的是有关火柴的制作。陶谷《清异录》："夜中有急，苦于作灯之缓，有智者批杉条，染硫磺，置之待用，一与火遇，得焰穗燃，既神之，呼引光奴。今遂有货者，易名火寸。"时间大致在969—980年之间，从上述这条材料来看，被称为"引光奴"或者"火寸"的，系用长不过寸许的杉木条制成，上面涂以硫磺，与后世用磷制成者有所不同。但是从其形制和功用来看，称之为火柴或原始火柴，显然是当之无愧的。而且这种火柴，为适应汴京等大城市的需要，已有人专门制作，并作为商品而投到市场上。可见，它已经不是一种偶然出现的事物了。到宋元之际，火柴已在其他都市中流传下来。从《清异录》所记"火寸"年代算起,经两宋元明四代,计四五百年,火柴的历史亦可谓之久远了。火柴虽然不算宋代一项重要的发明,但拿它同欧洲相比,欧洲到了1843年以后才发明使用了火柴,我们从而领先了八九百年。但从另一个方面看,自从宋代发明了火柴之后,在其技术上没有继续改进,到明代依然停留在原有水平上,因而到19世纪又落在欧洲之后,先进变成了后进了。这是值得深思的。

### (三)手工业生产的规模

在不同门类的手工业当中,采冶手工业的规模最大,人数也就最多,其中又集中在冶铁冶铜这两门手工业。据估计,宋代冶铁有四监、十二冶、二十务、二十五场,单是冶铁的冶户冶夫不下57万户,甚至更多一些。

铜冶也集聚了大批的冶户和坑丁,据余靖记载岑水场在宋仁宗皇祐元年兴发以来,常聚集10余万人采冶铜矿。信州铅山场在宋哲宗绍圣年间聚集了10余万人。由于古代采冶技术的限制,矿冶盛衰常表现出大起大落这样一个特点,因而不能以10余万人的数字作为铜冶的常数,但在宋神宗元丰年间采矿业达到高峰之时,单是铜冶一项,总计三十五场一务的冶户坑丁也不下三四万户。

以铜铁为原料而铸造铜铁钱的铸钱监,也需要为数甚多的工匠,加上金银铅锡等采冶,以及金银铜铁等各类器物的制造,宋神宗时期冶户工匠役兵当不下50万户。纺织业中的机户匠人,估计北宋仁宗时候在10万户上下。

综合上述两方面的估计,共为60万户,加上造纸、造船、制瓷、刊刻印刷等其他手工业部门,手工业主、工匠等也不下20万户。因而宋神宗时候全国手工业者可达80万户左右,甚至还要更多一些。而这一数字,约占当时总户数的5%—7%。这是手工业人口在全部人口中所占比重。

根据《文献通考·征榷五》记载,北宋一代矿税是不断增长,到宋神宗元丰初税收量大都增长,而且有的增长了八九倍,多达十余倍,从而说明了采冶业到宋神宗元丰初发展到北宋的顶峰。实际上,其他手工业也同样是如此。其次,如果与前代相比,铁为唐代元和、大中年间2.5倍,铜为22倍,而铅锡与铜类似。宋朝采冶业的发展远远超过了唐代。

### (四)工匠身份的变化

在农民阶级的身份地位发生变化的同时,手工业工人即工匠的身份地位也出现了变化。

第一,在宋代的官手工业中,官奴婢之类的"贱民"已消失,代之以从民间召来的厢军中的工匠即兵匠。宋代厢军的数量相当多,但他们都被安置在不同作业的"指挥"中工作,如酒务、造船、采造、密备装卸、铁木匠等。属于这些"指挥"的厢军,实际上是受雇于帝制国家而终身工作的工匠,他们跟民间工匠的区别首先在于具有军籍。在募兵时,他们多有手艺,经过试验,才充为兵匠,① 兵匠有工食钱,依工种之不同,钱和实物也不同,一般讲要比民匠低一些。兵匠的存在,减轻了帝制国家对于民间工匠和农民的劳役剥削。

第二,宋朝的官手工业,一般不再无偿征调民间的工匠服役,而是采取一种新的介于征调和雇募之间的方式"差雇",② 这种差雇或叫"鳞差"或者"按籍而雇",③ 都是在差中有雇,雇中有差,所谓"差"是因为并非出于工匠的自愿,而是官府括籍而搜括征发的;所谓雇,是因为官府对于服役的工匠支付"食钱",按规定这些工匠一手一替。在差雇制下他们不仅和唐朝的番匠已有所不同,不是无偿服役而是付给一定的"雇值",而且民间工匠在服役期间的待遇要比唐代单纯的轮差制下的工匠要优厚一些,因此"人皆乐赴其役"。④

第三,宋代的官手工业有时也采取"和雇"民匠的方式,而民营手工业则普遍采用这种方式,和雇制的普遍采用,刺激了工匠的生产兴趣,也反映了工匠的身份地位有了提高。所谓"和雇"就是雇主和工匠"彼此和同",即出于双方自愿,一般地说,民匠对官衙是敬而远之,只有在报酬比较优厚或适当的情况下,民匠才会接受官坊的雇募。我国最早的一部完备、系统的建筑学著作——北宋李诫编的《营造法式》详细系统地规定了工匠的报酬。在北宋开封市场上,凡需要"雇觅"作匠者,便可找"行者"引领。⑤ 由他们向雇主推荐。

第四,在经济较为发达的一些地区,还出现了为数众多的机户。宋仁宗时,梓州已有"机织户"几千家,⑥ 梓州是宋代丝织品的重要产地之一。机户的产品大多成为商品,有些由机户直接贩卖,投入市场,有些则卖给"揽户"(牙人)受"揽户"的中间剥削。宋代机户的大量出现,尽管存在史料不足以详细说明他们的内部结构,但他们的数量增加这一事实本身,说明宋朝纺织业中已经有不少小作坊跟原料生产明显分离,又有许多工匠跟农村家庭副业明显分离,这

---

① 《长编》卷四六七,元祐六年冬十月丙子,第 11154 页。
② 《宋会要辑稿》职官一六之四一五,第 2723 页。
③ (宋)佚名:《州县提纲》卷二,《籍定工匠》,《宋代官箴书五种》,第 125 页。
④ (宋)梅应发:《开庆四明续志》卷六,《作院》,文渊阁四库全书景印本,第 487 册,第 424 页。
⑤ (宋)孟元老撰,伊永文笺注:《东京梦华录笺注》卷三,《雇觅人力》,中华书局,2006 年,第 338 页。
⑥ 《宋会要辑稿》食货六四之二三,第 6111 页。

种手工业和农业分工的进一步扩大在当时是相当进步的，尽管宋朝仍是与农业生产结合的家庭手工业占优势。

## 四、区域发展的不平衡性

宋朝经济发展的不平衡性可以概括为两点：北不如南，西不如东。按照漆侠先生的划分，这种不平衡状态明显地表现为：（1）如果以淮水为界，则淮水以北的地区不如淮水以南的地区，亦即北不如南；（2）如果以峡州（湖北宜昌）为中轴，北至商洛山秦岭，南至海南岛，划一南北直线，在这条线的左侧，即宋代西方诸路，除其中成都府路，汉中盆地以及梓州遂宁等河谷地区的农业生产堪与闽浙诸路媲美外，其余地区都远落在东方诸路的后面；（3）这两个区分的性质也不尽相同，北不如南表现在量的方面，差距还不算大，而西不如东，则不仅限于量的方面，而且具有质的差别了。下面也可从三个方面来讲：

### （一）经济重心南移与南北经济格局

在中国历史上两宋与汉、唐、元、明、清等王朝相比，是疆域面积最为狭小的王朝，北宋大约 2504987 平方公里，北面在河北涿州、雄县白沟一线以南，西北大致在兰州以东，西南以大渡河划线。北宋北部和西部的边界线又大约处在农耕区与游牧区的分界线上。《辽史》说："长城以南，多雨多暑，其人耕稼以食，桑麻以衣，宫室以居，城郭以治。大漠之间，多寒多风，畜牧畋鱼以食，皮毛以衣，转徙随时，车马为家。此天时地利所以限南北也。"[①] 公元1211年，道士丘处机北过张家口野狐岭时亦曰："登高南望，俯视太行诸山，晴岚可爱。北顾，但寒烟衰草，中原之风，自此隔绝矣。"[②] 因而北宋自然环境的差别最明显表现在南北方的差别。

中国古代经济重心南移问题是20世纪中国古代经济史研究的亮点。经过多年讨论，从经济重心所在区域经济发展生产生物的深度和广度超越其他区域；经济重心所在区域经济发展所具有的持久性和稳定性，不能只在较短的时期内

---

① 《辽史》卷三二，《营卫志中》，中华书局，1983年，第373页。
② 李志常编：《长春真人西游记》卷上，引自杨建新主编：《古西行记选注》，宁夏人民出版社，1987年，第195页。

居优势地位，而是有持续占优势的趋势并为后世所继承；新的经济中心取代了旧的经济中心后，国家赋税倚重新的经济中心，并在政治上有所反映等三个具有标识性的标准来衡量，中国古代经济重心由北方转移到南方完成时间大致在北宋末期和南宋时期，已基本成为绝大多数学者的共识。

北方与南方的划分，学术界以淮河、秦岭、昆仑山脉一线为界。这是中国暖温带和亚热带的分界线，也是古代旱作农区和稻作农区的大致界线。秦汉时期的经济重心大致在黄河下游。由于黄河流域战争频仍，社会动荡不安，很不利于社会经济持续发展，而长江下游三角洲和太湖流域的经济却有所发展，帝制国家越来越倚重。安史乱起，中原板荡，人户南迁，经济重心开始向淮水以南转移，到五代吴越时，长江三角洲的经济开始稳居中国首位。自宋朝开始，除东南地区继续发展外，经济的发展则向湘江以西的西南方向拓展。两广地区得到很大开发。经历宋元，直到明朝中期，方有"湖广熟，天下足"之说，珠江三角洲的经济也跻身先进行列。唯有从明代开始，南方才形成了成都平原、两湖平原、长江三角洲和珠江三角洲四个农业发达地区。

南方的水稻种植面积迅猛发展，由越南传入的占城稻，成熟早，抗旱力强，北宋时推广到东南地区。南方农民还培育出许多优良品种，从而大大提高了水稻的产量。由于宋朝政府的大力提倡，南方的水稻在北方也得到较大推广。宋朝时水稻产量跃居粮食产量首位。宋朝的经济作物，在南方有相当大的发展。南宋各地普遍种植茶树，产茶的州县比北宋有所增加。北宋至南宋初，植棉地区尚限于广南和福建，到南宋后期，棉花种植区已向北推进到江淮和川蜀一带。

虽然宋代经济重心南移至北宋晚期已渐趋完成，但是北方经济仍有很大活力，在很多方面南北经济各有特色，在农业经济方面，粮食生产的绝对产量，南方高于北方，但各地两税见催额，却是北方高于南方。在经济作物上，桑、蚕、麻的生产重心仍在北方，而棉花、茶叶的生产则以南方占优势。在畜牧业和渔业上，南北地理环境不同，北方有广阔草原，牧业极发达；而南方多湖泊和临海，渔业胜过北方。在手工业方面，号称现代工业有力杠杆之一的煤铁生产，以及纺织业、陶瓷业、酿酒业、建筑业等项目，北方胜于南方；而制盐、造纸、冶铜、造船业等项目则南方胜于北方。[1]

在南北区域经济交流方面，隋炀帝开凿疏浚的大运河发挥了重大作用。至北宋建立后，汴京逐渐发展成为居有百万人口、几十万大军的大都市，仅靠北

---

[1] 程民生：《宋代地域经济》，河南大学出版社，1992年。

方所产粮食和其他物资已远不能支赡，需要大量南方剩余物资的供应，因而建立了以汴京为中心的水路交通网，先后疏浚开凿了广济河（五丈河）、金水河、蔡河、汴水、江南运河以及营建长江沿岸港口。汴水、江南运河贯穿了黄河、淮水、长江和浙江，将北宋北方市场和东南市场有机地结合起来。依靠这条大动脉，宋廷的政治军事重心和逐渐成为经济重心的南方日益紧密地联系起来，大大巩固了北宋王朝的统治基础。

### （二）三种经营方式与东西经济差距

农业是帝制时代具有决定性意义的生产部门，"民以食为天"，因而粮食生产在帝制时代的农业中具有头等重要的地位。一般说来，粮食生产表现为以下三种经营方式，即：刀耕火种式的原始经营，广种薄收式的粗放经营，以及精耕细作式的集约经营。宋朝社会生产发展的不平衡性，首先表现在粮食生产的经营方面。刀耕火种式的原始经营方式，在峡州以西夔州等路还很盛行。自峡州归州溯江而西，不但夔州路畲田极占优势，余如利州路、梓州路的山区，也是刀耕火种的。与广南西路密迩相接广南东路的一些地区，也实行刀耕火种。由于产量太低，山区居民以及西南地区的各族人民，长时期陷于这种贫困生活中而使自己的经济文化的发展落在时代的后面。

峡州以西诸路的平川、河谷地带，种植水稻等作物，但所采用的耕作方式则是广种薄收式的粗放经营。

采用粗放经营的耕作方式的一个主要因素是生产工具的落后。广南西路、夔州路施州一带还不能使用牛耕技术，只使用"耒"作为耕具，从而比两浙路落后了一千五六百年。

宋朝西方诸路之所以采用原始经营和粗放经营的耕作方式，工具落后是一个重要原因，而缺乏劳动人口更是决定因素。夔州路、利州路、广南东西路在两宋人口数量都很少。由于劳动人口的不足，也会倒退到粗放经营的耕作方式。淮南路是北宋东南六路经济发达的地区之一，沿江一带的农业生产堪与两浙江东路比美，盐居于全国首位，茶产量也名列前茅，经北宋末年以来战乱几度破坏，终南宋一百五十年而未恢复。之所以得不到恢复，劳动人口过少是一个决定性原因。

峡州以东诸路大都采用集约经营耕作方式。以太湖流域为中心的两浙路是宋朝集约经营方式的典型地区。这里不仅使用配置了䅈刀的曲辕犁这种最先进的耕具，为改造低洼地提供了得力的武器，而且创造和积累了一套完整的有关精耕细作的经验。

江南西路抚州金谿地区的精耕细作达到甚高的程度，一般性精耕细作的地区，远比不上两浙路，田间管理、积肥等方面，都很不注意。江南西路开始向精耕细作迈出了一步，它的发展在宋代各路中是较快的，北宋年间承担了三分之一的上供米约二百万石运输至汴京。荆州南路更为复杂，湘江以西以刀耕火种、广种薄收式的经营方式占主要地位。只有在洞庭湖滨地区逐步发展起来，如前所述，到明代成为又一粮仓。

成都府路是四川盆地的盆底部分，历来被称为"天府之国"，除地理条件和灌溉条件较好外，主要靠耕作技术和劳动者的勤奋；成都府路突出了田间管理的耕作经验。梓州路遂宁等河谷地，利州路汉中地区也属于精耕细作。福建路山区与滨海有较大差距，就其沿海耕作情况看，次于两浙路，同成都府路差肩媲美。江南东路的好田是宋代稳产高产田的一部分，堪与两浙路媲美，又与福建路相同，是开展多种经营、建立多种专业的地区。

不言而喻，上述三种经营方式，也就把宋朝各地区，即淮水南北、峡州东西之间的差距拉开了。以精耕细作最为发达的吴越闽蜀来说，从唐末以来发展起来的两作制：即稻—稻两作制和稻—麦两作制，这是在南宋发展起来的一种复种制度。稻—稻两作制仅实行于福建路沿海，而稻—麦两作制南宋以后随着北方人口的大量涌入，在成都府路、江东路和淮水以南地区盛行。淮水以北的北方地区，即使是在实行精耕细作方式的京东、河北诸路和关中盆地一带，也只能实行二年三作制，即麦—豆（或粟）—黍（或高粱）三作制。而在雁门关外和燕山以北的地区，则只能一年一作了。

### （三）区域经济发展不平衡的特点

在宋朝农业生产方式发达的地区，不仅粮食生产有了前所未有的发展，而且，许多经济作物、商业性的农业也获得了极其明显的发展，从粮食生产中分离出来，涌现了大批专业户，成为一个个新的农业分支。诸如植茶、种蔗、木棉、蚕桑、果树、养花、种药材、蔬菜等，无一不是。这种农业分支多样化的发展，与粮食生产汇集、结合起来，充分地说明了宋朝农业生产内部结构适应社会需要增长而发生了相应变化，显现出巨大活力和前所未有的大发展。值得注意的是，这些新的农业分支都毫无例外地是在精耕细作式集约经营地区，亦即粮食生产大幅度增长的地区发展起来的，而在刀耕火种和粗放经营的地区则得不到发展。这是因为：其一，很多经济作物和商业性农业本身就需要精耕细作，因而只有在这样的地区才能得到发展（如甘蔗、药材、果树、桑树、蔬菜等的种植）。其二，新的农业分支既与粮食生产分离，就需要相应数量的商品粮的供给，因之它只能在粮食产量不断增长的精耕细作式经营地区才能得到发展。其三，能够提供商品粮，但不一定在该地区就出现新的农业分支。如广南西路虽然是属于广种薄收的生产落后地区，因为地旷人稀，商人们往往到此收购粮食，运到广州等地出卖，从而大发其财。尽管如此，广南西路并没有形成新的农业分支。因之还需要在地少人多的地区，新的农业分支才能发展起来。其四，新的农业分支之所以在宋朝迅速地发展起来，固然由于它满足了不断增长的社会需要，但一个不容忽视的因素是，它比种植粮食作物可以获得更多的经济效益，而这一点又显示他们自身具有的生命力。无怪乎"一亩园，十亩田"的谚语能够得以广泛流行，使人们认识到园圃的经济收益远远超过了一般粮田。由于上述新的农业分支，不是经济作物，便是商业性的农业，经济收益大，所以在地少人多、精耕细作的地区必然能够不断发展起来。

古代中国农业是经济发展的基础，农业生产技术发展的不平衡和区域特点，直接制约了手工业发展及其区域分布。诸如榨糖、纺织、造纸、食品加工等手工业生产各部门，在精耕细作地区都得到了独立的发展，首先，在精耕细作地区，与农业结合的家庭手工业得到了发展。其次，家庭纺织品部分变成商品，为家庭纺织业脱离农业成为独立的手工业作坊创造了条件。第三，宋代有了专门从事蚕桑的专业户，并且出现集生产蚕桑和进行织作丝织品的专业户。从事纺织手工业作坊的机户，宋代全国当在十万户上下，约占总户数的0.5%—0.7%。大都分布在成都府路、梓州路梓州、京东路、河北路、两浙路和江南东路等精耕细作的地区，而宋代蜀锦、东绢和浙罗也全都出自以上地区，这就深刻地论证了，纺织手工业主要是在精耕细作地区、新的农业分支得到发展的地区发展起来的。

而在刀耕火种、广种薄收的地区，则很少发展，甚至得不到发展。这主要是因为广种薄收地区同精耕细作地区之间的不平衡不仅表现在粮食生产存在较大的差距，而且还表现在商品生产的较大差距。也就是说，在精耕细作地区，商品生产有了较大幅度的增长，而在刀耕火种、广种薄收的地区，自然经济依然占绝对的支配地位，商品货币经济是得不到发展的。这就又导致了各地区之间又一发展的不平衡和更大的差距。商品货币经济发展水平，在很大程度上是由城镇人口的数量多少决定的。在宋代越是在精耕细作高度发展的地区，城镇人口越多，反之，在刀耕火种、粗放经营的地区，城镇人口越少。介于城市和草市墟市之间的镇市，在宋朝有了很大的发展，北宋元丰年间全国约有1800多座，而95%以上集中在精耕细作地区，特别是在精耕细作高度发展的地区集中得越多。这样，在精耕细作、生产发达的地区，草市（墟市）—镇市—城市，这种多层次的蛛网式的各级地方市场得到充分的发展，而在生产落后的地区，靠分布得极为寥落的墟市进行交换，连购买农具都感到困难，商品生产和交换在各地区之间的差距到了这种地步。所以，在精耕细作地区，城镇、商品货币经济都获得前所未有的发展；而在刀耕火种、广种薄收的地区，自然经济依然占绝对的支配地位，商品货币经济是得不到发展的。

顺便在这里指出，美国施坚雅教授（G.William Skinner）在其《中国乡村的市场和社会结构》一书中，曾从市场发展的角度，对近代中国社会的发展提出了有关六角形发展的市场理论，即六个村市镇市环绕一个小城市而发展起来，而六个小城市又环绕一个中等城市发展起来，等等。这个意见虽然很新颖，也很有启发，但它同中国自宋朝以来社会历史的发展不相契合。之所以不相契合，乃是因为作者没有注意由于发展不平衡性规律作用下各地区之间的差距。而这样一来，在高度发展的地区如两浙路等，各级市场不只是作六角形发展，甚至于七角形、八角形，而在黄茅白苇、地旷人稀的地区，往往几十里找不到一个交换的集市。随着这个差距，各地区之间的商品货币的流通自然大不相同了。这可从各地商税收入来说明此问题。宋神宗熙宁十年商税收入情况是，凡是精耕细作地区的商税收入都高，诸如两浙路、京东路、河北路、两淮路以及江南东路等，商税收入都很可观，因而名列前茅。而广南西路、夔州路、利州路等则商税很少，这样就从另一个侧面反映了城市经济商品货币流通在各地区之间的差别了。

总之，宋代区域经济发展不平衡的特点，既是自然环境的差异造成的，也是农业经济开发和制度发展水平决定的。

## 参考文献及拓展阅读

漆侠：《宋代经济史》，《漆侠全集》第三、四卷，河北大学出版社，2008年。
邓广铭、漆侠：《两宋政治经济问题》，知识出版社，1988年。
〔日〕斯波义信：《宋代江南经济史研究》，方健、何忠礼译，江苏人民出版社，2012年。

葛金芳：《中国经济通史》第五卷，宋辽夏金时期，湖南人民出版社，2002年。
王曾瑜：《宋朝阶级结构》（增订本），中国人民大学出版社，2010年。
梁庚尧：《南宋的农村经济》，台北联经出版事业股份有限公司，1984年；新星出版社，2006年。
王菱菱：《宋代矿冶业研究》，河北大学出版社，2005年。
冀朝鼎：《中国历史上的基本经济区与水利事业的发展》，宋诗鳌译，中国社会科学出版社，1981年。
张家驹：《张家驹史学文存》，上海人民出版社，2010年。
郑学檬：《中国古代经济重心南移与唐宋江南经济研究》，岳麓书社，2003年。
程民生：《中国北方经济史》，人民出版社，2004年。
〔日〕柳田节子：《宋代乡村的户等制》，《日本学者研究中国史论著选译》第五卷，中华书局，1993年。

# 第十一章 宋朝的商贸与城市

## 一、商品流通与贸易

### （一）商品的构成及其流通

中国古代经济主要有自然经济和商品经济两种形态。唐中叶以来，商品经济有了长足的发展，至宋朝，随着政局的安定，农业、手工业的发达和进步，宋朝商品经济进入一个快速发展的阶段。宋朝商品基本上是由生活资料性质的和生产资料性质的两类商品构成的。生产资料性质的商品诸如铁制和木制的各种农具犁、耙、镬、锄、镰刀、耘荡、锄柄、辘轴等，以及刀、剪、针、水车、舟、船、车和耕牛之类，大都使用于生产上，因而构成生产资料性质的商品。这类商品虽然广泛流通和普遍使用，但其中有些产品则集中于某一个或某几个地区。例如耕牛则以广南西路容、雷诸州，福建路和两浙路一些地区产量较多，北方诸路的耕牛大都来自南方。又如铁制工具则集中在兖州、徐州、磁州、邛州、兴国军、福州等铁产地。因而各类商品既和物质的自然分布有关，重要的是，和手工业生产发展地区有着更为密切的关系。商品虽然区分为生产资料和生活资料两类，但这两类商品不是不可以转化的。

生活资料性质的商品：一食二衣，这是人类的两大基本需要。米面和布帛，是宋朝商品构成最重要的两大组成，在整个贸易交换中占很大比重。唐代的重要流通品主要是盐、茶、高级丝织品、木材、马、奴婢、贵金属、宝石、奇禽、怪兽等奢侈品和专卖品。在宋朝，珠、玉、犀、瑁、盐、铁、茶等这些与唐代相同的商品也是宋朝长途贩运的重要商品。

在商品构成中，一个极为显著的特点是它的地方性。构成地方性特点的主要原因是自然条件，这一地区有的产品，在另一个地区则没有。北宋初年，陶谷在《清异录》卷一中曾记载天下有所谓的"九福"，就提到"蜀川药福、秦陇鞍马福、燕赵衣裳福"指的就是四川产上好药材，秦陇产良马和马鞍鞯，燕赵定州一带生产上等的丝织品和时装，显然说的就是各地特有的名牌产品。北宋太平老人之《袖中锦》中更加突出了这个问题：

> 监书、内酒、端砚、洛阳花、建州茶、蜀锦、定瓷、浙漆、吴纸、晋铜、西马、东绢、契丹鞍、夏国剑、高丽秘色、兴化军子鱼、福州荔眼、温州掛、临江黄雀、江阴县河豚、金山咸豉、简寂观苦笋、东华门把鲊、京兵、福建出秀才、大江以南士大夫、江西湖外长老、京师妇人，皆为天下第一。他处虽效之，终不及。①

在这份"天下第一"中大多数是地方名产品。南宋叶绍翁《四朝闻见录》乙集《函韩首》载，方信孺出使北方金国时以广南的象牙、犀角、珠玉，江东西的茶、绢，浙西的米，淮南东西的铜、盐，浙东的鱼盐，福建的茶、绢、铜、盐等夸耀南宋物资之丰富。

就上述这些土特产品的流动方向来说，大致可以以淮河为界线划分为南北两个地区的物资即"南货""北货"的交换，及其商人即"南商""北商"的活动。

在南货和北货之外，有蜀货、蜀物，即以成都为中心的四川地方的物资，也形成了独自的流通圈。蜀货主要是茶、绢制品、麻制品、药物、文具、书籍、水果、砂糖等。而流入蜀的物资有盐、马、药物、陶瓷器等。从地理上看，四川大致是一个独立的地区，但它又通过陕西与关中保持联系，通过三峡与扬子江中下游流域进行往来。春秋两季于成都等地开办的药市上，不仅四川产的物资，包括南海、北族在内的广阔范围的物资也在这里交易。

随着市场和长途贩运的发展，各种产业日趋显现出向地方性集中。这些产品不仅仅是产于特殊地方的自然物产，而且也有购进原料进行加工，并通过集约生产而取得主产地的物资。苏州、湖州、温州的漆器，处州的瓷器，真州的锡鑞、烛台，建康、越州、明州、台州的铜器，长沙的银器，明州的草席、铁锅，福州的糖业，泉州的玳瑁梳子、木梳、铁锅、木棉等，都是随着长途贩运的发展形成的专业化的产业。值得注意的是，虽然谷物、茶等日常物资也随时输往远方进行交易，但随着手工业的地方专业化及重要作物栽培的发展，谷物等生活必需品仰给于外地的谷物消费地也逐渐增多了。

---

① （宋）太平老人：《袖中锦》，《天下第一》，丛书集成本，商务印书馆，1939年，第1页。

宋朝商品的流通和交换已经形成为四个大的区域市场。一是江南区域市场，是全国最大的地方市场，两广市场亦从属于这个市场，与海外诸国的贸易，也以这个区域市场为基础；二是川峡诸路区域市场；三是以汴京为中心的北方诸路区域市场；四是以永兴军、太原、延州、秦州为支撑点的西北区域市场，这个市场主要阻止西夏与西北诸族贸易往还，因而其他市场的物资都支援这一市场。以上四个市场除在本域互通有无之外，北宋时商品则流向于汴京，因而表现了商品从南向北流向这一特点。总算起来，乡村向城市流向的产品远远超过了城市向乡村流向的产品，即使是在农业生产最发达的地区亦不例外。

**（二）海外贸易的兴盛**

中国自唐至宋，对外经济交流由陆路交通为主转变为海上交通为主。在宋朝与海外各国之间，继续存在着唐朝以来包括东渐的伊斯兰贸易圈在内的国际贸易圈，已可称为世界货币的金银贵重金属与宋朝的铜钱对流为中心的高档市场性货物的移动。宋代的造船业有相当发展，造船技术有相当提高。在福建泉州湾发现的一艘宋代海船，它的载重量在二百吨以上，船上采用了水密隔舱结构，结构坚固，安全可靠，可使船只在一部分遭受破坏时其余部分仍不受影响，这是我国古代造船工匠的重要创造。外国船只到近代才有类似的结构。南宋后期开始用铁锚取代碇石。① 特别是指南针的应用，到南宋时，又发展为针盘，即罗盘，是航海技术的一次革命。同时从 11 世纪末叶已开始注意天文导航在航海中的运用，并且宋人还出于航海的目的而展开了海底探测的活动。此外，由于宋人所采用的航海方式，船还能特别有效地利用几乎所有季节的季风。当然，海上贸易的发达，也离不开经济条件，这无非是欧亚非各地与各国经济发展和人们生活之所需。虽然今存史料不足以对当时世界上的重要海上贸易国列一排行榜，但宋朝作为屈指可数的海上贸易大国的地位，应是毫无疑问的。

唐朝的海港主要是交州、广州、泉州和扬州。宋代北自京东的登州、密州，直到海南岛，港口数量明显增加。两浙路有镇江府、江阴军、青龙镇、澉浦镇、杭州、明州、温州、台州等港。福建路主要是泉州，泉州港的地位甚至超过广州港。广南沿海主要有潮州、广州、钦州、琼州等港。宋朝继承唐制，在重要贸易港口，设立市舶司，市舶司的主要职能之一是负责对舶来品抽税和博买。

---

① 铁锚最初称铁猫，形容犹如猫爪，见《癸辛杂识》续集上《栅沙武口》《海蛆》《霍山显灵》。《全宋笔记》第八编第二册，大象出版社，2017 年，第 257、280、285 页。

抽税和博买制度在宋代并非固定不变。抽税是征收进口税，即宋人所谓的"抽解""抽分"。税率大致在二十分之一至十分之二之间。

宋朝出口商品种类颇多，向高丽、日本及南海诸国输出了铜钱、银、谷物、奢侈丝织品、香料、书画、木材、书籍、文具、瓷器。其中最有特色的则有瓷器、丝织品和铜钱三项。丝织品和瓷器是中国传统的出口产品，因为在很长时间内，主要只有中国生产，又为世界各民族所喜爱。最为特殊的是铜钱。一般说来，金银是世界各地传统的货币，但是自秦汉以降历朝多以铜钱为货币，金银只作为辅币，铜钱造型象征天圆地方的方孔圆钱，铸以汉字，又形成了特殊的铜钱文化。世界许多地方和国家"得中国钱，分库藏贮，以为镇国之宝。故入蕃者非铜钱不往，而蕃货亦非铜钱不售"[1]。故宋人称"四夷皆仰中国之铜币"[2]。尽管宋朝设立严禁重刑，也无法阻止巨额铜钱的走私出口。东自日本，西至东非，都吸收宋朝的铜钱。

宋朝的进口商品品种繁多，输入宋朝的有南海的香料、象牙、犀角、热带植物、珍珠、玳瑁、棉花、金、银；日本的木材、硫磺、金、珍珠、水银、螺钿；其中香药、硫磺为大宗。宋朝能制作精美的瓷器，而玻璃器皿却依赖进口，这是在相当长时期内特殊的商品交换。宋人所称的"大食瓶"[3]，即是玻璃瓶，由大食、占城传入中原。此外，又如宋朝已大量生产黑火药，而其原料之一的硫黄，需要从日本进口。如宋神宗时，明州"募商人于日本国市硫黄五十万斤"，"每十万斤为一纲，募官员管押"[4]。故宋人称"以禅国计硫黄、板木而已"[5]。

宋代海外贸易之盛况，以泉州的记载为例，"富商巨贾，鳞集其间"，"州南有海浩无涯，每岁造舟通异域"，"涨海声中万国商"，"梯航通九译之重"，"更夸蛮货，皆象犀珠贝之珍"[6]。又如明州，"乃海道辐凑之地，故南则闽广，东则矮人国，北控高丽，商舶往来，物货丰衍"[7]。在广州，由于大量舶货的拥入，以至于有"斛量珠玑若市米，担束犀象如肩柴"之诗。[8]

---

[1] 《宋会要辑稿》刑法二之一四四，第6567页。
[2] 《长编》卷二八三，熙宁十年六月壬寅，第6929页。
[3] 《宋史》卷四八九，《占城传》，第14079页。
[4] 《长编》卷三四三，元丰七年二月丁丑，第8240页。
[5] （宋）梅应发、刘锡：《开庆四明续志》卷八，《蠲免抽博倭金》，文渊阁四库全书景印本，第487册，第441页。
[6] （宋）祝穆：《方舆胜览》卷一二，《泉州》，中华书局，2003年，第214、215页。
[7] （宋）祝穆：《方舆胜览》卷七，《庆元府》，第121页。
[8] （宋）郭祥正：《青山集》卷八，《广州越王台呈蒋帅待制》，文渊阁四库全书景印本，第1116册，第614页。

值得注意的是，宋朝在陆路交通上与唐朝相类，目前除了能看到宋朝出使河西和西域的记载外，尚未发现宋朝有商队主动从陆路与西域进行贸易。但是唐朝中期以后至宋朝，因造船技术发达，更由于宋朝政府的积极鼓励和导向：宋太宗"雍熙中，遣内侍八人赍敕书金帛，分四路招致海南诸蕃。商人出海外蕃国贩易者，令并诣两浙市舶司请给官券，违者没入其宝货"。这里所言的"招致"以往有学者理解为招外商来宋朝，其实恰恰是理解反了，即招能够和愿意出海的商人，诏令后面的话已明确是政府对出海商人进行登记和管理。这也证明中唐以后除了聘使贸易，入宋以后也存在只为单纯经济利益而主动出海出境的经济贸易政策和活动。宋哲宗元祐以后"贾人由海道往外蕃，令以物货名数并所诣之地，报所在州召保，毋得参带兵器或可造兵器及违禁之物。官给以券"①。从海上常有庞大的船队与东亚、东南亚或更远的国家等进行贸易，换言之，海路东西交通是有来有往，而陆路东西交通只有来而很少有往，正是由于宋代积极拓展海外贸易，从而改变了宋朝以前由阿拉伯商人主导印度洋之中国航线的局面。也就是说在宋代积极主动经营海外贸易之前，波斯、阿拉伯商船占据统治来往中国的航线，不是因为宋以前中国造船技术和航行能力不如阿拉伯，而是中国人没有主动面向南海及海外贸易。宋代的商船不仅建造技术、吨位全面超越波斯、阿拉伯的商船，而且在东南亚的海路上占据了统治地位。

此外，宋代海路交通在对外开放政策上发生重大转变。中唐以前的东西陆路交通是政治、经济、文化的全方位开放，而中唐以后转向海上交通是在经济（主要是经贸）上开放，在政治和文化上则采取防范甚或排斥的政策。这由两方面的原因造成，一是汉唐通过西域的陆路交通与当时文明程度较高的西亚和欧洲的交往在地理上是"近距离"的，在中唐以后至宋朝海上交通虽然与西亚、阿拉伯仍有经贸关系，但在政治上已相对疏远，而与欧洲则更只有零星的交往，因而在反映中西交通史的著述中两宋时期是着墨最少的。换言之，从中唐进入宋朝以后，由于先后在北部、西部与辽金、西夏对峙，陆路交通不畅，宋已不能像唐朝般直接与较为发达的西亚、阿拉伯、欧洲文明交流，海路所邻近的南海诸国及东亚要么属于汉字文化圈，要么是文明程度较低，交流只能停留在经济物产互补的水平上，不能有新的文明碰撞。这在客观上促成了宋朝对外保守文化交流政策的形成。二是从中唐至北宋中期两次古文运动，使得儒学复兴取得决定性胜利，不仅佛道日渐世俗化，僧道徒不能登上国家科举选士的最高殿

---

① 《宋史》卷一八六，《食货下八·互市舶法》，第 4559、4561 页。

堂，而且在唐朝传播的祆教、摩尼教、景教和伊斯兰教，或被视为异端邪教遭到禁止，或者被压缩至蕃商聚居地加以防范。最明显的例子是胡商的境遇发生的变化，唐前期，蕃商在唐朝境内可以随意居住，"广人与夷人杂处"①。"蕃獠与华人错居，相婚嫁，多占田，营第舍。"②唐文宗时期（827—840），立法限制蕃商不能与华人杂处③。开成元年（836）六月京兆府上奏朝廷"中国人不合私与外国人交通、买卖、婚娶、来往，又举取蕃客钱，以产业、奴婢为质者，重请禁之"④。由此可见，随着"住唐"蕃客的增多，从唐中期开始，在居住、婚姻、田宅等方面有了明确的限制性。其后在广州、扬州等地设置"蕃坊"，供波斯、大食商胡居住。入宋后，宋廷对此作出同样限制，不允许蕃商入城与市民杂居相处，因而蕃客只好在城外寻找及建造居所，逐步形成蕃客与市民分居的格局。宋政府在广州、泉州等城市修建招收蕃俗子弟学校授"蕃学"。不少世居宋朝的蕃商还积极参政，如南宋后期的蒲寿庚，不仅富甲一方，而且还长期在泉州市舶司任职，并对南宋末年政局产生了重大影响。

### （三）宋与周边各族之间的贸易

宋与周边各族贸易除了双方经济上客观存在着相互交换的需要外，与当时政治军事形势的变化有直接关系。

宋与契丹的贸易，"在太祖时，虽听缘边市易而未由官署"，似无限制。宋太宗太平兴国二年（977），"始令镇、易、雄、霸、沧州各置榷务，命常参官与内侍同掌，辇香药犀象及茶与交市"⑤。后因战争，这种榷场贸易罢行不常。澶渊之盟后，宋辽关系缓和下来，"乃复于雄、霸州、安肃军置三榷场"，又"于广信军置场"⑥。榷场由官吏主持，允许宋、辽双方的商人在此买卖限定的商品，但在其他地方交易是违法的。此后直至北宋末期，变化不大，只是在商品交换的范围方面有所变动。

宋与党项、西夏的贸易，除官府榷场主持的交易外，重要的是在盐法上曾加以改革。党项辖区生产青白盐，物美价廉，常至宋境交换粮食。宋太宗时为配合军事压力，逼党项就范，下令禁止青白盐进入宋境贸易，但因边民的怨恨

---

① 《旧唐书》卷一五一，《王锷传》，第4060页。
② 《新唐书》卷一八二，《卢钧传》，第5367页。
③ 《旧唐书》卷一七七，《卢钧传》，第4592页。
④ 《册府元龟》卷九九九，文渊阁四库全书景印本，第919册，第647页。
⑤ 《长编》卷一八，太平兴国二年三月庚寅，第402页。
⑥ 《文献通考》卷二〇，《市籴一》，第588页。《宋史》卷一八六，《食货志下八》，第4562页。

和私贩严重，不久即废禁令。

宋、金之间在北宋时就有贸易往来，大规模的贸易则在南宋"绍兴和议"之后。双方在边境上各设一些榷场，进行官方贸易。民间贸易，也必须经过榷场进行，否则便被宋政府视为犯法走私。但是，一则由于榷场贸易的商品种类受到严格限制；二则由于榷场官吏的刁难敲诈，宋、金间的走私贸易相当兴盛。南宋因"钱荒"日益加剧，便采取一系列办法堵截铜钱北流，一是严禁官民携带铜钱出境；二是在两淮地区发行推广铁钱和纸币。这样做既未解决钱荒，也影响了宋金贸易的发展。

西北、西南诸族与内地的贸易源远流长，在宋代尤以马匹买卖引人注目。北宋初期以铜钱市马，因各族"得钱悉销铸为器"，宋太宗时改以布帛茶叶等为主折价购买。①当时的交易多以"朝贡"的形式和榷场贸易。至迟在宋真宗朝采用新的交易方式——"券马"，即"每岁皆给以空名敕书，委沿边长吏择牙吏入蕃招募，给券，诣京师。至则估马司定其值，自三十五千至八千，凡二十三等"。②到宋神宗时，由于王韶的倡议，又兴起"茶马法"，用各族喜爱的茶叶去博买马匹。王韶提议得到朝廷的支持，宋廷先后在西部缘边秦、凤、熙、河、兰、岷、湟等七州设置了市易务。市易法的推行，不仅吸引了大批的西蕃前往熙河市易，而且西域卢甘、丁吴、于阗等地的商人也经青唐到熙河经营各种商业活动。③熙宁七年（1074），初复熙、河，经略使王韶言："西人颇以善马至边，其所嗜唯茶，而乏茶与之为市，请趣买茶司买之。"④乃命三司干当公事李杞运蜀茶至熙、河，置买马场六。秦州、熙州茶马贸易的茶叶来源主要是川陕地区，宋在雅州名山县、蜀州永康县、邛州以及陕西兴元府、洋州设置买茶场收买茶叶，运到秦凤和熙河路进行茶马贸易。⑤茶马法对后世影响很大。

## 二、商业管理与政策

宋朝商业比隋唐五代时期有很大发展。这固然是由商品生产的发展决定的，

---

① 《宋史》卷一九八，《兵志十二》，第4933页。
② 《文献通考》卷一六〇，《兵考十二》，第4780页。
③ 《宋会要辑稿》食货五五之三一，第5763页。
④ 《宋史》卷一六七，《职官七》。
⑤ 《宋会要辑稿》职官四三之四七一五〇，都大提举茶马司，第3297—3298页。

但宋政府在有关商业管理和进行适应形势变化的政策调整上所发挥的作用是不可忽视的。

所谓国家对商业的管理、商业诸政策，就是货币、信用制度、两税法中除土地税以外的各种税收（家业钱、营运钱、屋税、楼房基地钱、房钱、契税、牙税等）、茶盐酒专卖和商税、抽解等流通过程有关的诸税、市易、回易、回图、市籴、和市、杂买等国家商业政策，以及市制、免行钱等市场管理的各种政策。

**（一）北宋初期的厘正措施**

唐末五代时期，藩镇割据，军阀混战，政令极不统一。在商业方面，各地统治者为了搜刮财富，都实行了苛暴繁重的税收政策。北宋初期，在统一全国的过程中，进行了改革整顿。《宋史·食货志》中概述说："自唐室藩镇多便宜从事，擅其征利，以及五季，诸国益务掊聚财货以自赡，故征算尤繁。宋兴，所下之国，必诏蠲省，屡敕官吏毋事烦苛、规羡余以徼恩宠。"[①] 整顿主要是围绕在哪些商品该征税、哪些不征问题上，以后虽有过多次反复，但宋初的一系列整顿对结束唐末五代以来的乱征滥征，对宋代商业的繁荣都有积极意义。对文官武将经商之弊，宋太祖时期尚姑息迁就，宋太宗时期则大力整顿。宋太宗还处分了好几位抗命经商的高级官员。此后，官吏经商问题一直未曾根绝，但已不再像五代宋初时那样公开、那样猖獗了。另外，五代时的分裂割据局面，也使得各地的度量衡极不统一，影响商品交易，宋初也很注意进行厘定。总的来看，北宋初期在商业领域的整顿，主要是革除唐末五代以来混乱烦苛之弊，建立新统一形势下的商业制度。

**（二）禁榷专卖制度与商人的经营范围**

商人的经营范围，必须遵守宋朝政府的规定。火药、武器和度量衡等严禁私人买卖，茶、盐、酒、矾等属于国家禁榷专卖品者，私人的经营受到严格限制。其他一般商品只要照章纳税，就没有多大限制。

盐、茶、酒作为宋代人的生活必需品和奢侈品，消费量相当大，商业利润极为丰厚，经营这类商品而成为豪商巨富者为数不少。但是，商人往往不能自由经营，何时何地可以自由经营，如何进行经营，直接受政府禁榷专卖制度的

---

① 《宋史》卷一八六，《食货志》，第 4542 页。

影响和控制。先说茶叶。宋太祖乾德二年（964）下诏："民茶折税外，悉官买。敢藏匿不送官及私贩鬻者，没入之，论罪。主吏私以官茶贸易及一贯五百，并持仗贩易为官私擒捕者，皆死。"① 商人可以从事茶叶贸易，但商人要买进茶叶，必须首先向官府预先缴纳茶价（向榷货务缴纳钱帛或向西北地方官府缴纳粮草），然后凭官府给的"茶引"到东南六榷货务或十三山场提货。从宋仁宗嘉祐四年（1059）到宋徽宗崇宁元年（1102），实行了四十多年的自由通商政策。崇宁元年实行"卖引法"，实质上又恢复了宋初的做法。四川地区情况稍有不同。当北宋前期各地实行官榷时，四川却自由通商。但从宋神宗熙宁七年（1074）开始，亦以官榷为主了。

再说食盐。"宋自削平诸国，天下盐利皆归县官。官鬻、通商，随州郡所宜，然亦变革不常，而尤重私贩之禁。"② 各地情况差别很大。河北、京东地区，在北宋前期被认为是自由通商的区域，商人贩盐仅交商税即可。宋神宗以后改行官榷，商人贩盐必须先向官府交钱买官盐。解盐行销区在北宋初期分为通商和禁榷两种，"凡禁榷之地，官立标识、候望以晓民"③，严禁越界。实际上，这里的通商和京东、河北地区的官榷差不多，而这里的官榷则是典型的官运官销。从仁宗庆历八年（1048）范祥改革后，解盐取消官榷，一概通商。江淮地区在北宋时以官运官销为主、官运商销为辅，但民间违禁私贩也特别严重。北宋末期蔡京大加改革，一律改行"钞引制"，方使更多的商人成为盐商。四川井盐虽然限制很多，不许出川，但本质上是允许商人贩卖的。

酒类的经销情况也很复杂。大体上讲，宋代是以官府禁榷专卖为主流，以民间商卖为辅助。除局部地区允许民间纳税后自主酿销，大部分地区由官府主持，或官酿官卖，或招民"买扑"承包，或官酿招商分销，或垄断酒产销以控制民间之酒利。政府对违禁私酿私售者的惩罚是极为严厉的。另外，宋代还实行榷矾、榷香、榷醋制度，即使允许民间商人进行贩卖，也受到官府的严格控制。

专卖法在宋朝法典中的地位空前提高。据研究，《庆元条法事类》所载宋《卫禁敕》中关于禁榷的条款比较完整地保存在《榷禁门一》中，内又分"榷货总法""茶盐矾""酒曲""乳香""铜石铅锡铜矿"五个类目，共有35条《卫禁敕》，占残本《卫禁敕》总数的64.8%，这一数字体现了专卖法在宋代新增刑敕

---

① （元）马端临：《文献通考》卷一八，《征榷考五》，第505页。
② 《宋史》卷一八一，《食货志》，第4413页。
③ 《宋史》卷一八一，《食货志》，第4414页。

中的重要性。"从传世的《庆元条法事类》来看,宋朝立法官并没有把茶盐等专卖法收入《贼盗》篇和《杂》篇,却是放在《卫禁》篇。这一结果,实在是因专卖法的重要性使然。在统治阶级看来,榷禁法的财政收入支撑起了国家专制集权统治的经济基础,有着与警卫皇帝、保护皇室安全同等重要的意义,成为维护国家政权安稳不可或缺的重要屏障。《卫禁》篇在整部唐律和《宋刑统》分则里,位居首位,其设置的宗旨是保卫皇帝及其陵庙安全,是关乎国家政权安稳的第一要务。立法官将专卖法收入《卫禁》篇,将专卖法视为与保卫皇帝及其陵庙安全同等重要,关乎国家政权稳定的法律,而不是当作一般的贼盗律。专卖法入《卫禁敕》,充分显示了宋政权对专卖法的高度重视。"① 日本学者认为宋朝的财政体制以专卖法为中心是有道理的。

宋代的禁榷专卖制度,对商人的经营范围和经营方式等都有很大限制,尤其是限制了中小商人的经营。而对那些大商人特别是那些与官府有勾结的豪商巨贾来说,限制不大。宋代是一个禁榷专卖空前加强的时代,但又不绝对排斥商人,并对元明清产生深远影响。

### (三) 商税制度及其变革

宋朝商税制度(此处讲的是国内商业)与隋唐五代相比,有继承有变革,更趋成熟完善。在三百多年的时间里,它本身也有所变化。

宋初商税政策变动,主要是解决唐末五代以来形成的各地滥征苛敛和税权下移两大弊端。对第一种弊端之厘革,前面已讲过,不再重复。税权下移之弊,完全是唐末五代藩镇割据的产物,宋初在消弭藩镇分裂势力、统一全国的过程中,理所当然地要予以革除。据宋人记载,从太祖乾德三年(965)开始,"所在场院,间遣京朝官廷臣监临,又置转运使、通判,条禁文簿渐为精密"②。即由过去的方镇"率令部曲主场院"改为"遣京朝官、廷臣监临"。场院是商税、榷利等征收机构。通过宋初的改革,制度一新,利归公上。北宋的四京和南宋临安置都商税院,州县关镇置税务或税场,这是大致情况。

赵宋建国之初,便制定征商税则。马端临记载太祖于建隆元年下诏:"榜商税则例于务门,无得擅改更增损及创收。"到太宗淳化二年(991)诏令:"除商

---

① 戴建国:《唐宋专卖法的实施与律令制的变化》,《文史哲》2012年第6期。
② 《文献通考》卷二二,《土贡考》,第669页。

旅货币外，其贩夫贩妇细碎交易，并不得收其算。"① 这里可以看到太祖时的"商税则例"到太宗时在执行上已有变化，因此下诏纠正"细碎交易"也征税的偏向。这道诏书明确规定了宋代征商之制的内容："国朝之制：钱帛、什器、香药、宝货、羊豕，民间典卖庄田、店宅、马牛驴、骡、骆驼及商人贩茶皆算。"② 还规定了偷税漏税的惩处办法，只要经商无论何人都要照章纳税。

征税机构完备，商税政策规范，反映了商品经济发达和政府开始注重征商而不注重在专卖禁榷的政策转变，即"以税代利"的转换。

商税的征收分过税和住税两种。"行者赍货，谓之'过税'，每千钱算二十；居者市鬻，谓之'住税'，每千钱算三十，大约如此。然无定制，其名物各随地宜而不一焉。"③ 由于存在重复征税和官吏滥征（更包括买扑者滥征）之弊，实际商税率远不止百分之五。房地产交易税是根据买卖契约中载明的价钱数量征收，税率呈不断增高之势。北宋时税率尚不超过百分之十，一般在百分之四至百分之六，南宋一般在百分之十以上，且"州县往往过数拘收或揽纳，公人邀阻作弊"④。对一些重要的商品如农具、耕牛、米面等，宋政府经常下令免税，对某些普通商品，在战争、灾荒等特殊情况下也免征商税，反映出宋代商税政策具有一定的灵活性。

除宋初一段时间外，宋代原则上不许官员经商，但官员们却可以指使家属或者委托于人经商谋利，按规定都应纳税。实际上，他们利用特权身份常常拒不纳税。宋政府曾数次下令欲革此弊，然并无成效。

两宋时期，各州县关镇都设税务税场，商人每经过一处务场，均须纳税一次。这一制度，不仅使商品过税成倍增长，而且务场主管者敲诈勒索，百般刁难，使过往商旅增加了额外负担，拖延耽误了贩运时间，明显地阻碍了远距离商品流通和交换。针对此弊，宋真宗时期在茶叶贸易中进行改革。减少程序，容许商人投状，宽限纳税时间。茶叶出产在南方，贩运到北方利润特别丰厚，然路途之遥何啻千里？这是宋政府对茶叶过税征收进行整顿的重要原因，自然有利于茶商。不过后来又出现新弊病，茶商中有人拖欠税款不交。于是宋仁宗天圣年间补充颁布了违限不纳者的处罚条令，并将期限由原定的半年改为一年。南宋时税卡林立，横征暴敛，商人视税务税场为大小"法场"。务场"骈集千艘

---

① 《文献通考》卷一四，《征榷一》，第 401、403 页。
② 《宋会要辑稿》食货一七之一三，第 5090 页。
③ 《宋史》卷一八六，《食货志》，第 4541 页。
④ 《宋会要辑稿》食货三五之一五，第 5415 页。

岸，汾挐百吏声。黄旗优市贾，白夺困商程"①，严重妨害了商人的转运贸易，同时也损害了政府商税收入的长远利益。然而，南宋时由于政府腐败无能，并未对此施行有效的改革。

## 三、城镇的发展与城市居民

### （一）城市的发展

市场的发达，是唐宋社会经济发展的重要表征。20世纪30年代，日本学者加藤繁关于唐宋转折过程中中古坊市制崩溃假说的长久影响，无疑说明它在相当程度上真实地反映了唐宋间城市发展的一些重要史实，因此深得人们的认同，加藤繁在指出"商店以设于市为原则"的中古坊市制崩溃之后，归纳宋代城市市场形态说：

> 到了宋代，作为商业区域的市的制度已经破除，无论在场所上，无论在时间上，都没有受到限制。商店各个独立地随处设立于都城内外。但是另一方面，行的制度也还有相当程度维持着，以前存在于市的内部的同业商店的街区，到处看到超越了它的旧的限界。定期市在同业商店的街区以及交通便利的河畔、桥畔等处繁盛地举行。利用寺观或其他地方一旬举行几次或一年举行几次的定期市也时常举行。仓库也随着方便，自由设置。

在加藤繁先生看来，从唐到宋城市市场基本沿着两个方向发展：一是随着中古封闭型的市制之崩溃，人们可以在城市中沿街开店设铺，商业经营获得了完全的自由，只是由于行的制度的维持，在城市某些地域形成了同业商店的街区；另一是城市中仍存在着定期集市。加藤繁先生首先提出了这一问题，并把它作为一个广泛的普遍问题提出来，从而得到了国内外学术界的认可。坊市格局的打破，各行各业在城市各区自由地开设经营，深刻地说明了宋代城市的发展。

北宋东京城市建设正处在由唐末开始的帝制国家城市制度发生变革的过程中，从北宋东京、南宋临安可以看到与唐代城市，如长安和洛阳相比有明显不同的新的特点，但也有不可摆脱的传统。

---

① （宋）岳珂：《玉楮集》卷七，《过雁汊》，文渊阁四库全书景印本，第1181册，第487页。

北宋的都城开封和南宋的都城临安因其独特的政治中心地位，在经济、文化诸方面获得了巨大发展，成为两宋最大也是最重要的两座城市。中国古代城市的发展，政治不是唯一的条件，而是还有其他条件。交通，特别是水路交通是古代城市发展的一个重要条件。汴京、临安也是由这个条件得到发展的。汴京是汴河、黄河、五丈河、蔡河的交汇，为漕运的中心，四面八方的物资集中到这里，才得以养活百万人口的。临安即杭州，位于汴河的南端，与钱塘江连接，与浙西浙东诸州县均可交通，特别是由于它的东面有靠海的明州，是海外贸易交通大港，杭州也一度设立市舶司，为对外港口。沿运河而北有苏州诸城，过江则有真、扬、楚、泗诸州，扬州在唐代有"扬一益二"之称，到宋朝，扬州虽不及唐代繁盛，但是作为漕运转般枢纽之所在，粮盐中转要地，自北宋之初即被视为"东南一都会，凡百颇类京师，号'栟木汴州'"①，这是沿汴河的情况。

　　再说沿江的情况，自扬州溯江而上至镇江府、江宁府，这是南宋长江下游两个重要城市，南宋三榷务中的两个分别设置在这两个城市。茶盐钞的交易成为这里官府和私商交易的大宗。再上到鄂州、江陵诸地，尤其是鄂州，"武昌十万家，落日紫烟低"②，展示了它的繁荣景象。洞庭湖与长江汇合处有岳州，而在岳州之南、湘江之滨的潭州，在唐代即有小长安的称号，北宋末年以来人口倍增，南宋绍兴五年以后，又连续38年丰收，"米斗二三钱"，以至于"县县人烟密，村村景物妍；朱蹄骄柳陌，金镫丽花钿"③成为荆湖南路一大都会。

　　沿海，京东路的密州板桥镇、两浙路明州、福建路泉州和广南东路的广州是宋代对外贸易的四大港口。除此之外，海州、温州、福州等也是沿海重要城市。

　　以上是由水路交通而形成的一些城市。当着水路、漕运情况发生变化之时，城市也随之而发生变化。如春秋战国时代号称天下之中的五大都市之一的陶（今山东定陶），宋称广济军，因水系的变化已日趋衰落，及至五丈河湮废之后，这个城市到北宋晚期已衰落下来了。

　　在宋朝，两浙、江东诸路是农业生产最发达的地区，而在这样的地区，城市以及镇市也达到为其他诸路未有的发达程度。两浙路城市分布较多，居全国首位。据熙宁十年（1077）商税税收统计，全国商税年入万贯的达204城，而两浙路有越、润、明、常、温、台、处、湖、婺、衢、秀、苏和杭州13州，占

---

① （宋）陶谷：《清异录》卷一，《栟木汴州》，《全宋笔记》第一编第二册，第17页。
② （宋）姜夔：《白石道人诗集》卷上，《春日书怀》四，文渊阁四库全书景印本，第1175册，第67页。
③ （宋）王阮：《义丰集》，《代胡仓进圣德惠民诗》，文渊阁四库全书景印本，第1154册，第540页。

6.4%。①川峡诸路征收铁钱,铜铁钱如十一相比,则川峡路征收万贯以上的城市势必减少 9/10,这样两浙所占比重超过了 7%。熙宁十年酒课征收在 3 万贯以上城市计有 160 城,而两浙路有 11 城,占 7.5%。②商税和酒税,应该说多少反映了各地区的经济情况,两浙路所占比重最大,从一个侧面反映了两浙路城市的发展。

在宋朝,有些城市又是在手工业发展的地方发展起来的。以广南东路韶州为例。岑水场在宋仁宗时铜冶兴发起来,经常集合了 10 余万的采冶者。于是这个"被山带海,杂产五金"③的地方,成为北宋冶铜手工业的中心,韶州也成为广南东路的重要都市。熙宁十年商税额达 25278 贯,约为此前商税 4662 贯的 5.4 倍。两浙路的婺州,是盛产婺罗的所在,"金华县治城中民以织作为生,号称衣被天下,故尤富"④。因而自北宋初年以来,婺州一直是重要的商业城市,熙宁十年商税达 71027 贯。从这两个例子看,手工业的发展与城市的发展是紧密关联着的。

这些州县城市由于行政、经济、地理、人口等条件的不同,情形千差万别,有作为全国政治经济中心、居民百万的大都市,也有僻居边地、居民数百的小城邑,不可同日而语。按其行政地位,或可分为如下三类:

(1)京城,北宋的开封府与南宋的临安府,两者都成为同时期全国政治经济中心的大都市。前者位于黄河下游中心地带,擅汴河水运之利,凭其政治地位,汇黄、淮、东南、川蜀之财赋,富甲天下。后者作为南宋行都,位于全国经济最发达的长江下游中心,聚东南财富,居民数十万,成为中古时期少有的繁华都市。开封府与临安府的成长,还刺激了周边地区城市的发展,并凭借其政治资源,成为全国商品流通的聚集地。

(2)州军城市,北宋开宝年间(968—976)共设府州军监 297 处,至宣和四年(1122),全国共设京府 4,府 30,州 254,监 63,合计 351 所州军城市。州军上隶于京师,下辖县邑,多者十几个县,少的仅一两个县,为宋朝中等行政城市,宋制按户口数量的多寡,分为望州、上州、紧州、中州、下州几类,望州户五万以上,下州则只在五千以上。"岭外小郡,合四五不当中州一大

---

① (元)马端临:《文献通考》卷一四,《征商(关市)》,第 403—406 页。
② 《文献通考》卷一七,《榷酤(禁酒)》,第 487—490 页。
③ (宋)余靖:《武溪集》卷五,《韶州新置永通监记》,文渊阁四库全书景印本,第 1089 册,第 45 页。
④ (宋)刘敞:《公是集》卷五一,《先考益州府君行状》,《宋集珍本丛刊》第 9 册,第 766 页。

县"①，相互间地位差别颇大。

（3）县邑城市，县邑为宋朝最低一级的行政城市，上隶于州军，下辖乡村，多数县邑还管辖有一定量的市镇，这些市镇有些已实际成为都市性聚落，但行政上还没有确立建制。北宋后期，全国共设县邑1265处。与州军一样，不同县邑城市的发达程度是千差万别的，不过其作为行政城市的地位确立无疑。

由于国土辽阔，各地区社会发展水准不平衡，长期以来，全国各大区城慢慢形成了各自政治地位与经济地位特别重要的城市，由此不妨称之为全国性大区域中心城市。如前揭，两宋时期全国大致可分为华北、关中、河东、东南、川蜀与岭南地区。北宋时期，华北地区的中心城市当属开封府，无需讨论。关中的京兆府即汉唐长安城，虽已中衰，但其作为本地区中心城市的地位却未旁落。川蜀地区的中心城市为位于成都平原中心的成都府，岭南地区的中心城市为位于珠江三角洲的广州城，也较为明确。东南地区情形略有不同，在那里成长起了几个十分重要的都市，如江宁（建康）府、苏州、杭州等，相互间地位相当，反映了这一时期长江下游地区社会经济发展的普遍性，逮至南宋，随着全国政治中心在临安府（杭州）的确立，临安府的发展才超乎其他城市，成为区域的中心，中古时期行政地位对城市的决定性影响也由此凸显。

若就两宋时期行政城市的实际地位而言，还可以进一步将其细分为五类：京城、区域中心城市、路治城市、一般州军城市、县邑。

随着市籍制、坊、市隔离制度的破坏和衰落，也带动和促进了夜市的发展。唐朝"京夜市，宜令禁断"②。凡闭门鼓响后及开门鼓未响前，行人皆为犯夜。"笞二十，有故者不坐"③，宋代有了根本性的改变，夜晚允许民众出行购物、娱乐。宋太祖乾德三年（965）颁敕令"夜漏未及三鼓，不得禁止行人"④。宵禁时间延长至三更。宋真宗朝以后夜间营业，不关坊门，警示坊门的街鼓之声已不再敲响。"不闻街鼓之声，金吾之职废矣。"⑤北宋徽宗时期，随着侵街建筑的合法化，夜市的范围更加扩大。从此，东京城内普遍出现了"夜市"与"早市"，居民生活更加丰富了。

---

① 《宋史》卷三三一，《卢革传》，第10669页。
② （宋）王溥：《唐会要》卷八六，中华书局，2017年。
③ 这是宋朝建立之初执行唐朝的制度。窦仪等：《宋刑统》卷二六，《杂律》，中华书局，1984年，第418页。
④ 《长编》卷六，乾德三年四月壬子，第153页。
⑤ （宋）宋敏求：《春明退朝录》卷上，《全宋笔记》第一编第六册，大象出版社，2003年，第264页。

据估计，两宋有确切夜市史料记载的城镇总计 62 个，其中北方地区 13 个，东南地区 26 个，川蜀地区 8 个，闽广地区 6 个，荆湖地区 9 个。两宋都城汴京和临安形成了规模较大的夜市街和夜市区；地方城市夜市各具特色，南方较之北方地区更为普遍和活跃。宋朝夜市消费主体除官僚贵族之外，平民人群也跻身其中。确立了以酒楼、茶肆、妓院、旅馆等为主的娱乐休闲消费基调。

宋朝发达繁荣的夜间经济为国家财政提供了巨大的利源。譬如宋朝的酒茶课额一般可达 2000 多万贯，其中来自夜间经营收入的份额可能不低于 30%。夜间经济整体在国家财政货币收入总额中所占比重，保守地估算应在 5%—10% 之间。

宋朝大都市夜间经济的繁盛，不仅汉唐不能企及，明清也不能超越。

### （二）镇、草市的发展

宋朝城市的发展，不限于城内坊市格局的打破，值得注意的是，还打破了城郭的限制。贴近城墙的州县城郭一带，也准许居住、开设各种作坊、店铺，从而形成了新的商业市区。这类新市区，商业亦极为繁盛，有的地方远远超过了城内市区，如号称 10 万家的鄂州，它的主要市区是在城外的南市，"城外南市亦数里，虽钱塘、建康不能过"[1]。这类新市区，原来也称为草市，但它已经失去了乡村集市的意义，成为州县城镇的一个组成部分。宋政府也是把这类贴近城郭的草市作为城镇一部分对待的。熙宁年间全国乡村编为保甲按时教阅，而"诸城外草市及镇市内保甲，毋得附入乡村都保"[2]；元丰五年（1082）河北路保甲司奏言"诸县尉通管县事外，惟主捕县城及草市内贼盗，乡村并责巡检管勾"[3]，把贴城草市算作城市范围内。像汴京、临安等大城市，则将城内外区分为若干厢，将居民编制起来，比此前坊的管辖范围要大得多了。

在城市与乡村之间形成为贸易和交换的一个中间环节是镇市。镇在前代开始建立时，在军事要冲之地，是设险防守、屯驻军队的所在。但军队屯驻所在，往往成为市井繁盛的商业居民点，这是一方面。另一方面，则是由于商品经济发展的结果，从而在宋朝涌现出来许多镇市。宋代设镇的标准是："民聚不成县而有税课者，则为镇，或以官监之。"[4] "宋制，诸镇监官掌巡逻盗窃及火禁之事，

---

[1] （宋）陆游：《入蜀记》卷四，《全宋笔记》第五编第八册，大象出版社，2012 年，第 197 页。
[2] 《长编》卷二五二，熙宁七年夏四月甲午，第 6177 页。
[3] 《长编》卷三二四，元丰五年三月己酉，第 7810 页。
[4] （宋）高承：《事物纪原》卷七，《库务职局部三十四·镇》，文渊阁四库全书景印本，第 920 册，第 184 页。

兼征税榷酤，则掌其出纳会计。"① 市镇的监官原以主管治安、民防及收商税、酒税为务，并不具备地方州县长官的行政或司法权。南宋以后，部分繁盛的市镇如乌墩、梅溪等，监镇官已可以裁断杖罪，而不必将所有罪犯解交县官。后来甚至发生监镇官设置厢坊，囚系及拷打百姓的情况，以致被讥为是"一邑有二令"的现象，显示市镇监官借机扩充权力，进一步向行政机构发展的趋向。

由于设镇的标准是税收，因此，一些村市、草市和在交通要道上的驿传，每在人物繁盛，形成了商业居民点时，便上升为镇了。在生产发达地区，上升为镇的村市也就特别多。北宋熙宁年间上升的镇市为106个，其中经济发达的京东东路、京东西路超过40个。据《元丰九域志》记载宋神宗元丰年间全国镇市达1900多个，而南方诸路约1300个，其中梓州3路300个，其余多分布在两浙、江东、福建和其他各路。镇市分布情况，充分说明了南方经济发展的情况。镇多数都是设监镇征税，但有的则不设官，将税由富豪买扑缴纳，如绍兴六年（1136）舒州许公、双港、石溪三镇监税官"逐务召人买扑"②。镇在财政经济上占重要地位，往往超过它所隶属的县。如密州板桥镇、华亭青龙镇，因系海舶汇集的港口，先后在这两镇上设过市舶司，成为对外贸易的中心。有10多个镇市每年商税超过10000贯，有的高达28000多贯。镇和村市的商税收入，在全国总税收中占不小的比重。这说明了，镇和村市在宋代贸易交换中占有重要的地位，同时也反映了，广大乡村居民同市场的联系较前代大为加强了。在镇当中，少数的上升为县或监，也有的县下降为镇。

镇市以下有草市和墟市。文献中出现了各种名称，有虚市、亥市、村市、山市、野市、小市、朝市、早市等。村市及草市不消说是普通的称呼，虚市、亥市是江南的特殊方言，而山市、野市、小市在多数场合是多少带点文学色彩的表现方式，朝市、早市则是以开办时间来表现的。这些市的名称，在作为市场的生成上，地方的发展上以及由于方言而在名称上，虽然有些差异，但大体上是为在村落内、道路旁和村边上经营的极小的交换场地所起的名称。

以墟市为中心的村市的性质和特征，大致有以下五个方面：

（1）墟市大体上是作为村落的市而产生的，分布在长江以南整个地区的小规模村落的墟市也称作亥市、山市、村市、野市、草市，它们之间没有实质性的区别。墟市的分布密度最小五里左右，如果离得太近商人双方之间往往会为

---

① 《文献通考》卷六三，《职官考十七·县丞》，第1913页。
② 《宋会要辑稿》方域一二之一九，第7529页。

市场圈的存在而发生纠纷。

（2）举办墟市被称为"市合""市集""趁墟"。日期以十干十二支为基准，有每天举办的市，也有隔日，或卯酉子午、寅巳申亥（每三天一次）、五天一次和六天一次等多种多样的市，而且一般都是在早上短时间内结束交易。

（3）墟市也有由于交通、商业和宗教活动等条件发展为"小城市"的聚落以及岁市、祭市的。必要时也由官府设立市集。举办墟市的聚落小自几户的小村子，大至数百户的市及镇。墟市里除农民外还聚居着商人、富民和屠宰业者。

（4）墟市除在村内、村边上露天进行贸易外，有的地方为了交易也附设简单的建筑物，墟市内往往有常设的商店及旅馆、仓库。

（5）墟市的维持和管理，是由当地的土豪、商人这些建设规划者和租税承办人即参与保安和征税的官府双方在利害关系一致的基础上共同担负的。

根据这五个方面的性质和特征来判断，文献中的墟市大致可分为三类，第一类是城市近郊草市发展成为城市的一部分，如林口市、上宠市、佛图市、云石市以及柴墟镇、荻港镇、新仪镇、佛图镇、海口镇等市、镇里。

第二类是广大乡村的定期集市，为商品交换的初期市场。草市大约来自古代的"日中为市"，草市之名则始见于南北朝文献。乡落有号为墟市者，只是三数日一次市会。墟市草市作为乡村的定期集市，是周围农村小农小工小商贸交换的场所，它的间隔时间的长短，反映了这个地区贸易交换量的多少和经济繁荣的一般状况。这类集市大约有两种情况，一种情况是趁墟赶集之后，星散无人烟。另一种情况是，随着交换的发展，这种定期集市逐步形成一个新的居民点，有了一些店铺，能够沽酒或买到饭吃。如所谓"草市寒沽酒"，进一步发展成为相当繁盛的贸易点。对于这类村市的发展，宋政府不加限制，而且还加以提倡。如熙宁十年（1077）政府许可戎泸州沿边居民，可以"兴置草市，招集人口住坐作业"[①]以便于购置农具食用盐茶等物。在农业生产发达的地区，这类乡村集市就多，并日益发展成为新的贸易点，其中有的发展成为县、镇。村市商税量不大，但是全国村市和镇市商税集合起来，熙宁十年为1546192（其中包括152608贯铁钱），占该年商税总额的18.12%，也颇为可观。

除镇市草市定期集市外，汴京、临安各地方还有各种形式的集市。一是在都市固定的地区有定期市，如汴京大相国寺，"每月五次开放，万姓交易"，交易物品主要是大相国寺尼姑卖绣作、领抹、花朵、珠翠、头面、生色销金花样幞

---

① 《长编》卷二八一，熙宁十年四月乙巳，第6896页。

头、帽子、特髻冠子、条线等。二是专门性商品的定期集市，如药市、蚕市，往往形成传统，持续数十百年不变，届时四面八方的商旅都前来买卖，交易至为兴盛。三是庙会，在宋朝，与村市并存的还有许多伴随着村落共同体的土地神和佛教、道教等寺庙的祭礼而举办的庙市。江南和四川各地，道教、佛教之法尤盛。绍兴府开元寺每年正月十四日的灯市聚集了附近十几个州以及海上贸易商人，买卖的全是玉、帛、珍珠、犀角、名香、珍药、组绣（吴绫、越罗、婺罗）、漆器、藤器、书画、古董、什器等高档商品和奢侈品。湖南衡州的南岳岳市是含括江浙、四川、广南药种的地方市场，不仅门前市繁荣，而且还举办数次的祭市。这种伴随宗教活动或是利用宗教活动而举办的庙市，在地方城市和农村是很多的，它与一般的村市相区别的是，这种庙市多数情况下超越了近距离的交易，而交易的商品也主要是特殊产品和特殊手工业品等长途贩运的流通品。

第三类是以村落名出现的市或小交换点，规模比前者小而数量却比前者多得多。例如《淳祐琴川志》乡都之部记载，平江府常熟县行政上管辖内共九乡五十都，九乡管辖下的乡村计 386 个。在这些乡村中，有不少村落是以某某市命名的，从村落名称上很容易看出是村市的有 35 个，此外有 4 个村是以店名命名的。这就是说整个乡村名中约百分之十是村市或进行交换的聚落。由此可以合理地推知，在公私记录中所记述的"市"的下层，广泛地分布着以墟市为代表的村市。

就全国范围看，宋代都市、镇市和墟市，以及其他形式的集市，构成了商品流传、交换的大大小小的地方市场。越是在农业、手工业发达的地区，这些市场分布得密层层，初步形成一种网络状。两浙江东就是如此。以杭州来论，计有 11 镇市、25 市；秀洲有 7 个镇市、11 市；常州有 13 个市；建康府有 14 个镇市、34 个市；而常熟一县就有 6 个镇市和 8 个市。这样，州、县、镇、市相互连结，构成多层次的商业贸易网，而在生产落后的如夔峡诸路，当然形成不了这种贸易网。

从整体上看，市镇仍属于城乡的中介者。市镇长官的权力虽有扩张的趋势，但从行政的统辖关系而言，市镇却隶属于乡，如澉浦镇是隶属于嘉兴府海盐县的德政乡，南浔镇则隶属于安吉州（湖州）乌程县的震泽乡，但乡却没有设官统理，这种现象正说明了宋代市镇是城乡的双重性质，属于城乡中介的角色。

宋朝市镇是乡村的商业中心，却没有因为商业性强而完全脱离农业生产。即使是走向以经营稻、米、盐、茶、蔗、木材等，供应市场需求的经济作物的市镇而言，仍然是与邻近的农村来担负生产地的角色。这也显示在宋朝，城墙作为分隔城市、乡村的界限已逐渐单薄,而没有城墙的市镇,更是将城市与乡村连成一体的中介地带。

### (三) 城市坊郭户与人口

城市当中都毫无例外地有一套官僚机构,麇集了数量不等的官吏群和军队。与欧洲城市相比,它的政治意义大于经济意义。其次,正是由于城市特别是边防城市屯驻军队,它就要大量的供应,而商人是提供各项需要不可或缺的力量。所以哪里有驻军,哪里就有商人的活动,而哪里有商人的活动,哪里就有商税酒税税收。因之,包括宋朝在内的中国古代城市之与欧洲城市的又一个不同是,消费意义大于生产意义。最后一个不同是,如上所述,即服务性的行业大于生产性的行业。由于中国古代城市具有以上特点,一旦政治条件发生变化时,城市立即发生了显著的变化。例如汴京不再成为首都时,便从第一大都市下降为二三等的城市了,而当着西北边防形势发生变化时,不仅许多城、关、堡、寨湮没无闻,而一些州县也失去了往日的景象。

除汴京、临安聚居着皇室及其家族、文武百官和广大军队,一般城市聚居着现任官吏、驻军之外,在城镇中也有不少的官户定居下来。如富弼、文彦博、司马光等在熙丰变法之际,都退居洛阳,王安石第二次罢相之后寄居在江宁府(今南京),他的后代便在此落了户。像这些著名的权贵都依赖数额不小的田产为生,而在自然条件优越和富裕的城市,如苏杭一带,士大夫们落户的就更多。这是城市居民结构中具有相当经济力量的阶层。

城市富裕阶层中有不少同时是农村的富家,亦即是地主,他们的田产在农村,而居住在城市。"民有物力在乡村而居城郭,谓之'遥佃户'"[①],他们与官户一样,是靠地租生活的。

城镇居民的主要组成部分是坊郭户。坊郭户也叫作坊市户。宋代以前,由于市籍制的推行,著籍者一般被称为市人,市人成了在市中从事工商业的特殊人户的代名词,他们往往只占城市人口的一小部分,且带有明显的身份歧视的意味。至唐中后期,"市民"一词开始在文献中露面。……只是到了宋朝,随着门税制度的普遍推行,在国家法规的框架下将市的范围从城市的特定区域,扩大到了整个城区,对于特定人群称谓的变更才最终得以完成。也因此,在市民一词之外,用以指称城市居民的还有市人、市户等名词。总之,这是在将整个

---

① 《长编》卷三四五,元丰七年夏五月辛酉,第 8290 页。

城市视为市场的语境之下产生的历史现象。在此之后，城乡对称也就基本上与市与乡对称相应了。

城镇坊郭户主户包括经营大小商铺的坐贾、手工业作坊、各种服务性行业中有产业的民户。划分主户及区分户等的标准是根据房廊、邸店、停塌、质库、店铺的房产和营运钱的情况，城镇坊郭户分为十等。各州县城镇之间经济情况差距甚大，因而户等划分也很不均平，特别是同汴京、临安大城市相比，差距则更大。上户或高强户是城市地租的收取者，即房廊、邸店、屋业等的所有者，也是巨大的金融业者。他们中间，有的人积蓄了数十万乃至百万的财富。"京城资产，百万者至多，十万而上，比比皆是。"[1]他们向称为"行钱"及"干人"的资产管理人或全权受托经营资产增值。在他们当中，有本身是官僚而冒法禁半公开地以资本追逐利润者，但多数是用金钱买官职，以官号开店肆，靠特权维护和确保追逐利益的工商业者，其结果，必然地造成了市民阶层的贫富两极分化。

上户在城市户口中所占的比例不得而详，但应该只占少数。以工商自给的中产之家，在城市户口中所占的比例，同样的是不得而详。城市里的下户、贫民是由离开村庄的农民、小商人、手工业者、伎艺人和规模很小的经营者构成的。这一阶层肯定占城市人口的半数以上，但是，他们的购买力却不是市场的支配力量，城市的市场，归根到底还是依存于少数富家的资产。可以说，这也给城市工商业大发展带来一定的限制。熙宁时期"细民上为官司科买所困，下为兼并取息所苦"[2]，不仅受到官府的剥削，而且受到大商贾的盘剥。城市贫民中还包括不事生产而以乞丐度日的人。宋代的乞丐普遍存在于开封、建康（今南京）、临安（今杭州）等大城市之中，其他一般州城、县城也有不少乞丐。乞丐人数也相当多，如绍兴府在绍兴元年（1131）官府预估的乞丐即多达数百人，甚至千人以上，洪迈（1123—1202）的《夷坚志》就记载着明州、严州、鄱阳等地许多身形垢污、以乞求为生的乞丐。人数多的乞丐是有组织的，首领号称首或团头，由他来管理众乞丐，官府赈济时，由他们抄录人数向官方呈报和张罗衣食及避难场所。

北宋后期，全国共有州县城市数量1200所以上。梁庚尧先生曾将南宋城市划分为四个等级，第一类为五万户以上的大城市，第二类为五千至五万户之间的次级城市，第三类为一千至五千之间的一般城市，最后是一千户以下的小城市。

---

[1] 《长编》卷八五，大中祥符八年十一月己巳，第1956页。
[2] 《长编》卷二四〇，熙宁五年十一月丁巳，第5826页。

北宋开封城的人口虽在前期就可能接近百万，后期自然更多，合计户数当不会超过三十万，口数按每户五人计约 150 万。南宋临安府的人口数，学者有不同的估算，到南宋后期，其城市人口大致不会超过百万，合计约二十万户左右，约 100 万口左右。

北宋天禧年间，开封人口密度约为每平方公里 10943 人；北宋后期，人口密度会有一定程度的增长，估计在每平方公里约 12000—13000 人。南宋临安淳祐年间城区人口密度估计达到每平方公里 2.1 万人，远比北宋开封为高。到咸淳年间，甚至可能达到每平方公里 3.5 万人。这两个统计数据是大致的估算，可以说比较接近开封、临安的实际本相。

漆侠先生曾对宋代城市人口作过估算，北宋共计 351 州军，如果其中 150 州平均 2000 户为城市人口，计有 30 万户，150 州为 700 户、50 州为 300 户，共为 12 万户，州城人口总计在 42 万左右。全国共计 1000 多个县（去州治所在县城），其中 500 县均千户为城市人口，计 50 万，300 县为 500 户、200 县为 300 户，共计 21 万户，县城总计为 71 万户。全国计有 1800 个镇市，其中 1000 个为 500 户，800 个为 200 户，镇市户口总计 66 万。若再加上汴京、武昌、建康、扬州、成都、长沙、杭州等各大城市的户口，城市坊郭户户籍当在 200 万户以上，占宋神宗元丰年间全国 1600 万户的 12% 以上。

## 参考文献及拓展阅读

漆侠：《宋代经济史》，《漆侠全集》第四卷，河北大学出版社，2008 年。
〔日〕斯波义信：《宋代商业史研究》，庄景辉译，台北稻禾出版社，1997 年。
陈高华、吴泰：《宋元时期的海外贸易》，天津人民出版社，1981 年。
黄纯艳：《宋代海外贸易》，社会科学文献出版社，2003 年。
郭正忠：《宋代盐业经济史》，人民出版社，1990 年。
姜锡东：《宋代商人与商业资本》，中华书局，2002 年。
魏天安：《宋代官营经济史》，人民出版社，2011 年。
戴静华：《宋代商税制度简述》，《宋史研究论文集》，上海古籍出版社，1982 年。
〔日〕加藤繁：《唐宋时代的市》，吴杰译，《中国经济史考证》，商务印书馆，1962 年。
梁庚尧：《南宋城市的发展》，载氏著：《宋代社会经济史论集》上册，台北允晨文化实业股份有限公司，1997年。

林正秋：《南宋都城临安研究》，中国文史出版社，2006年。

〔日〕柳田节子：《宋代都市的户等制》，《国际宋史研讨会论文集》，台北中国文化大学主办，1988年。

傅宗文：《宋代草市镇研究》，福建人民出版社，1991年。

周宝珠：《北宋东京研究》，河南大学出版社，1992年。

包伟民：《宋代城市研究》，中华书局，2014年。

李华瑞：《宋代酒的生产和征榷》，河北大学出版社，1995年、2000年。

# 第十二章 宋朝国家的货币与资本

## 一、宋朝金银的货币功能与地位

自唐中叶以来，金银作为通货在市场上即不断增加。早在20世纪二三十年代日本学者加藤繁在其《唐宋时代金银之研究》一书中从"在私经济方面金银货币的用途"和"在公经济方面金银货币的用途"两方面论证宋代金银已具备了货币的五种基本职能，可以被认为是合格的货币了。但是近年汪圣铎出版《两宋货币史》对加藤繁先生的论据逐一进行探讨，认为金银在宋代一定时间内和一定范围内具有货币功能。但是，与铜钱、铁钱、楮币不同，金银在宋代尽管有一定的法偿能力，却不是官方的法定货币。不过，无论怎么讲，宋代金银的使用已越来越普遍，金银的货币性能进一步表现出来。下面举几个大的领域来说明。

宋朝财政收入中的白银，主要来自三方面，一是坑冶课利，二是榷货务收入，三是收买。地方官府收买白银上缴，以福建、广东、夔州三路最突出。有关白银在国家财政收支总额中所占比重，加藤繁认为宋真宗天禧末年是100：5.7，宋神宗时期100：7.27；汪圣铎先生认为金银在宋代财政收支总数中，大约只占2%，不会超过5%。

金银在宋代既是制造奢侈品的原料，又在许多情况下可代替钱使用，此外金银又有价高、不易锈蚀等优点，所以人们对金银格外珍爱，统治者也不例外，所以他们要求将税收中一部分金银直接输送由皇帝支配的内藏库。

北宋时期大抵官员、军兵俸禄支银的情况很少，南宋时期则较多；南宋时期官员和军兵二者相比，军兵俸禄支给的情况多于官员，且已制度化；南宋时期军兵俸禄一般只是按比率支给银，一般比率并不高，应支银的部分往往折支纸币等。

宋朝是个屈辱的王朝，北宋时向辽、夏纳"贡"纳"币"，景德元年签订的澶渊之盟规定每年宋朝向辽朝输送绢 20 万匹、银 10 万两。庆历二年辽又迫使宋朝追加绢、银各 10 万，庆历四年与西夏签订了和议向西夏岁赐银总计约 7.2 万两，南宋绍兴和议又向金朝纳"贡"纳"币"，计银 25 万两。这里统称为"岁币"。岁币是一笔财赋，但却不是铜钱，不是楮币，也不是黄金珠宝，它的构成主要是两种，即银和绢。银用为岁币，是作为一种特殊的支付手段，即充当宋朝与境外特殊经济往来的手段。

在商业贸易中使用金银，商人等算请榷货（盐茶矾等）可以按比例缴纳金银代替部分铜钱。官方使用白银籴粮，与海外各国的贸易，大约也较多地使用金银。宋代向蕃族购买马匹，主要以茶叶支付，这就是所谓"茶马贸易"，但除茶叶以外，有时也用丝织品和金银。

四川盐、酒、商税征收金、银由来已久。宋真宗时规定四川盐、酒、商税十分之五输银、帛，十分之二折收黄金，其余十分之三收现钱（应是铁钱）。

金、银被用于"路资"有相当的普遍性，"路资"无非是用于沿路购买和支付住宿、交通工具费用，其中购买属于贸易范围。

尽管金银在流通领域的使用较之唐代有了很大增加，但作为货币流通情况而论，金银远不能同铜币相比。王禹偁曾经指出："夫百货所聚，必以一物主之。金玉重宝也，滞于流布；粟帛要用也，滥于湿薄；权轻重而利交易者，其唯（铜）钱乎？"[①] 其后，李觏也有类似的见解："珠玉金银其价重大，不适小用，惟泉布之作，百王不易之道也。"[②] 不是以金银而是以铜币作为主要的通货，这说明了宋代的生产还不够扩大，城市经济的发展还不足以用金银作为市场上的价值尺度。

## 二、北宋的货币流通

### （一）北宋货币统一与铜钱的铸造

北宋建立后，结束了五代十国的混乱局面，但是货币制度上仍然面临着分裂混乱的局面。五代十国时期，各个分裂政权都铸造流通各自的货币。北宋建

---

① （宋）王禹偁：《小畜集》卷一七，《江州广宁监记》，文渊阁四库全书景印本，第 1086 册，第 163 页。
② （宋）李觏：《直讲李先生文集》卷一六，《富国策第八》，《宋集珍本丛刊》第 7 册，第 109 页。

立后，为了实现货币统一，一方面清理原有的货币，一方面建立自己的铸钱业。宋太祖即位后，就下令禁止劣质的轻小恶钱和铁镴钱的流通，限期送官，限满不送者治罪，私铸者弃市。宋太宗太平兴国二年（977）又下令，铜钱每贯必须在四斤半以上方得流通，不合标准的要限期送官，由政府付价收回。北宋初期的三令五申表明了政府对货币统一的重要性的认识。但是实现货币统一必须建立强大的铸钱业。北宋初期，铸钱业还相当薄弱，因此不得不暂时保留旧有货币继续流通。福建、江西、荆湖、岭南、四川都在一段时期内继续流通各自原有的货币。太平兴国年间（976—983），樊若水建议于升、鄂、饶州置监，铸造铜钱，以取代江南的铁钱，北宋政府正式将货币统一问题提上日程。此后，宋政府加强对铜矿的踏勘和开采，建立铸钱监，并取得了很大的成效。宋太宗太平兴国八年（983），饶州永平监铸钱量增加，至道二年（996），池州永丰监建成，宋真宗咸平二年（999），建州丰国监、江州广宁监相继建成开铸，使北宋铸钱额达到了125万贯的岁铸额，大大超过了唐代的铸钱量。江、池、饶、建四监在北宋一直产量稳定，是北宋铸钱业的骨干钱监。四监的建立说明北宋铸钱业已初具规模，为货币的统一奠定了基础。大约经过北宋前期三朝的努力，北宋统治区内除四川地区外，货币基本上实现了统一。铜钱是北宋统一的标准货币。北宋铜钱用料上与唐朝开元钱类似，每斤贯钱重五斤，用铜三斤十两，铅一斤八两，锡八两；建州监所铸则减铅五两，增铜五两。北宋前期、中期的铜钱铸造质量较好，只是到后期质量有所下降。在用钱方面，宋代继承了前代的短陌法，即以不足一百钱当百钱用。宋初在钱陌上并不统一，有以八十或八十五为陌，各州则随俗而不同，甚至有以四十八钱为陌者。后来宋政府诏令统一以七十七钱为陌。

宋仁宗朝，北宋货币制度又发生了一次大的变动。这一变动主要是在西北地区。宋夏战争爆发后，宋政府聚兵西北，与西夏抗衡，军费开支剧增。宋政府迫于军费开支的压力，开始在西北铸造大铜钱和大小铁钱。这一政策，最初本是权宜之计，但是因为西北边防的紧张形势一直未能缓解，所以铜、铁钱并行制一直与北宋统治相始终，使西北地区成为继四川之后，另一个实行特殊货币制度的地区。

康定元年（1040），北宋开始在西北铸造大钱，后来也在江南铸造而用于陕西。庆历初，又在河东铸铁钱，最初只在陕西，后来也在河东流通行使。西北大铜钱以一当十，但是它的实际价值仅相当于二文小平钱，结果造成了私铸泛滥、通货膨胀、物价上涨。大铁钱与小铁钱的名义价值与实际价值的差别也相当大,同样引起盗铸和通货膨胀。西北流通四种货币,各种货币并行,"数州钱杂行,大约小铜钱三可铸当十大铜钱一,以故民间盗铸者众,钱文大乱,物价翔涌,公私患之"。河东路也是"铁钱既行,盗铸钱者获利十之六,钱轻货重,其患如陕西,言者皆以为不便"①。西北边境形势后缓和下来,宋朝对货币制度进行了一次调整。

庆历八年(1048),调整大铜钱和大小铁钱与小铜钱的比价。小铁钱与小铜钱的比价由一比一调整为三比一,使小铁钱持有者的财富损失三分之二,但是政府并不给以补偿,引起普遍不满,几乎酿成兵变。大铜钱也由当十改为当三,当十大铁钱也降为当三文小铁钱,同样使持有者蒙受损失,很多人因此破产失业。经过这次调整,大铜钱和大小铁钱的名义价值和实际价值趋向合理,但是并不彻底。直到嘉祐四年(1059),才又进行了一次调整。小铁钱只限于河东流通,不再流通于陕西,大铜钱与大铁钱由当三改为当二。经过这次调整,大铜钱的名义价值与实际价值基本相符,因此是合理的。折二铜钱因此定型,以后未再改变,熙宁以后通行于全国,直到南宋仍然流通。但是大铁钱与大铜钱不加区别,都当二文小铜钱,是这次调整不彻底的地方。康定以后,西北钱法屡变,经济混乱,至此才较为稳定下来。

熙丰时期,王安石变法以富国强兵为宗旨,除其他方面的改革外,大力增加铸钱,新设了许多钱监,使铜钱岁铸额达到了两宋时期的最高额。元丰三年(1080),全国共铸铜钱五百零六万贯。王安石在货币制度方面的另一项改革是解除钱禁和铜禁,从熙宁七年(1074)到元丰八年(1085),是北宋唯一的弛禁时期。在此之前,宋政府制定严格的禁令,禁止铜钱流出境外,又禁止私铸铜器,对犯者处以重刑。但是铜钱外流和私铸铜器实际上是公开的秘密,王安石干脆解除禁令,试图以经济手段促进铜矿开采和对铜钱出境征税。这一措施遭到很多人的反对,元丰八年宋哲宗即位后才又恢复了铜禁和钱禁。

宋徽宗一代,蔡京当权,实行掠夺政策,在货币方面则是铸造十大钱和夹锡钱,而且随着蔡京的罢相和复相,货币制度也频繁改变,使经济陷于一片混乱。当十大钱始铸于崇宁二年(1103),最初当十钱只在陕西铁钱地方铸造,而流通于铜钱地方,不在陕西、河东、四川流通。但不久以后,陕西、河东也流通当十钱。当十钱每缗用铜九斤七两,铅半之,锡居三之一,所用铜料约为小平钱的三倍,但却以一当十,费少利多,引起了北宋历史上又一次私铸浪潮。

---

① 《长编》卷一六四,庆历八年六月丙申,第3955页。

崇宁四年（1105），蔡京罢相后，北宋乃命当十钱在荆湖南、北，江南东、西，两浙路改为当五使用，淮南也作当五。而在其他地区则仍作当十。大钱的流通，一方面导致私铸盛行；另一方面则使小平钱退出流通或者被改铸为当十大钱，影响了商品交换的进行。崇宁五年（1106），又改当五地区为当三，而在京，京畿，京东、西，河东，河北，陕西，熙和诸路原作当十的地区改为当五，但很快又在上述地区恢复当十使用。本是同一种钱，而在不同地区则以不同的面额流通，这样势必给经济造成严重的混乱。不久以后，再次下令当十钱止行于京师、陕西、河东、河北、京畿地区，其余诸路则禁止流通。大观元年（1107），蔡京复相，再次主持当十大钱之事，铸造御书当十钱。为了用严刑防止私铸，蔡京还一手制造了章绰冤案，让人诬告章大盗铸钱，章绰被流放，很多人株连而死。大观三年（1109），在流通当十钱地区中又增加了京东和京西，同时禁止在河北沿边、四榷场以及登、莱、密州沿海地区行使当十钱。蔡京再次罢相，张商英为相，历数蔡京当十钱所造成的混乱，大观四年（1110）下诏罢行当十钱，官私当十钱改为当三。大观四年，大赦天下，因私铸钱而犯罪者达十余万人。

在铸造大钱之外，蔡京还铸造了夹锡钱。崇宁二年（1103），河东运判洪中孚建议，由于辽夏用宋朝铁钱改铸兵器，如果配以铅锡则脆不可用，请铸夹锡铁钱，夹锡钱由此而起。许天启在陕西铸造夹锡钱，以一夹锡钱当小平铜钱二。但是夹锡钱本是铁钱，实际价值很低，所以很快贬值。大观元年（1107）蔡京复相，将夹锡钱推行于全国。大观三年（1109），蔡京罢相，罢东南夹锡钱。次年又罢河东、陕西等路铸夹锡钱。政和二年（1112），蔡京再次登上相位，再次推广夹锡钱直到政和六年（1116），郑居中、刘正夫为相，以夹锡钱不便，夹锡钱只限于河东、陕西流通，余路并罢。后又罢河东行夹锡，只行于关中。各处夹锡钱集聚于陕西，加重了西北的通货膨胀。

## （二）北宋"钱荒"及其成因

宋代广大地区使用铜钱，川峡四路则使用铁钱，以后陕西路河东路也增使铁钱，铁钱铸造量也日益增加，至宋神宗熙宁末达到最高峰，从北宋初的50万贯增至98.6万贯，增加了约1倍。铜铁钱的铸造量虽然与年俱增，但在自然经济占统治地位的乡村，特别是在一些穷乡僻壤，很难得到铜钱，因而发生了所谓"钱荒"的问题。

有关钱荒成因，宋人沈括共列举了八条成因，现可以简述为：（1）人口增加而需求增加；（2）自然损耗；（3）王安石开铜禁；（4）盐钞信用变坏，人不以为币；（5）金银退出流通领域；（6）常平储存；（7）铜钱外流；（8）西北钱多为患。今人则认为宋代之所以发生"钱荒"，是在自然经济向货币经济转变过程中，即在城市经济、商品生产有了相应发展的条件下产生的，是不足为奇的。但在这转变过程中，有以下几种情况，也确实成为"钱荒"的一些原因。

（1）蓄藏。在流通过程中，钱币沉淀下来。

（2）外流。在同周边各族和海外贸易中，中国铜钱不断外流，宋初已是"两蕃南海，岁来贸易，有去无还"①，流到海南诸国的，有的国家将铜币贮在国库中，谓之镇国之宝。流入契丹的为数尤多，"北界别无钱币，公私交易，并使本朝铜钱，沿边禁钱，条法虽极深重，而利之所在，势无由止。本朝每岁铸钱以百万计，而所在常患钱少。盖散入四夷，势当尔也"②。南宋时，则向金国以及海南诸国外流。宋政府除王安石变法期间取消铜禁外，都下令严禁铜钱外流，但始终制止不住这一外流。

（3）变造铜器。大量铜钱被销毁，改造成为铜器，是宋代铜钱流通过程中的又一个问题。早在宋太宗时期，作为首善之区的汴京，即有一些"京城无赖辈"，"销铸铜钱为器用杂物"③。即使严令开封府捕斩，也无法禁止得住。北宋末到南宋以来，这种情况更加严重，不仅江湖僻静之处销毁铜钱，许多城镇也从事这项活动。严令同样禁止不住，之所以如此，乃是因为销钱改铸铜器获利很大："铜禁既开，销钱以为器者利至于十倍，则钱之在者几何其不为器也？"④"销熔十钱，得精铜一两，造作器物，获利五倍。"⑤

（4）伪造铜币。销毁国家铜币，伪造劣质铜钱，在市场上以假乱真，是宋代货币流通过程中最为严重的问题。宋仁宗庆历年间，李觏就指出："人间或销法钱，渗杂他巧以为恶钱，其作必于重湖大江穷山深谷，风涛所阻，猛兽所在，人不得见，吏不得呵，是法令无由而胜也。"⑥这种劣质恶币，不仅以假乱真，而且充斥于市场上，把质优铜钱从流通领域中驱逐出去，从而引起物价的上涨，这对于商品经济的发展是不利的。

也有学者以为所谓"钱荒"主要是集中于江淮浙地区，其他地区很少涉及，

---

① 《长编》卷八五，大中祥符八年十一月己巳，第1956页。
② 《文献通考》卷九，《钱币考二》，第238页。
③ 《长编》卷三二，淳化二年闰二月己丑，第713页。
④ 《长编》卷二八三，熙宁十年六月壬寅，第6928页。
⑤ 《宋史》卷一八〇，《食货志下二》，第4384页。
⑥ （宋）李觏：《直讲李先生文集》卷一六，《富国策第八》，《宋集珍本丛刊》第7册，第110页。

甚至反有钱多为患之处（如沈括言陕西情况）。这一情况似只能从当时钱币的特殊运行中得到说明。这个特殊运行就是由于宋朝财政收支导致数以千万贯计的铜钱周期性循环运行，这种运行导致铜钱在时间上和空间上分布得不均匀，其"往"和"复"的两个阶段是表现各异的：百姓纳税时，由税限所迫，钱币的需求与运行都较为集中，而钱币从官府流出，却相对分散。官吏、军兵的特殊分布又使钱币的流向不是原路退回，即流出的钱币又进行了重新分配。这样，当下一次大规模征税开始的时候，就发生了商品与钱币的供与求在时间上都不一致的矛盾，这就给钱币的暂时的局部的相对缺乏提供了条件，最终导致暂时和局部的"钱荒"。

## 三、纸币的诞生

在北宋统一货币的过程中，四川地区却未能纳入铜钱流通区域之内，而是在原来的基础上演变成了特殊的货币流通区。孟蜀时期，四川实行铜、铁钱并用制，以铁钱为主，这时铁钱的质量较好。北宋平蜀后，沈伦等将四川铜钱大量运往开封，又在四川铸造铁钱，引起物价上涨。宋政府还一度禁止铜钱入川，到太平兴国四年（979）才又解除禁令。宋初在四川流通的小铁钱币值很低，市罗一匹用钱二万，很不利于商业交换。景德二年（1005），知益州张咏在嘉、邛二州依福建例铸造大铁钱，每贯成钱重二十五斤八两，即景德大铁钱，每文大钱当铜钱一文、小铁钱十文。景德大铁钱因重量大，销钱为器可获厚利，所以有销熔之患。大中祥符七年（1014），北宋在四川又铸造了一种大铁钱，每贯钱重十二斤十两，仍以一当十。北宋政府也试图在四川铸造铜钱，但是由于铜料供应上的困难而未能实现。铁是贱金属，铁钱值小量大，携带不易，对商品经济发展不利。四川盆地古来号为天府之国，物产丰富，四川的丝织品号称衣被天下，成都有著名的药市，四川又大量生产茶叶。总之，四川特别是四川盆地商品经济较为发达。发达的商品经济与落后的货币制度并存，二者之间的矛盾表现得尤为突出。

世界上最早的纸币是在北宋川峡路产生的，之所以产生在川峡，无疑是与川峡行使铁钱，不利于交易有直接的关系，但是，它不过是一种机缘。造成中国最早的纸币交子产生的根本原因，是中唐以来飞钱、柜坊等商业信用信贷关系的发展。"楮之始行,非以楮为钱,以楮飞尔!"① 这种能飞的楮,在商业信用信贷关系支持下,便能够作为同等量价值的某种金属的代表,在市场以崭新的前所未有的姿态活跃起来了。没有铁钱,在宋代商业信用信贷关系的推动下,交子也一定能够产生,而四川铁钱则加速了交子产生的过程,并首先在四川行使。

交子的出现大约在10世纪末,后经官府整顿,由豪富十六户主其事。发行交子的豪民定时聚会,用同一色纸印造,交子上用屋木、人物、铺户押字,并各自隐密题号,朱墨间错为私记。交子上没有固定的面额,当交子铺收入人户现钱后,临时书填。交子在四川广泛流通,无远近行用,动及百万贯,街市交易。持有交子者如要将交子兑换现钱,交子铺每贯收取三十文费用。后来由于出现了交子户欺诈不守信用,交子不能完全兑现的问题,导致词讼。大中祥符末年,知成都府事寇瑊令交子户王昌懿等关闭交子铺,不再发行交子。天圣元年(1023),薛田任成都知府,与转运使张若谷奉旨共同定夺。薛、张二人奏:"川界用铁钱,小钱每十贯重六十五斤,折大钱一贯,重十二斤,街市买卖至三五贯文即难以携持。自来交子之法,久为民便,今街市并无交子行用。合是交子之法,归于官中。"北宋政府又命梓州提刑王继明与薛、张二人同定夺。于是又奏:"自住交子后,来市肆经营买卖寥索,今若废私交子,官中置造,甚为稳便。"② 最后终于决定由政府发行官交子,设益州交子务直接负责。最初的官办交子面额为一贯到十贯文。因纸质限制,交子容易破损,为解决这一问题,交子实行界分制,每界交子流通一定的年限,界满后收回旧交,发行新交。交子为二年一界制,每界交子跨三个年头,实际为两周年。第一界交子发行了一百二十五万余贯,这一数额就成为每界交子发行的定额。铁钱与交子相互为用,相辅相成。铁钱为本位,是交子信用的基础;交子代表铁钱进行流通,克服了铁钱笨重的缺点,形成了四川特殊的铁钱—交子货币体系。这一货币体系形成后,四川的货币金融才稳定下来。

宋神宗朝,对交子制度也有所改革。北宋政府曾几次试图在西北推行交子。熙宁二年(1069),在潞州设交子务,熙宁四年又在陕西推行,都因为与沿边钞法入中的冲突而没有进行下去,很快就作罢。四川交子在界制方面也作了一些调整。熙宁五年,交子二十三界界满将易,而二十四界已提前大量发行,于是

---

① (宋)徐鹿卿:《清正存稿》卷五,《论待敌救楮二札上枢密院第二札》,文渊阁四库全书景印本,第1178册,第909页。
② 李攸:《宋朝事实》卷一五,《财用》,第232、233页。

发行二十五界以收换二十三界，二十四界与二十五界同时并用。从此交子两界并行，交子界年也由二年改为四年。交子的面额，宝元二年（1039）时曾改为五贯和十贯两种，其中五贯交子占交子总额的20%，十贯交子占总额的80%。熙宁元年（1068），又改为一贯和五百文两种，一贯交子的发行占总额的60%，五百文交子占总额的40%。交子面额的缩小更有利于交子的广泛流通。

宋仁宗朝以来就一直用四川交子在陕西解决军费问题，"绍圣以后，界率增造，以给陕西沿边籴买及募兵之用，少者数十万缗，多者或至数百万缗。而成都乏用，又请印造，故每岁书放亦无定数"①。宋徽宗朝，因用兵西北，更大量以交子助边费，交子发行量为天圣时的二十倍，交子贬值，当换界之时，新交子一当旧交子四。崇宁四年（1105）在诸路仿四川交子法，推行钱引，四川交子仍用旧法。钱引除闽、浙、湖广外，通行于诸路。崇宁五年（1106）又罢钱引。大观元年（1107）改四川交子为钱引，交子务也改为钱引务。大观年间，四川钱引贬值严重，钱引一千仅为面额的十分之一。

蔡京当政时期，是北宋货币史上最为混乱、为害最烈的时期。他所推行的货币政策，对经济造成了严重破坏，是对北宋细民百姓的一次掠夺，对北宋统治造成很大危害。

## 四、南宋的货币流通

南宋时期，货币制度与北宋相比有了许多新的变化。铜钱仍是主要流通手段，南宋政府发行了纸币会子，四川的货币制度基本不变，但南宋政府在与金接近的两淮和荆湖地区实行特殊的货币制度，因此南宋货币制度仍然是不统一的。

南宋铜钱的质量低劣，含铜量降低。南宋所铸的小平钱每千钱重四斤十二两，用铜二斤十五两半，铅二斤一两半，锡三两；当二钱每千钱重四斤五两，用铜二斤九两半，铅一斤十五两，锡二斤。铜钱含铜量低于北宋铜钱，当二钱反轻于小平钱。北宋徽宗朝以来，由于大量铸造劣质钱，引起私铸盛行，大量精良的铜钱毁于私铸。南宋铜钱质量下降，私铸问题仍大量存在。孝宗时期，流通领域存在大量"沙毛"钱，就是民间将好钱销熔杂以沙土改铸而成的。货币质量下降造成物价上涨，同时劣币驱逐良币，北宋以来铸造精美的小平钱大

---

① 《宋史》卷一八一，《食货下三》，第4404页。

量退出流通,因此在南宋前期就出现了严重的钱荒现象。南宋铜钱的铸造量大大低于北宋,长期以年铸十五万缗为定额,但也很难完成。这是由于受金人入侵的破坏,矿冶业陷于废弛,铜料供给不足,大大限制了铸钱业的发展。此外,南宋铸钱监中存在的管理混乱、吏员冗杂等问题,使铸钱成本很高,也使南宋政府缺乏恢复铸钱业的积极性。

绍兴末年,南宋政府在东南地区发行纸币,使纸币不仅仅局限于四川地区。南宋发行会子的原因,一方面是为了解决财政困难,另一方面是为了解决钱荒问题。汇票类的会子在北宋已经出现。南宋初期,临安也有私人经营的便钱会子,豪右主之。徽州民间也用会子往来兑使。绍兴初年,南宋政府就发行见钱会子。绍兴元年(1131),宋高宗在越州,张俊屯兵婺州,因婺州不通水路,交通不便,为解决军队供应问题,南宋政府印行见钱关子。户部印押见钱关子降付婺州招人入中,入中商人执关子到设在杭州、越州的榷货务领取现钱,政府每千钱给以十钱的优润。见钱关子本是入中的凭据,但南宋政府也能把它用于向民间籴买。绍兴六年(1136),张澄建议仿四川法造交子。南宋在临安设交子务,印造和籴本钱交子一百五十万贯,行使于两浙和江东、西。由于没有准备金,遭到许多官僚的反对,所以很快又罢交子而恢复关子。这是南宋政府在东南推行纸币的一次尝试。

东南会子始于绍兴末。钱端礼为临安知府,夺豪民所营便钱会子以归于官。绍兴三十一年(1161),钱端礼升为户部侍郎,在临安设行在会子务,最初只行于临安,后推行于两浙,继而又行于东南。从绍兴末年会子初创到乾道四年(1168)是会子的创行阶段。自绍兴三十一年到乾道二年(1166)七月的五年间,总共印过会子二千八百多万道。到乾道二年十一月共发行过一千五百六十余万道。而实际流通额只有九百八十万,到乾道三年(1167)正月尚有八百多万在流通中。当时会子初行,流通不广,而且政府本来许诺赋税收入接受会子,但是"楮券所出既多,而有司出纳皆用现钱,民不以为便"①。因此会子出现贬值。宋孝宗一代对会子一事较为谨慎,乾道二年曾以一百万两白银收回会子。乾道三年(1167)又出南库钱二百万缗收回所增会子。宋孝宗又取消会子务,降银准备收回全部会子,由于户部侍郎曾钦道请求才保留了民间仍在流通的会子五百余万道。同年十一月,复置会子务,又印新会子五百万。乾道四年(1168),南宋改革会子发行制度,三年为一界,每界以一千万贯为额,乾道五年(1169)又规

---

① (宋)李心传:《建炎以来朝野杂记》甲集卷一六,《东南会子》,第362页。

定每界相沓行使，两界会子同时流通。

会子是不兑换的纸币，政府在收受赋税时接受会子是会子信用的保证。民间纳税可以用一定比例的会子，这一比例曾作过多次调整，多数时期实行的是钱、会中半制，即用一半会子一半现钱。民间交易则可以听从其便。会子具有轻便、容易携带的优点，商旅往来贸易都愿用会子，一来可以免商税，二来可以节省运钱的费用。因此只要会子的发行额保持在正常的水平上，它对商品经济的发展是有好处的。但在南宋时期，由于财政紧张，不免要依靠大量发行会子来弥补财政赤字，通货膨胀也就在所难免。淳熙初，会子流通额有二千二百多万贯，会子贬值，南宋政府动用大量金银铜钱等全数收回。宋孝宗对会子的印造发行较为谨慎，发行量不算太大，而且政府在会子出现贬值后就用金银铜钱收回，所以会子虽曾有贬值的情况，但并不严重。绍熙以后，会子突破定额的情况更加严重。庆元元年（1195），会子每界发行的定额提高到三千万贯。淳熙十二年（1185），临安会子一贯值七百五十文，到庆元元年（1195），更跌至六百二十文。

会子最严重的危机始于开禧年间。韩侂胄开禧北伐，兵费大增，财政情况恶化。开禧三年（1207），发行第十三界会子，形成了三界会子并行的局面。会子总额达到一亿四千万贯，会子贬值。绍定五年（1232），两界会子总数达到二亿二千九百万贯，端平年间（1234—1236），会价仅为二百多文。端平初，南宋政府实行"履亩权楮"，"令人户有田一亩输会子一贯，分为六限，三月而足"①，"人户所纳官会各州截凿一角发解朝廷"②，企图以此减少会子流通量，但徒致骚扰，毫无效果，不得不停罢。端平以后，南宋面对蒙古南下的威胁，"天下之患，莫大于敌兵岁至，和不可，战不能，楮券日轻，民生流离，物价踊贵，遂至事无可为"③。嘉熙四年（1240），南宋以十八界会子收回十六界，十八界以一当十七界五。而十七界仅值六十七文，甚至低至五十文。

景定四年（1263），贾似道行公田法，收买民间逾限之田，企图以此来减少因和籴而发行的大量会子，却因此要每天增印十五万贯会子。景定五年（1264），贾似道又废十七界会子不用，发行金银见钱会子，每百作七十七文，一贯关子当十八界会子三贯。结果并不能稳定南宋已极坏的货币形势，反而造

---

① （宋）袁甫：《蒙斋集》卷六，《再论履亩札子》，文渊阁四库全书景印本，第1175册，第394页。
② （宋）袁甫：《蒙斋集》卷六，《论履亩札子》，文渊阁四库全书景印本，第1175册，第393页。
③ 《宋史》卷四二三，《李韶传》，第12630页。

成了新的混乱。民间以关子取笑说"过此一关不得"①，南宋统治也就此覆灭了。

在南宋一代铁钱逐步居于次要地位，而钱引则成为主要通货。南宋四川财赋要供应川陕大军，而且还要负担部分四川外军队的供应。为了应付庞大的开支，大量增印钱引。钱引发行量的增加势必导致钱引贬值。嘉定初，钱引每缗只值铁钱四百以下。嘉定九年（1216），钱引改为十年一界，延长流通时间。但在此之后，钱引实际上已不再收兑。直到淳祐三年（1243），钱引已用过九十九界，于是另立新界。新发行的钱引数量极大，到宝祐年间（1253—1258），已达十二亿之巨，南宋被迫以银会子取代钱引。而银会子也大量发行，同样贬值，直到南宋灭亡。

除四川之外，南宋还在两淮、荆湖地区铸造流通铁钱，印行淮交和湖会。两淮、京西、荆湖地区，北临金朝统治区，南宋在这一线驻扎了很多军队，每年都通过饷军投放大量货币，投放于这里的铜钱在宋金贸易中北流入金朝统治区，为了阻挡铜钱的北流，南宋要在这一线筑起一条隔离地带。与北宋的西北地区一样，两淮的铁钱同样引起了很严重的私铸，货币质量低劣，通货膨胀严重。这次在两淮推行交子，由于引起"商贾不行，淮民以困"，所以仅行了很短时间。两淮再次大规模推行交子是在绍熙三年（1192），新造交子三百万，以二百万付淮东，一百万付淮西。每贯准铁钱七百七十文足，以三年为界，面额分为一贯、二百、五百三种。南宋时期，淮交限于两淮流通，印数不断增加，也未能避免贬值的命运。

南宋京西、湖北也是铁钱流通区，在汉阳监、兴国富民监铸造铁钱。隆兴元年（1163），印制专门流通于荆湖地区的直便会子，分为五百文和一贯两种，共七百万缗。因印造太多，又因荆湖处于水陆交通要道、商旅必经之地，这种流通范围有限的会子对商业很不利。乾道三年（1167），由朝廷收回会子板和部分会子。淳熙十三年（1186），诏湖广会子以三年为界。绍熙元年（1190），又以两界并行。

要之，宋朝是中国帝制时代最后一个以铜钱为主要通货的时期，也开了元明清以纸币和白银为货币的滥觞。宋朝货币政策和制度对于商品、城市繁荣和财经发展起了积极的促进作用，这一点毋庸置疑。但是也必须指出，宋朝的货币政策与国家财政有着密切关系，甚至可以说在相当大的程度上是为财政运行服务的，当财政经费紧张或困难之时，宋廷往往以改变货币政策来应对，甚至

---

① （宋）吕午：《左史谏草》，《监簿吕公家传》，文渊阁四库全书景印本，第 427 册，第 423 页。

不惜违背经济规律、货币规律，如南宋大量印制会子，造成货币贬值和通货膨胀，破坏了纸币的信誉，也加深了南宋统治的危机。

## 五、商业资本和高利贷资本

### （一）商业资本和高利贷资本的形成

伴随唐中叶以来商品经济和城市的快速发展，以及政府财政对货币需求的持续扩大，为商业资本和高利贷资本的形成创造了条件。资本的集中大致有三个途径：一是来自政府机构为权贵高官支付的优厚俸禄，大量的金银铜钱集中到官僚士大夫手中。如宋真宗、仁宗时候的柴宗庆，身为驸马都尉，"所积俸缗数屋，未尝施用"[1]，而那些权臣、贵幸以种种手段进行聚敛，积累了巨亿的金银财宝。如蔡京、童贯、朱勔、秦桧、张俊以及韩侂胄之流，就是其中最为典型的。张俊在世的时候，"家多银，每以千两铸一毬，目为不奈何"[2]，就可以窥见他们攫占社会财富严重之一斑了。宋高宗绍兴晚年，朝廷上曾经议论："比年权富之家，以积钱相尚，多者至累百巨万，而少者亦不下数十万缗，夺公上之权，而足私家之欲。"[3]

二是凭借土地经营，地主阶级，尤其是其中的大地主，也集中了一笔可观的金银铜钱。青州麻氏原是宋真宗时候的官僚地主，因犯罪被抄家，之后又兴发起来，藏储库之钱即有10万贯，就是一例。[4] 宋仁宗时，阻击西夏，曾"借（永兴军）大姓李氏钱二十余万贯，后于数人京官名目偿之。顷岁，河东用兵，上等科配，一户至有万缗之费"[5]。宋徽宗借恢复幽云故地而发动对辽战争，大肆搜刮，有所谓的"免夫钱"摊派给各阶层。海州怀仁县杨六秀才妻刘氏，"乞以家财十万缗以免下户之输"[6]。"豪猾兼并之家，居物逐利，多蓄缗钱，至三五十万以上，少者不减三五万。"[7] 这类所谓的大姓、秀才都是地主阶级中人，他们之所以能够贮积了大量货币，也显然是与经营商业高利贷有密切关系。每

---

[1] 吴曾：《能改斋漫录》卷一二，《柴主与李主角富贵》，上海古籍出版社，1984年，第359页。
[2] （宋）洪迈：《夷坚支戊》卷四，《张拱之银》，《夷坚志》第三册，中华书局，1981年，第1084页。
[3] （宋）李心传：《系年要录》卷一八二，绍兴二十九年六月丙申记事，第3500页。
[4] （宋）何薳：《春渚纪闻》卷二，《二富室疏财》，中华书局，1983年，第15页。
[5] 《长编》卷三八八，元祐元年九月丁丑，第9438页。
[6] （宋）何薳：《春渚纪闻》卷二，《二富室疏财》，第15页。
[7] （宋）宋祁：《景文集》卷二八，《乞损豪强优力农札子》，文渊阁四库全书景印本，第1088册，第242页。

遇战乱之际，这些财主往往把金银缗钱之类埋藏起来。如越人黄汝楫，家颇富饶，宣和中方腊犯境，以"素积金银缗钱瘗于居室……可值二万缗"①。后来为了解救被方腊囚禁的一千多人的生命，黄汝楫掘出这批财货，献给方腊，这算是货币的一项特殊的功用。

寺院的僧道，不仅视"钱如蜜"，在其实际活动中也贮积了大批金银缗钱。宋神宗熙宁年间，一个僧人曾"寓钱数万"于刘永一家，僧人死后，刘永一"诣县自言，请以钱归其弟子"②。

宋代社会上最富的不是富家地主、僧道，而是依靠国家通过超经济强制实现对财富的大量占有的权贵官僚。

三是坐商巨贾通过长途贩运货物，从两地间批发商业提取商业利润，并从中形成巨额财富。唐宋以来，在山东、江苏、浙江、福建、广东、广西等沿岸地带，为了获得像香料、丝绸、陶器之类的国际性商品，通常有两种贸易渠道，一是通过以中转为主的远洋贸易，二是以沿岸地区之间的特产品交易为媒介的沿岸贸易，这两种贸易的转让利润能够促使输出港湾城市及其后方农村的产业蓬勃兴起。海上贸易商从原来的土地所有者和商人之中大批地涌现出来。巨额资本集聚于奢侈品海外贸易，海上贸易商获取了高额商业利润，资本增值为国内贸易中其他商人资本所不能企及。如"泉州杨客为海贾十余年，致赀二万万"，"度今有四十万缗"。③海外贸易中的巨额资本，不少掌握在外国商人手中，王安石云："今蕃户富者，往往有二三十万缗钱。"④蕃商辛押陁罗，更是"家赀数百万缗"⑤。由此可以看出，数十万缗可以视为海上商人资本中单个资本数额的水平。

大批的金银缗钱集中于大商人、大高利贷者的手中，越是在大城市中，这种状况越是突出。如北宋时的汴京，"资产百万者至多，十万而上比比皆是"⑥。南宋的杭州也是如此，"今之所谓钱者，富商、巨贾、阉宦、权贵皆盈室以藏之"⑦。就是在一般城市中，也不乏拥有巨资的富商大贾，如京东路兴仁府坊郭

---

① （宋）张淏：《宝庆会稽续志》卷七，《玉帝赐黄如楫五子登科》，文渊阁四库全书景印本，第486册，第539页。
② （宋）洪迈：《宋史》卷四五九，《刘永一传》，第13475页。
③ （宋）洪迈：《夷坚丁志》卷六，《泉州杨客》，《夷坚志》第二册，第588、589页。
④ 《长编》卷二一三，熙宁三年七月己亥，第5177页。
⑤ （宋）苏辙：《龙川略志》卷五，《辨任告户绝事》，中华书局，1982年，第28页。
⑥ 《长编》卷八五，大中祥符八年十一月己巳，第1956页。
⑦ 《宋史》卷四三三，《杨万里传》，第12866页。

户万延嗣,家业钱达14.2万缗①。而从事长途贩运和海外贸易的大商人,积累的货币财富更加惊人。大家知道,《汉书·货殖传·宣曲任氏传》所载樊嘉之流仅有5000万钱,即被称之为"高赀"而列之于传。而这一类的货币资产,在宋代士大夫看来,"似不足道",认为"中人之家,钱以五万缗计之者多甚,何足传之于史?"②。这一史实,深刻地说明了,宋代的商业资本较秦汉有了极为明显的增长。由于大商人拥有雄厚的货币力量,不仅他们个人如"零陵市户吕绚以钱二十万造一大舟"③,以此进行各种活动,而在战乱年份,政府财政拮据之时,往往依靠他们的支持,如宋高宗建炎年间,湖州王永从"献钱五万缗,以佐国用"④ 从而与朝廷、官僚士大夫的联系逐步加强起来,为商业资本、高利贷资本的转化创造了条件。

### (二)商业资本和高利贷资本的活动

先说商业资本。宋朝的商业资本是由行商和坐贾中的大商人作为代表的。这类富商大贾是由以下诸类的行铺构成的:

交引铺。宋朝对茶盐实行专利,以茶引盐钞算请茶盐。交引铺是这类特殊贸易形式的产物,以汴京和临安最为集中。交引铺的出现,是商业资本发展的一个重要表现。

金银彩帛铺。买卖金银以及金银首饰的商铺和买卖绢帛的商铺。穿衣是人们生活的一个基本需要,不论是在墟市、镇市,还是在一般城市以及汴京等大城市中,都有这种交易,而一些大的商铺进行大宗交易。

邸店、"停塌"之家。这是专门为客商贮存各种货物的货栈,在临安城内的"停塌"还贮存保管客商的金银。其中大的邸店、"停塌"之家也属于兼并之类的势力。在汴京、临安以及重要的商业城市,都有这类的商业资本。

商人的本性是买贱卖贵,从这种差额中牟取高额利润。商业资本的一个重要活动,就是垄断城市的市场价格,"兼并之家,如茶一行,自来有十余户,若客人将茶到京,即先馈献设燕,乞为定价,此十余户所买茶更不敢取利,但得为定高价,即于下户倍取利以偿其费",这种情况,不是茶行独有的现象,其他

---

① 《宋史》卷一七五,《食货志上三·布帛条》,第4235页。
② (宋)吴箕:《常谈》,《全宋笔记》第六编第三册,大象出版社,2013年,第232页。
③ (宋)邹浩:《道乡集》卷一二,《吕四》,文渊阁四库全书景印本,第1121册,第272页。
④ (宋)李心传:《系年要录》卷二〇,建炎三年二月辛未记事,第471页。

的"行户盖皆如此"。① 这是在既有损于贫下行户又有损于外来行商的情况下，增值扩大商业资本的。可见商业资本竞争中，也是通过大鱼吃小鱼的办法，使少数大商人暴发起来的。

以交引铺为代表的商业资本，则垄断茶引和盐钞以牟取厚利，使自己增值起来。宋政府为供应西部和北部边境上的军需，采取了许多措施和办法，其中之一是鼓动商人把粮草或见钱等运至边境，根据其"入中粮草"的数量，而给以报酬。为使商人乐于"入中"，付给的价钱要比市场价格（边境上的价格）高得多，这叫作"虚估"或者"加抬"，以饶润商人。

作为商业资本另一种类型的代表是行商中的大商人。这种商业资本是通过大商人在国内长途贩运和海外贸易而增值、发展起来的。这是商业资本运动的普遍性的形式。通过对某些地区生产的控制而增值起来。商业资本的这项活动有两种形式，一种形式是包买所有产品，另一种形式是为取得某项产品而预给定钱。商业资本采取上述形式同生产紧密结合起来，达到自己增值的目的。大商人主要通过长途贩运大赚其钱、增值资本。长途贩运的一个明显结果是地区差价，这个差价是怎么造成的呢？毫无疑问是由运输的船工、车夫等各色劳动者造成的。试看下面的一个算式：

地区差价总额（商品数量×每一商品的地区差价）：运费

地区差价总额同运费的关系不外乎以下三种情况：差价总额小于运费、等于运费和大于运费。如果是前两者，大商人不是无利可图，便是折本，这两者是违背长途贩运的商业经营的规律的，因此大商人是不肯干的。只有第三种情况，差价总额大于运费，大商人才有利可图；差价总额超过运费越多，大商人也就赚得越多。大商人在长途贩运中极力在运费上打主意，尽量减少支出。因此，他们或是由自己的仆人承担运输，或在农闲的时候雇佃客承担，或直接雇人贩运，用这类办法少出运费。

再看高利贷资本。在宋代官私记载中高利贷者与大商人、大地主以及品官形势之家，并列为兼并之家。以长途贩运批发商业为源泉的商业资本家、金融业者在海港城市和地区市场圈中心城市形成了巨大的财产。特别是由金融业进行的高利贷资本的积累，是当时商业活动的最显著的表现。它以极高的利率贷款给小

---

① 《长编》卷二三六，熙宁五年闰七月丙辰，第5738页。

农民、手工业者以及地主、商人和官僚，在短期内获得巨大的财富。由于从事这类典当和借贷的必须有"库"房贮存，所以在宋代又有"库户"的称号。

官员们也纷纷放高利贷。宋太宗秦州长道县酒场官李益，大放高利贷，"民负息钱者数百家，郡为督理如公家租调"①，便是著名的例证。《梦粱录》上说："有府第富豪之家质库"，府第指的是官宦世家，依此而言，南宋临安官员们开质库的是为数不少的："城内城外不下数十处，收解以千万计。"②

一般世俗地主之放债取息是极其广泛的，毋庸多说。寺院地主之放高利贷也很普遍，而且这项活动也是由来已久的。"库户""钱民"则以放高利贷为其专门职业。这些人的本性是，如何盘算使高利贷资本增值和再增值。"钱生儿，绢生孙，金银千万亿化身"③就是最好的写照。到质库或私人借贷钱物，都必须有抵押品，田地是最好的抵押品，因而以田契充当。以田契为抵押为高利贷者兼并土地开了方便之门。

王安石在熙宁年间对高利贷猖獗的情况有如下的评论："今一州一县，便须有兼并之家，一岁坐收息钱至数万贯者，此辈除侵牟编户齐民为奢侈外，于国有何功而享以厚俸？""今富者兼并百姓，乃至过于王公，贫者或不免转死沟壑。"④

在两宋三百年间，高利贷利息率具有下降的趋势，也是值得注意的。北宋真宗、仁宗之际，欧阳修举述当时的高利贷率为："不两倍则三倍"，即高达200%—300%。这大概是个别的事例。一般来说，高利贷的利息率是所谓的"倍称之息"，即100%的利息率。宋真宗时任河北转运使的李士衡曾指出："民乏泉货，每春取绢直于豪力，其息必倍。"⑤从宋仁宗到宋神宗初年，"民间出举财物，取息重止一倍"⑥。南宋高宗时，依然是"倍称之息"："世俗嗜利子沓贪无艺，以子贷豪取，牟息倍称。"⑦《世范》云："典质之家至有月息什而取其一者，江西有借钱约一年偿还，而作合子立约者。谓借一贯文，约还两贯文。衢之开化，借一秤禾而取两秤，浙西上户借一石米而收一石八斗。"⑧从上述记载看，"倍称之息"在两宋居于支配地位。

---

① 《宋史》卷二五七，《吴廷祚传附元载》，第8949页。
② （宋）吴自牧：《梦粱录》卷一三，《铺席》，浙江人民出版社，1980年，第116页。
③ （宋）陶谷：《清异录》卷上，《人事·不动尊》，《全宋笔记》第一编第二册，第23页。
④ 《长编》卷二四〇，熙宁五年十一月戊午，第5829、5830页。
⑤ （宋）范仲淹：《范文正公集》卷一一，《宋故同州观察使李公神道碑》，四部丛刊初编缩本，第96页。
⑥ 《宋史》卷三三一，《张问传附陈舜俞传》，第10663页。
⑦ （宋）范浚：《香溪集》卷二二，《吴子琳墓志铭》，文渊阁四库全书景印本，第1140册，第179页。
⑧ （宋）袁采著，刘云军校注：《袁氏世范》卷三，《假贷取息贵得中》，商务印书馆，2017年，第160页。

王安石变法期间，以利息率 40% 的青苗钱抵制 100% 的倍称之息，无疑是对高利贷的一个抑制，对降低高利贷率起了明显的作用。在中外历史上，高利贷都受到了社会的广泛谴责。袁采斥责"倍称之息"为"不仁之甚"。

**（三）资本集中过程对社会发展的带动**

货币财富的增长，促使商业资本和高利贷资本的集中。资本集中的过程既造成社会贫富两极分化，同时也带动社会的转型，提高社会富庶指数。宋代经济、社会最发达的都城、江浙地区的发展模式即是显著的例证。但是在宋代自然条件和经济发展起点均远逊于江浙的福建的社会经济和教育文化事业却有较快的发展，南宋时期福建已是仅次于两浙的先进地区，宋代福建的发展不是江浙地区发展的翻版，商业资本和高利贷资本的集中对经济与社会的发展所起的带动作用较之两浙地区要更大。

宋代以来，称为闽商、闽贾、闽船的福建商人们的活动，开始为社会所注目，在商业界越来越显得重要了。他们的活动领域，主要是海陆的贸易商业、运输业、金融业，同时，作为技艺人、僧侣、道士兼营的商业，农民的副业也不可忽视。当时他们主动地投身于这些职业，不外是由于人口过剩和耕地寡少，并受到了新的商业营利机会的激发。蔡襄说："凡人情莫不欲富，至于农人、商贾、百工之家，莫不昼夜营度，以求其利。"[①] "泉州商人夜以小舟载铜钱十余万缗入洋"[②]，泉州一带"朝为原宪暮陶朱"，以经商为重。并且，包括作为士大夫而发迹者的这些出身于福建的人，当向外地扩展势力时，则以牢固的地缘纽带在社会、经济上相互结合起来。

唐以前的福建，是自然条件险恶阻隔而孤立于中原的化外之地。唐中期以后，这种状况跃然一变，在仅仅三四百年间，福建便成了华南重要的文化、经济的先进地区。促成这一变化的直接原因，可以归结于长途贩运，海外贸易的刺激和由于中原人口迁居南方而带来的文化、经济方面的开发。海上贸易的影响对于福建商业的发展是很重要的。其中泉州是其有全国意义的大港口，北宋元祐二年（1087），宋政府在泉州设福建市舶司，南宋时期，泉州港发展为最大的对外贸易港口，而泉州名副其实地作为南海贸易的中枢港而繁荣起来却是在

---

① （宋）蔡襄：《蔡忠惠公文集》卷二九，《福州五戒文》，《宋集珍本丛刊》第 8 册，线装书局，2004 年，第 193 页。
② （宋）李心传：《系年要录》卷一五〇，绍兴十三年己酉记事，第 2842 页。

南宋以后,《梦粱录》载,首都临安,如欲船泛外国买卖,则是泉州便可出洋,即江浙地区出洋亦须到泉州搭船。然而,事实上唐末以来福建沿海的贸易就已经很活跃,五代闽国通过中原王朝朝贡贸易的形式发展了公私贸易。到了宋朝,福建为全国海上商业最发达的地区。宋朝的沿海城市,北从京东路的密州板桥镇(今山东胶县)南到广南东、西路的广州、琼州(今海南海口市东南),无不留下福建海商的足迹。福建海船并溯长江而上到达镇江、扬州、建康府(今南京市)等城市经商。两浙与两淮地区所需的香药、生铁、葛布、荔枝、桂圆、蔗糖、茉莉、素馨等商品,有可能主要是闽商"转海而至"。对外贸易港口众多。交通技术尤其是海运业的形式更加进步。福建的造船技术得到了高度的评价,"海舟以福建船为上"航海技术也很进步。到高丽五、七乃至二十日,至温州、明州所需不过三数日,缩短了与市场的经济距离,形成了经常沟通分散的地方诸市场的交易形态。这样一来,以海上商业为主的长途贩运便繁荣起来了。

福建熙宁十年的商税额约二十四万贯,比旧税额约十三万贯有了显著增加。通常远程贸易所蓄积起来的商业财富使沿海城市和顺着内陆商路的城市富裕起来,促进了城市周边产业的发达。邵武军行商的风气相当浓厚,"家有余夫,则赍健往贾售于他州"[①]。唐中期以后,在经济上由寺院、豪族率先进行了开发,与此同时政府也从财政方面给予积极的援助,从而使土地、产业、交通路线得到了显著的开拓。首先表现在农业发展上,农业多种经营以经济作物和果木种植、沿海渔业为重要,荔枝、桂圆、茶叶、白梅、乌梅、蓝淀、茉莉、素馨、蔗糖为大宗商品,茶叶、蔗糖和水果生产规模很大。《南涧甲乙稿》载:"今造茶夫云集,逮其将散,富家大室宜招集房客,假之种粮。"据宋子安《东溪试茶录》,建安有私人茶叶作坊"茶焙"一千三百三十六所,假定一个条焙有一个作坊主,用三个工人,作坊主或有千余人,雇工当近四千人,这在当时是一个相当大的数字。其次促进商品经济的发展,福建是全国发现宋元窑址最多的省份,以建窑、德化窑和泉州最著名。福建是著名的印刷、造纸中心、造船中心;由于矿产丰富,宋政府在建州设丰国监铸铜钱,为宋代四大铜钱监之一。福建是白银的主产地,北宋元丰年间,福建银岁课额69000两,居各路第一。

唐中叶以降,商品经济发展、商业的繁荣,不仅吸引以精力、智慧谋求冒险和发财机会的商人、浮浪民纷纷集中到大中城市。而且也吸引中原大族名士,为追求安定与发展余地而陆续移居到福建,直到南宋,仍持续着这种状况。同

---

[①] (宋)祝穆:《方舆胜览》卷一〇,《邵武军》,第172页。

时因雄厚的商业资本的增值需求，又促成文化、教育、娱乐的发展与之相适应。宋代福建的教育事业全面兴起，时人盛称"宋之季，闽之儒风，甲于东南"①。宋代福建经济的发展，特别是造纸业、印刷业的发达，为文化教育的发展提供了基本条件。大观、政和间，朝廷为海外商人和侨民在泉州建立"番学"。福建兴学的资金有三个渠道，一是学田，二是地方财政，三是商人、富豪捐资。由于经济发展水平高，尚学之风颇盛，加上地方官的鼓励提倡，商人、富豪捐资办学的热情很高。这些土地与资金由各州县学自行管理，或放佃收租，或放贷取息，用以补充教育经费。这一做法在中国教育史上产生了深远影响。人才辈出、学术隆盛，是文化教育社会发展进步的标识，据不完全统计，两宋三百二十年间，福建历届进士人数多达 6869 人，占宋代进士总数 35093 人的近五分之一。其中，官至宰相、执政者，不少于五十人，任职于中枢方面或地方者，更不胜枚举。政治家、军事家、科学家、文学家与艺术家，像群峰森列于宋代版图上。就是在思想方面，闽学也领导着南宋的思想界。可以说，在宋末福建之儒风甲东南，而特别是大商巨贾居住的泉州、福州居于最前列。

**（四）商业资本和高利贷资本的投资方向**

首先，投资的主要对象是田产，即向土地房屋等主要动产方面的投资。当时土地投资的盛行情况，从田价的上涨和田讼的频发也可窥见一斑。就拿田价来说，北宋仁宗庆历前后，在河南氾水县李诚庄每亩为五贯，熙宁五年（1072），官田的赤淤地每亩为二贯五百至三贯，花淤地为二贯至二贯五百；熙宁八年（1075）前后，苏州每亩为一贯文。（典田）：治平末，长安的上等田每亩为二贯弱；同一时期，明州每亩为一贯文。到南宋时候，田价暴涨，明州定海县为二三十贯、鄞县为三十二贯；到南宋末期，镇江府溧阳县围田每亩十贯；淳祐前后，广州每亩为十贯。苏州苏辙的别墅卖价为四万四十贯，后来达数百万（数千贯）。即使土地投资不是造成田价上涨的唯一因素，但田价确实异常地腾贵。

马端临概括宋朝的土地兼并时指出："富者有赀可以买田，贵者有力可以占田"②，把"有赀可以买田"放在第一位，这可见通过土地的买卖而进行的土地兼

---

① （元）吴澄：《吴文正集》卷二八，《送姜曼卿赴泉州路录事序》，文渊阁四库全书景印本，第 1197 册，第 300 页。
② 《文献通考》卷二，《田赋考》，第 49 页。

并，在宋代具有何等意义了。而"富者有赀可以买田"，不言而喻，拥有雄厚货币力量的大商贾当然占有重要位置。高利贷者利用借债而攘夺农民的庄土（自然也有地主的庄土）牲畜向土地方面转化，也是不言自明的。在宋朝，商业资本和高利贷资本之间向土地方面转化，对土地所有制形成一个强有力的冲击。袁采在《世范》中一再提到"贫富无定势"，他强调"世事多变更，乃天理如此"，"大抵天序十年一换甲。则世事一变"，"今不须广论久远，只以乡曲十年以前、二十年以前比论目前，其成败兴衰何尝有定势？"①这个有力的冲击使得地主阶级的升降线频频地波动起来，它的升降沉浮更加明显起来。因此在"贫富无定势，田宅无定主，有钱则买，无钱则卖"的情况下，买占土地者主要是形势户、寺院、乡豪等豪右大姓，但工商业者也将其商业财富转换为土地。除了官户、富家、吏人之外，有的商人也购买土地，从而成为外地的地主。一些老牌地主如米信、郭进的后代，也失去了田宅，从地主阶级中跌落下来；而大商人高利贷者摇身一变，变成了地主阶级。货币的力量对社会的变动起了作用。

其次，仅次于土地的投资对象是建筑物。例如，明州城外五十里小溪村的富家翁建造了门廊厅级均与大官舍相同的巨宅；出身于蜀的丞相崔与之在乡里建造了壮丽的府第，于是一位豪商也仿盖了一座分毫不差的家宅。又据载，大商家的干仆受托代主人之子经营，利用大商的财富积累了私有财产建造了与主人同样的家具齐全的房子。

"缘京师四方客旅买卖多，遂号富庶。人家有钱本，多是停塌解质，舟船往来兴贩。岂肯闲着钱，买金在家顿放。"②"富人必居四通五达之都，使其财布于天下，然后以收天下之功。"③可见商人的投资，是自己聚居于商业活动的中心地，通过对仓库、旅馆业、金融业、运输业、客商的投资而进行的。还有买妾、买婢、买僮等而向买取奢侈奴隶方面的投资，以及用于古代美术作品、古董的收藏，金银的储藏和购买果园、山林等。

对于商人们来说，土地终究是最永久最安全的投资对象。一般民众也不希望将金银等贵重金属作为财产储蓄，而更希望把它转化为田产。因此，还必须考虑到，这种土地投资本身既是间接商业营利的源泉，同时也包含着以多田为自豪的奢侈投资之一面。

---

① （宋）袁采：《袁氏世范》卷二，《世事变更皆天理》，第66页。
② （宋）徐梦莘：《三朝北盟会编》卷二九，靖康元年正月八日，第214页。
③ （宋）徐梦莘：《三朝北盟会编》卷一八〇，绍兴七年十月，第1301页。

## 六、地主、官僚、商人三位一体的形成

宋朝商业资本和高利贷资本同官僚、地主逐步结合,在宋朝社会结构中形成为官、商、地主三位一体的重要势力。

第一,商业资本和高利贷资本的代表人物总是想方设法挤进官僚士大夫群中,借以改变自己的门第,巩固自己的经济地位。科举考试是商人向官僚地主转化的一个桥梁。在宋朝,有不少的商人先是"读书为士人"而后中科举、释褐为官,就转化成功了。如参知政事许骧祖上原是商人,他的父亲请当地著名教育家戚同文培育,后考中进士,由商人家庭就转化为官僚地主。[①] 又如知枢密院事、参知政事冯京也是来自商人家庭。"自乡举、礼部以至廷试,皆第一。"[②]

第二,大商贾、高利贷者的又一转化途径是,通过联姻而与官僚士大夫相结合。这种情况似乎更多一些。婚姻的形式,一是娶官僚贵势之女。如大名鼎鼎的大桶张氏最为突出:"近世宗女既多,宗正立官媒数十人掌议婚,初不限阀阅,富室多赂宗室求婚,苟求一官,以庇门户,后相引为亲,京师富人如大桶张家,至有三十余县主。"[③] 婚姻另一种形式是把女儿嫁给官僚士大夫。最受到富商大贾们垂青的是新科进士:

> 本朝贵人家选婿于科场年,择过省士人,不问阴阳吉凶及其家世,谓之"榜下捉婿"。亦有缗钱,谓之"系捉钱",盖与婿为京索之费。近岁富商庸俗与厚藏者嫁女,亦于榜下捉婿,厚捉钱以饵士人,使之俯就,一婿至千余缗。[④]

富商大贾需官僚士大夫的权力、地位,官僚士大夫羡慕富商大贾的钱财,富商大贾与官僚士大夫两相结合,权力地位与资财相结合,富商大贾便可由此"以庇门户",同原来的地位有所不同。

第三,富商大贾高利贷者之向官僚士大夫转化的再一途径是花钱买官。宋

---

① 《宋史》卷二七七,《许骧传》。
② (宋)罗大经:《鹤林玉露》乙编卷四,《冯三元》,中华书局,1983年,第192页。《宋史》卷三一七,《冯京传》,第10338页。
③ (宋)朱彧:《萍州可谈》卷一,《全宋笔记》第二编第六册,大象出版社,2006年,第133页。
④ (宋)朱彧:《萍州可谈》卷一,《全宋笔记》第二编第六册,第147页。

仁宗时就开始卖官，而宋徽宗时情况更加严重。宋朝卖官可分为制度性卖官和官员私下卖官两类。进纳授官是宋朝卖官的主要形式，即缴纳钱粮买取官爵。但由于宋朝历代对进纳得官者限制很严，所卖之官主要是虚衔，导致进纳人在官场颇受歧视，不过他们有时倚势横行，实力不可低估。而与进纳制度不同，官员的私下纳贿卖官，出售的则是实职的差遣。举凡大臣、宦官、将帅、人事部门官吏等，均不乏私下卖官自肥者，尤其自宋徽宗以降直至宋亡，私下卖官之风日益炽盛，官场腐败实与私下滥卖官衔有莫大干系。宋朝官员的头衔有官、职、差遣、勋、爵、邑等，其中唯有差遣属实职，其他均属虚衔。

宋神宗时，史载："若进纳出身人例除京官，至有经覃恩迁至升朝官者，类多兼并有力之家，皆免州县色役及封赠父母。如京官七品，除衙前外，亦免余色役，尤为侥幸。条例繁杂，无所适从。"① 这反映了进纳人作为"并兼有力之家"，利用"条例繁杂，无所适从"，照样能钻营为升朝官，而谋取私利。

宋徽宗大观时，有人形容进纳人之滥："近年以来，颁假将仕郎等告牒，比之往岁不啻数十倍"，"一假将仕郎其直止一千余缗，非特富商巨贾，皆有仕之门，但人有数百千轻货，以转易三路，则千缗之入为有余，人人可以滥纡命服，以齿仕路。遂致此流遍满天下。一州一县，无处无之，已仕者约以千计，见在吏部以待注拟者不下三百人"②。在政治上产生极坏的影响。到南宋，富室大贾继续纳粟买官，并混入军队。绍兴十七年臣僚奏言称："今日官户不可胜计，而又富商大业之家多以金帛窜名军中，侥幸补官，及假名冒户规免科须者，比比皆是。"③ 这一类买来的官，社会上虽也看不起，但毕竟是所谓的"官"，不仅可以在社会上招摇撞骗，而且充作自己的护身符，维护自己的财产。

第四，富商再一个转化途径是向一些有权势的勋贵投靠，以便得到这些人的荫庇。如开封府民刘守谦就是在外戚的庇护下，"冒立券"而得到免役的。宋神宗向后父向泾也"影占行人"，他们可以得到行人的贿赂，而行人则可以减少科敛，免除徭役，各得其所的。④

第五，还有一部分商贾同官府结合起来，逐步向官商方面转化。宋代对重要商品均采取国家专卖制度，在对各项专利的瓜分中，商人同帝制国家之间既是利益的相互瓜分者，同时也存在矛盾，如王安石变法期间市易法对把持大中

---

① 《宋史》卷一七〇，《职官志·杂制》，第4091页。
② 《宋会要辑稿》职官五五之三九，第3618页。
③ 《宋会要辑稿》食货六之二，第4880页。
④ 《长编》卷二五一，熙宁七年三月戊午，第6125页。

城市垄断市场的大商人势力的打击,北宋晚期蔡京集团当权期间对盐商的打击,就是突出的例证。但在更长的时期内,帝制国家同大商巨贾则结成为亲密的伙伴关系,有的商贾成为政府管理商业机构,如市易务的行铺,与官府共同分享商业利润;有的同政府的专利制度相结合,为政府运销盐矾,分沾盐矾之利;有的如交引铺同当权者集团、榷货务紧密结合,共同吞噬各项厚利。这样,通过专利制度,一部分大商人同帝制国家结合,转化为官商。

当然,也有一批士大夫特别是其中的下层向商人方面转化。宋代官员,不分文武,不分大小,大都同商业有着这样或那样的联系。"今官大者,往往交赂遗、营赀产,以负贪污之毁,官小者,贩鬻乞丐,无所不为。"[①]营赀产包括邸店、质库等,贩鬻则是到各地贩运买卖。有的武将如张俊,派老兵到海外贸易,大发横财,这是官僚中进行商业活动中出了名的。有的官员如丁谓被贬到崖州,还同贩夫联系,付以数百缗的本钱到处贩卖逐利。真正转化为商人的是下层士大夫。由于参加科举考试的人越来越多,录取的名额不过 1/10,绝大多数的士人无法登上仕途,挤不进官僚地主的行列,就只有向商业一途发展了。宋代不少的士子刻书印书、开书肆卖书,北宋著名的散文家穆修就曾在大相国寺里摆过书摊,南宋理宗时在临安开书铺的陈起,是当时名声大噪的陈状元。不仅是开书铺,各行业都有。陈杰在武宁道中碰上了他的旧相识,这个人已是"负贩中"的人物了:"拍天富贵有危机,屠钓逃名未觉非。许靖何尝羞马磨,王章安用泣牛衣。班荆道旧身俱晚,折节临分意重违。且复斯须相劳苦,明年我亦荷锄归。"[②]至于"远僻白屋士人,多是占户为商,趋利过海"[③],到海外去一显身手了。

通过以上转化途径或渠道,在两宋 300 多年间,商业资本、高利贷资本不断地向官僚士大夫转化,不断同官僚、贵势等势力相结合,从而逐步形成为官僚、地主和大商贾高利贷者的三位一体,成为帝制统治的一个支柱。明清两代那些惯于附庸风雅的淮南盐商,蒸龙煮凤,穷奢极欲,就是与帝制国家结合,转化为三位一体的一批官商。在他们把持的盐业中,不但找不到资本主义的因素,而且很难在这个土壤中产生资本主义萌芽。这是漆侠先生通过对宋代经济关系的解剖,揭示了宋代以后至明清社会经济发展过程中难以产生近代工业文明的深层次原因之所在。

---

① 王安石:《临川先生文集》卷三九,《上仁宗皇帝言事书》,《王安石全集》,第 759 页。
② 陈杰:《自堂存稿》卷三,《武宁道间遇故旧于负贩中》,文渊阁四库全书景印本,第 1189 册,第 765 页。
③ 《宋会要辑稿》刑法二之五七,第 6524 页。

## 参考文献及拓展阅读

漆侠:《宋代经济史》,《漆侠全集》第四卷,河北大学出版社,2008年。

邓广铭、漆侠:《两宋政治经济问题》,知识出版社,1988年。

汪圣铎:《两宋货币史》,社会科学文献出版社,2003年。

高聪明:《宋代货币与货币流通研究》,河北大学出版社,2000年。

李埏、林文勋:《宋金楮币史系年》,云南民族出版社,1996年。

〔日〕加藤繁:《唐宋时代金银之研究——以金银之货币机能为中心》,中华书局,2006年。

〔日〕斯波义信:《宋代商业史研究》,庄景辉译,台北稻禾出版社,1997年。

刘秋根:《唐宋高利贷资本的发展》,《史学月刊》1992年第4期。

刘秋根:《十至十四世纪的中国合伙制》,《历史研究》2002年第6期。

# 第十三章　宋朝的财计与民生

## 一、兵制变革对国家财政的影响

### （一）兵制变革与军费的遽增

自唐中叶均田制瓦解，建立在均田制基础上的府兵制也随之失去了赖以存在的根基，因而从唐中叶开始渐次实行募兵制，到了宋朝募兵制完全取代征兵制。从征兵到募兵反映了中国帝制时代兵制的大变革，这场变革对当时社会影响最大莫过于对国家财政的影响。这种影响表现在两方面，一是在采取征兵制的时代，虽然统治者维持着一支数十万的常备军，但是国家财政负担的军费开支的大部分，却通过"力役"的形式寓兵于农而转移，正如宋人所说，府兵"始一寓之于农，其居处、教养、畜材、待事、动作、休息，皆有节目"①，是"因民为兵而以田养之"②，故"其畜兵以府卫之制，故兵虽多而无所损"③，维持一支庞大常备军的费用，还不是国家财政难以解决的棘手问题。采用募兵制则不同，由招募而来的国家常备军数量从宋初的二十余万到北宋中期以后超过百万，士兵靠军饷过活，不但士兵本人靠军饷，士兵的家属也要靠军饷过活。每名士兵每年的费用，据宋人蔡襄、陈舜俞、余君卿等人的估计，大约禁军50贯、厢军30多贯，驻守西、北边疆的军队因军饷要长途运输，据估计每名禁军每年要花费百贯以上。南宋军队与北宋的军队相比因募兵制更加彻底，而使国家财政负担愈益增加，亦即南宋的禁军、边兵、宿卫兵、屯驻大军、州郡守兵以及厢军、民兵均来自招募，加上物价上涨，每名士兵的费用一般都在每年百贯以上。又以北宋无战争的治平年间军队人数（禁军66万、厢军50万）计，则每年共

---

① 《新唐书》卷五〇，《兵志序》，第1319页。
② （宋）叶适：《水心别集》卷一六，《后总》，《叶适集》第三册，第894页。
③ （宋）章如愚：《群书考索》后集卷五二，《财用》，文渊阁四库全书景印本，第937册，第734页。

需花费近 5000 万贯。南宋中后期各类军队即由大农补给之兵无虑也达百万。这还只是供养军队的花费，没有包括军事装备如马匹、兵器等的花费。军费所出用宋人的说法就是"仰天子衣食"①是"募人为兵而以税养之"②，而且随着时间的推移，用于募兵和养兵的军费开支在国家财政中的地位愈来愈重要。财政收入的增长也随军费开支日益扩大不断增长，李心传《建炎以来朝野杂记》中说："国朝混一之初，天下岁入缗钱千六百余万，太宗皇帝以为极盛两倍唐室矣。"南宋孝宗时，李椿上疏说"国家岁入之钱十倍于唐之最盛时，数倍于祖宗之时"③。南宋比北宋有过之而无不及，军费占到财政支出的十分之八是一个基本的史实。所以也是从宋朝开始，由于军费负担数倍于前代，财政在政务中的重要性提高了，真正构成了国家三大政务中的一个。

### （二）赋税货币化与财政结构的变化

兵制变革对宋代财政的第二个重大影响是货币收入在财政的收支中的地位越来越高，因为士兵的军饷和士兵的装备都需要货币支出，特别是军用物资的财政调拨交通转输不便等因素所受局限较大。虽然太宗以后从东南地区岁漕600万石粮食供应驻京军队，但是在另外一个主要驻军的西、北地区转输军粮因陆路交通不便而无法像京城由漕运提供，因而实行募商人入纳粮草于规定的沿边地点，给予钞引，使至京师或他处领取现钱或金银、盐、茶、香药的入中制度就这样产生的。据研究，北宋中期以后陕西、河东、河北三路每年市籴军粮总数达千万石，这充分说明货币可以代替任何一种实物，而且可以采取兑换的方法，比政府调运实物要便捷得多。所以，财政收支的货币化成为实施募兵制敛财的发展趋势。宋代土地税即二税在征收过程中，广泛地实行折变或折钱，二税的附加税，或二税之外增加的名目繁多的税目，可以直接征钱。因此从地主到农民，都有必要把农产品向市场出售。这种纯属政治上的因素，驱使农产品进入流通领域。王安石变法期间"青苗、免役，赋敛多责见钱"④。南宋时赋税折征货币的情况更多。李椿说："今谷帛之税多变而征钱，钱既非民之所自出，不得不逐一切之利以应官司所需。"⑤于是转向能够获取货币税收的专利禁榷制度和

---

① （宋）蔡襄：《上英宗论国要目十二事·强兵》，《宋朝诸臣奏议》卷一四八，第1694页。
② （宋）叶适：《水心别集》卷一六，《后总》，《叶适集》第三册，第894页。
③ （明）黄淮、杨士奇：《历代名臣奏议》卷二七一，李椿上疏，上海古籍出版社，1989年，第3544页。
④ 《宋史》卷一七七，《食货五·役法》，第4311页。
⑤ （明）黄淮、杨士奇：《历代名臣奏议》卷二七一，李椿上疏，第3544页。

商税便成为统治者经营的方向。

宋代专利禁榷继承唐中叶以来的做法，禁榷专利制度之所以受到重视，就在于能够促进货币的征收。农民要得到食盐、茶、矾等这些既是生活必需品又是禁榷品的物品，过去可以通过物物交换的方式，现在禁榷制度下，就不得不先出卖农副产品，在获得现钱后再用钱购买。正如唐代韩愈论官卖盐所说："除城郭外，有见钱籴盐者，十无二三，多用杂物及米谷博易。盐商利归于己，无物不取。或从赊贷升斗，约以时熟填还。用此取济，两得利便。""今令州县人吏，坐铺自籴，利不关己。罪则加身，不得见钱及头段物，恐失官利，必不肯籴。"① 宋朝的情况也是一样，官府直接经商，为了管理的需要，在出卖商品时，也必然收现钱。宋人刘宰说："今夫十家之聚，必有米、盐之市。"② 卖米是为了纳税、买盐，这种情况的形成，显然同赋税征钱、禁榷制度的推行有直接的关系。所以，宋朝"凡盐酒征榷，一切以钱为税"③，南宋初吕颐浩更是以为"茶盐榷酤，今日所仰养兵。若三代井田、李唐府兵可复，则此皆可罢，不然，财用舍此何出"④。人们对市场的依赖愈大，货币在社会生活中就更加表现为一般财富，作用也愈显得重要。可以说，用货币支付物价是专卖制度的重要特征。对此，叶适有一深刻的论述："唐以开元天宝以后，天下苦于用兵，朝廷急于兴利，一向务多钱以济急，如茶、酒、盐、铁等末利既兴。故自肃代以来，渐渐以末利征天下，反求钱于民间，上下相征，则虽私家用度，亦非钱不行，天下之物隐没不见，而通于世者惟钱耳。"⑤ 足见中唐以后至宋朝市场货币流通之频繁以及货币税收对国家财政重要性之一斑。

从唐代中后期起，征榷之利在国家财政收入结构中的地位日渐重要，到宋代，达到前所未有的水平。宋以后各朝代，也未见得有可能相与比拟的。南宋陈傅良甚至认为，"盖今之田赋视古有损，而征榷之入累数十百倍于古"⑥，所谓征榷之入，"征"谓商税，从宋代起第一次成为国家财政重要税源，北宋时期即达近1000万贯，南宋估计更超过北宋。"榷"指盐酒茶矾等各项专卖，其中尤以盐为主项，北宋宣和初年总计各销售区盐利已达3000余万贯，南宋略有增

---

① （唐）韩愈：《昌黎先生集》（七）卷四〇，《论变盐法事宜状·张平叔所奏盐法条件》，四部丛刊初编缩印本。
② （宋）刘宰：《漫塘集》卷二三，《丁桥太霄观记》，文渊阁四库全书景印本，第1170册，第609页。
③ （明）黄宗羲：《明夷待访录·财计二》，丛书集成初编本，第28页。
④ （宋）李心传：《系年要录》卷五九，绍兴二年冬十月己酉，第1190页。
⑤ 转引自《文献通考》卷九，《钱币考》，第257页。
⑥ （宋）陈傅良：《陈傅良先生文集》卷三八，《代胡少钦监酒上婺守韩无咎书》，第489页。

额。"岁入之多,自两税之外,莫大于盐利。"① 酒利在北宋中期以后也已在1000万贯以上,南宋也在1000万贯左右。北宋时期合东南与川蜀地茶利之最高额,当在政和年中东南茶行合同引法之后,合计可在500万贯以上。南宋大致维持在这一水平。只有矾利相对为少。总计征榷各项收入,无疑已占全国财政总收入的五成不止。

若再加上货币化的田赋收入,按绍兴中期诸路每匹折纳6至7贯计,折帛钱总收入在1000万贯以上,免役钱收入相当,各自都大大超过各地两税税钱总额。征榷诸项,南宋主管中央专卖收入的榷货务都茶场入中岁额长期稳定在2400万贯上下,加上归地方财政的广南等地茶盐收入,就可能超过3000万贯。再加征商、榷酒等项,每项估计都在1000万贯以上,总额将超过两税数倍,可以肯定。总加诸色钱各项,数额更大。②

**南北宋各个时期货币岁收表**③

| 时间（北宋） | 数额（缗、贯） | 时间（南宋） | 数额（缗、贯） |
| --- | --- | --- | --- |
| 太平兴国五年（980） | 1600余万 | 建炎末、绍兴初（1130—1131） | 3000万左右 |
| 至道三年（997） | 2224万 | 绍兴末期（1161—1162） | 8000万 |
| 景德间（1004—1007） | 1550万 | 乾道间（1165—1173） | 7000万以上 |
| 天禧五年（1021） | 2653万 | 淳熙末期（1189） | 8000万—8200万 |
| 庆历间（1041—1048） | 4500万 | 淳熙末—绍熙间（1189—1194） | 8000万以上 |
| 皇祐间（1049—1054） | 3900万 | 嘉泰、开禧间（1201—1207） | 10650万 |
| 嘉祐间（1056—1063） | 3680万 | 淳祐间（1241—1252） | 12000万以上 |
| 治平间（1064—1067） | 4400万④ | 咸淳间（1265—1274） | 2551万以上 |
| 熙宁间（1068—1077） | 5060万 | | |
| 元丰间（1078—1085） | 6000万 | | |
| 元祐元年（1086） | 4800万 | | |
| 政和间（1111—1118） | 5000万 | | |

---

① （宋）章如愚：《群书考索》后集卷五六,《财赋门》,文渊阁四库全书景印本,第937册,第793页。
② 包伟民：《宋代地方财政史研究》,上海古籍出版社,2001年,第254页。
③ 全汉昇：《唐宋政府岁入与货币经济的关系》,载氏著：《中国经济史研究》（一）；郭正忠：《两宋城乡商品货币经济考略》,经济管理出版社,1997年。
④ 一说6000余万,详见（宋）陈襄：《古灵集》卷八,《论冗兵札子》,文渊阁四库全书景印本,第1093册,第549页。

上表内淳熙以后的数据偏高主要是通货膨胀、纸币贬值等因素所致。由于宋代财政结构发展的总趋势是田赋收入在财政上呈日趋下降，专卖收入逐渐赶上并超过两税，促进了财政结构的深刻变化，是 20 世纪中国学者经过研究，在宋代专卖制度上形成的共识。其中的代表者漆侠先生认为南北宋两税在财政结构中所占比重越来越小，北宋仁宗时尚占百分之五六十，而南宋则下降为 20.4%（绍兴末年）和 15.3%（淳熙末年），这是两宋赋税制度、国家财政结构中的再一重大变化。

## 二、财产税成为宋朝赋役的主要标准

### （一）宋朝的两税法

自唐中叶两税法代替租庸调制以后，宋朝是中古以后第一个开始全面推行以两税法为标志的财产税的王朝，而且宋代其他的各种赋税也都不同程度地处在向财产税转化的过程之中。

宋朝的赋税制度承袭唐五代，但又有新的变革。一般提到宋朝的赋税制度，都要说及宋朝五赋。所谓五赋，"曰公田之赋，官庄、屯、营田赋民耕而收其值；曰民田之赋，百姓各得专之；曰城郭之赋，宅税、地税之类；曰杂变之赋，牛革、蚕盐之类，随其所出，变而输之；曰丁口之赋，计丁率米"[①]。目前学术界较一致认为，"民田之赋"为宋代两税的正宗，但它已与唐代的两税内容有了显著差异。为了比较的方便，先看一下唐代两税法的内容：（1）中央根据财政支出定出总税额，各地依照中央分配的数目向当地人户征收；（2）土著户和客居户都编入现居州县的户籍，依照丁壮和财产（包括田亩和杂赀财）的多少定出户等；（3）两税分夏、秋两次征收，夏税限六月纳毕，秋税限十一月纳毕；（4）租庸调和一切杂徭、杂税全都取消，但丁额不废；（5）两税依户等纳钱，依田亩纳米粟，田亩税以大历十四年（779）的垦田数准，均平征收；（6）没有固定住处的商人，所在州县依照其收入征收三十分之一的税。[②]

从唐代两税法的内容可知，唐代两税征收的依据是户等的高下，而户等则

---

① （宋）王应麟：《玉海》卷一七九，《食货·贡赋》引《国史·志》。《宋史》卷一七四《食货志》、《文献通考》卷四《历代田赋之制》所载略同。

② 翦伯赞：《中国史纲要》上册，人民出版社，1983 年，第 404—405 页。

是依照每户丁壮和资产的多少划定的,其资产既包括田产,又包括其杂产。到了宋朝,两税的征收依据发生了重大变化。宋太宗至道元年(995)六月,"诏复(造)天下郡国户口版籍。自唐末四方兵起,版籍亡失,故户口税赋莫得周知,至是始命复造焉"①,"诏重造州县二税版籍,颁其式于天下。凡一县所管几户,夏秋二税苗亩、桑功、正税及缘科物,用大纸作长卷,排行实写,为帐一本"②。由此可知,宋朝建立以后首次下令重造两税版簿时,从其所颁布的"式"中,是规定只登录户数、苗亩、桑功数以及缘科物(缘科即是杂变之赋)数的。"户"是缴纳两税的单位,而苗亩、桑功则是据以征收二税的赀产。所以就税产而言,宋朝两税税产基本都集中在田产上,比唐代颁行两税法时的税产内容明显缩小,亦即田赋根据田地多少缴纳,田地因通过买卖和其他原因而发生变化。故每逢闰年(每三年一次)推排物力,验明田亩、物力的多寡、升降户等,作为征税、定役的标准。前述唐代两税的内容表明,户等高下是唐代征收两税的直接依据,到了宋朝户等制在征收两税税额上已不再起任何作用,而起决定作用的是,依田产的多少、肥瘠为差,即大致按上田、中田、下田三等征收,这种税则又叫作"三壤法"③。众所周知,税产的实际内容和税额的决定因素,无疑都是赋税制度的主要方面,而宋朝在这方面的显著变化,表明宋朝的两税制度已与唐代的两税法有了很大的不同和变革。

至于公田之赋在唐代两税并没有与民田之赋区分开来,只是由于宋朝那些"赋民耕而收其租"的官庄、屯田、营田以及后来那些属转运司主管而由民户请佃的天荒逃田,由于在经营形式上与民田十分相似,其地租无论在征收办法还是在用充年额上供上,与民田税亦无二致,于是就成了两税岁入的重要组成部分。唐代两税不分乡村坊郭,是除了"行商"之外,凡是"居人"都须缴纳的一种税。宋朝则把征自京城及诸州、县、寨、镇的正税冠以"城郭之赋"专称。晚唐五代时,在正税之外增添不同名目的苛捐杂税,宋大都继承下来,"杂变之赋"和"丁口之赋"就是承袭后的类别专称。两者随夏、秋二税或夏税输纳,列入年额上供,都是两税岁入的构成部分之一,但前者随田亩起纳,后者按丁征敛。经长时间的演化,杂变之赋最后并入田税,而丁口之赋则逐步获得

---

① 《宋会要辑稿》食货六九之七八,第 6368 页。
② 《长编》卷三八,至道元年六月己卯,第 817 页。
③ (宋)罗愿:《新安志》卷二,《贡赋·税则》,肖建新、杨国宜校著:《〈新安志〉整理与研究》,黄山书社,2008 年,第 63 页。

除放。①

虽说宋朝两税与唐代两税在具体内容方面有了如上一些变化和不同，但唐代实行两税法时所奉行"惟以资产为宗，不以丁身为本"②的赋税原则没有变。换言之，宋代两税变化仍然受到这一新赋税原则的制约。宋代五赋的变化，本身就说明是在贯彻这一原则过程中的自我完善。

宋朝两税按缴纳时间，分夏税和秋税，其品种包括粮食、钱币、绢、绵、麻布等。其中最重要的是粮食，北宋时北方以粟、麦、稻米为主，南方是稻米麦；南宋则是稻米与麦。宋朝政府征收的两税额，按照当时人的说法基本上是秉承什一税的原则。宋朝农田二税一般是什一而税，实际上"田制不立，圳亩转易，丁口隐漏，兼并冒伪，未尝考按，故赋入之利视前代为薄。丁谓尝言：二十而税一者有之，三十而税一者有之"③，沈括记载"亩税一斗者，天下之通法"④。"大率中田亩收一石输官一斗"⑤，今人研究也是"各地每亩两税额大都是按亩税一斗的标准制订的"⑥。可见宋朝在政府正规征收赋税上是严格贯彻了什一税原则的。

### （二）宋朝的役法

#### 夫役

宋朝的役法主要有夫役（杂徭）与差役（职役）。傅筑夫先生指出："唐之定建中两税法时，代表力役之庸钱已并入两税征收，理应不复存在。但实际上，整个宋朝，力役仍时有征发，称之为夫役。"夫役是农民被国家调发服劳役，宋朝的夫役主要是在治理黄河及水利工程，官榷盐场、酒坊、茶园、造船、运输等方面时有征发，特别是北宋每年一度春季河防工程常征调十几万人甚或30万人，以致王安石称修河渠之役，几乎占到全国夫役的一半。但与前代相比没有很固定和大规模、长时段的征调，其制度变化不大。而且唐宋之际赋役结构发

---

① 参见梁太济：《宋代两税及其与唐代两税的异同》，载《中国史学》第一卷。
② （唐）陆贽：《陆宣公奏议》卷六，《均节赋税恤百姓六条》，《陆宣公集》，四部丛刊初编本，商务印书馆，1922年，第6页。
③ 《宋史》卷一七四，《食货志》，第4206页。
④ （宋）沈括：《梦溪笔谈》卷九，《沈括全集》中编，浙江大学出版社，2011年，第353页。
⑤ （宋）张方平：《乐全先生文集》卷一四，《税赋论》，《宋集珍本丛刊》第5册，线装书局，2004年，第728页。
⑥ 王曾瑜：《宋朝的两税》，《文史》第14辑；《锱铢编》，河北大学出版社，2006年。

生从双轨制向单轨制的演进,其表现为:部分力役转化为代役税,代役税同时向田亩税归并;部分力役不再单以丁口征调,转而依据税额、物力或户等摊派,因而行于清代的"摊丁入亩"在唐宋之际便已出现端倪。

### 职役

差役法是宋朝一项重要制度,又称作职役法,除田赋为北宋政府早期最主要的收入外,至于官府各项物资的运输、地方赋税之征收、仓库管理和出纳以及应府州县官员们公私杂差,全靠这项法度,自乡村各户等定差供应,实际上是北宋政府的一项重要收入。

北宋一代的差役,始于宋太祖建隆三年(962),宋太宗时又加以修订补充。陈均将其概括为:

> 国初,循旧制,御前以主官物,里正、户长、乡书手以课督赋税,耆长、弓手、壮丁以逐捕盗贼,承符、人力、手力、散从官,以奔走驱使。在县曹司至押、录,在州曹司至孔目官,下至杂职、院虞候、拣、搯等人,各以乡户等第差充。①

实际上,宋朝差役要比这一叙述复杂得多。根据宋朝差役的性质,大致可分为四类。

其一是"吏"或"人吏"。宋朝从中央到地方官府,都有孔目、押司之类的"吏",数量是不小的。多年为吏,个别、少数的可以爬到官位,而大都终身为吏。宋代的吏人,就其经济地位而言,是地主阶级中的豪强阶层,而在政治上,他们又把持了地方政治,所以他们虽厕身于"职役"行列之中,但是应"募"而去的,没有承担任何劳役。他们是宋国家统治人民真正依靠的势力。

其二是衙前。据《云麓漫钞》的记载,"衙前入役曰乡户,曰押、录,曰长名;职次曰客司,曰通引官,优者曰衙职。建隆以来,并召募,惟乡户、押录主持管押官物,必以有物力者,其产业估可二百缗,许收系。更重难,日久有劳,至都知兵马使试验其才,遣赴阙与补官"②。

---

① (宋)陈均:《皇朝编年纲目备要》卷一,建隆三年五月,严差役法,第11页。
② (宋)赵彦卫:《云麓漫钞》卷一二,《国朝州郡役人之制》,《全宋笔记》第六编第四册,大象出版社,2013年,第255页。

其三是耆户长、弓手、壮丁等役。耆户长均由第二等户即中下层地主承担，弓手、壮丁出自第四五等户，亦即自耕农。这类职役是用来"逐捕盗贼"，维护地方统治秩序的，隶属于州县的巡检司和尉司，但也要看到这类职役所具有的无偿劳役的性质。他们在应役期间是脱离生产的，属于暂时性的，而应役结束之后，仍然要回到生产上去，所以他们不同于隶属于国家的禁军、厢军，没有月银和口粮，应役期间全靠自己家庭供给，从而成为农民的重负。

其四是名目极为繁多的职役，如承符、散从官、人力、手力等，或为州"追催公事"，或供州县官员"奔走驱使"，大都由第四、五等户承担。苏辙曾指出："熙宁以前，散从、弓手、手力等役人常苦接送之劳，远者至四五千里，极为疲弊。"①"中至散从官、手力，有打草供柴之劳，下至耆长、壮丁，有岁时馈送之费。习以成俗，恬为不怪。民被差役，如遭寇虏。"②

从宋仁宗朝起，差役法的弊病日益显露，主要是许多乡村上户担任衙前期间，因丢失官物或为官吏敲诈等而倾家荡产。因此，乡村上户普遍视衙前役为畏途，想方设法逃避。至和二年（1055），宋廷改行衙前"五则法"，废除里正衙前，只差乡户衙前，将上户按财力和衙前役重难各分为五等，根据户等的高低轮差相应的衙前。但差役法日益暴露出的弊端，并未因此得到解决，引起士大夫们纷纷议论。同时各地出现对差役法的改革，改革的重点是衙前役，改革的办法是招募。至王安石登台执政变法，差役法是其重点改革的对象。王安石在要求变革差役法时，曾经指出："今所以未举事者，凡以财不足，故臣以理财为方今先急。""理财，以农事为急，农以去其疾苦、抑兼并、便趣农为急，此臣所以汲汲于差役之法也。"③可见，王安石把役法变革看作除去农民的疾苦、"便趣农"的头等大事。

对差役法最基本最主要的改革是出钱免役。募役法使原来轮流充役的农村居民回乡务农，原来享有免役特权的人户不得不缴纳役钱，官府也因此增加了一大宗收入。宋哲宗亲政和宋徽宗都继承了免役法，但是在征收免役钱上比熙丰时期倒退，尤其是宋徽宗时期一方面对品官之家和上、中户的役钱尽量减少，另一方面把减去品官豪强之家的役钱，全都"均敷于下户"。④这样一来，免役法便成为对广大农民实施的一项横征暴敛。

---

① 《长编》卷三六九，元祐元年闰二月癸卯，第8897页。
② 《长编》卷三七八，元祐元年五月壬午，第9189页。
③ 《长编》卷二二〇，熙宁四年二月庚午，第5351页。
④ 《宋会要辑稿》食货一四之一五，第5054页。

## 第十三章 宋朝的财计与民生

对于宋代差役（职役）学界目前有一些不同的看法，关于差役（职役）的性质，有学者认为宋朝职役，即吏役，具有复杂的性质。对乡村和坊郭上户说来，吏役主要表现为吏的属性，即作为一种压迫和剥削人民的特权；但对乡村下户，甚至某些乡村和坊郭上户来说，吏役又主要表现为役的属性，即作为一种受官府压迫和剥削的负担。衙前作为吏役的一种，又有其特殊性，即作为乡村和坊郭上户负担的因素，比其他吏役更为明显。北宋时差役几经变化，经历了一个特权与负担相分离的过程，即宋仁宗时差役负担逐步向乡村下户转移，神宗、哲宗时负担完全落在乡村下户身上，而差役的特权始终保留在乡村地主上户手中。南方地区尤其是江南地区和川蜀地区，由于商品经济较发达，乡村上户多倾向以钱代役，而北方的乡村上户宁愿以"正身充役"，这是因为当地商品经济不发达，他们得到货币不多。所以衙前役的改革在南北引发不同的反应。

南渡以后，兼行差、雇二法，免役钱照旧征收，而大量的差乡户应役。从制度上看，南宋差役在立法形式上似更加完备。（1）州县将各乡当役人户，按户等顺序排列下来，每年轮差。这叫作"鼠尾帐"。① 役法的簿书谓之"五等簿"。（2）凡"已充役者，谓之批朱"。"未曾充役者，谓之白脚。"② 由于"役"是根据户等"物力"大小而定的，"物力"又是有升有降，可以变动的，因此，自南宋恢复差役之后，对"讲究推割，推排之制最详"。南宋差役最为沉重的是主管催税的保正副和保长。保正承行文书，保长催税，不免赔累甚至破产，因而上户多将此役转嫁给中、下户。林季仲在《论役法状》中，把南宋差役之残酷揭露无遗：

> 致使下户受弊于被差之后，征求之频，追呼之扰，以身则鞭箠而无全肤，以家则破荡而无余产。思所以脱此者而不可得，时则有老母在堂抑令出嫁者，兄弟服阕不敢同居者，指已生之子为他人之子者，寄本户之产为他户之产者，或尽室逃移，或全户典卖，或强迫子弟出为僧道，或毁伤肢体规为废疾。习俗至此，何止可为痛哭而已哉！③

差役法是如此严厉，理所当然地激起广大中下户的抵制和反对，于是义役

---

① 《长编》卷四七四，元祐七年六月丙寅，第11306页。(宋)李心传：《系年要录》卷一七四，绍兴二十六年九月戊辰，第3340页。
② 《文献通考》卷一三，《职役考二·历代乡党版籍职役》，第375页。
③ （宋）林季仲：《竹轩杂著》卷三，《论役法状》，文渊阁四库全书景印本，第1140册，第336页。

便在这样的历史条件下在各地兴起，逐步地取代了差役。一般来说，义役始于婺州（今浙江金华）、处州（今浙江丽水）等地。约在宋高宗绍兴年间（1131—1162），婺州金华县长仙乡的一些"大姓"，因轮派保正役时而发生纠纷，乃创议合伙捐田一百亩，帮助当役者应差，每年三月旧保正将田移交新保正，作为应役之资。由此，"义役"便在民间实行，并于绍兴三十二年（1162）得到知婺州吴芾的称赞。大约与婺州义役同时，处州民间也实行义役。宋孝宗乾道时（1165—1173），知处州的范成大言于朝廷，义役遂从两浙路扩展到江东、江西和福建等路，各地上户纷纷实行。

义役的实行者有所谓"义役规约"，各地颇不相同。其主要内容和办法是：（1）义役是由地方上头面人物促成的，因而不论是婺州、处州，还是其他地方，主持义役的"役首"或"主役"，都毫不例外地由当地的有钱有势的士绅充任，因此可以说，义役是由地方士绅把持控制的。（2）在役首主持之下，参加义役的各户自定其资为三等，然后按等将各户应役的时间先后，定著役之差次于籍，一份呈报给当地官府，副本留在当役者的家中。（3）根据各户户等高低而收取一定额度的钱，用这些钱充当役者在应役期内的各项费用。（4）最重要的是，义役开始时是由各户出钱的，后来则以田亩作为义役的基础，以田亩上的收入（主要是地租）作为义役的费用。义役的田地称为"义田"或"役田"，或由各户按户等出田，或由各户收取一定额度的钱购买。在做法上各地不尽相同，有些地区在义役田租课有剩余时，则另置新田，将旧田归还原主。

义役由乡村上户把持，实际上减轻了上户的负担，原来役轻或无役的中下户，在上户勒索敲诈之下，加以吏胥的阻挠和破坏，负担增重，以致破家荡产，因而义役成为"不义之役"，在实质上则与差役一样，也是一项残酷的剥削制度。马端临对宋代役法的演变有如下一段简要的概括：

> 按：差役，古法也，其弊也，差设不公，渔取无艺，故转而为雇。雇役，熙宁之法也，其弊也庸钱白输，苦役如故，故转而为义。义役，中兴以来，江浙诸郡民户自相与讲究之法也，其弊也，豪强专制，寡弱受凌，故复反而为差。①

这段概括，从役法制度的演变形式来说，是相当准确的。总之，从差役演

---

① 《文献通考》卷一三，《职役考二》，第380页。

变为义役，或从义役复回到差役，在本质上没有任何的改变，依然是帝制国家劳役制的残存形态。这种国家劳役制，在宋代已成为阻碍社会历史发展的桎梏，即使是残存形态，也是一样。因之变革这项劳役制，或者是缩小它的范围，就成了宋朝的时代任务。以王安石为首的变法派，决定以募役法代替差役法，相应缩小了这种劳役制。就役法本身而言，以货币代替劳役，是传统社会的一个进步，是完全应当肯定的。虽然从差役之向募役演变并不是一件轻而易举的事情，但是既然募役法代替差役法是历史发展的客观要求，那么进步的事情终究会取得胜利。明代的一条鞭法，清代的摊丁入亩，正是这种进步趋势的反映。

## 三、宋朝财政的窘迫与征敛

### （一）宋代财政支出的刚性需求

宋初财政比较宽裕，收入常常大于支出，宋仁宗时形成了"冗官""冗兵"和"冗费"，特别是宋夏战争爆发期间，作为"军国所资"的两税正赋，在宋仁宗时已经无法应付"三冗"所带来的巨大开支。《宋史·食货志》云："初，吴、蜀、江南、荆湖、南粤皆号富强，相继降附，太祖、太宗因其蓄藏，守以恭俭简易。"真宗以后"县官之费数倍于昔，百姓亦稍纵侈，而上下始困于财矣"。"仁宗承之，经费浸广。""至宝元中，陕西用兵，调度百出，县官之费益广。"英宗"治平二年，内外入一亿一千六百十三万八千四百五，出一亿二千三十四万三千一百七十四，非常出者又一千一百五十二万一千二百七十八"[①]。从仁宗时期起直至南宋末年，除神宗熙丰年间（1068—1085），经过新法理财取得很大成就，国家财政状况一度明显好转外，其余时期内，中央计司几乎无时不是处于开支日增月涨、财用困匮窘乏的状况之中。造成这种局面的原因有以下两个方面：

首先，是各种需求的膨胀，换言之，宋代财政支出存在着一种膨胀刚性需求。财政供养人员数额不断膨胀，始终是宋朝一大负担。宋政府接受财政供给或者说依靠俸禄生活的各类人物的构成情况，也就是政府财政供养的规模，除了前面讲过的养兵费用常占七八成外，大致还包括：皇帝和宗亲、后宫、宦官、官和吏以及其他用于祀南郊、飨明堂等内外赏赐的费用，当然还包括赈恤、诸

---

[①] 《宋史》卷一七九，《食货志下一·会计》，第 4349、4353 页。

项土木工程等。

皇室人员由皇帝、宦官、后宫构成：宋朝的统治经过14世、18位皇帝。宋朝宦官从宋初至宋神宗大致控制在50—200人之间，南宋高宗朝时有60人，孝宗朝增至250人。有史乘说宋徽宗朝宦者"动以千数"，从两宋对宦官的掌控来看，这应当是非正常情况的特例；宋初后宫人数在200至300人，宋真宗时"已逾二三千人"，仁宗嘉祐时激增至10000人以上，宋徽宗时估计也在10000人以上。

皇亲贵戚、宗室人数：宋英宗治平中，宗室四千余人。到南宋孝宗时，据李心传《三祖下宗室数》统计：以淳熙八年计之，三祖下合二万一千六百六十有六人。今人研究宋宗室至12世时共计59495人。

官和吏：以北宋为例，真宗景德祥符中，文武官员9785人，仁宋庆历年间内外文武官员13000余人，皇祐元年（1049）为17300人，英宗治平年间（1064—1067）为24000人，宣和元年（1119）为48075人。南宋建立时，北方官员大多迁至南部，官员总数减少不多。据李心传统计，孝宗至宁宗后期南宋文武官员数为一万至三四万员之间。宋代的吏人数额很庞大，宋真宗初期，三司总括诸路计省十九万五千八百二人。这个统计数据应当包括乡村广大的"役人"，即宋哲宗时所谓役人止于四十二万九千余人。南宋诸路吏额（役人）"如作总数二三十万人估计，应与实际出入不大"。

宋代财政供养人的财政支出有四个特点：

第一，宋朝皇室支费主要由日常生活费、婚丧嫁娶和宫室修造等组成，宋皇室的费用开支来源有两个途径，一是由皇帝及亲信掌控的"内库"，其收入随着时间推移不断扩大，宋初以国家财政结余部分为主，太宗以后固定化。大宗的收入包括上供钱、帛，榷货物收入，熙宁以后坊场钱等。内库有多少钱物，没有确切的统计数据，但内库始终控制着巨大财赋则是肯定的。二是政府国库支出。宋代皇室支出费用不受监管，"六宫横费浮淫百出，群奄羽化，要索无艺。嬖宠祈恩，赐予日繁。外庭不敢问，有司不得计也"[①]。皇室消费巨大，[②]在宋代财政支出项目中经常与军费、官俸并列："国家军兵之饷、百官之廪、乘舆之俸，悉在有司，而禁中时有须索。"[③]

---

① （宋）高斯得：《耻堂存稿》卷一，《轮对奏札》，文渊阁四库全书景印本，第1182册，第19页。
② 详见黄纯艳：《宋代财政史》"皇室费用"，云南大学出版社，2013年。
③ （宋）汪藻：《浮溪集》卷一，《行在越州条具时政》，四部丛刊初编缩印本（一）。

第二，由上统计数据可知，宋代皇亲宗室享有优厚的待遇，所谓"赋以重禄，别无职业"①，"禄廪之费，多于百官，而子孙之众，宫室不能受。无亲疏之差，无贵贱之等，自生齿以上，皆养于县官"②，宋代宗室成年者一般都授有官职，同级别的官员没有宗室待遇高，宋的冗官部分是由宗室授官造成，是冗官支费的重要组成部分。宗室虽无官职较多，但可以申请补贴。宋哲宗绍圣时规定"宗室袒免外，两世祖父、父具亡而无官，虽有官而未厘务，各贫乏者"可以补贴"每口月支钱二贯、米一硕，十二口下给屋二间"，"人口虽多，钱不过二十贯，米不过六硕"。③宋代宗室享有的优厚待遇虽然是国家财政的一笔负担，但是远不能与官俸、军费相比。

第三，宋代官员数额、胥吏员数，有三点需要说明：一是宋朝建立是由兵变而来，太祖太宗统一战争后，其官吏主要是承袭五代十国旧有的官员，太宗以后科举取士扩大了文官队伍，宋不论是官员还是胥吏数额从建立伊始便显得冗多。二是宋代官员的俸禄比较高，特别是高官的俸禄很优厚。宋代官俸有匹帛、职钱、禄粟、傔人衣粮、厨料、薪炭诸物等部分组成，"建炎南渡以后，奉禄之制，参用嘉祐、元丰、政和之旧，少所增损"④。三是宋代胥吏在宋神宗之前大多数没有俸禄，变法以后有相当数额的胥吏是和雇而来，因而吏禄有较大增加。据南宋庆元年间，监察御史姚愈言："惟其会计详尽，则登耗所自，皆可得而知矣。臣尝因中都官吏俸禄与夫兵廪支费，求其所以会计之说。熙丰间，月支三十六万，宣和末二百二十万，渡江之初，虽连年用兵，月支犹不过八十万。比年以来，月支不下百二十万，大略官俸居十之一，吏禄居十之二，兵廪居十之七。"⑤

第四，宋财政供养人员中军队数额经历了由低到高再逐渐降低的过程，北宋后期至南宋基本保持80万和60万左右的兵额，宋朝军队以募兵为主，养兵的费用如前揭完全由国家财政承担，宋朝养兵费用北宋中期以后常占财政支出的70%—80%左右，"大军居十之七，宫禁百司禄赐才三"⑥。

此外，祀南郊、飨明堂亦是大宗开支。"景德中，祀南郊，内外赏赉金帛、

---

① （宋）范镇：《上仁宗乞令宗子以次补外》，《宋朝诸臣奏议》卷三二，第 312 页。
② （宋）苏辙：《上神宗乞去三冗》，《宋朝诸臣奏议》卷一三〇，第 1103 页。
③ 《宋会要辑稿》帝系五之一〇，第 116 页。
④ 《宋史》卷一七二，《职官一二·奉禄制下》，第 4134 页。
⑤ 《宋会要辑稿》食货五六之七〇，第 5807 页。
⑥ 《文献通考》卷六〇，《职官考十四》，第 1818 页。

缗钱总六百一万。"至皇祐时,"飨明堂,增至一千二百余万,故用度不得不屈"①。

其次,财政收支巨大造成财政成本的遽增,一方面是管理负担沉重。为了取得财赋,统治者不得不多方设法,因而增加了许多创收科目,这些项目琐碎繁杂,给管理带来很大不便。有人做过统计,宋代仅是田赋中的附加税,就有几十种之多。另一方面,由于财权的集中,地方上的收支要受到中央控制,所以地方上很小一笔财务收支,往往也要报请朝廷批准,如从许多官员关于修城池或修官廨而写给朝廷的奏疏可以窥其一斑。

在庞大的帝制国家内实施集权统治,就必然要制定很多制度,就必然要借助多种多样的账簿表状,于是就出现了"繁文"的问题,即各种账簿、保镖、文字规定、法律制度等非常多,多得令人难以驾驭。例如,治平二年(1065)王珪修成《在京诸司库务条式》130册。熙宁七年(1074),王安石等修成《三司敕式》400卷。绍兴八年(1138),秦桧等修成《绍兴重修禄秩敕令格及申明看详》810卷。北宋仁宗时,在京店宅务这一管理官房的不大机构的账簿历册计有:月纳簿、退簿、赁簿、欠钱簿、纳钱历、场子历、亲事官历、卯历、宿历、润官簿、接续簿、减价簿、空闲年月簿、辍借物簿、承受宣省簿、出入物料簿、欠官物簿、架阁文书簿、倒塌屋簿、承受公牒检计簿、寄事历、承受检计历、发放历、印历、承受生事簿、监修军将转押修屋历、功课历、居占舍屋簿等几十种之多。②南宋洪迈讲:"今之令式文书,盈于几阁,为猾吏舞文之具。"③这并非危言耸听。财政管理负担沉重,就需要管理上的简化,而简化的重要途径,就是收、存、调、支的货币化,所以,管理的需要,是财政收支货币化的主要推动力,这也是推动赋税货币化的重要原因。

### (二)竭泽而渔的赋税政策

解决财政困难,不外乎增收、节支两个方面,古今皆然。宋朝有关赋税的各个方面,宋廷都制订有详尽条法,约束州县,不得擅权,因而宋朝地方财政窘境其出路不过是巧立名目,法外科敛。换言之,宋朝地方州县依靠的是非制度化的财政行为,来增加岁入的。宋朝州县的"非法"之入,名目繁多,其范围之广,几乎涉及所有可能为地方带来岁入的领域,难以尽举。

---

① 《宋史》卷一七九,《食货志下一·会计》,第4352页。
② 《宋会要辑稿》食货五五之一〇,第5753页。
③ (宋)洪迈:《容斋随笔》三笔卷九,《射佃逃田》,第535页。

**附加税**：赋税入纳收取附加税，不止于两税的范围，其他赋税入纳也广泛存在收取附加税的现象，不过以两税附加税最为繁多。早在宋建国之初就曾继承唐末五代以来的附加税，"自唐以来，民计田输赋外，增取他物，复折为赋，所谓杂变之赋者也，亦谓之沿纳"。仁宗时"三司请悉除诸名品，并为一物，夏秋岁入，第分粗、细二色"①。仁宗以后为了增收，就增附加税，有的是对已合并的重复征收，有的是新增加的附加税，王曾瑜先生《宋朝的两税》列举两税附加税有支移、折变、脚钱（运输费）、加耗（以税物损耗为名的加税）、义仓、附加税钱、分钞与合零就整、大斗小斗、斗面斛面（纳税时，税粮高出斗面、斛面的堆尖部分）、呈样（以官员检查税物样品为名的加税）、预借、重催（纳税后重叠催税）、畸税漏催、头脚、糜费、钞旁等共13项，每一项中又有许多不同的名目。其中于地方财政最为重要的，是加耗、斗面斛面与折变各项。官僚地主又千方百计逃税、漏税和抗税，而将两税转嫁给广大农民。宋朝还有包揽赋税输纳的"揽户"，他们与官吏相勾结，对纳税者进行中间剥削，更加重了农民的两税负担。

**税外税**：在继承所有"古刻剥之法"基础上，宋朝又新创了不少刻剥之法，如和买与经总制钱就是突出的两项。和买原意是两相情愿的公平交易。宋初"和买"大多是官府向民间买丝麻产品，以保证庞大常备军的军装供应，为此官府需在丝麻产区置场和买各种产品。自太宗、真宗开始推行预买，即向民间预支和买本钱，而以丝麻产品随两税纳还官府，预买行于河北、京东、京西、淮南、两浙、江南、荆湖、川陕等路，逐渐成为和买的主要形式。大约自仁宗朝各地用不同方式减克和买本钱，景祐时（1034—1037）和买绸绢一百九十万匹，庆历时（1041—1048）增至三百万匹，以后又不断增长，和买成为民间沉重负担。北宋晚期和买已部分演变成定额税，南宋初期更完全演变为定额税，官府不再支付和买本钱，而是按人户家业钱额、税钱额摊派。在不少地区和买额超过夏额税。

经总制钱，是宋朝杂税经制钱和总制钱的合称。这两项杂税分别创始于宣和四年（1122）和绍兴五年（1135），其来源有权添酒钱、量添卖糟钱、人户典卖田宅增添牙税钱、头子钱、三分房钱、移用钱、勘合朱墨钱等数十项。经制钱和总制钱皆先桩管于各州，每季起发赴行在，成为南宋财政上的重要收入。由于经总制钱岁无常入而有常额，额一不登，必然巧立名目横敛，使民间受害。

---

① 《长编》卷一一三，仁宗明道二年十月壬戌，第2642页。

其他还有布估钱、月桩钱、版帐钱、和籴等名目的横征暴敛。河东路的和籴也走了相同的路,由最初的既利国又利民,演变成一种公开的税收。

其他如科配、征榷、科罚、行政手续等摊派和不合理收费不再一一列举。

从北宋后期起,中央政府增加对地方的财政征调,更多地着眼于在上供格规定之外,不时创立一些特殊的征调项目。"于上供之外,别立名色以取之州郡……"到南宋,这些特殊的征调项目已经成了中央增加财政收入的主要方面。据李心传的记载:

> 渡江之初,东南岁入不满千万,逮淳熙末,遂增六千五百三十余万焉。今东南岁入之数,独上供钱二百万缗,此祖宗正赋也。其六百六十余万缗,号经制,盖吕元直在户部时复之。七百八十余万缗,号总制,盖孟富文秉政时创之。四百余万缗,号月桩钱,盖朱藏一当国时取之。自经制以下钱,皆增赋也。合茶盐、酒、算、坑冶、榷货、籴本,和买之入,又四千四百九十余万缗,宜民力之困矣。①

明确将南宋中央政府的财政收入分成"祖宗正额"与"增赋"两大类,而"增赋"类中,绝大多数即属特殊的征调项目。

### (三)国家赋税主要承担者的生活状况

据漆侠先生研究,一个农户的各项开支,最少(包括口粮、衣、盐、饲料、农具等)要有30石,这是继续再生产的最起码的条件,而要获得这些粮食,必须耕作多少亩土地呢?宋朝北方农业生产亩产量达2石,平均也有1石上下。3年当中,往往是丰、平、歉各占1年,以丰补歉,平均也在1石上下,因而可以平年1石为准的。这样,在宋朝北方,30亩地才能生产上述各项需要的粮食,下面就以此为准来考察一下农民诸等级诸阶层实现再生产的情况。

自耕农诸等级诸阶层的再生产。一个有30亩地的农户(南方产量较高,有20亩或30亩即相当于北方40—50亩),缴纳国家产量1/10的田赋约为3石之外,收入大抵能够支付额外各项维持生计的必要开支,反复其简单生产。加上这个家庭的副业,主要是纺织品,抵偿各项开支,或投到市场上出售,不但使这个家庭得到温饱,而且还有可能扩大再生产。这个再生产的扩大,表现在两

---

① (宋)李心传:《建炎以来朝野杂记》甲集卷一四,《国初至绍熙天下岁收数》,第289页。

个方面，一是垦辟生荒地，一是改进耕作技术，向精耕细作式的集约经营方向发展，而这两方面都可以使产量增加。因此，占地30亩以上的农户，诸如有地30—40亩的自耕农和有地70—80亩的富裕农民，由于占有的土地较多，生产条件较好，就越能够扩大再生产，也能过上比较充足的生活。两宋垦田不断增加，南方地少人多地区层层梯田的垦辟，主要是这些农户的作用。除此之外，这些农户可以将其剩余的农副产品，诸如粮食、布帛之类投到市场上，他们自己固然向小商品生产方向发展，同时也推动了商品经济的发展。

以上讲的是富裕农民、自耕农，属于宋朝乡村主户中三四等户的范围，可是，占田30亩以下的自耕农、半自耕农的再生产就大不相同了。主要是占地太少，收入不足抵偿其必要劳动，因而占田30亩左右的农户，一般仅能反复其再生产，无力扩大再生产；占田3—5亩或10—20亩的农户，一般属于"贫下之民"，连反复再生产都感到困难了，往往连地带人投靠于豪强；或向地主们租种一部分土地，勉强实现再生产。宋朝乡村下户"若四等而下，大抵皆贫困之民"①，"州县乡村五等、坊郭七等以下贫乏之家"②。宋政府习惯将乡村户四五等、城市坊郭六七等以下视作贫民。

无资产无土地的客户的生活状况更是穷困。在以往的研究中，论者已经注意到宋代客户大多数沦为佃农的问题，谈到佃农只注意其租地而耕缴纳地租，很少注意到同时租牛而耕缴纳牛租的情况。其实，宋代的佃农客户家庭大都是一无所有，不只是土地和耕牛，甚至农具和籽种都靠租赁，把耕地之外的租佃关系内容考虑进去，才会对宋代佃农客户阶层的家庭经济状况有一个真切的认识。③尽管佃农客户受到的剥削很重，他们毕竟有独立的家庭生产生活，能在最底层生活水平线上稳定下来，形成了一个固定的乡村社会阶层。这些人在唐代的时候仅仅"杂于居人什一二矣"④，到宋代占到了乡村民户的35%以上，因此才在主户五等户制度之上有了主客户制度。

以佃农为主的客户是国家赋税的直接承担者，虽然名义上是田主向国家缴纳赋税，佃农向田主缴纳地租，但是田主因国家实行什一税原则，而佃农缴纳地租有五五定额地租，也有百分比不尽相同的分成租，所交租额远大于田主向

---

① （宋）真德秀：《西山先生真文忠公文集》卷七，《乞给降钱会下本路灾伤州郡下户收籴麦种》，四部丛刊初编缩印本（五）。
② （宋）李心传：《系年要录》卷一一九，绍兴八年五月庚子，第2221页。
③ 邢铁：《从户等划分说宋代乡村家庭经济》，《宋史研究论丛》，河北大学出版社，2014年。
④ （唐）柳芳：《食货论》，《文苑英华》卷七四七，文渊阁四库全书景印本，第1340册，第283页。

国家缴纳赋税部分。

　　随着土地垦辟与人口增长不相适应这一矛盾的增长，每户平均土地日减，佃客租佃的土地也只有减少，这就从这一方面影响了社会再生产。从宋初到宋神宗元丰年间，历年来的户平均土地数字是逐日下降的。宋太祖时平均每户95亩，宋太宗时76亩，宋真宗时60亩，而到宋神宗时则仅为28亩。宋神宗时的垦田数字不切合实际，有大量土地被隐瞒，初步估计，这时的垦田为7亿到7.5亿亩，每户平均约为50亩。但不论怎样说，从宋初的95亩大幅度下降则是一个无可否认的事实。在此情况下，佃客租种的土地日趋减少，也是势所必至的。

　　在租种土地日渐困难的历史背景下，客户的生活状况如何呢？众所周知，宋代人户的经济地位和社会身份流动频繁是一个很有趣的社会现象，宋人曾形象地概括为"富儿更替做"、"贫富无定势"、"贫富久必易位"，在这样的社会流动的大背景下，宋代乡村客户也不乏向上流动的事例。如材料所显示的，国家为保证税收来源，鼓励佃客垦辟荒地，占有土地，吕大钧提出的"保民之要"的措施之一即是"招诱客户，使之置田以为主户"①。而乡村客户一旦有了田产，也会脱离田主的羁绊，力争上升为主户，如胡宏所说湖湘一带就有这种情况，乡村客户"或丁口蕃多，衣食有余，稍能买田宅三五亩，出立户名，便欲脱离主户而去"②。当然这种上流动只是户等的变动，其实际生活条件却未必有大的改善，像"抚民冯四，家贫不能活，逃于宜黄，携妻及六子往投大姓。得田耕作，遂力农治园，经二十年，幼者亦娶妇，生涯仅给"③。即是一个显例。这类低层次的上流动相对于从新安县逃荒到舒州宿松县的吴十郎靠"织草屦自给，渐至卖油。才数岁，资业顿起，殆且巨万"④的上流动，简直有点小巫见大巫了，不过这一类发财致富的上流动，如果不是经商或从事其他营利行业，仅靠佃种主户之田是很难达到的。而更多的乡村客户因其自身经济力量十分脆弱，一遇天灾人祸或者加入庞大的流民队伍，或者挣扎在贫困的死亡线上。司马光对佃农生活的一段文字描写就很能说明问题：

　　　　四民之中，惟农最苦。农夫寒耕热耘，沾体涂足。戴星而作，戴星而息，蚕妇育蚕治茧，绩麻纺纬，缕缕而积之，寸寸而成之，其勤极矣。而

---

① （宋）吕大钧：《民议》，（宋）吕祖谦：《皇朝文鉴》卷一〇六，四部丛刊初编缩印本（二九）。
② （宋）胡宏：《五峰集》卷二，《与刘信叔书五首之五》，《宋集珍本丛刊》第43册，第298页。
③ （宋）洪迈：《夷坚三志》壬卷一，《冯氏阴祸》，《夷坚志》第四册，第1471页。
④ （宋）洪迈：《夷坚支癸》卷三，《独脚五通》，《夷坚志》第三册，第1238页。

水、旱、霜、雹、蝗、螟间为之灾，幸而收成，则公私之债交争互夺，谷未离场，帛未下机，已非己有矣。农夫蚕妇所食者糠籺而不足，所衣者绨褐而不完，直以世服田亩，不知舍此之外，更有可生之路。①

乡村客户在结构性流动中本身就处于较低的社会阶层，加之向上流动艰难，向下流动有限，因而这就决定了在贫困死亡线上挣扎的大多数乡村客户只有"转徙不定"的历史命运。

## 四、宋朝赋役与社会

下面讲两个方面的问题作为结语，一是重赋轻役与宋朝社会民众的实际赋役负担，二是关于赋役负担与宋朝社会经济文化发展水平。

### （一）重赋轻役与宋朝社会民众的实际赋役负担

兵役在汉唐社会是大役、重役，宋朝实行募兵制，一般认为没有兵役，如果说宋朝正规军禁军和厢军都是招募而来的是没有问题的，但并不是完全没有兵役，如在北宋西部、北部驻守的乡兵有招募也有从民户中按丁口数比例选派戍守边防的，具有征调的色彩，故司马光曾指出："今既赋敛农民粟帛以给正军，又籍其身以为兵，是一家而给二家之事也。"②另外，恢复寓兵于农的征兵制一直是从范仲淹到王安石以及南宋的有识之士的政治信念，王安石变法期间，推出的保甲法，从本意上讲就是要替代募兵制，虽然没有得到宋神宗的全力支持，但作为部分替代募兵制的意图还是得到贯彻执行，特别是保甲法成为维护地方治安的基本制度和力量，农闲时集合保丁，进行军训；夜间轮差巡查，维持治安。保甲法可以使各地壮丁接受军训，与正规军相参为用，从这个角度讲，保甲法隐含着兵役的色彩。在实行府兵制历史条件已不具备的情况下，为什么范仲淹、王安石还对寓兵于农的征兵制念兹在兹呢？这主要有两个原因，一是招募而来的宋朝正规军战斗力极差，二是军费耗去太多的社会财富，造成财政极大的困难。所以他们都提出用征兵制取代募兵制。尽管回到征兵制从实践上来

---

① （宋）司马光：《温国文正司马公文集》卷四八，《乞省览农民封事札子》，四部丛刊初编缩印本（一○）。
② 《宋史》卷一九〇，《兵志四》，第4708页。

看，不免有泥古之嫌，但是他们反对募兵制给宋朝造成的历史负担则是合理的。

毋庸讳言，从北宋到南宋，建中元年（780）所确立的财产税原则继续处在深化推广之中，不断渗入赋役制度的其他各个方面。赋重役轻的征调结构与差役、力役征发中财产税原则的渗入，是其主要表现。所谓赋重役轻，主要是指自中唐以来随着募兵制的确立，天下民户免除了兵役负担，而由于雇佣兵所造成的国家军费开支的成倍增长，却加重了国家对民户的赋税负担，换言之，募兵制使得民户的兵役转变成了赋税负担，事实上也就使得在兵役制时代按人丁征发的兵役，转变成了资产征发的赋税，其中平等性原则的体现，一如前述建中税制的改变。宋代多用厢军征力役，虽不一定如彭百川所说"宋有天下，悉役厢军，凡役作、工徒、营缮，民无与焉"①，无疑也从另一方面改变了民户负担国家财政的形式。

有一种观点，减轻了兵役、力役，等于减轻了民众的财政负担，由此是否可以说明宋朝民众整体的赋役负担与其他王朝相比并没有什么不一样？朱熹所谓"古者刻剥之法，本朝皆备"的论断也应大打折扣来看待，甚至认为宋朝农民对地主的人身依附关系比前代大为减弱，他们不必为帝制国家服兵役、服劳役，不必经常无偿地给地主干活，他们与地主的关系似乎只是租与税，宋朝与中国近代社会已经很接近了？对此，不能简单地一概而论。因为从秦汉以降，兵役、力役以及人身依附关系减轻、减弱是历史发展的趋势，唐朝的色役和兵役都在减轻、减少过程中，宋代出现的状况属于这个历史趋势链条上的一环，宋朝的兵役、力役比唐朝减轻减弱，但是元明清赋役按财产税征发和转变赋役形式的趋势比宋代更深入，明代的一条鞭法，清代的摊丁入亩就是最好的说明，所以唐中叶两税法以后，不能以兵役、力役的减轻减弱来证明宋代整体赋役的减轻减弱。

再者，从汉以降，帝制国家征收赋税税率基本是按照什一税的幅度征收，明清时期都低于什一税，宋朝大致也维持在不高于什一税的水平，历朝历代政府因财政和统治者享乐而扩大的赋税征收，各朝各代都有其方法和手段，概括而言：一是大土地所有者，与官府勾结，隐漏不实，将本应缴纳的赋税转嫁给中下层农户，加重他们承担赋税的数额；二是地方政府的官吏在完成朝廷的"正供"之外，为了应付日益增长的财政亏空，强征暴敛，花样翻新，巧立名目，税上加税；三是超过正常财政收入之外的开支，往往实施各种名目的摊派。

---

① 《文献通考》卷一五六，《兵考八》，第 4670 页。

但是如上述所讲，宋朝在运用超经济强制手段和市场机制扩大税收上，可以说既超过以前的汉唐，也更甚于后来的明清。

**（二）关于赋役负担与宋朝社会经济文化的发展**

第一，既然宋代以租佃制为生产经营的主要方式，而且通过制度的与非制度的途径，大土地所有者的赋役负担较之贫民阶层明显为轻，因此在这一阶层中积累着大量的社会财富，可以投资于其他的领域。宋朝社会城市的富庶、文化的繁荣、思想的发展，主要依靠的就是这一部分财富。但是要进一步指出，这里特别打上了皇帝与士大夫治天下的时代烙印，城市的富庶是皇室、士大夫、地主、大商贾享乐的天堂。宋朝创造文化思想的主体是士大夫。

第二，宋朝巨额财富相当大的开支用于财政供养人员，包括皇室、后宫、宗室、宦官等，这部分财富是对社会的巨大浪费，充分展现了帝制时代家天下的寄生性和腐朽性。财政开支最大部分用于官吏和军队表明四点：其一，军队和官吏是维护和运转中央集权制的两个重要工具，宋最高统治者对于这两个统治工具有充分的认识和倚重。其二，宋政府军费开支所占十分之七八的比重，从一个侧面说明以募兵为主的养兵政策和制度在某种程度上不符合宋朝以农业立国的社会现实。其三，宋朝官吏、军队所享优厚待遇表现了宋朝"恩逮于百官者唯恐其不足，财取于万民者唯恐其有余"[①]的时代特征。其四，巨额的军费开支并没有让北宋和南宋逃脱中国古代史上唯一一个亡于"异族"入侵命运的王朝，国破家亡无疑是一个巨大的讽刺。

最后只有一小部分大致不足百分之二三的财政收入，拿出来作为养民的资金，这里主要是指建立社会保障机构、赈济灾荒、修建水利工程等。研究宋朝历史要对统治者标榜的所谓"仁政"有充分的历史鉴别力。

第三，宋朝广大的贫民阶层，主要是占城乡总户数百分之八十以上的下户与客户，作为社会直接的生产者，在租赋的重负与官吏的欺凌之下，过着极其困苦的生活，只能"苟且辛苦过一世耳"。贫富之间的阶级矛盾十分尖锐，因此时人即有"岂非贪残者为吏，倚势虐民，比屋抱恨，思一有所出久矣"[②]的认识。

第四，由于租赋重负对直接生产者的影响，我们可以十分明显地看出专制官僚国家所带给社会生产的沉重负担。这种负担对小自耕农的影响最为深刻。

---

① （清）赵翼：《廿二史札记》卷二五，《宋制禄之厚》，第534页。
② （宋）洪迈：《容斋随笔》续笔卷五，《盗贼怨官吏》，第280页。

这是促使宋朝大土地所有制发展的一个重要原因。而在各类赋役中，尤以役的负担为害最甚。宋朝经济比于前代有较大程度的发展，绝不能成为这种影响的反面论据。宋朝经济的增长，主要依靠的是直接生产者在艰苦环境下的辛勤劳动和人口的自然增长。

## 参考文献及拓展阅读

包伟民：《宋代地方财政史研究》，上海古籍出版社，2000年。
汪圣铎：《两宋财政史》，中华书局，1995年。
黄纯艳：《宋代财政史》，云南大学出版社，2013年。
郭正忠：《宋代盐业经济史》，人民出版社，1990年。
邓广铭、漆侠：《两宋政治经济问题》，知识出版社，1988年。
王曾瑜：《宋朝阶级结构》（增订本），中国人民大学出版社，2010年。
汪圣铎：《两宋货币史》，社会科学文献出版社，2003年。
〔日〕斯波义信：《宋代商业史研究》，庄景辉译，台北稻禾出版社，1997年。
杨宇勋：《取民与养民：南宋人民和政府收支的互动关系》，台湾师范大学历史研究所专刊之三十一，2003年。
〔日〕宫泽知之：《宋代地主与农民的诸问题》，《日本学者研究中国史论著选译》第二卷，中华书局，1993年。
谭景玉：《宋代乡村组织研究》，山东大学出版社，2010年。
程民生：《宋代物价研究》，人民出版社，2008年。
朱瑞熙：《中国政治制度通史》宋代卷，人民出版社，1996年。
郑学檬主编：《中国赋役制度史》，上海人民出版社，2000年。
李华瑞：《宋代酒的生产和征榷》，河北大学出版社，1995年。

# 第十四章　宋朝的宗教及民间信仰

宋朝文献在著录道教和佛教时，通常都是"道释"并称。道教是中国的本土宗教，宋朝是道教的兴盛时期，道教的理论、教派、造神、道书编撰对金元道教大发展有很大影响。道家与道教既有区别又有联系，马端临说：

> 道家之术，杂而多端，先儒之论备矣。盖清净一说也，炼养一说也，服食又一说也，符箓又一说也，经典科教又一说也。①

这里虽说的是道家之术，宋朝道教的内涵和外延大致不出这个范围。宋朝道教势力远不如佛教。按北宋真宗至神宗时期的统计，道士和女冠数只及僧尼数的十分之一到二十分之一。但是道教与宋朝政治有很深的关系。道教以四川和江南最为发达。由唐末兴起的内丹炼养术，到宋朝愈益发展，它也是全真派的主要修炼方式。内丹术在多方面继续沿用古代道教的基本修炼方式：还精补脑、体内运气、修炼三焦（腹、胸、闹）五脏、积聚体内精气以及静修等。内丹术借着中国文化中的感应符号体系，将早期道家用以形容道的词汇直接用来形容炼金丹的化学过程。所谓内丹，其实就是今人所谓气功。中国古代的气功记录大多保存在道家的典籍中。

从20世纪初以来，有关宋代佛教的研究大致形成了三种观点，一是以梁启超、汤用彤先生为代表，认为佛教于隋唐发展至鼎盛时期，入宋后逐渐走向了式微。二是日本学者竺沙雅章、高雄义坚等人受唐宋变革论的影响，对于片面地认定唐代为中国佛教最盛期，而将宋以后的佛教贬得一文不值的观点表示不满，认为佛教发展至宋朝进入了一个转折期，甚至于发展到了不同于唐朝的另

---

① 《文献通考》卷二二五，《经籍考五十二》，第6203页。

一种繁荣景象。这种说法近年来也得到了不少中国学者的赞同,刘浦江就认为"唐代是佛教和道教的全盛时期,而自唐末五代以后,佛、道二教均趋于世俗化和平民化。佛教的变化主要表现在唐代义学宗派的衰落和新禅宗的崛起,以及佛教前所未有的社会影响"。他认为佛教从神圣社会走向了世俗社会。三是以郭朋、顾吉辰为代表,他们认为虽然宋代佛教没有隋唐时期那样兴盛,但是在宋王朝的支持保护下,佛教还是继续存在并有所发展的,并且也出现了新的特点,此说法得到大部分学者的认同。

## 一、宋代对佛道的政策

自两晋南北朝以降,儒佛道三教互相排斥,互相吸收,迄唐宋之际逐渐融汇贯通,实乃中国思想文化发展的基本趋势。就宋初最高统治者所奉行的统治思想而言,儒佛道三家思想均得到了高度重视和大力提倡。

宋初对道教的崇信表现在三个方面,一是营修宫观,征召道士。太祖登极以后,遂即"遣使诣真源祠老子,于京城修建隆观"。为使道教更好地服务于北宋政治,太祖对唐末五代以来"道流庸杂"①的情况做了整顿。不过,太祖一朝虽也"钦崇"道教,但道教远不如儒学和佛教那样受到重视。对道教崇信的高涨,是从太宗利用道教为其政治斗争服务之时开始的,太宗继位不到半年,便修建上清太平宫"祀奉天神",其后又陆续修建太一宫、上清宫等。真宗时期宫观修建规模远过乃父,大中祥符元年(1008),玉清昭应宫竣工。大中祥符五年(1012)又建景灵宫。宫观规模都很大,如景灵宫"宫观总一千三百二十二区"②。

二是收集和编撰道教典籍。从端拱二年(989)到淳化二年(991)的三年间,太宗收集道书得七千余卷,命徐铉、王禹偁、孔承恭校勘,去其重复,裁得三千七百三十七卷。这是真宗编纂"道藏"的先声。从大中祥符年间到天禧年间,真宗命王钦若总领编纂事宜,编成的《宝文统录》"凡三洞、四部,共四千三百五十九卷"③。

三是太宗晚年倡导清净无为之治。真宗时期是宋朝道教大发展时期。在北

---

① (宋)李攸:《宋朝事实》卷七,《道释》,第107页。
② 《长编》卷八六,大中祥符九年二月壬辰,第1973页。
③ (宋)佚名撰,王瑞来校证:《隆平集校证》卷一,《馆阁》,中华书局,2012年,第32页。

宋九位君主中，真宗是最好"兴作"的二位皇帝之一（另一位是宋徽宗）。宋真宗发动了第一次尊崇道教的运动，他伪造天书，自称梦见神人，诡称道教人皇九人之一的赵玄朗是自己的始祖，于是"诏诸路、州、府、军、监、关、县择官地建道观，并以'天庆'为额……天下始遍有道像矣"①。真宗喜好兴作，系指大中祥符以后所搞的"天书封祀"闹剧。此闹剧从大中祥符元年（1008）导演天书下降之后，至乾兴元年（1022）真宗死去，垂帘听政的刘太后将天书殉葬为止，十五年间，东封泰山，西祀汾阴，营建玉清昭应宫，全国各地，大兴土木，宫观迭起。这场闹剧旷日持久，规模宏大，劳民伤财。据《宋史·食货志》载，"景德郊祀七百余万，东封八百余万，祀汾阴，上宝册又增二十万"。大中祥符营建玉清昭应宫"及其功毕，海内虚竭"②。

宋初对佛教的扶持和提倡与尊崇儒道略不相同，这主要是由于佛教在周世宗统治时期遭到了废斥，这被称为佛教史上的"三武一宗"的法难之一。赵匡胤对世宗的废佛政策是不赞成的，故赵匡胤登基以后，对佛教的政策是朝着缓和周世宗废佛政策的方向前进的，太祖经常参拜大相国寺、紫岩寺等佛教名刹大寺，乾德二年（964），"诏沙门三百人，入天竺求舍利及贝多叶书。（王继）业预遣中。至开宝九年，始归寺"③。如此大规模的西行求法，且在印度游学长达十余年之久，这在中国历史上，至少在宋以前的中国历史上是极不多见的。并且对僧行勤等157人愿至西域求佛书的请求给以支持，另外，中国佛教史上第一部官刻的大藏经《开宝藏》亦是在太祖开宝四年起开刻的。宋太宗即位以后，对儒、释、道都表示了尊崇的态度，并倡导三教共存，和睦相处。其突出表现之一是下令苏易简、道士韩德纯、僧赞宁各自分别编撰三教的《圣贤事迹》。④这种对三教不偏不倚的态度显然含有倡导三教并存的意义。后来僧人赞宁提出"三教是一家之物，万乘是一家之君"⑤。

此外，太宗还建立了译经院旋改为传法院，派遣权贵充任译经使、润文官，组织印度、西域来宋的僧人和一些宋僧，从事佛教经典的翻译。真宗继位更加崇奉佛教，他学乃父著《圣教序》的样子，又著《续圣教序》给佛教以极高的评价。其后宋朝基本奉行以儒教为主、佛道为辅的治世思想。

---

① 《长编》卷七二，大中祥符二年十月甲午，第1637页。
② 《宋史》卷一七九，《食货志》，第4349页；《宋史》卷四四二，《苏舜钦传》，第13074页。
③ （宋）范成大：《吴船录》卷上，《范成大笔记六种》，第204页。
④ （宋）宋敏求：《春明退朝录》卷下，中华书局，1997年，第46页。
⑤ （宋）赞宁著，富世平校注：《大宋僧史略校注》卷下，《总论》，中华书局，2015年，第229页。

宋初佛教界较有影响的是华严宗、法相宗和律宗，禅宗尚未盛行。宋仁宗、英宗、神宗时期，由于皇室喜好，有意扶持，禅宗在京城和北方开始兴盛起来，并且逐渐发展成为中国佛教中的主流派。在禅门五宗中，沩仰宗在宋代以前已经衰微不传。进入宋代后，相继传播的禅宗派别是法眼宗、云门宗、临济宗，最后是曹洞宗。

宋徽宗的佛道政策经历了四个阶段：佛道并重阶段、崇道升温阶段、狂热崇道抑佛阶段、降温收敛阶段。大观二年（1108）二月己未，宋徽宗"御笔批：道士序位令在僧上，女冠在尼上"。这改变了太祖时开宝五年"诏僧道每当朝集，僧先道后"的秩序。徽宗加强同龙虎山道教的联系，大观、政和年间，先后发生了张怀素案、孟翊案、郭天信惠洪案，宋徽宗在政和六年（1116）听信道士林灵素编造的虚妄神话，称徽宗是"上帝之长子"神霄玉清王下凡，号"长生大帝君"，① 翌年下诏全国改天宁万寿宫为神霄玉清万寿宫，在殿上设长生大帝君像，自称"教主道君皇帝"，重和元年（1118）诏宰相蔡京、枢密使童贯等人为神霄玉清万寿宫使，同时大兴道经之学。整理道书、修订道仪，大会宣讲神霄说，神霄说排斥佛教，铸神霄九鼎，设立与道教相关的节日。宣和元年（1119）甚至正式下诏废佛，改佛为大觉真仙，菩萨为大士或仙人，僧改称德士、尼称女德士，改变服饰，寺改为宫，院改为观。此年十一月林灵素骗局败露，遭到罢斥流放，接着被赐死，这场闹剧才得以收敛。宣和二年（1120）六月、九月先后下诏恢复了寺额、僧称，然而宋徽宗称教主道君皇帝，祠神霄宫如故。宋徽宗的崇道并不是单纯的崇道，他要崇的实际是以他为首的道教，所以，在尊崇之中，也包含了对道教的引导和改造。按照宋徽宗对道教的理解和看法划分，神霄宗则为高踞五宗之上的一宗，宋徽宗更是高居所有宗派之上的教主。宋徽宗的三教合一，不同于以往的三教合一主张，他是要实行道儒合一，然后将佛教合并进来。宋徽宗的抑佛也与前代有所不同，他不是采取拆毁寺院、迫害僧尼等，而是将佛教合并入道教。此次崇道，少见道教组织的主动行为，看到的主要是宋徽宗利用行政权力采取的措施，不少道士都参与了此事，但他们之间少有联系，即他们都只是作为个人参加，甚至看不到某一宫观的道士、某一宗派的道士有集体行动。②

宋高宗即位于兵荒马乱之中，开始无暇顾及佛道之事。局势稳定以后，出

---

① 《宋史》卷四六二，《林灵素传》，第13528页。
② 参见汪圣铎：《宋代政教关系研究》，人民出版社，2010年。

于统治的需要，宋高宗下令恢复了景灵宫、太一宫、万寿观等与道教相涉的设施，也对一些重要寺院给予了投资。宋高宗进一步强化了儒学在治理国家方面的主导地位，在他的统治下，儒学为主、释道为辅的格局得到重新恢复。

在宋朝的皇帝中，尊崇道教最为突出的是宋真宗和宋徽宗，宋仁宗有点重佛轻道倾向，而孝宗的倾向可能更突出一些。淳熙八年（1181），孝宗撰写反驳韩愈的《原道论》文章《原道辨》，他提出"以佛修心，以道养生，以儒治世"[①]。

孝宗的尊佛倾向，与他在所谓"元祐学术"苏轼、程颐两个流派中始终倾向于苏轼，而与程颐一派即理学一派保持距离有直接的联系，也与他同理学家们的关系长期处于不和谐状态有直接联系。

南宋在佛教发展上的重大举措之一，便是宁宗淳熙年间，史弥远奏请制定禅院等级，钦定五山十刹，其目的是"推次甲乙"，"尊表五山为诸刹纲领"[②]。当时各宗寺院皆有五山，以禅宗五山、十刹在历史上影响最大，这些寺院尽管并非宋朝创建，但却于此时改为禅寺，并有若干重建、增建、改建的建筑活动，从它们的建置情况可窥见南宋佛教发展之一斑。

理宗是第一位明确表示尊崇理学的皇帝，理学代表人物二程、朱熹等都视佛教、道教为异端邪说，对佛教、道教采取坚决反对、不容调和的立场。宋理宗时期修建了西太一宫、龙翔宫、崇恩演福寺、显慈集庆寺。撰写褒扬道教、佛教的文字，为寺院宫观题辞。与僧人道士交往。南宋中后期虽然官方尊崇理学，但是，文人士大夫中间真正如朱熹那样完全排斥佛、道二教的只是极少数。即便是朱熹的弟子，即便是理学家，也并非对佛道二教采取绝对排斥的态度。当时文人士大夫中的多数，还是认同官方调和三教的政策的。当然，多数文人士大夫认同的，是以儒学为主、释道为辅的政策。

## 二、对佛道的管控

宋朝在僧、道徒的管理方面，制度已相当完备和系统。出家人一般要经过很细密的制度程序和规定，须在寺院宫观系帐成为童行，拿到官方颁给的度牒后披剃、受戒、寺观入籍，得到官方颁给的紫衣、金襕衣、大师、法师先生、

---

① （宋）李心传：《建炎以来朝野杂记》乙集卷三，《原道辨易名三教论》，第544页。
② （明）田汝成：《西湖游览志》卷三，《净慈禅寺》，文渊阁四库全书景印本，第585册，第97页。

高士等名号，有功者得奖赏，不遵法制者有惩处，最后到死后得赐谥号等。为名利所驱，紫衣、师号竟成为僧人、道士争取的目标，甚至以贿赂取得，后来也可以购买，这也反映了僧人、道士以官府的评价为荣。

道教、佛教虽有所发展，在充当神人中介方面常常为世俗政权所依靠，但仍然不是当时社会占统治地位的意识形态，而是只作为全面政治的补充统治方式。所以，官方对道教、佛教发展的管控很严格。

僧道度牒颁给是控制佛道发展的重要一环，它是普通百姓变为僧道的必经关卡，因而受到统治者的特殊重视。度牒是度僧牒和道士度牒（紫衣师号）的简称，因其由礼部发放又称作"祠部牒"。度牒是由官府旨在掌控民众想要披剃出家为僧、道的一种许可证。出售度牒，唐代已有之，但并不常有。宋朝用出卖度牒筹集财政经费，始于宋仁宗嘉祐初年。自此以后，鬻牒便成为两宋宗教政策和财政政策的一项制度化常规化内容，且规模也越来越大。元丰六年（1083），出售一万道，大观四年（1110），每岁卖出空名度牒已近三万，致使"天下僧尼，比之旧额，约增十倍，不啻数十万人"[1]。南渡以后，为了应付庞大的军费开支，更是毫无节制地出卖度牒。自从实行鬻牒制度以后，传统的试经度僧制即已有名无实。"诸州每年经试，其就试者率不过三四十人，经业往往不通"，买卖度牒"稍能营图，便行披剃，谁肯勤苦试经？显见此科亦是虚设"[2]。由于鬻牒制度的实行，买牒成为出家人的一条捷径，于是再也无人愿意下功夫苦读佛经，试经度僧制已没有什么实际意义可言。此后南宋一朝就基本上取消了这种制度，至于恩度、普度则可以说没有，买牒度僧几乎成为僧侣的唯一来源。

宋代的僧尼、道冠人数在经历了从北宋初期到中期的持续增长阶段，即由北宋初大致近7万人，宋真宗天禧二年"普度道士、女冠、僧尼，凡度二十六万二千九百余人"，到天禧五年遂增至478000多人的最高峰值，其后至神宗、哲宗、徽宗朝逐渐降至在25万—27万人的规模。[3]南宋时期大约在20余万人。可见宋代对僧尼、道冠人数的管控自北宋中期以后是相当有效的。按照宋徽宗时人口达到一亿人计，大约只占总人口的千分之二三。

寺院宫观是道释二教进行宗教活动的主要场所，神宗即位之初"天下寺院

---

[1] 《宋会要辑稿》职官一三之二三，第2675页。
[2] 《宋会要辑稿》道释一之三三，第7885页。
[3] 《宋会要辑稿》道释一之一三之一四，第7875页。

宫观计三万八千九百余所"①。南宋临安一地就有566所寺院宫观。宋代既对释道二教采取利用、限制方针，从而对寺院宫观也就采取了保护现存者，严格限制创建的政策。宋代寺观比较有特色的是年号寺观的大量出现。年号寺观，不始于宋，唐已有之。宋朝的年号寺观不下数百所。宋初建国初期，京城就出现了年号寺观——建隆观。太祖在京城命名了一所年号寺，即开宝寺。宋朝京城以外各地寺院中，最多见的本朝年号寺观有：太平兴国寺观、景德寺观、大中祥符寺观和崇宁寺观。汪圣铎先生认为现今所知的年号寺观实际只是宋代年号寺观中的一小部分，宋代方志等相关文献佚失甚多，故而有相当数量的年号寺观因文献的遗失而失载。数以百计的年号寺观的出现，首先是世俗统治者能够驾驭宗教的体现。世俗统治者强制性地用年号作为大批寺观的名称，显然带有向人们显示其政治权力的意义，带有显示其能够向佛教、道教发号施令的意义。它是建立寺观、寺观命名要经过官方批准的直接派生物。其次，大量年号寺观的出现，还是世俗统治者承认佛教道教社会地位的体现。但是，寺观得到世俗政权命名，其中相当一部分又是以"赐额"的方式命名，这本身就表示了世俗政权对寺观合法存在的承认。宋代不少皇帝本人、皇族成员个人对佛教、道教的某些教义发自内心地崇信，看到他们对举行佛教、道教法事的热心，就会更加深刻地体会到宋朝统治者对佛教、道教充当神人中介角色的某种程度的承认。

　　中国古代寺制定型于宋朝，宋朝寺院的种类按住持产生方式可分为甲乙寺和十方寺，甲乙寺住持由同寺师徒相授，十方寺住持则可延请诸方有名望的大师。后者再依任命者之异又可分为疏请住持和敕差住持。疏请住持指地方官府参考僧录司的公举意见，以疏文延请住持。敕差住持指朝廷以宣敕差除住持。宋政府对寺院的管理也相应有干预程度之别。宋朝十方寺和甲乙寺不仅在寺内生活上前者比后者更有公平和民主性，且在宗派上还有禅与律、在住持继承上有延请诸方名德与同院师徒相授、在居食上有共居同爨与分房异爨、在财产上有公有与私有、在收度徒弟上有仅住持能收度与其他僧侣也可收度的差异。② 种种迹象表明，在宋朝，甲乙改十方、十方改甲乙制，律院、禅院、教院相互的变更等，都要申报朝廷得到批准后才能实行。官方必要时无须有充足理由即可改制。有时是僧人、道士主动要求的，另有一些则是朝廷或地方官做决定的，决策时往往并不征求僧人、道士的意见。特别是在寺观僧人、道士被指为有违

---

① （宋）苏颂：《苏魏公文集》卷一七，《奏乞今后不许特制创寺院》，《宋集珍本丛刊》第12册，第288页。
② 刘长东：《论宋代的甲乙与十方寺制》，《四川大学学报（哲学社会科学版）》2005年第1期。

法、不道德行为时，改制更是一种整顿的措施，更无须征求本寺观僧道的意见。此外，官方制定的五山十刹的制度，分禅院五山、禅院十刹、教院五山、教院十刹。名列五山十刹的寺院，其住持的地位最高，必须由皇帝敕命驻锡，有如仕宦而至将相。这正反映了寺院已完全丧失了独立性，以官府的评价为荣。

宋驻锡佛教势力在经济方面明显转弱。寺院免除税役的特权，到宋朝已经不存在，此事起于唐代中期，到宋朝完全确定。宋朝的寺院除官寺及少数经过特准者外，均须向政府缴纳二税。科敷亦须圣旨始能免除。寺院原无职役负担，但是自熙宁年间免役法实施后，寺院须出助役钱，以后亦须圣旨始能免除，僧人原来免纳身丁钱，可是自从南宋绍兴十五年（1145）之后，开始征收僧道免丁钱（清闲钱），数额各项记载不同。寺院不再像南北朝、隋唐时期一样，拥有大量的人口了。土地经营的方式在唐宋之际有很大的变化，部曲、奴婢在宋朝的社会已不复存在，即使净人在宋朝指出家修行的童行，奴婢则实际上是长期的雇佣人，他们都不是土地耕作的主要劳力。租佃制度在宋朝已深入寺院，租地耕作的佃户，是独立的编户齐民，而非依附于寺院的人口，他们也必须负担赋税（身丁钱）。

要之，宋代佛、道整体处于王权控制之下，无论是住持的选举权还是经济大权都被世俗王权所掌控。

## 三、佛道的世俗化及其影响

### （一）世俗化与庶民化

道教在宋朝出现两个新的发展趋势，一是自唐末五代以后，道教的神仙信仰发生了严重的动摇，人们不再相信长生成仙的虚幻目标，于是道教的宗教精神从出世转向入世，过去那种只注重个人修炼成仙的道术式微了，修炼的目的主要是解决如何度世的问题，修习方术为的是拯救尘世的苦难。道教神仙信仰的动摇，大大拉近了道教与俗世的距离，使这种正统宗教具备了重新融入民间社会的可能。这正是宋朝道教世俗化的一个征象。二是五代宋初以来，道教的内丹术取代外丹术。内丹术之取代外丹术，是道教史上的一件大事，引起这种变化的一个重要原因，就是耗资昂贵的服饵仙术无法适应宋朝以后的庶民社会，而简单易行的内丹炼养法则特别容易为人们所接受。内丹家声称内丹炼养法的适应性非常广泛，"有志之士，若能精勤修炼，初无贵贱之别，在朝不妨为治国平天下之事，在市不失为士、农、工、商之业"①。这种因内丹术盛行而向世俗化、庶民化的转变，为后来具有广泛社会基础的民众道教派别全真道和南宗的出现奠定了基础。

佛教的世俗化也是由信徒的日趋庶民化形成的。六朝隋唐时期，佛教的信仰者和支持者以门阀士族为中心，社会基础非常狭小，唐末五代以来佛教信徒已出现庶民化的倾向，而至宋朝庶民化的趋势随着社会变迁更向前大大迈进，宋太宗时，"东南之俗，连村跨邑去为僧者，盖慵稼穑而避徭役耳。泉州奏，未剃僧尼系籍者四千余人，其已剃者数万人，尤可惊骇"②。南宋道学家朱熹也说："佛氏乃为逋逃渊薮。今看何等人，不问大人、小儿、官员、村人、商贾、男子、妇人，皆得入其门。最无状，是见妇人便与之对谈。"③可见宋代佛教信徒庶民化的深广程度，以至于宋人形容当时佛教信仰之普及程度，有"处处弥陀佛，家家观世音"④的说法。另外，佛教成为皇室的附庸，自觉地投靠皇室，甚至不惜改变佛教戒律，向皇室顶礼膜拜，把寺院内庄严肃穆的礼佛院落，变成商贸活动的场所。许多步入空门的人不是出于信仰的需求，而是因为社会现实的原因，社会下层往往因经济拮据、走投无路投入佛门，以逃避役税，社会上层人士则因思想或政治原因，例如科举失意、变法却遭非议，甚至还有为躲避社会刑法制裁而转入佛门，加之宋代实行鬻牒制度，使得佛教僧侣也大都来自于社会下层，"自朝廷立价鬻度牒，而仆厮下流皆得为之，不胜其滥矣"⑤。这更是前代所没有的现象。因此这些僧侣不是为了来世往生净土，而是为了现世谋求生路，其中遵守戒律者少，作奸犯科者多，他们把教义置之脑后，对来世不抱希望，有强烈的入世欲望，这与佛教的世俗化一拍即合。因此禅宗备受青睐，禅宗寺院建筑经唐末、五代的发展，至宋朝已日趋完善。

众所周知，禅宗庶民化的倾向与百丈怀海大师创立禅门清规和丛林制度分不开。魏晋六朝以来，大型律寺是佛教寺院的主流。百丈怀海在宪宗元和年间进行的教规改革，把禅院从普通律寺中分离出来，缩小寺院规模，简化寺院形式，只立法堂而不设佛殿。寺院内部的等级壁垒也不再像过去那么森严，僧众

---

① （宋）夏元鼎著，张文修点校：《紫阳真人悟真篇讲义》卷六，张继禹主编：《中华道藏》第19册，华夏出版社，2014年，第482页。
② （宋）李攸：《宋朝事实》卷七，第122页。
③ （宋）黎靖德编：《朱子语类》卷一二六，"释氏"，第3037页。
④ （宋）普济集，苏渊雷点校：《五灯会元》卷一六，《大中德隆禅师》，中华书局，1984年，第1056页。
⑤ （宋）王栐：《燕翼诒谋录》卷三，中华书局，1981年，第24页。

均行普请法，无论地位高低都必须参加劳动，"一日不作，一日不食"，这就是为人盛赞的农禅生活，节俭和勤劳成为禅宗的伦理规范。唐末五代以后，随着禅宗的风行天下，百丈怀海创立的丛林制度为各地佛教寺院普遍采纳，尤其是宋真宗时杨亿将《百丈清规》呈进朝廷后，原来私订的清规从此取得了合法的地位，对宋朝以后的中国佛教影响很大。如果说慧能主要是从教义和修行方式上使佛教世俗化的话，而百丈怀海则从教规上推动了佛教的庶民化。

从唐朝中叶以来，除了新禅宗之外，另一种极富庶民色彩的佛教宗派就是净土宗。比起禅宗来，净土宗的教义更为简单，理论内容更为粗疏。按照净土宗的说法，它以"净土"作为崇佛修行的目标，信仰者无须即身成佛，而只要能够往生到阿弥陀佛所在的西方极乐世界就行了。其修行方式比禅宗还要简便。只要念诵佛号就可以往生净土，以至于宋释慧亨称赞净土法门"神方简易真希有"。因此，像净土宗这样一种义理贫乏、方法简单的信仰法门，特别适合宋代以后的庶民社会。两宋时期，净土宗在社会下层广泛传播，并且为佛教各宗派共同信仰和兼修。严格地说，净土宗本身是不能算作一个佛教宗派的，它主要是作为一种修行法门而受到人们的普遍欢迎。

由于宋代城市繁荣，城乡手工业和商业发展，也强烈地刺激了寺院经济同世俗社会的联系，变得相当活跃。建立于隋唐的"无尽藏"，被扩充成了纯粹商业性的经营，称之为"长生库"，寺院还普遍开设店铺、碾硙、仓库等商业性服务项目，发展营利事业。与此相应，寺院内部职事的分工日趋细密，上下等级界限日趋清楚，禅宗初期的平等关系不复存在。即使在农禅基础上发展起来的寺院，也显示了庄园经济的规模。寺院生活与世俗生活在经济和政治上日益接近，一些农村和边远地区的僧侣，甚至可以娶妻生子，而俗以为常。

佛教的世俗化还表现在艺术上，例如在大足石刻，宗教艺术让位于世俗艺术最重要的见证，是在大足宝顶山石窟中大规模地出现反映现实生活场景的造像。"地狱变相"中养鸡女的情态，饮酒人醉后的昏晕，"大方便佛报恩经变相"中六师外道手舞足蹈、独奏横笛的民间歌舞场面，"父母恩重经变相"中佛前求子、怀胎守护、临产受苦、生子忘忧、哺乳小孩、母子同眠、婚娶宴会、送别教子等一系列养育子女的场景，"牧牛图"中融自然美景与辛勤劳作为一体的牧牛场面等，都把当时人们喜闻乐见的世俗生活情趣融入了宗教艺术之中。

其实，佛教世俗化的最大表现是佛教神权向世俗皇权的进一步依附。前代佛门不拜王臣在宋朝发生了扭转。欧阳修在《归田录》卷一曾记述一则故事，宋太祖至相国寺烧香，问当拜与不拜，"僧录赞宁奏曰：'不拜'"，问其何故，赞宁很能揣摩宋太祖的内心，随口回答说"见在佛不拜过去佛"，宋太祖对此很满意，其后"遂以为定制"，"行幸焚香，皆不拜也"。这则故事是传闻的成分很大，且与史实有点出入，因为赞宁是吴越国僧人，太宗初期吴越归降，才入宋。不过，虽然是传闻，但是这则故事传递出的信息却符合宋朝历史的实际，即佛教神权不再能凌驾于世俗皇权之上，从而表明佛教在中国化道路上进一步向世俗皇权低头或依附。道教是本土宗教，从魏晋时起仙界实际上就是人间官府的写照，宋朝人不仅士大夫不羡慕神仙："信有神仙足官府，我宁辛苦守残书"[①]，"携酒何妨处处，寻梅共约年年，细思上界多官府，且作地行仙"[②]，而且民间妇孺盛行一种以仙官为终极大赢家的"选仙图"的桌游游戏。王珪《宫词》之八一："尽日闲窗赌选仙，小娃争觅倒盆钱。上筹得占蓬莱岛，一掷乘鸾出洞天。"[③] 这种"选仙图"游戏一直延续到清朝民间。道教之沦落于此可见一斑。

### （二）佛道的社会影响

道学是儒释道三教会通，特别是儒家吸收佛教思想而形成的。关于宋代道学或理学的形成，学术界早有大致相同的结论，概括地说，就是儒家在长期与佛教、道教思想会通的基础上，适应时代的需要而逐渐形成的，无论在宇宙论、心性论、伦理论和修养等方面都利用和吸收了佛道二教的思想乃至思辨的方式。从唐代中期李翱的《复性书》到宋朝周惇颐的《太极图说》，张载的《正蒙》，程颢、程颐、朱熹等人的性情之说、理气关系、涵养"持敬"，都能看到道教的道气论、宇宙论和佛教的心性论、理事关系论、禅修方法的印记和巨大影响。另一方面，禅宗"不立文字"的宗旨虽然在早期为其争取到大量的民间信众，但同时也妨碍了禅学在学术方面深层的阐发。因此，禅宗语言的不可言说与击打棒喝的低俗特点逐渐转向了儒学以"仁义"为中心的诗教观。同时，宗教礼仪、法统之说也伴随着北宋儒学复兴不断被禅僧创作添加，禅宗的正统性与传法的神圣权威性被不断强化。

继隋唐佛教中国化之后到宋代出现了一些新情况，譬如《四库全书》及其他典籍收录有僧人文集8种，其实僧人文集并不限于此。不过值得注意的是，这些僧人文集的作者都作为土生土长的中国僧人，终其一生生活于中国这片土

---

① （宋）陈师道撰，任渊注：《后山诗注》卷七，《和黄预七夕》，四部丛刊初编缩印本（三）。
② （宋）陆游：《渭南文集》卷四九，《乌夜啼其三》，四部丛刊初编缩印本（一二）。
③ （宋）王珪：《王珪宫词八十一》，《宋集珍本丛刊》第14册，第733页。

地上，并未远至西域求法，且少年时期都接受了儒学教育，在他们的思想中，儒释两种文化同时存在，不可避免地就会寻找二者之间的共通之处。北宋中期，印度走向了衰微分裂，随后西夏的兴起阻隔了东西交通，使得中国禅宗无法向印度佛教汲取营养，只能在中国这片土地上寻求发展契机，因此进一步摆脱了印度佛教繁琐的神学理论和宗教礼仪，逐渐与中国儒学的发展步调一致。此时兴起的以抑制佛道发展为表现之一的儒学复兴给佛学提供了现实契机与理论依据。禅僧的生活状态以及文章都体现出了脱离印度本土佛教的特点，原始佛教的特点在他们身上逐渐地消失，他们成长为一批具有新特征的僧人。①

由于宋廷重视译经并委派高官参与译经，积极扶持佛教，在朝野上下儒者士大夫中形成尊重佛教、探究佛教和接近乃至信奉佛教的风气。很多著名的文人、士大夫都曾与佛教有密切关系，有的甚至是居士，其中有不少人与禅僧保持密切的交往。而这一时期有好几位佛教徒是知名的优秀诗人，他们还留下了自己的诗集或其他文学作品。北宋的诗僧队伍，以"九僧"即宋代初期诗僧希昼、保暹、文兆、行肇、简长、惟凤、宇昭、怀古、惠崇等九人的并称为首，此后代不乏人，如智圆（976—1022）、重显（980—1052）、佛印（1038—1098）、道谦（参廖，生于1043年）；以词著称的仲殊（约卒于1104年）、惠洪（1071—1128）。其中，作为"文字禅"运动领袖的惠洪，具有特殊意义。"文字禅"运动摆脱了传统禅宗对于词语、书写的不信任，试图调和禅宗实践与学者对于各类文本的礼敬之请。文人的世界与禅僧的世界原本渊源甚深，"文字禅"则使二者联结得更为紧密，以至于几乎难解难分。宋代诗僧与当时的著名文人交往、唱和，留下许多佳话。

南宗禅在宋朝文人中极为流行，对宋诗学的影响也极为广泛，以禅喻诗或以禅论诗成为时尚。苏轼认为可用禅家习静功夫体察万物，而得群生动态；以禅家空观之法纳万境，而得人世物象之真谛；由禅的空静修养得诗法之真巧，禅法与作诗两不相妨。此说开宋人以禅论诗之风气。郭绍虞先生认为，诗禅之说可有数义，一是以禅衡诗，或言诗禅了不生关涉，或视诗禅可如水乳交融；二是以禅喻诗，指一旦豁然贯通之境或妙悟。

近期的研究表明：禅宗语录公案影响宋人诗话。禅学影响于诗，进而影响学术思想，两宋诸儒门庭半出佛老，理学家之学案语录俱出禅宗，这已成定论。

---

① 纪雪娟：《宋代禅僧对儒学的吸收与回应——以〈四库全书·集部〉僧人文集为视角》，首都师范大学 2014 年博士学位论文。

而详考宋朝诗话之体例及其内容,殆有取禅宗之看话头、参公案的地方,禅宗语录及传灯录所记的和尚语为禅话,诗人所记之语为诗话。前者以资参禅,后者以资闲谈。禅人参禅,取一公案或话题,反复参求,冀求开悟;诗话亦拈取一诗一联,冀读者参透一句一联之妙,则足以知诗论诗矣。与此同时,禅宗宗派在很大程度上影响了诗学宗派。吕本中立江西宗派图,以山谷比禅宗初祖,盖取"教外别传"之意也,禅宗之立宗分派,乃在树立自家宗旨,不容同中有异;而江西诗派的建立,亦有比取禅宗之宗旨以立诗之宗派的意思。诗坛之分宗派,实始于此。①

在宋朝社会生活的各个方面,几乎都能看到佛教的影子,其中最典型的例子莫过于放生与民间丧葬。放生习俗至迟在南北朝时期已见诸史载,这种习俗对南北朝以后的放生池的修建和推衍能有多大影响,现尚未见史实说明。确切地说,放生池的修建和放生习俗的形成,是佛教文化与中国文化相结合的直接结果。入宋以后,佛教更向社会世俗渗透,这种渗透有两个典型的表现,一是相传"初,释迦于四月八日夜,从母右胁而生"②。"四月八日,佛生日",故庆佛生日又称浴佛节。③浴佛节中放生是一重要内容。苏轼在《乞开杭州西湖状》中说:"天禧中,故相王钦若始奏以西湖为放生池,禁捕鱼鸟,为人主祈福。自是以来,每岁四月八日,郡人数万会于湖上,所活羽毛鳞介以百万数,皆西北向稽首仰祝千万岁寿。"④"四月八日,西湖放生池建放生会。顷者,此会所集数万人。"⑤二是受佛教的影响,自唐朝以来君主的生日亦比照佛的生日大搞庆典。宋朝建立后延续了这种做法,并有所发展。宋朝每个皇帝的生日都被立为"圣节"。放生是诸多祝寿庆节活动中的重要内容。淳祐七年(1247)正月丁卯,诏曰:

> 朕惟诞节放生祝寿,乃臣子忠爱,锡宴食品自有彝式,如闻州军县镇缘此广务烹宰,殊失好生之意,今宜戒饬不得多杀物命,一如景祐三年诏书,务令遵守,仍于所在放生池刻石。⑥

---

① 参见孙康宜、宇文所安主编:《剑桥中国文学史》上册,1375 年之前,第五章"北宋",刘倩等译,生活·读书·新知三联书店,2013 年。
② 《魏书》卷一一四,《释老十》,中华书局,2003 年,第 3027 页。
③ (宋)孟元老:《东京梦华录笺注》卷八,第 750 页。
④ (宋)苏轼:《苏东坡全集》下册,《奏议集卷七》,第 479 页。
⑤ (宋)吴自牧:《梦粱录》卷一九,《社会》,第 168 页。
⑥ (宋)潜说友:《咸淳临安志》卷四一,诏令二《圣节戒勅烹宰》,淳祐八年,第 3732 页;《理宗御书放生池敕》碑则系于淳祐十年正月,《宋代石刻文献全编》第二册。

除君主生日放生外，深受佛教熏染的士大夫，亦以放生庆祝生日。此风还流传及邻国高丽，"高丽人尝在常州，买民间养鸽放之，鸽识家飞去，常人唯恐不售，使还。又托生辰，买鸽放生，人家争出名鸽，既售，即笼入舟中，去更数日，方生辰，遂载行，反以为得计"①。由这条材料亦可看出，生日放生在当时是一种相当流行的民俗。为君主放生祝寿习俗在某种程度上为宋朝专制主义政体的发展起了推波助澜的作用，在那些为放生祝寿所撰写的词赋奏章中，对君权的崇拜和对君主的恣意颂扬，几乎到了无以复加的地步。

因为佛教主要是关心来世的问题，所以丧葬的方式自然与它很有关系。宋人胡寅说："自佛法入中国，以死生转化恐动世俗千余年间。"②宋英宗时，蔡襄就说当时民间丧礼已"尽用释氏"。③佛教化的丧葬礼俗已经普遍为社会绝大多数人所接受。宋代的儒家士大夫虽然普遍对佛教化的丧葬礼俗持反对态度，但在现实生活中却又往往不得不顺从于这种强大的民俗力量。如宋朝民间"世俗信佛屠，以初死七日至七七日、百日、小祥、大祥必作道场"，司马光虽"至不信佛，而有十月斋僧、诵经追荐祖考之训"，至于像程颐那样公开宣称"吾家治丧不用佛屠"④的士人，在当时是被人们视为标新立异的。

丧葬礼俗佛教化的另一个重要表现就是火葬的盛行。宋朝是中国历史上火葬最盛的一个朝代，有一种估计，认为宋朝全国各地的火葬率约在10%—30%之间，有关研究表明，宋朝凡是火葬盛行的地区，佛教都非常发达：如两浙路和福建路是宋朝火葬最盛的地区，同时也是佛教最发达的区域。⑤朱熹曾告诫他的弟子，不要因循陋俗"用僧道火化"。⑥将火葬称之为"僧道火化"，火葬就是在佛教世俗化和庶民化的背景之下盛行起来的。

在宋朝礼法中，水旱祈祷、祝寿、资荐亡灵、禳灾这四个方面受佛教、道教的影响最为明显。从政教关系的角度看，水旱祈祷、祝寿、资荐亡灵、禳灾这四个方面又恰是僧人、道士为国效忠的四条重要途径。前代皇宫内举行佛教、道教宗教祈祷活动称为内道场，宋朝内道场大致从太宗开始。内道场举行的缘由，一般是皇帝或太后病危，皇帝或太后去世，办丧事时往往在宫内举行道场，

---

① （宋）朱彧：《萍洲可谈》卷二，《全宋笔记》第二编第六册，大象出版社，2006年，第158页。
② （宋）胡寅：《斐然集》卷二〇，《悼亡别记》，文渊阁四库全书景印本，第1137册，第555页。
③ （宋）蔡襄：《蔡忠惠公集》卷一八，《国论要目·明礼》，《宋集珍本丛刊》第8册，第84页。
④ （宋）俞文豹：《吹剑四录》，《全宋笔记》第七编第五册，大象出版社，2016年，第196页。
⑤ 徐吉军：《论宋代火葬的盛行及其原因》，《中国史研究》1992年第3期。
⑥ （宋）黎靖德编：《朱子语类》卷八九，《礼》，（六）"冠昏丧"，第2280页。

## 第十四章 宋朝的宗教及民间信仰

为皇帝、皇后或太后祝寿,祈雨晴祈丰收,重大典礼前后的预告与答谢以及灾异、节庆。在许多社会里,鬼通常象征危险,或至少不是一个受欢迎的符号。宋人和前朝人一样,相信人死后会成为鬼,应去另一个世界,因此以某种宗教仪式送别亡灵。和前朝不同的是,无论是佛教或道教,大型度亡仪式在宋朝都有了新面貌,其中水陆法会和黄箓斋两种仪式在宋朝的变迁最为显著。佛教水陆法会、道教黄箓斋不仅为宋人送亡的主要仪式,而且佛道之间还在民间展开竞争。

道教的黄箓斋也是宋代重要的超度仪式之一。黄箓斋在宋朝为朝廷用以消灾、度亡、祈福,尤其是南宋,最被重视的是其度亡的作用。有鉴于南宋初年金人不时入侵,地方盗贼横行,百姓受兵火、盗贼、疾疫、饥寒而死者甚多,张纲(1083—1166)举行黄箓斋大醮,祈望"万里潜消鬼哭之声,六道四生永脱轮回之苦"①。地方官以黄箓斋超度死于兵燹、水旱、疾疫之士卒或百姓的活动延续至南宋末年。民间也举行黄箓斋以超度亡灵。

佛道二教的竞争早在魏晋南北朝时就已出现,一直到宋代都可见其痕迹。不同的是,过去的竞争多半见于朝廷或达官贵人之间,在民间的竞争不是没有,而是呈现得不够清楚。然而到了宋代,上自朝廷,下至民间,此二仪式均广受采行,这是极大的差异。到了南宋,此二仪式的竞争因仪式的修订,攀上了新高峰。有竞争,自然也有模仿。无论是水陆法会或黄箓斋,都有相互仿效对方的仪式之处。因此在实际执行上,常可见另一仪式的痕迹,相互仿效的结果也导致彼此间的界线模糊。大型仪式花费巨大,无力负担者仍有送亡之需,僧侣可提供较水陆法会更便宜的仪式;同样地,道士也可提供一些较黄箓斋更经济的仪式,所以其间必然有竞争存在。总而言之,宋代的商业化大潮也涌进了宗教市场,竞争明确地存在于宋代的超度或送亡的仪式市场里。

此外,伊斯兰教在宋以前已从水陆两路传入中国。宋朝沿海(江、河)一些城市,如广州、泉州、扬州、杭州等地,都有信仰伊斯兰教的商人前来,如广州海南番商"多市田宅,与华人杂处"被宋廷禁止。②番商在这些地区建立了一批清真寺,如广州的怀圣寺、泉州的清净寺、扬州的礼拜寺等。南宋时大食诸国蕃客在杭州兴建礼拜寺院,伊斯兰教得以在杭州传播。③

---

① (宋)张纲:《华阳集》卷三〇,《众会黄箓青词》,四部丛刊三编本(六)。
② 《长编》卷一一八,景祐三年四月辛亥,第2782页。
③ 马建春:《两宋时期留居杭州的穆斯林蕃商胡贾》,《浙江社会科学》2011年第4期。

## 四、民间大众信仰

美籍华裔学者刘子健先生以为受了近代西方的影响，人们往往轻易地采用他们关于宗教的定义。用这种定义来看中国式的信仰，总不对头，有时还感到莫名其妙。西方主要的宗教，有他们的特点，强调单一性和排他性，不能简单将中国式的信仰体系和西方式的宗教画等号。中国式的信仰和宗教大体上可以分为四大类：社会的礼教、团体的崇教（行业信仰）、少数人的别教或个别宗教、大众的宗教，不单是上下都盛行的大宗教，还有许多民间繁杂的宗教。礼教是关系行为和仪式的规范，在中国文化里，这是基本的信仰，因为全社会都信服，都遵行，不容怀疑。人们可以用复合的方式，同时信奉其他的信仰、其他的宗教。但有一项绝对的限制，必须要以礼教为准则。至少，不能和礼教有大冲突。

自汉以降，一部佛教中国化的发展史就是最好的说明。佛徒倡导的"三教合一"到宋朝已成定式，并有所发展，其首倡者是孤山智圆。他说：

> 夫儒、释者，言异而理贯也，莫不化民，俾迁善远恶也。儒者饰身之教，故谓之外典也；释者修心之教，故谓之内典也。惟身与心，则内外别矣。蚩蚩生民，岂越于身心哉？非吾二教，何以化之乎？噫，儒乎，释乎，其共为表里乎！故夷狄之邦，周孔之道不行者，亦不闻行释氏之道也。[①]

儒重"饰身"，佛重"修心"，内佛外儒，共同治理民众，这是他主张的特点。北宋著名的学僧契嵩说："儒、佛者，圣人之教也，其所出虽不同，而同归于治。儒者，圣人之大有为者也；佛者，圣人之大无为者也。有为者以治世，无为者已治心。"[②] 这一思想，即如孤山智圆所概括的"修身以儒，治心以释"，"共为表里"。释契嵩认为佛教绝不可离开"天下国家"大事和君臣父子等伦理规范，而为一人之私服务："佛之道岂一人之私为乎？抑亦有意于天下国家矣！何尝不存其君臣父子邪，岂妨人所生养之道邪？"[③] 宋朝佛教，几乎没有哪一派

---

① （宋）释智圆著，邱高兴、朱红校点：《闲居编》卷一九，《中庸子传上》，董平主编：《杭州佛教文献集萃（第一辑）》第4册，宗教文化出版社，2016年，第2143页。
② （宋）释契嵩：《镡津文集》卷八，《寂子解》，日本国会图书馆藏覆宋刊本，载《日本五山版汉籍善本集刊》第3册，西南师范大学出版社、人民出版社，2013年。
③ （宋）释契嵩撰，纪雪娟点校：《镡津文集》卷一，《原教》，西南师范大学出版社，2016年，第14页。

不向儒家靠拢。宋朝的另一知名文僧惠洪,曾经把儒和佛比作掌与拳,他说:"吾道比孔子,譬如掌与拳,展握故有异,要之乎则然!"[①] 这就是说,佛儒不但是一家,而且是一体的。

中国文化一向重视家族的血缘。皇室的天地祖宗崇拜,文武大臣的家庙、祠堂和家神,就属于家庭和家族团体都祭祀祖先。这种观念又延伸到职业行会的团体。在集会的时候,供奉崇尚个别行道的祖师爷。除鲁班、仓颉、孔子、先贤祠等之外,宋朝已出现若干行业神,如有田神、蚕神之类。各州县的山川、圣贤等神灵崇拜,各州县城的城隍庙,成为宋朝神灵崇拜的一大热门,宋朝的土地庙崇拜十分普遍,宋朝另一类地方祠是历代和本朝的忠臣义士祠。山川神灵的拟人化倾向,除古代圣贤、当代名人外,很多山川等非人的神灵,也往往被赋予人的外形。这类被列入国家祀典的神灵,数额相当可观。据南宋初,权工部尚书韩肖胄就说:"祖宗以来,每岁大、中、小祀百有余所。"[②] 庄绰曾较详细地记述了北宋东京一年的祭祀活动的细目:"国朝祠令,在京大中小祀,岁中凡五十。"[③] 在这里需要提出的问题是他们的崇敬对象是不是神?可以直言,不完全是宗教信仰的神,但有神化的表征。无论如何神化,这些崇敬的信仰,和通常所谓崇拜的宗教不同。从来没有人把家里的祖先看作和菩萨一样,也没有人把孔子或一批先贤当作神仙那样看待。纵然有人相信他们有灵,也还不是大家都公认的神。

中国式的大众信仰是复合的,礼教、崇教、宗教在不同的层次上,复合的兼存并行,正因为如此,这复合性又再扩大一层,认为除了礼教之外,这些崇教就是多元的。所以相信超世神的一些宗教,同样是多元的。至于民间宗教,相信许多互不相干的神,更是很多元的。如前揭大足宝顶山造像开凿于南宋中晚期(公元12世纪末—13世纪中叶),这是一处有专门设计、整体构思、完整教义、统一构建的大型佛教密宗道场。在这里,佛教教义用连环画式的石刻,通俗地图解着、昭示着。然而,这已非原本的佛教教义,儒家的孝道和仁理,道家色彩浓厚的田园牧歌,被和谐、统一地表达出来。佛教教义的中国化、思想感情的世俗化、表达方式的大众化,成为大足石刻的一大特点。大足石刻中,除佛教造像外,还有道家造像,儒家造像,更有集儒、佛、道"三教"于一处

---

[①] (宋)释惠洪:《谭津文集》卷二〇,《礼嵩禅师塔铭》,第491页。
[②] 《宋史》卷九八,《礼志一》,第2426页。
[③] (宋)庄绰:《鸡肋编》卷中,中华书局,1983年,第57页。

的石篆山摩崖造像。更有甚者，在大足妙高山石窟一处南宋时的造像中，释迦与孔子、老君同刻于一窟。从北宋的三教同区到南宋的三教同窟，这种奇特的文化现象，说明了三教之中你中有我、我中有你的融合趋势。

兼信并行，还不只有名的佛道两大宗教。实际上，中国绝大多数，平常最熟悉惯行的是民间宗教诸如城隍、土地、关公、财神、寿星、门神、灶王爷、妈祖、天妃、瘟神、牛王……不胜枚举。这些民间宗教，各有各的功能，特别是心理上的功能。在没有希望时，可以多一层希望，多一层安慰，最重要的例子是求雨求晴。宋朝从建立之初即开始有系统地对祠庙进行封赐官爵和庙额的活动，"诸祠庙。自开宝、皇祐以来，凡天下名在地志，功及生民，宫观陵庙、名山大川能兴云雨者，并加崇饰，增入祀典"①。神宗以后更是对封赐做制度化的整顿。对祠庙封赐官爵和庙号，一方面是为了打击非官方认可的所谓淫祠；另一方面则是"基于与为神祇塑像、建庙的信徒们同样的假设：神祇需要人类的承认，以便能够继续显灵"。"详定《九域图志》所言：'郡邑祠庙多出流俗，一时建置，初非有功烈于民者。请申敕礼官，纂修祀典，颁之天下，以仿先王之命祀。与图志实相表里。'从之。寻令：'礼部太常寺修祀典，已赐爵及曾封爵者为一等，功德显著无封额者为一等，若民俗所建祠无功德为一等，各系上尚书省参详可否；若两处庙号不同者，取一高爵为定。'从之。"②从以上的规定看出，赐封神祠的主要根据就是是否有"显著功德"，对于龙祠的封赐当然是看他能否及时"兴云雨"。

理学家认为，"大凡不当祭而祭，皆曰淫祀。淫祀无福"③。有宋一代，民间淫祠层出不穷。宋朝官府常禁止淫祠。宋徽宗虽耽溺道教，却"诏开封府毁神祠一千三十八区"④。宋理宗时，胡颖在浙西路和湖南路"毁淫祠数千区"。总的说来，宋代神祠的规模和数量超过了佛寺。

当然对于那些所拜者属淫神、私设庵庙、妖人惑众、男女混杂、夜聚晓散的"异端教"，宋廷更是严厉禁止。北宋后期兴盛于两浙地区的"吃菜事魔"，在方腊起义被镇压后即严行取缔，但是直到南宋末年在两浙地区仍有不少信徒。

南北朝以来就传入中国的摩尼教在北宋河北、四川、福建、江浙一带，均颇盛行。宋朝摩尼教继承唐代摩尼教佛化的传统，同时又有道教化的倾向。宋

---

① 《宋史》卷一〇五，《礼八》，第2561页。
② 《文献通考》卷九〇，《郊社考二十三，杂祠淫祠》，第1772页。
③ （宋）陈淳：《北溪字义》卷下，中华书局，1983年，第62页。
④ 《宋史》卷一〇五，《吉礼八·诸祠庙》，第2561页。

真宗大中祥符九年（1016）编辑《道藏》，摩尼教徒曾贿赂主编者，将《二宗三际论》编入。除了上述民间结社秘密传教的摩尼教外，也有部分摩尼教是公开传播，并且得到地方官的支持。这类摩尼教徒多建立佛化或道化的寺院，在其中静心修行。

方腊起事以摩尼教为号召，这次规模很大的乱事使政府对摩尼教产生很大的戒心。所以乱平以后，也与"吃菜事魔"一同禁令愈加严厉。然而禁令愈严，摩尼教却愈传愈盛。到了南宋，不仅传播于农村之中，甚至秀才、吏人、军兵也相传习。这说明摩尼教在很大程度上适应下层百姓的诉求和信仰，当然其中也有反抗政府压迫的意义。

与摩尼教相似的，南宋还有白莲教的活动。白莲教起源于佛教的净土宗，但专职的教徒可以娶妻生子等。方腊起义与白莲教发生了密切关系，白莲教也因此在地方政府官员的判词里渐次被抹去正统佛教的形象而被视作异端佛教了。所以白莲教往往与摩尼教一并被官府禁止。官府无意于区分两者，统称"妖教"。白莲教流行于台州、信州、饶州一带，"往往传习事魔，男女混杂，夜聚晓散"，"曰我系白莲，非魔教也"。宋末的官员曾"毁撤"抚州的一个白莲教堂，并没收其"田业"。①

巫觋产生甚为久远，许多人认为儒家的兴起与巫觋有关联。巫觋自商周以降其特点被认为能通鬼神，从事某些宗教活动，如占卜、预知、驱鬼、治病等。许慎在解释"巫""觋"两字时则云："巫，巫祝也，女能事无形，以舞降神者也。……觋，能齐肃事神明者，在男曰觋，在女曰巫。"宋朝巫觋信仰，没有系统的教义、成册的经典、严格的教会组织，其教理、科仪、组织与俗世体制或社会族群各阶层的观念、结构等密切结合，是比较典型的民间宗教信仰。根据文献记载宋代尚巫右鬼风俗分布地区除了京畿路、京东东路、京东西路、河北东路、河北西路、河东路、秦凤路和淮南路八路外，主要分布在广大南方地区。若以南宋而言，在北宋未见巫风之北方各路，多沦陷于金人铁蹄之下，故若说尚巫右鬼是南宋全国的风俗，也未为太过。虽然无法得知宋朝巫觋的确切人数，但从官员和士大夫对巫风的批评，凸显了部分地区巫觋和巫户的惊人数目，也多少反映了社会上的普遍情况。就巫觋的发展历史而言，宋朝正处于一个关键的转变时期；与唐代及以前不同，宋朝废太卜署，官方祭祀不再任用巫觋。巫

---

① 王曾瑜：《辽宋西夏金社会生活史》第十四章，载氏著：《纤微集》二四，《辽宋金代的多种宗教信仰》，河北大学出版社，2011年。

觋从此完全没入民间，与地方社会紧密结合，其情况与前代自有不同。宋朝巫觋在缺乏有效的机制下，就是透过"仪式"传播延续下去。巫觋存在的形态，既有居于左邻右里之中而与一般编户齐民无异的巫户，也有寄生于祠庙、丛祠和乡社等祭祀所者。巫觋散见于地方上星罗棋布的祭祀所中，巫户则融入全国的州县城乡里，巫觋活动的社会空间深入城乡村里的每一个角落，他们与广大下层民众相伍为邻，日夕相对，影响着社会上每一个阶层的日常生活。百姓黎庶自然是巫觋信仰的广大信徒，其中不少更是地方的"父老"。位处统治阶层顶端的宗室贵族，由于政治斗争的起伏无常，畏鬼佞巫以求取神灵庇护者也并不罕见；至于官僚和士大夫，当中固有不少人致力于禁斥巫觋信仰，捍卫名教正统，但崇巫右鬼者也大有人在。巫风盛行，巫师利用巫术勒索他人的钱财而传播疾病、败坏酿酒、破坏渔业、干扰经商，以及伤害他人、违背社会道德规范等，民众往往舍医从巫，政府则多加禁制，故宋人延请巫觋治病的众多事例和朝廷颁下的诸次禁巫诏令在文献中多有记载。

南宋人项安世说："凡言怪神者，中国少而荆越多，城市少而村野多，衣冠少而小民多，富室少而贫民多，主人少而童仆多，男子少而妇女多，昼日少而暮夜多，月夜少而晦夜多。"[①] 这也从一个侧面反映了当时巫风盛行的区域和信众特点。

## 参考文献及拓展阅读

汪圣铎：《宋代政教关系研究》，人民出版社，2010年。
〔美〕刘子健：《中国式的信仰——用类别来解释》，载氏著：《两宋史研究汇编》，台北联经出版事业股份有限公司，2005年。
〔美〕韩森（Valerie Hansen）：《变迁之神》，包伟民译，浙江人民出版社，1999年。
柳立言：《宋代的宗教、身分与司法》，中华书局，2012年。
漆侠主编：《辽宋西夏金代通史》宗教风俗卷，人民出版社，2010年。
唐代剑：《宋代道教管理制度研究》，线装书局，2003年。
刘长东：《宋代佛教政策论稿》，巴蜀书社，2005年。
朱瑞熙、张邦炜、刘复生、蔡崇榜、王曾瑜：《辽宋西夏金社会生活史》，中国

---

① （宋）项安世：《项氏家说》卷七，《论鬼神》，丛书集成初编本，第87页。

社会科学出版社，1998年。

王章伟：《在国家与社会之间——宋代巫觋信仰研究》，香港中华书局，2005年。

刘祥光：《宋代日常生活中的卜算与鬼怪》，台北政大出版社，2013年。

杨曾文：《宋元禅宗史》，中国社会科学出版社，2006年。

刘浦江：《从神界走向人间：宋辽金时代宗教的世俗化与平民化》，《中国史研究》2003年第2期。

# 第十五章　宋朝的妇女与社会

自 20 世纪初"五四"运动以来，宋朝妇女是学界关注比较多的问题。用近现代社会科学方法研究宋朝妇女及婚姻家庭问题较早且影响较大的论著，当首推 1928 年商务印书馆刊行的陈东原著《中国妇女生活史》，其中有专章论宋朝的妇女生活。作者首先将北宋的儒者划分为三个时期，认为早期的范仲淹等学者对于贞节的观念是宽泛的；第二时期，王安石、司马光等学者，对妇女的观念很不一致，有的宽泛，有的严苛；而第三时期，即程颐之后，理学成为正统，即儒学在贞节观念上日趋严苛，男性的处女嗜好亦产生于宋代，"遂使宋代为中国学术思想以至于风俗制度的一个转变时代"。由于这部书在史学界有广泛影响，自此，理学贞节观、禁欲观成为认识宋朝妇女地位问题的出发点，故 20 世纪 90 年代以前，论婚姻史或妇女史者，大都认为中国妇女地位之急遽下降，始于宋朝。

改革开放以后，宋朝妇女史研究与宋史研究的复兴几乎同时起步，20 世纪 90 年代中期前后，妇女史研究颇有成为显学之势。下面根据史料和近人的研究将宋朝妇女的社会地位梳理为五个问题。

## 一、婚姻关系的变化

门第之称门户、门望等，即按照家族状况规定等级关系。门第观念是由社会对家族的声望、地位高下的评估而来，起于魏晋南北朝。如清人赵翼所说："'以士庶之别，为贵贱之分，积习相沿，遂成定制。'……一时风尚如此，即有出自寒微，愤立功业，高官位重，而其自视，犹不敢与世族较。"[①] 唐末五代以

---

[①] （清）赵翼：《廿二史札记》卷一二，《江左世族无功臣》，第 253 页。

来世家大族已荡然无存，至宋朝，"婚姻不问阀阅"①被认为是进入庶民化（平民化）社会的一种标志。"婚姻不问阀阅"不仅见于家规，而且在社会上相当普遍。宋朝有"榜下择婿"之举，高官贵人选择刚中了进士的士人为婿，蔚然成风。最著名的例子是赵昌言选王旦为婿，马亮选吕夷简为婿。当然也有些看来有前途的士人，在没有中进士之前，就被选为女婿的。贫穷的士族与皇族通婚，如赵令骊娶朝散郎刘革之女为妻，妻早死。"贵戚求昏，预言资送巨万。侯（令骊）曰，娶妻以为宗祀，非为利也。将再娶妻之妹，或曰：彼贫而陋。侯曰，贫陋而贤，此吾所求也。"②士人结亲的对象，不一定都是同乡，反而不同地区所缔结的婚事是常见的事，还有一种常见的婚姻是经济利益的结合。通常富家注意年轻有为的士人，斟酌其参加科举的潜力，而将女儿许配给他。有些已经登第的士大夫，贪图丰厚的嫁妆或以后的利益，甚至已经做到高官，也喜欢和富人的女儿或富有寡妇结亲。与唐代相较，宋后妃出身于高级官僚者较少，而非官僚家庭出身者多于唐代，且宋皇家以为"小官门户"出身者最理想。赵宋朝廷择驸马不重门第而重人物，而下层宗女的择婿要求更低于唐代，以致出现卖婚于民间者。

宋人"婚姻不问阀阅"只是社会现象的一面，并不等于门当户对的观念消失了，而是门当户对的社会等级形式和内容随时代的变化而变化了。宋时婚姻大多还是讲究门当户对，有社会等级的限制。宋朝因社会发展形成新的门第观，即不同于"阀阅"的新的门当户对，士族主要靠婚姻与科举维持其门第。皇室尽管不重门第，但不等于不看重社会地位，自太祖至度宗，五十余位后妃中，来自将相臣侯家之女，就有三十余位。公主婚姻对象多是功臣之家及大将军等。此种现象，可以说明列侯尚主的传统，然亦不无笼络豪门之意。又可推知功臣之家、大将军之辈在政治上占有极大优势。而宋朝皇族婚姻，亦有亲上加亲，如宋仁宗杨德妃、英宗高皇后、度宗全皇后都是出自后妃家族。宋朝男女议婚，亦是贪攀门第，图谋富厚，娶妻论财。宋代婚姻门第观表现得比汉、唐更为功利而具体。此种习俗，不但行于民间，亦常见于帝系间，有的贪女家之富，而欲与之缔婚。如仁宗时郭皇后既废，谋立富家陈氏为后。有的贪夫家之货，而竟妻之以女，宗室也有以女卖民间，富家子弟娶宗室女者时有发生，"宗女当嫁，

---

① （宋）郑樵：《通志》卷二五，《氏族序》。
② （宋）范祖禹：《范太史集》卷四七，《右监门卫大将军赠博州防御使博平侯墓志铭》，《宋集珍本丛刊》第 24 册，第 443 页。

皆富家大姓以货取，不复事铨择"①。神宗熙宁十年（1077），诏："应祖免以上亲不得与杂类之家婚嫁，谓舅尝为仆、姑尝为娼者。若父母系化外及见居沿边两属之人，其子孙亦不许为婚。缌麻以上亲不得与诸司胥吏出职、纳粟得官及进纳伎术、工商、杂类、恶逆之家子孙通婚。""嫁女则令其婿召保。其冒妄成婚者，以违制论。"② 可见帝系间门第观日趋严格，则士庶可想而知。

　　婚姻有时也不仅是两个家庭之间的联结，家族因素在其中仍然发生作用。在宋朝的名门望族中，门第、家世观念仍占支配地位。无论在北宋或南宋，都可以看到两个有名望家族之间数代联姻的情形，甚至几个家族构成一个婚姻网。北宋时期，这种现象多出现于中央政府的高官，他们往往有不同的乡籍，彼此之间的世代联姻是跨地域的。士人家庭的婚姻对象，通常是具有相当的政治和社会地位的家族。他们也依赖这种婚姻关系来维持他们的地位。士人家族婚姻的第一个特点，是士族间互相约为婚姻。颇多家族互相为婚。如李若谷"少时与韩亿为友，及贵显，婚姻不绝焉"③。韩亿与范令孙俱娶王旦女，因此两家之间也就相约世为婚姻。王旦的侄儿王质，因与范仲淹友善，约以儿女为婚姻。于是王质的长女嫁给范纯仁，次女嫁给范纯礼。范仲淹又与张昇互为婚姻。范仲淹的季女嫁给张昇之子张琬，生子张戬，张戬娶范仲淹四子纯粹之女。这种相约为婚的情形，也见于司马氏和张氏两家的联姻。联姻的家族相互帮助的事例不多，因为朝廷禁止官吏提拔自己的亲戚，规定官员都要"避亲嫌"。所以，范祖禹曾上奏状避与韩氏和司马氏的亲嫌。不过，范祖禹却曾经推荐司马康为讲官，也曾为司马康请求俸给，优恤其家等。

　　南宋时期，乡里因素的重要性增加。明州的官宦家族汪、楼两家，是好几代的姻亲。汪大猷的祖母陈氏和楼钥的曾祖母翁氏两家原本就是姻亲，楼钥的父亲娶了汪大猷的姊妹，汪大猷的妻子是楼钥堂伯父的女儿，弟弟楼锷又娶了汪大猷的女儿。汪、楼两家和当地其他几个士人家族，如陈家、徐家、姜家等，也都有婚姻关系。兴化军的方、刘两家，自方大琮、刘克庄的父辈时已经是姻家，此后缔姻不断，连续四代，成为累世通家。这一类的婚姻，有时涉及政治的考虑，但是有时是出自共同文化背景或家族、乡里情谊，不能一概而论。

　　宋儒以婚姻为两家族之事，故遵循古义，"昏礼者，将合二姓之好。"就是

---

① 《宋史》卷二四四，《燕王德昭传》，第677页。
② 《宋史》卷一一五，《礼志十八》，第2739页。
③ 《宋史》卷二九一，《李若谷传》，第9740页。

说一切都要以家族为中心，往往是"父母之命，媒妁之言"，父母为其要件，个人反无权决定，把婚姻视为家族的延续，用来上以事宗庙，而下以继后世也。宋代婚俗，颇重仪式，上自天子，下至庶人，皆视不循礼，即不合法，故男女非有行媒，不相知名，非受币，不交不亲。婚娶由媒人传语，男女两家互下草帖和定帖，婚娶仪式的细节与后代颇有不同。新娘到夫家，逐渐由坐毡车改为坐轿子。

宋律规定同姓不婚、近亲不婚、遭丧不婚、奸逃不婚，宋儒重伦常，禁止族际婚、提倡中表婚、反对异辈婚和废止收继婚，是宋朝婚姻不同于前代的地方。又严嫡庶之别、妻妾之辨，犹如君臣之分，可谓尊卑有序。

矫正指腹为婚的陋俗。所谓指腹为婚，当子女于母胎时，就由父母为其缔结婚约。此俗起于汉，到了南北朝时，此风甚盛。至宋，不但力斥指腹为婚之不当，也排斥襁褓童幼小时，轻许婚姻。司马光云："及其既长，或不肖无赖，或身有恶疾，或家贫冻馁，或丧服相仍，或从官远方，遂致弃信负约，速狱致讼者多矣。"[①] 入元朝以后被明令禁止："诸男女议婚，有以指腹割衿为定者，禁之。"[②]

宋朝政府奖励屡世同居的大家族，称为"义门"或"孝门"。如江西的江州陈氏，从唐末到宋朝，聚族而居的，达二千人，寻常百姓则不可能有这样的规模。士大夫的家庭在其兴盛时人口众多，通常是三代同堂，包括夫妻、夫的父母和夫妻的子女，家庭中还包括妾侍、婢女和仆人。此外还可能有寄居的侄儿侄女，嫁出去的姐妹或女儿因故回家（离婚或寡居），外甥和外孙。世族家庭的人口从十口到四十口左右，后者如秦观和石介的家庭。再者，士人得到功名，有些人就会来依附。高官的家中也许还有门生。

## 二、妇女在家庭中的位置

### （一）妻媵妾婢的地位

一夫多妻，是中国古代通例，由于宗法社会组织，特重嗣续，所以贵族娶妻，又有娣姪从媵；平民则可买妾，皆为子嗣延绵不息，正所谓"大婚，万世之嗣也"。宋代律文以"无子"为七出条的首条。而宋代妻、媵、妾、婢的地位

---

① （宋）祝穆：《古今事文类聚》后集卷一三，《不可幼许》，文渊阁四库全书景印本，第926册，第197页。
② 《元史》卷五〇，《刑法志二·户婚条》，第2642页。

如何？

**妻的地位**。在家庭里依古制大都低于丈夫，宋代虽崇尚蓄妾之风，然仍视"一夫一妻"为"不刊之制"。所以妻子在家庭中的法律地位不可以被替代，所谓"妻者，传家事，承祭祀，既居六礼，取则二仪"。《郑氏规范》云："子孙有妻子者，不得更置侧室，以乱上下之分。若年四十无子者，许置一人，不得与公堂上坐。"宋代法律也有明文规定："诸有妻更娶妻者，徒一年，女家减一等。若欺妄而娶者，徒一年半，女家不坐，各离之。"对这条律文立法者解释说："一夫一妇，不刊之制，有妻更娶，本不成妻，详求礼法，止同凡人之坐。"① 婚姻仍合二姓之好，离不开家族范围，往昔既有妻妾之分，就有嫡庶之别。嫡子乃妻之所生，庶子为妾之所出。嫡长子承袭封爵，是为合法，否则为法所不容，以维家族传统。唐代法律规定：诸立嫡违法者，徒一年。即嫡妻年五十以上无子者，得立庶子以长。

**媵的地位**。媵在古代指嫁女时随嫁或陪嫁的人。另外也说是从嫁而来服劳役的人。在唐以前，相对于一夫之女眷，尚有妻、媵、妾之严格的等差，上古时媵妾即出身有别。唐代媵妾仍等级分明。宋初所定之《宋刑统》仍有妻媵妾之称，但解释不过是抄录唐律罢了。从后代的司法文献看，也不具类似法令，即称呼中之媵妾亦不过是妾的代称，则媵、妾已合流为一。在宋代虽有媵之称呼，但意义却改变了。包拯的儿子包繶，"娶崔氏，通判潭州，卒。崔守死，不更嫁"。包拯曾因故将包繶怀有身孕的媵休出，"在父母家生子，崔密抚其母，使谨视之。繶死后，取媵子归，名曰綖"。② 显然包繶的媵已没有前代贵妾之意。

古代无童养媳的名称，却有童养媳之实。周行媵制，即与童养媳性质相似。秦汉以来，帝王选拔幼女，或幼小时获罪入掖庭，待成年后，纳为媵，或赐子弟，在实质上，也是先养而后御之。童养媳之名，最早当始于宋。童养媳大都出于贫家，男方以贪图将来减轻聘金；女方以免除扶养之负担为旨，直到民国，仍有此俗。

**妾的地位**。妾又称小妻，在婚姻家庭中居于嫡妻之次者。妾的来源，有出于犯罪者，有出于购买者，有出于私奔而不备六礼者。因此，不论贵妾或贱妾，其地位必逊于嫡妻。宋代买妾之风颇盛，且无年龄及地位等级的限制。有年纪60岁以上甚至80岁以上买妾的事例。达官贵人普遍纳妾，像司马光、王安石、

---

① （宋）窦仪：《宋刑统》卷一三，《婚嫁妄冒》，中华书局，1984年，第214页。
② 《宋史》卷三一六，《包拯传》，第10318页。

岳飞那样不纳妾者，实是凤毛麟角。宋代法律对买妾亦有所规定，以维系家族纲纪："诸以妻为妾、以婢为妻者，徒二年。以妾及客女为妻，以婢为妾者，徒一年半，各还正之。"① 又"买妾不知其姓则卜之，本防同姓"，否则，各徒二年。妾妓仍良贱分明。妾身份之贱主要因礼制上处于卑位，而与一般人并无良贱之分。妾者，娶良人为之。官员买妓为妾，若为告发，仍会受到惩治。

**婢的地位**。婢女的来源大约有罪犯、掠卖和雇佣三种。宋朝与前朝一样，犯重罪者，妻儿子女都没官为奴婢。官府之中尚存有因犯罪而刺配的奴婢，但史书中对于他们少有记载。宋朝法律虽禁止掠卖奴婢，最重的可处绞刑，但在厚利的引诱下，掠卖人为婢的现象时有发生。宋代蓄婢，是普遍现象，蔚然成风尚。士大夫亦不例外，并不以为耻。宋的奴婢，由于受到身世的影响，所以其婚嫁要受到严格限制。婢以罪人之身，地位低贱，不可与良人婚嫁，而"若婢有子，及经放为良者，听为妾"②。婢者的名分，至多仅能晋为妾，妄想为妻者，亦遭法戒。

女使专指被雇的女仆，宋朝社会的大多数私人奴婢，即人力和女使实行雇佣制，宋朝的人力和女使，可说是从古代的奴婢发展到近代雇工的中介梯级。至于服役于大户人家的奴婢、僮仆、女使，虽然在法律上已不是"贱"的身份，比唐代的奴婢、官户的地位高，但在实际生活中，奴婢仍含有"贱"的意义，也就是说身份制社会的残余仍在后世不断延续。他们出身于良民，与主人签订契约，服役有一定的年限，早在北宋初期，宋真宗已说："今之僮使，本庸雇良民。"③ 南宋时，叶适也说："小民之无田者，……其甚者，庸作奴婢，归于富人。"④ 这说明童使、奴婢是雇佣而来的，所以在史书中，可以看到以奴仆与雇主对称。雇佣奴婢，法令规定有一定的期限，北宋时"人家庸赁，当明设要契，及五年"⑤。若受雇达五年，即视为奴婢。南宋时"雇人为婢，限止十年，其限内转雇者，年限价钱，各应通计"⑥，所谓"年限价钱，各应通计"，是指即使转雇，期限也只限十年，而原雇主向新雇主所取之报酬，仅限于未满的期限，当时奴婢的来源，除了贫穷人家为了解决生活问题而且自愿投身为奴婢外，也有人口

---

① （宋）窦仪：《宋刑统》卷一三，《婚嫁妄冒》，第215页。
② （宋）窦仪：《宋刑统》卷一三，《婚嫁妄冒》，第215页。
③ 《长编》卷五四，咸平六年四月庚午，第1189页。
④ （宋）叶适：《水心别集》卷二，《民事》下，《叶适集》第三册，第657页。
⑤ 《文献通考》卷一一，《户口考》，第319页。
⑥ （宋）罗源：《罗鄂州小集》卷五，《鄂州到任五事札子》，文渊阁四库全书景印本，第1142册，第510页。

买卖的情形，但这主要限于不法之徒非法诱略小儿贩卖，而官府的对策，则是命令保甲觉察陈报，官府立赏追捕，使被诱拐的小儿能够复见父母。虽然被雇有一定期限，但在女使被雇期间，主人往往可以占有其人身，故女使与姬妾没有严格差别。宋朝的法律禁止雇主对包括女使在内的僮仆私设公堂，自行惩处，私刺其面。

### （二）婚龄与生育

司马光在《书仪》中指出男子从16岁到30岁，女子从14岁到20岁是适当的结婚年龄。据北宋文集的传记（墓志）所记载有关妇女的资料大致可以得知妇女的平均婚龄为18岁，其中最迟的是27岁，最早的是13岁。一般来说，嫁给皇族的妇女婚龄都比较早，约为14到15岁。皇族男女都在18和15岁左右成婚。

妇女婚后首要的事是生儿育女，尤其是生男孩。围绕着妇女怀孕、分娩和新生子三日、七日、十四日、二十一日、满月、百日、周岁等，有一整套的礼俗。男婴周岁时，往往在他周围摆设如父祖官告、金银七宝玩具、文房书籍、钱币、针线等，由婴儿先取者，作为预卜其命运的征兆。不少妇女生育了一大群儿女，有资料显示，平均每人生育4.6人。子女中，男多于女。在101个案例中，共有640个子女，而男子共373人。女孩数目较少是因为在重男轻女的观念之下，一般人忽略女婴健康所致。一个更重要的原因是宋代文献所留下的传记和墓志铭等资料，基本没有仔细记载女孩的数目。很多传记根本就不记录女儿和孙女的数目。限于当时的生产水平和社会条件，婴儿和幼儿的死亡率很高，贫困家庭的杀婴弃婴，特别是弃杀女婴的风气也有一定普遍性，造成了男女比例的严重失调。杀婴流行主要由于宋朝赋税过于繁重，也与当时人无法避孕而被迫行之有关，而在客观上起到人口调节的作用，在男子的传记中，经常把妾所生的子女记录在正妻的名下，所以在资料中会看见相当大的子女数目。

无论是官僚士大夫阶层以及贫困乡村，普遍存在着重男轻女的思想，"传宗接代"仍是宋朝最基本的生育观念。在宋代因无子而纳妾与认领养子，或立继嗣的风气十分盛行，甚者不惜借用他人妻妾生育儿子。不过，两京及经济发达的两浙地区中下之户不重生男反重生女的思想观念也颇为流行，因为随着商品经济与城市经济的发展，许多妇女从事文化娱乐业，或成为士大夫所蓄的姬妾侍婢，"甫长成则随其资质，教以艺业，用备士大夫采拾娱侍。名目不一，有所谓身边人、本事人、供过人、针线人、堂前人、剧杂人、拆洗人、琴童、棋童、厨娘等"①，为其父母带来了可观的经济利益，于是在一部分人中产生了不重生男反重生女的思想观念。

根据北宋传记资料中 112 个士族妇女的生卒年，可以计算出来她们的平均寿命是 37 岁。

### （三）女性的财产继承

妇女自唐中期以后获得了财产继承权，至宋朝则进一步扩大，家产继承虽然以均分为原则，但是并非完全平均分配。一般而言，长子所分得的往往稍多，嫡子、庶子、奸生子的分配也有差别，父亲的偏爱也常使得分产有厚薄之分，家产亦非只有儿子才能继承。在仍有儿子继嗣的情况下，在室女的财产权较唐朝有所扩大，亦即未出嫁的女儿，是可以分产的。在室女的遗嘱财产继承权自唐以来一直稳定不变，出嫁女只能承分三分之一的户绝财产并为后代所承袭，归宗女继承财产的数量在宋朝也经历了递减的变化。若是户绝，亦即没有儿子继嗣，财产也全由诸在室女来分，已经出嫁的女儿同样被排除在外。不过在户绝而立嗣绝子孙的情况下，如果有归宗女和出嫁女，她们也可以分得一部分财产。女儿在户绝及户绝而再立嗣的情况下可以分产，已见于唐代和北宋的法令，并非南宋所独有，宋朝以后各朝也都沿用。至于"父母已亡，儿女分产，女合得男之半"②的法令，则仅见于南宋，而不见于之前、之后各朝，因此这条法令的意义究竟何在，曾引起学者的讨论。

妇女在家庭中教育子女，管理家产，也较多地由妇女承担。陪嫁的嫁妆丰厚，有助于妇女在夫家的地位。宋代法律保障女子所得的嫁妆，妻子的财产虽然置于夫之名下，但是妻有权支配她的私有财产。她们常以嫁妆帮助夫家，如北宋郑纾妻李氏，出自富家，"尽其资以助宾祭"③。余充甫家贫，"凡资以供亿者，皆出于夫人（单氏）处画"④。曾潗妻朱氏，凡家里"用一不给，辄阴鬻箧中所有而办之"⑤。有的妇女以私财为夫家偿债。王乙的女儿嫁给晏殊的儿子后，"夫族有

---

① （宋）洪巽：《旸谷漫录》，引自《说郛》卷二十九上，《全宋笔记》第十编第十二册，大象出版社，2018 年，第 126 页。
② 《名公书判清明集》卷八，《女婿不应中分妻家财产》，中华书局，2002 年，第 277 页。
③ （宋）王安石：《临川先生文集》卷一〇〇，《郑公夫人李氏墓志铭》，《王安石全集》第七册，第 1724 页。
④ （宋）慕容彦逢：《摛文堂集》卷一五，《单氏夫人墓志铭》，文渊阁四库全书景印本，第 1123 册，第 480 页。
⑤ （宋）强至：《祠部集》卷三五，《尚书虞部郎中曾府君夫人广陵县君朱氏墓志铭》，丛书集成初编本，第 533 页。

负市易钱百万者，夫人为出所有偿之"①。由此可见其嫁妆之丰厚。侯正臣妻鲍氏"以资奁嫁族中女数人"②。范纯仁妻王氏，"凡男女之孤无所归，赞高平公（纯仁）为之婚姻者数十人。洛阳衣冠家有女子因其家破。为人所略卖，夫人闻之，急推金帛以赎之……于是宗亲内外并以夫人为贤而不可及也"③。这里没有说明是否以王氏自己的私财做善事，不过已足以证明妇女在夫家理财的权利。

夫家兄弟分财产时妻子的财产不在其内。妻子死后，嫁妆归夫家；夫死，妻如再嫁，其嫁妆随她转移。寡妇有立嗣权。无子亦可分夫的财产。诸子继承财产时，寡母也可以得到一部分，作为赡养费。但如离婚改嫁，则没有继承前夫财产的权利。

妾、婢等女性在家中是没有财产权和法律地位的。

### （四）女子教育

宋代官学禁止女子入校，家庭便成了女子受教育的主要场所，因而家庭教育、私塾教育就成为女子教育的主要方式。汉代班昭便主张，女子在 8 岁以后，到 15 岁以前，应和男子一样读书。北宋司马光也主张女子读书认字，只是不赞成女子作诗歌、执娱乐。南宋袁采则认为妇人女子读书很重要，能够充实自己，培养高尚德性。同时从生活家计的角度，主张妇人必须稍识书算，能计算钱谷出入，自理家计，才不至于当丈夫蠢懦不肖或夫死子幼时，由于为人所欺或所托之宗族亲戚非贤，而致破家。

宋代有些士人家庭的妇女，不仅自己能读书，也能在儿辈启蒙阶段教育他们经史文章，诗词书画。如王安石家族家风颇为开明，注重子女教育，不仅他的几个姐妹都能文善诗，其妻也善属文，其女更是沾溉家学惠泽，不减其母才情。所以时人称赞说："近世妇人多能诗，往往有臻古人者。王荆公家最众。"④又如李清照自幼就受到了良好的家庭教育，其父亲李格非曾为宰相，母亲是状元王拱宸的孙女，父母皆擅长文章。良好的家庭教育为李清照日后在中国文坛上独领风骚打下了坚实的基础。绘画造诣高深之女子，最为著名的当数朱淑真。她生于仕宦之家，家境优裕。从小聪慧，受到良好的家庭教育，博通经史，能文善画，精晓音律，尤工诗词，素有才女之称。她的书画，秀骨天成，风华蕴

---

① （宋）张耒：《柯山集》卷五〇，《王夫人墓志铭》，丛书集成初编本，第 567 页。
② （宋）陆佃：《陶山集》卷一六，《鲍氏夫人墓志铭》，丛书集成初编本，第 178 页。
③ （宋）毕仲游：《西台集》卷一四，《魏国王夫人墓志铭》，丛书集成初编本，第 223 页。
④ （宋）魏泰：《临汉隐居诗话》，丛书集成初编本，第 14 页。

藉。《宋诗纪事》入选的诗作者中，女性有 106 人，在《全宋词》著录的词作者中，女子达 107 人。这些女诗人、女词人出身于不同阶层，上至皇后嫔妃，下有婢妾娼妓，可知宋朝女子的家庭教育还是有一定基础的。

宋朝女子教育按照宋儒思想的变迁，亦即当时学术观点和教育观点，特别是道德教育对女子贞节要求前后有变化，就女子文化知识教育而言与前代变化不显著，而道德教育尤其是对女子的贞节观念却由宽泛，经尊古重旧礼，向冷酷转变。

宋朝士大夫虽然对女子教育常表现出高度重视，但这种重视是被扭曲的，它更体现了宋儒男女教育的不平等思想，宋儒把儒家的政治思想，修身、齐家、治国、平天下的公式，带入家庭中来。所谓"夫夫、妇妇"就是说夫为妻纲，以夫御妇，男尊女卑。换言之，女子教育是为了强调女子依从、顺从男子的意识和能力，以灌输三纲五常的伦理道德为主，辅之以家室劳动和操作技艺的传授，并以家庭教育和社会教化为主，妇女贞节，不限于离婚和再婚，扩至为受礼、守信、节义，甚至逮及童贞。这种教育的结果，更进一步摧残了女子的独立人格，强化了大男子主义，加剧了男女不平等。

## 三、理学与妇女

### （一）守节与再嫁

20 世纪 90 年代以来，多数学者认为宋代妇女的贞节观尚未普及，其原因主要是宣扬"饿死事小，失节事大"的理学并不是宋朝政府的官方经学和主要统治思想，理学家的观点对当时人们生活的影响还不是很大。宋代士大夫称赞守节，但是也没有贬抑再嫁和离婚，士大夫家族中，再嫁（寡妇再结婚）和改嫁（离婚后改嫁）仍然相当普遍，范仲淹的母亲也曾经改嫁，范仲淹手订的义庄规矩里，对于族中寡妇再嫁同样是支钱补助的。王安石当儿子在世时，竟把媳妇改嫁了。程颐的甥女和侄妇都再嫁。包拯的儿子婚后早死，作为媳妇，不仅年轻寡妇的母亲逼迫她，包拯也希望媳妇再嫁。而在洪迈《夷坚志》这本书中，妇女改嫁的故事多不胜举。妇女再嫁并不受到社会的歧视。

即使关于妇女守节的记载很多，寡妇再嫁与否的主要原因并不完全是出于贞节观的要求，更多是出于经济方面的因素，有的寡妇在经济上不能独立，丈夫死后，夫家无人或亲戚可以依靠，自己又无一技之长，则择人再嫁是唯一的出路。如一位姓强的母亲对她女儿说:"无夫无子,何恃而存?夺而嫁之。"① 还有包拯的儿子包繶早死,其妻崔氏的母亲逼她再嫁的理由是:"丧夫守子,子死孰守?"② 有的妇女在夫家的经济或其他的角色愈益重要,比如夫族要确保其财产于夫家,公婆及夫族需要帮助及维持其子女在夫家立足等,如前面讲到的几个以自己的妆奁和财产帮助夫家的例子,因此当时有些人认为寡妇女不应当再嫁。当然也有妇女再嫁和改嫁,并非无人可以依靠,有些寡妇把子女留在夫家,自己再嫁,也有小孩是由娘家或兄弟养大的。总之改嫁的原因多种多样。

妻子也有离婚的权利。"若夫妻不相安谐而和离者,不坐"。亦即所谓"夫妻义合,义绝则离"。也就是说宋朝法律上原则允许妇女再嫁,不仅寡妇、出妻均可改嫁,而且在一定条件下,如丈夫"离乡编管""外出三年不归"甚至夫妻关系不好,感情破裂,女方可以主动离婚,然后再嫁。

宋神宗时曾经立法,妇女居夫丧而贫乏不能自存时,可在一百天之后改嫁,法律也允许寡妇招进后夫,称为接脚夫。宗室女北宋前期不得改嫁,南宋则废止。宋朝对于妇女改嫁,绝非愈禁愈严,相反倒是限制越来越小、越放越宽,唐宋两朝对待妇女再嫁,实无制度性的显著变化,若有变化也是唐朝较严,宋朝较宽。但是,离婚权、改嫁权并不属于女子本人,而是属于女子的父母。当时的父母对于嫁出去的女儿很关心。父母对已嫁女儿提出意见和干涉,甚至以女婿太穷、太丑或太呆笨为理由逼迫女儿离婚,或企图说服新寡的女儿再嫁。

当然上面所讲只是问题的一个方面,实际上,唐代对于妇女守节也给予奖励,甚至获得政府免除徭役、旌表门闾;宋朝公主除宋初秦国公主荣德帝姬再嫁以外,以后公主八十余人,没有一个再嫁。另外为驳倒贞节观在宋朝由宽变严的旧说,许多学者尽力发掘再嫁的例子,以说明宋朝丧夫妇女归宗和再嫁仍相当普遍,但也有学者对发掘的再嫁事例进行分析,士大夫妻女之再嫁不超过10例,其余50个真假参半的例子也难以说明与"贞节"观念的关系。同时也有较多的学者注意到南宋中期以后,随着理学在社会上影响日渐扩大,礼教守节的观念已日益受到人们的重视,宋朝的贞节观呈现出从宽泛向严格过渡的趋势。宋朝士大夫所树立的烈女典型,见于史册的士大夫妇女,都以决不二婚为荣。第一类贞女是已与未婚夫订婚,未婚夫死于婚前,该女便为他守节终身;第二类贞女根本没有婚配,便以孤儿为不婚的理由;第三类贞女则同于《新唐

---

① (宋)孙觌:《鸿庆居士集》卷四〇,《宋故孙夫人强氏墓志铭》,文渊阁四库全书景印本,第1135册,第444页。

② 《宋史》卷四六〇,《列女传·崔氏传》,第13479页。

书》中的烈女，她们为了赡养亲生父母，甚至仅仅为了给父母守丧，便终身不婚。当代的烈女故事被写入国史，亦被宋人常常提起，成为闺中教育的榜样。

## （二）妓女与士人

娼妓是歌妓、家妓、官妓、营妓的统称。中晚唐时，出现了一种饮妓，也叫酒妓或酒令歌妓，专以歌舞筵席娱宾遣兴为职业。入宋以后，随着城市的发达，市民阶层迅速扩容，以歌舞助兴的歌妓队伍也不断壮大，她们"新声巧笑于柳陌花衢，按管调弦于茶坊酒肆"[1]，歌妓多半出身寒微而贫苦的家庭，但其收入差异极大，高级的妓女有的锦衣玉食，被请到高官豪族的华筵中歌舞，或居家接待太学生或宗室子弟，收入丰厚。马可波罗就说她们花枝招展，浓妆艳抹，住在华丽的居室中，有成群的丫鬟服侍。她们深谙诱惑之道，并善于与各色人物交谈，其魅力之大，名动一方，使争睹芳容者，神魂颠倒，乐而忘返。私人歌妓在城内流动，开封、临安等大城市的酒肆、食店、客栈、市场、瓦舍勾栏等公共场所，都可以看到成群结队的妓女。有的人则聚集在贫困的街市桥头，生活相当困顿。另外有"美人局""庵酒店""花茶坊"等各种称呼的娼馆妓院遍布各地并生意兴隆。

此外，两宋也有男妓。北宋开封出现"皆傅脂粉、盛装饰、善针指，呼谓亦如妇人"[2]的男妓，宋廷虽立法告捕，无法禁止。到南宋时，也有组织严密的男妓在临安城内谋生。

官妓包括教坊妓、地方各级官府的歌妓，宋朝承唐代制度亦设有教坊，由宦官统领。教坊歌女舞女称作"女弟子""小儿"，"其御楼赐酺同大宴。崇德殿宴契丹使，惟无后场杂剧及女弟子舞队。每上元观灯，楼前设露台，台上奏教坊乐、舞小儿队。台南设灯山，灯山前陈百戏，山棚上用散乐、女弟子舞。余曲宴会、赏花、习射、观稼，凡游幸但奏乐行酒，惟庆节上寿及将相入辞赐酒，则止奏乐"[3]。地方官妓籍入府衙后，参加官府的迎送、宴会、节日活动。甚至在上元节之夜奉诏进宫，在御前演出。官妓还要参与官府酒的销售。南宋官酒库每库设官妓数十人。按照制度规定阃帅、郡守等官虽得以官妓歌舞佐酒，然不得私侍枕席。营妓主要服务于军队，在外居住的营妓，官府宴饮时也被召集参与服务。

---

[1] （宋）孟元老撰，伊永文笺注：《东京梦华录笺注》卷首，《自序》，中华书局，2006年，第1页。
[2] （宋）周密：《癸辛杂识》后集，《禁男娼》，中华书局，1997年，第109页。
[3] 《宋史》卷一四二，《教坊》，第3348页。

随着商品经济的繁荣发展，家妓也因市场源源不断的提供而更加普遍。妓女，尤其是家妓，对宋代有钱人具有吸引力并不难理解。虽然婚姻为家庭包办，但男人可以自己选择妓女或侍儿；虽然妻子不可以同丈夫的朋友接触，但侍儿可以在社交场合发挥其女性魅力；虽然夫妻公开表示亲密会被不齿，但侍儿可以是挑逗、爱慕甚至是恋爱的对象。然而侍儿的地位低下，是主人的私有物：她可以被当作礼物送给他人，如果她的魅力消退会被轻易遗弃。基于这些原因，宋朝越来越多的男人寻求获得这种上层社会地位的标志。同时，妓女和侍儿同豪华消费与欣赏品位密切相连：她们代表拥有财富权力得来的社会地位标志；并且又极富有诗情画意，还可在友人前炫耀。在周煇的笔下，拥有美色侍儿已是士大夫追求的目标，是一个男子自认功成名就的一个重要因素。至少在某些场合拥有一侍儿已成为士大夫身份的标志之一。

虽然宋代娼妓业很昌盛，但是官府对于官员到妓院嫖娼，即将官妓、营妓据为己有是不容许的。宋人有身为见任，难以至妓院之说。禁止的范围与程度，前后又有一些变化。如仁宗以前，唯提点刑狱不得赴妓乐。神宗熙宁以后，监司率禁，至属官亦同。宋徽宗以后，一系列禁令进一步限制官员参加妓乐活动。绍兴十三年（1143）颁发的一项法令重申官方禁止在非官方的节日举行妓乐宴会。绍兴二十年（1150）官方首次颁布法令禁止利用"劝农"仪式举行妓乐宴会。南宋最初几十年里间断地解散过教坊，隆兴二年（1164）彻底解散了教坊。由于有禁令，官员因违禁受处分的记载确实不少。但是实际情况是屡禁不绝。妓女"往往皆学舍士夫所据，外人未易登也"①。即使处分也是比较轻的，往往不久官复原职，甚至飞黄腾达，受到严惩的是妓女。如"熙宁中祖无择知杭州，坐与官妓薛希涛通"，薛希涛被"榜笞至死"，而祖无择不久即奉诏还朝，出任知通进银台司。② 朱熹公开弹劾唐仲友案发，严蕊"系于狱，两月之间，一再受杖，委顿几死"③。唐仲友则并未受到多大影响。

对于嫖娼和买家妓，宋朝士大夫的态度很不一致，有的士大夫认为是沉恋声色，诗词写得艳丽张扬，或同妓女的关系过于密切甚至公开，还是会受到大多数士人的谴责和蔑视，譬如以写艳词著名又常常混迹在妓院的柳永就颇受非议。仁宗以后理学家们对妓女持敌视和批评态度。蔡杭写下判词："公举士人娶

---

① （宋）周密：《武林旧事》卷六，《酒楼》，《全宋笔记》第八编第二册，第80页。
② （明）田汝成：《西湖游览志余》卷二一，《委巷丛谈》，文渊阁四库全书景印本，第585册，第570页。
③ （宋）周密：《齐东野语》卷二〇，《台妓严蕊》，第375页。

官妓，岂不为名教罪人，岂不为士友之辱，不可不可大不可！"[①]

由于科举制度和教育的发展，官僚队伍和士人阶层不断扩大以及暴发户的子弟涌向考场，士人社会地位的基础在11世纪末12世纪初不断被削弱。到12世纪末，任何能"读书"之人已被广泛称作士人。同时，市井对于"贱"女、平民女及士女社会地位的区别也变得模糊不清。因而南宋理学家不再出于社会地位差别反对妓女，而是出于儒家的道德观。在朱熹看来，任何由欲望导致的行为都是不道德的，因此作为欲望标志的妓女则是十恶不赦的。

理学（道学）家在企图改善政府与社会的同时，也表现了他们对妓女的敌视。因为理学家认为为官者应该是有德之人，所以他们认为官员与妓女之间的交往有害于廉政。随着儒家理学成为士人的主要论调，上层社会对妓女的态度也随之改变。到了元朝，"弟子"这个词已成为贬义词；到了明朝，"家妓"和"侍儿"这类词已经消失。明朝早期，政府试图禁止士人涉足娱乐场所，并最终取缔了官妓。

## 四、缠足民俗的演进

缠足的兴起有两说，一说兴起于五代十国时期的南唐，一说兴起于北宋。李煜即位在宋建立之后的建隆二年（961），窅娘事在其即位后，故五代说从时间上讲实际也可归入北宋说。关于缠足之起，传统讲法是李煜命窅娘缠足，据《道山新闻》，李后主见宫嫔娘苗条靓丽，能歌善舞，特为她造了一座六尺高的金莲花台，然后命她"以帛绕脚，令纤小屈上，作新月状"，再穿上素袜，在莲花台上袅娜起舞，宛如仙子凌云。窅娘因而备受李后主的青睐，这是群体性妇女缠足的开端。最早效仿窅娘的"人"当是其身边的舞伴，即南唐宫廷嫔妃和舞女。有学者推测南唐灭亡后主被俘北上，部分歌舞乐人也被掳入宋，南唐缠足之舞应即随之传入北宋宫廷。

宋朝缠足经过了一个对脚无损害到对脚有损害（不如明清时损害之大）的过程，并且有损害的缠足行为正是在无损害缠足行为流行过程中发展起来的，而宋朝对脚无损害缠足之风确是对南唐窅娘等舞女为提高舞蹈观赏性的缠足之

---

[①] 《名公书判清明集》卷九，《户婚门·士人娶妓》，详见张邦炜：《两宋时期的性问题》，邓小南主编：《唐宋女性与社会》，上海辞书出版社，2003年。

仿效——最初的仿效者亦是舞女，后乃溢向社会各个阶层。北宋最早的缠足者仍是宫廷舞女。既然缠足后舞姿更加曼妙，体态更加婀娜，则效仿之舞女必众。由于传统社会皇室的无上尊荣，宫廷女性行为对社会的影响力是非常大的，宫中女性的发式、妆式、首饰式样、衣服样式都会吸引妇女们的模仿宫样，宫中妇女的缠足行为、缠足后显得纤秀的双脚因为是"宫样"，必然也会受到追赶时髦的女性——当然首先是歌姬舞女、妓女等欢场女性的模仿。缠足在宋朝社会中的流行必然也会吸引一些上层妇女加入这一潮流，即所谓从宫廷和娱乐场所波及到社会士大夫家庭。

北宋前期未见关于妇女缠足的记载，元陶宗仪追记谓"熙宁、元丰以前，人犹为者少"①，这说明熙丰年间缠足者较前为多，故被视为分水岭。主要活动于神、哲两朝的章惇说过"近世有古所不及者三事：洛花、建茶、妇人脚"②的话，将缠过的小脚与极富盛名的洛阳牡丹、建茶并侔，则其时缠足已成一种时尚追求。赵令畤所说的"京师妇人梳妆与脚，天下所不及"③。据《枫窗小牍》，徽宗宣和（1119—1125）年间，缠足走红京城，东京"花靴弓履，穷极金翠"。《老学庵笔记》说，宣和末，妇女的鞋底尖尖的，都以两色合成，名曰"错到底"，足见京师已缠足成风，连尖底绣鞋都有了流行款式。

北宋晚期、南宋初期妇女缠足已经比较时尚，虽然还不像元代以后那样普遍，但在南宋中期至迟在宁宗时期已由一种时尚演变成一种民俗。从宋代传世画作来看，南宋不乏穿着弓鞋的缠足妇女形象，如南宋末期佚名画家所作《杂剧图》中两位女演员、《搜山图》中女性形象都缠足穿着弓鞋，与不缠足妇女脚的大小、鞋的形状——如与北宋前期画家王居正《纺车图》中两位妇女——相比较是十分明显的。就考古方面而言，迄今出土的有关材料都是南宋中晚期的，著名的如福州黄升墓、江西德安周氏墓、江苏高淳无名氏墓等，也在一定程度上说明了南宋缠足的相对普及。不过正如明清也有不缠足者一样，宋朝缠足行为虽渐演变成民俗，但综观宋朝，各个时期不缠足者都大有人在，特别是下层劳动妇女要辛勤劳作应付生计，所谓"何暇裹两足，但知勤四肢"④，故基本不缠足。就是上层妇女，不缠足的仍大有人在，除前述程淮家族女性外，如著名女词人李清照，她就未缠足。1986年福州市郊发掘了一座南宋晚期墓，丈夫是一

---

① （宋）周密：《浩然斋雅谈》卷中，丛书集成初编本，第22页。
② （宋）太平老人：《袖中锦》，"古所不及"条，丛书集成初编本，第3页。
③ （宋）赵令畤：《侯鲭录》卷四，"东坡评诸葛氏笔"条，《全宋笔记》第二编第六册，第222页。
④ （宋）徐积：《睢阳》，（宋）吕祖谦：《皇朝文鉴》（八）卷一九，四部丛刊初编缩印本。

位武官，据保存下来的尸体看，其妻也未缠足。但是缠足的风气也有地域、阶层、城乡以至族群的差异，未必是普及全社会。

从地域流动层面讲，城市是人口和经济中心，是时尚衍生之地，特别是两宋都城开封和杭州，作为经济、文化首善之区，在区域交流中把自然"缠足"这种对美的新的追求方式辐射到其他地区。也就是说，缠足行为在宋统治区的流行是由都城到其他城市再到农村的。宋代缠足风习是由北方向南方流行的。

北宋时期，其缠足主要是将天足缠紧窄，对脚没多大伤害。但至迟至南宋孝宗时期，缠足已自儿童时期开始。宋代妇女缠足远未达到真正的"三寸金莲"，因此没有明清时所谓的"抱夫人""抱小姐"。所谓"弓"，即足弓高隆、足趾上翘，像弓背二分之一的形状。缠后的弓足所穿之鞋必要做成弓形方合脚，故称弓鞋。对于弓鞋窄而小，两宋诗词中有描写："后房彩女弓鞋窄，持得金莲案上开。"[1] 指的是将脚缠得细窄。无论是使足"弓"还是使足纤窄，和天足比起来，都会在一定程度使脚变小，这个"小"也是宋式缠足的特征之一，那么，宋式缠足到底有多大呢？出土材料可以说明这个问题。浙江兰溪密山南宋初年潘慈明夫妇墓出土1双缠足女鞋，长17cm，宽5.8cm，福州黄升墓出土的缠足女鞋6双，长13.3cm—14cm，宽4.5cm—5cm，江西德安周氏墓出土缠足女鞋7双，长18cm—22cm，宽5cm—6cm，浙江衢州南宋末史绳祖夫妇墓出土1双缠足银鞋，长14cm，宽4.5cm，高6.7cm。其中最小的鞋长13.3cm，最大的鞋长22cm，但这双鞋与长18cm的鞋是一个人穿的，因此显然是这双鞋做得大了，应以长18cm的鞋为准。由此可概见宋朝缠足女性脚之大小。由时尚演成民俗，在元、明变成礼俗，垂至清代则被看成具有政治意义的文化传统并进而成为女性身体上的性别符号，至此，一个拥有新的第二性征的女性身体出现了。[2]

上面讲到的缠足，其发展的历史，无论是初期的时尚，还是宋以后成为防闲礼俗，或是成为女性的第二性征，都是与男性世界的需求相始终。缠足无疑摧残了女性，但是明代以降，大多数女性自愿缠足，甚至到了晚清民初由于包括母亲在内的家长认为女儿必须要裹小脚才嫁得出去等原因而阻止废除缠足。对那些承认缠足对小脚妇女带来痛苦的人来说，其所以要忍受痛苦遵从习俗，从社会性别的视角就不难发现是因为小脚妇女是男性世界规定的女性属性之一

---

[1] （宋）汪洋：《东牟集》卷六，《以酒饷兹父蒙以绝句为谢因次韵并叙送行之意时欲往吴中》，文渊阁四库全书景印本，第1132册，第398页。
[2] 虞云国：《宋元缠足流行考》，《寻根》2008年第4期。邱志诚：《国家、身体、社会：宋代身体史研究》，首都师范大学2012年博士学位论文。

在起作用。缠足兴起之初主要是因男性的审美驱动：由于生理差异和社会分工的强化，男性的脚通常比女性大，脚小就成为女性的特征之一，相应也成为女性美的特征之一受到男性的喜爱，中外皆然。显而易见，"（缠裹的）小脚是美"要诉诸的对象虽然是女性，但这一定义却是男性作出的，宋代女性所追求的这一新生的美的范畴在本质上只是"男性认为美"。马克思说："一个阶级是社会上占统治地位的物质力量，同时也是社会上占统治地位的精神力量。支配着物质生产资料的阶级，同时也支配着精神生产的资料。"① 所以，在男权社会，所谓女性美只是权势阶层男性个人偏好的集体表达，只是传统社会建构出来的概念。

宋末缠足已演成民俗，是否从俗，在自己抉择，与道德、行为规范无涉，也就是说不缠足人也不以为非。元人立国，本族妇女不缠足，但统治者对汉族女性缠足并不反对，有时还和文臣以缠足为题唱和。缠足由民俗向礼俗转变的开始时间是元末，所以这一转变是到明代完成的。

元代程朱理学统治地位确立后一直是官方主流意识形态，明人贞节观念较元继续强化，用缠足管束妇女身体"防闲"的需求更其迫切，如在《女儿经》等女性读物中明确写道："为甚事，裹了足？不因好看如弓曲。恐她轻走出房门，千缠万裹来拘束。"女性在父权、夫权制社会中无时无刻不受到男性权力的控制，既表现在身体上，也表现在精神上对男性的完全依附，她们接受缠足也只不过是要在由男性设定的性别秩序中找到那个指定的位置。明代守节妇女人数激增，以致清编《明史》"掇其尤者"已"视前史殆将倍之。然而姓名湮灭者，尚不可胜计"②。这除了理学思想对妇女精神上的牢笼，明代缠足较宋元更为普遍，小脚行动不便，客观上减少了男女之间接触的机会也应是原因之一。结果就是由审美驱动的缠足民俗变成男女防闲的礼俗再变为带有玩物畸形的女性特征，最终沦为男性奴役的对象。

## 五、宋朝妇女的社会地位③

程郁教授在总结改革开放以来宋朝妇女史研究时有三点评议：（1）相当一

---

① 马克思、恩格斯：《德意志意识形态》，《马克思恩格斯全集》第3卷，人民出版社，1960年。
② 《明史》卷三〇一，《列女列传一·序》，第7691页。
③ 本节参考了杨果：《性别视角下的宋代历史》，《华夏文化论坛》第14辑，2015年。

些论文有明显的"以今代古"的倾向,甚至不惜将现代西方的女权主义理论强加于古人。其实,这并不是宋朝妇女史研究特有的现象,通观当前各个断代的研究论文,近年来,做"中国妇女被压迫史"的文章似乎已成为一种时髦,从先秦到清,几乎都有类似的论点,若将这一派的论文编成通史,甚至可以得出中国妇女是最有独立人格之人群的结论,而近代的妇女运动几乎是多余的。(2)一些学者将某种现象作为宋朝妇女史的特征,甚至轻易断言:宋朝女性"拥有一个比前朝后代较为宽松的社会生存环境",但下结论前并未或很少参考其他断代史研究者的成果。(3)在研究女性史时,相当一部分论文根本不接受或很少了解社会性别理论,不自觉地以封建士大夫的眼光看待妇女问题,如相当多的论著对两宋末妇女在乱世中为保住贞节而大批自杀的行为,持赞赏的态度,其思想上的酸腐,实为"五四精神"的倒退。

那么为什么会出现上述情况呢?我个人以为主要是与对整个中国古代女性在社会上的角色和地位缺乏了解和认知有密切关系。如果转换角度,将女性置于父权社会的性别视角来观察宋朝妇女的社会地位,就会得出另外一种不同的认识。

中国古代妇女一直生存在一个父权制、父系制的社会里,自汉朝独尊儒术之后,妇女更是生活在从夫居、男尊女卑的正统儒家社会里。妇女的身份是依据与男性的关系而界定的。唐末五代礼崩乐坏,世族瓦解,入宋以后至仁宗随着儒学复兴运动的兴起,关于妇女地位的理论强化了儒家的阴阳学说,如司马光所言:

> 为人妻者,其德有六,一曰柔顺,二曰清洁,三曰不妒,四曰俭约,五曰恭谨,六曰勤劳。夫,天也,妻,地也;夫,日也,妻,月也;夫,阳也,妻,阴也。天尊而处上,地卑而处下,日无亏盈,月有圆缺,阳唱而生物,阴和而物成。①

同时敬宗收族,恢复被破坏的宗法制。宋代家族制度的重建及完善,对女性社会地位产生直接影响。儒家文化所提倡的伦理融入家法族规。因而宋朝是一个非常强调男女大防的时代,比任何一个时代都强调男女的区隔,比任何时代都对女主政治有高度的警惕。前面讲到宋朝对"内忧"的防范,就包括对

---

① (宋)司马光:《家范》卷八,《妻上》。

后妃女主的种种防范。但是恰恰就在这个时代，女主政治也不断地出现，两宋十八朝，女主政治先后在九朝都出现过，时间长短不同，但确实出现过。传说中"狸猫换太子"的刘太后，执政近12年，是事实上的皇帝，权威几近于武则天。"女主"现象虽然经常防范，但依然出现，这是为什么呢？用性别视角来看，就可以看得很清楚：这是和性别制度中的婚姻家族制度联系在一起的。女主的身份、归宿究竟是什么？她的身份归宿在她嫁入皇室那天就已经明确了，即：她从出生时的父权家庭转移到了出嫁以后的皇权—父权家庭，她的身份在本质上没有变化，当她登上政治舞台来代表她的皇权家庭执政时，她实质上是被社会性别制度造就的皇权—父权的代言人，她不是真正作为主体的女人在执政，所谓"女主的权力"实际上仍在皇族手中，并未发生向女性的真正转移，她仍然是代表着父权，代表着国家的最高层面，即皇权。女主政治说到底只是父权制（提升到国家层面就是皇权）自身维持继承断裂和权力危机的一种调节和平衡。换句话说，执政女主是以生物学意义上的女性，代表着文化政治意义上的男性在行使权力。所以说，女主政治的出现并不奇怪，它实质上也与"性别平等"没有什么关系，宋代的整个性别制度与格局并没有因为女主政治的出现而发生什么改变，以刘太后为例，尽管她主政期间比较强势有作为，也有意无意流露出一些女性本能，但当时一些士大夫，包括后世一些进步思想家，对她批评很多，比如王夫之在《宋论》中即对刘太后大加鞭挞，说"刘太后以小有才而垂帘听政，乃至服衮冕以庙见，乱男女之别，而辱宗庙"。文人还编造出《狸猫换太子》这类故事，塑造刘太后的刻毒形象，诋毁刘太后。传统史家对女主政治的批评，涉及的一个根本问题还是合法性问题，把女主政治等同于"牝鸡司晨"，即违背自然法则，必然带来祸乱。其实，从性别视角来看，对这所谓的"合法性"不难发出这样的质疑："法"为何法，"法"是否善"法"，是否应当遵行？

在女主政治方面，传统的批评还集中在女主执政的层面，其中最为人诟病的就是外戚专权。一般认为，女主政治素质低下、文化素质低下、执政能力低下，她们短视，她们狭隘，她们只会重用娘家人，所以重用外戚，那么结果就必然带来所谓的政治的黑暗。千年以来差不多都是这样的批评。同样，如果我们在这里加入性别的视角，也不难发现，女主倚重外戚，实际上正是性别制度，尤其是性别隔离制度的产物，外戚专权从根本上来说，是性别制度的一个必然的派生物。如果我们一味地只是满足于对女主个人的品格、能力的批评，显然不能够很好地解释问题。

谈到妇女地位常会提到妇女就业问题，其实早在20世纪30年代，全汉昇先生曾就宋代妇女的职业与生计的关系，作过较深入的论述，认为她们不仅从事家内劳动，而且参与社会生产，对农业、手工业、商业等各个经济领域的发展都做出了贡献。尤其是宋代商品经济的发展比前代有较大发展，因而妇女经商，可以买卖，可以参加一些社会生产劳动。一般会认为，商品经济发展会有利于女人地位的提高，在宋代看来似乎的确如此，商品经济的发展给宋朝妇女（无论城市妇女，还是乡村妇女）都提供了更多的机会。女性从商的比例较前代有所提高，当时社会对妇女经商在一定程度上予以肯定。从现有史料看，宋代女性经商主要有专营、兼营两种形式。专业性经营主要以开设店铺或流动货卖为主，涉及服务性与商品性经营；兼业经营主要是小手工业者亦工亦商、农妇亦农亦商等为主的自产自销式买卖活动。

文献中记载，不少妇女经营商业，有点本钱，往往自己开店营业，当女老板。开旅店，《水浒传》孙二娘开店不是虚构，类似的事情不少。有开饮食店的，《东京梦华录》里记载有王小姑酒店、曹婆婆肉饼；《都城纪胜》里有李婆婆羹；《武林旧事》和《梦粱录》都记录了皇帝喜欢吃的名店小吃宋五嫂鱼羹。有开药铺的，如开封有丑婆婆药铺，杭州有陈妈面具药铺。有开茶坊的，《梦粱录》中，王妈妈开了茶肆"窟鬼茶坊"，是士大夫聚会的场所。流动货卖有专职的也有兼营的。专职流动女商贩，她们或携篮或挑担售卖各种食品、物品等。值得注意的是，一些女性经商者和男人一样干起了私贩盐、酒等禁榷物品的勾当。《夷坚志》记述了鄱阳东尉弓箭手之妻，寡居，"以私酤为生"。

经商贩卖的妇女很多，有些人甚至成为富婆。如前面提到的宋五嫂，《东京梦华录》说她因鱼羹"尝经御尝"，以致"人所共趋"，"遂成富媪"。北宋后期，在当时的商业大潮中，本应"超凡脱俗"的尼姑们加入了世俗社会的商业竞争。《东京梦华录》记载相国寺"两廊皆诸师姑卖绣作、领抹、花朵、珠翠、头面、生色销金花样幞头、帽子、特髻、冠子、绦线之类"，乃至于一条"绣巷"都是"师姑绣作居住"。宋人对女商人的描写与记录是多层次多角度立体化的，塑造出了丰富多彩的女经商者群体形象，有正面形象也有负面形象。既有城市的，又有农村的；既有店主、贩妇，又有市场牙侩、小手工业者。从时间上看，南宋的记述较多，从地域上看，南方的记述较多。[①] 适用于上层社会男主

---

① 参见张金花：《宋代女性经商探析》，《中国史研究》2006年第4期。

外女主内的传统性别角色分配与价值观，对于这些走出家门融入社会的经商女性是不适宜的。宋代女子同男性商人一样活跃在城市乡村各级各类市场中，为商品经济的发展做出了贡献。女子有了收入，就会享有家庭的一些支配权，甚至可以说享有了家庭的某些主导权，所以我们可以看到宋代女子有主动提出离婚的，这些都是事实。

但是问题是，我们如果进行更深层次的分析，也就是加入社会性别视角来分析的话，我们会看到社会经济的发展、女性的经济参与，对女性地位的提高其实是有着相当复杂的影响的。首先，在帝制时代，不论社会经济发展到何种程度，绝大多数女性选择为人妻为人母的道路，很少有机会追求个人的事业，这是一般性常识，即使在商品经济大潮中，虽然有少部分参与经商活动，一般也是女性经商经营范围、规模有限，女性专职从商带有较大程度的被动性，多数是不得已而为之，她们或少寡独居，或老而丧夫，或老而无子，绝大多数是小本经营。女性经商受到较严重的性别歧视，在以男性为主导的社会中，女性始终属于弱势群体。女性从商与男子相比，更多一些麻烦。在宋朝女性从商者中，因偶然的机遇成就发达的商海幸运儿虽有之，但更多的是勤勤恳恳维持生计的小商小贩。而且要特别注意为生活所迫，女性走出家门参与家务劳动以外的、有独立计量收入的经济活动的经商人数，远不能与靠出卖自己的肉体、姿色参与社会"就业"谋生的妓女人数相比，相对于繁荣"娼"盛的妓院，女性所开的各类小商铺只是小巫见大巫而已。

其次，科举制度虽然始于隋唐，但是到宋才真正进入平民化阶段，即不论官员、平民，凡没有残疾和刑事在身的人都可应举，遵从唐代以来确立的"以文取士"的原则，将"学而优则仕"付诸实践，得到了更广泛更深入的发展。然而从性别视角来看科举制度，占人数差不多一半的女性并没有享有这种历史进步带来的实惠而是被排斥在科举之外，被这个制度剥夺了参与取士的权利，与此同时，被剥夺了受教育的权利和个体发展的权利。从性别视角来看科举制度，也可以说它进一步强化了社会的性别分工，强化了女子的依附性。女性的命运与丈夫、儿子的应举直接联系在一起，女性的职责就是相夫教子，助夫、子博取功名，女性自身被进一步排斥在公共生活之外。

第三，唐宋之际是中国历史上继春秋战国之后的又一具有风向标的变革时代，但是从社会阶层和结构中的官与民、士与庶而言，女性被严格排除在外，在这一差别对待的前提下，只要有能力和机会，几乎所有的男子——虽然贱民及一部分被轻贱的职业者除外——都有改变身份阶层的可能。而女性的从属地位，只能随男性身份的改变而改变，自身则没有改变的任何可能。

过去几十年对于宋朝社会妇女地位的讨论，总的来说，虽有部分学者认为宋朝妇女社会地位比前代有所提高，但大多数人还是认为宋朝妇女的地位自前代以来呈现进一步下降的趋势，并在三个方面取得较多的共识：（1）妇女贞节观虽形成于宋朝，但在南宋中叶以前并未形成规范妇女的行为准则，因而反对寡妇再嫁，讲求妇女守贞守节直到南宋后期才渐趋严厉。（2）宋朝妇女仍具有一定的遗产继承权。（3）奴婢、女使的法律地位较唐代有较大的提高。这些共识表明宋朝不是妇女地位急转而下的时代，宋朝妇女在其地位下降的过程中仍拥有一定的权利。但是必须指出，拥有一定的权利也是男性主导的父权、夫权社会制度的"进步"所赋予的，并不是女性自己争取而来，也与改变妇女从属地位没有关系，礼教是汉以后历代社会共同遵守的，这一点没有改变，改变的只是理学成为官学之后，礼教更趋于严厉。同理，贞节观念、缠足陋俗也是男性主导的父权、夫权社会制度下，男性对女性奴役的表现。若不从婚姻与阶级这些根深蒂固的社会制度入手研究妇女社会地位，其结果恐怕难以与历史实际相符。

## 参考文献及拓展阅读

徐规：《宋代妇女的地位》，《仰素集》，杭州大学出版社，1999年。
陶晋生：《北宋士族：家族·婚姻·生活》，《"中研院"史语所专刊》，台北乐学书局有限公司，2001年。
张邦炜：《宋代婚姻家族史论》，人民出版社，2003年。
柳立言：《宋代的家庭和法律》，上海古籍出版社，2008年。
张国刚主编，邢铁著：《中国家庭史》第三卷，《宋辽金元时期》，广东人民出版社，2007年。
梁庚尧：《宋代伎艺人的社会地位》，《国际宋史研讨会论文选集》，河北大学出版社，1992年。
游惠远：《宋代民妇的角色与地位》，台北新文丰出版公司，1998年。
朱瑞熙、程郁：《宋史研究》，福建人民出版社，2006年。
柏文莉（Beverly Bossler）：《身份变化：中国宋朝艺妓与士人》，伊沛霞、姚平主编：《当代西方汉学研究集萃·妇女史卷》，上海古籍出版社，2012年。

伊沛霞（Patricia Ebrey）：《性别与汉学：14 到 19 世纪西方对缠足不断变迁的诠释》，伊沛霞、姚平主编：《当代西方汉学研究集萃·妇女史卷》，上海古籍出版社，2012 年。

杨果：《性别视角下的宋代历史》，《华夏文化论坛》第 14 辑，2015 年。

张金花：《宋代女性经商探析》，《中国史研究》2006 年第 4 期。

李华瑞：《宋代妇女地位与宋代社会史研究》，邓小南主编：《唐宋女性与社会》，上海辞书出版社，2003 年。

# 尾 论

## 一、厓山涯之后宋朝历史书写的演变

### （一）元明清人眼中的宋代历史

1279年南宋灭亡以后，元世祖忽必烈诏令修辽、金、宋史。但忽必烈之后，历经数朝诏修三史，却迟迟未能成书。除经费问题、旧史多阙佚、史才不足等原因外，主要是以辽金为正统还是以宋朝为正统争论不休。直到元顺帝时丞相脱脱裁定"三国各与正统，各系其年号"，遂使修纂辽、金、宋三史得以顺利进行，从而彻底打破了以汉族政权为正统的传统观念，这也为明朝掀起重修宋史和研究宋史的高潮埋下了伏笔。

元朝史臣的《进宋史表》对宋朝历史从两个方面做了基本评价，一方面是对程朱理学做了高度的肯定。所谓"矧先儒性命之说，资圣代表章之功，先理致而后文辞，崇道德而黜功利，书法以之而矜式，彝伦赖是以匡扶"。元史臣还在《宋史》道学传的序言中直陈："此宋儒之学所以度越诸子，而上接孟氏者欤。其于世代之污隆，气化之荣悴，有所关系也甚大。道学盛于宋，宋弗究于用，甚至有厉禁焉。后之时君世主，欲复天德王道之治，必来此取法矣。"① 这与元统治者将朱熹学说定为"国是"一脉相承。1315年，元代第一次开科取士，元统治者要求将《四书章句集注》作为教科书，明清时代延续了这种模式。另一方面，元史臣论宋朝"其有弊"，"大概声容盛而武备衰，论建多而成效少"。元朝人刘岳申对此解释说："宋视汉唐，内无女色、阉寺之祸，外无强藩、外戚之变，经学不为无功，而国势不免积弱。"② 元朝史臣对宋代历史的盖棺大致影响

---

① 《宋史》卷四二七，《道学传一·序》，第12710页。
② （元）刘岳申：《申斋集》卷一五，《策问三史》，文渊阁四库全书景印本，第1204册，第356页。

了明清人对宋朝历史的认识。

《宋史》修纂成书没有几年，元朝就被明朝取代了。明代对于宋朝历史的认知除了继承《宋史》的看法以外，又有新的动向。其一，明朝是在推翻元朝统治基础上建立的汉族王朝，因而明统治者在承认华夏民族"天下一统"的同时，特别强调对宋朝历史文化的认同和继承，加之元史臣仓促修宋史，使得《宋史》内容繁芜，颇受史家訾议，因而重修《宋史》和重视研究宋史成为明代史学的一大特色，据研究，有明一代，受社会政治、民族关系以及学术思潮衍变的影响，宋史研究空前高涨，先后产生了 123 种宋史著述，现存 62 种。（吴漫《明代宋史学研究》）。其二，与元统治者相同，朱元璋亦以程朱之学为明朝的统治思想，多次诏示天下士人"宗朱氏之学，令学者非五经孔孟之书不读、非濂洛关闽之学不讲"①。因此科举、教育与经学进一步紧密结合，理学（道学）思想影响到明代的政坛、风俗、礼制的方方面面。其三，明朝人对宋文、宋诗、宋词、宋画的褒扬和批评，奠定了宋代文学艺术与汉唐并峙的地位，譬如，对宋词的成就有高度的赞扬"夫词至宋人而词始霸"；散文有唐宋八大家（韩愈、柳宗元、欧阳修、王安石、曾巩、苏洵、苏轼、苏辙）的定评；诗歌有"宗唐崇宋"的不易之论；绘画则是由宋代士夫画至明代发展成为文人画等。其四，南宋时人郑樵和文天祥从"取士不问家世，婚姻不问阀阅"，以及"士大夫以官为家，捐亲戚，弃坟墓"等现象看到唐宋之际社会发生了巨大变化，而编撰《宋史纪事本末》的陈邦瞻更是从中国古代历史发展的大势看到宋代是历史大变革的时期，他说：

> 考其世已，宇宙风气，其变之大者有三：鸿荒一变而为唐、虞，以至于周，七国为极；再变而为汉，以至于唐，五季为极；宋其三变，而吾未睹其极也。

陈邦瞻指出宋的变革既不类以效法"道德"取胜的周朝，也不类以效法"功力"取盛的汉唐，而是"举一世之治而绳之于格律，举一世之才而纳之于准绳规矩，循循焉守文应令，雍容顾盼，而世已治"。因而宋三百年的文治主要表现在社会内部的稳定上："其家法严，故吕（后）、武（则天）之变，不生于肘腋；其国体顺，故（王）莽、（董）卓之祸，不作于朝廷。吏以仁为治，而苍鹰

---

① （明）高攀龙：《高子遗书》卷七，《崇正学辟异说疏》，文渊阁四库全书景印本，第 1292 册，第 441 页。

乳虎之暴，无所施于郡国；人以法相守，而椎埋结驷之侠，无所容于闾巷。其制世定俗，盖有汉、唐之所不能臻者。"[1]

陈邦瞻还以为由宋代开启的历史变革至明朝仍然处在继续发展的阶段："变未极，则治不得不相为因，今国家之制，民间之俗，官司之所行，儒者之所守，有一不与宋近者乎？非慕宋而乐趋之，而势固然已。"陈邦瞻的这一看法得到编撰《宋元通鉴》的薛应旂的赞同："回视宋元，世代不远，人情物态，大都相类。"

"宋学"一词在元明时代的含义大致包括宋朝的学术、文学和艺术，即所谓"凡百王诗书、礼乐相沿以为轨则者"。至明朝后期才将宋学特指程朱理学。程朱理学治经方法至明末已入穷途，黄宗羲教学者说经则宗汉儒，立身则宗宋学。清初统治者亦有意提倡理学。随着乾嘉考据学兴起，汉学与宋学之争成为清朝学界的一大景观。清统治者以文字狱等手段相逼，又以高官厚禄相诱，于是以考证方法读经发展成为学术主流，代替了以言心言性为主之宋学的传统地位。

清代对宋朝的积弱多有批评。如王夫之在《宋论》中批评宋的军政时说："岐沟一蹶，终宋不振"，"士戏于伍，将戏于幕，主戏于国，相率以嬉而已。呜呼！斯其所以为弱宋也欤！"四库馆臣在宋人数部著作的提要中也使用积弱来形容宋的国势，如王安石《周官新义》的提要说："安石之意，本以宋当积弱之后，而欲济之以富强。"乾隆皇帝更是多次评议宋的积弱："积弱之势既成，益见其恹恹不振，诚可笑耳。""国势成积弱，况复政多咎。"

**（二）宋代近世说的"近世"指向**

20 世纪，中西学者均将宋代历史指向中国近世的开端。

先看域外学者。宋朝是中国近世的开端，这是日本学者内藤虎次郎（号湖南，1866—1934）首先提出来的。1922 年内藤湖南发表《概括的唐宋时代观》系统阐述了他的宋朝是中国近世开端的假说。内藤湖南的假说是建立在西方文艺复兴以来的历史分期方法基础之上的。即上世（上古）、中世（中古）、近世（近代）三分法，内藤以为唐代是中世纪的结束，而宋代则是近世的开始。从中世纪向近世的转移，应根据"贵族政治的衰颓和独裁的兴起"这一点，而从贵族政治进入君主独裁政治则是任何国家都能看到的自然顺序，是世界史的普遍现象。内藤提出的假说在二战结束前，不论是在日本国内还是国外影响都不

---

[1] （明）陈邦瞻：《宋史纪事本末·叙》，中华书局，1977 年，第 1191—1192 页。

大，二战结束后内藤湖南的宋代近世说经他的学生宫崎市定等人的发挥和展开，至20世纪下半叶在国际学界产生了深远而广泛的影响。内藤湖南学生发展宋代近世说表现在两方面，一是将宋代近世说概括为"唐宋变革论"。二是1950年10月，宫崎市定发表《东洋的近世》，宫崎在此书中补充了内藤说在经济方面论据之不足，相当全面地列举了从宋代到清代的中国近世社会的特征：大规模的都市、发达的交通、繁荣的交换经济、建立在契约上的地主—佃户关系、中央集权的官僚国家体制、科举制度产生的文官体系、以佣兵制为基础的庞大中央禁军。所有这些特征，归纳起来，无非都是高度发达的交换经济与中央集权的国家特征相结合的体现。他在中国宋代和欧洲近代文艺复兴之间列举了许多平行的史事，而且特别强调中国宋代与欧洲近代文艺复兴之间的两个突出共同点：（1）由于基督教和佛教的衰颓，社会和文化都世俗化了，"理性"哲学代兴；（2）城市和商业兴起，形成了自由支配土地、劳动力和资本的农业社会。宫崎在新生的宋代平民文化中发现了中国近世国民主义搏动的先兆，"人民"有了文化主体意识，不再奴隶般地效忠于皇室。（张广达《内藤湖南的唐宋变革说及其影响》）

内藤的宋代近世说不仅仅是就中国历史分期的学术问题展开讨论的，而是与他关注当时中国政治走向以及日本对华政策分不开。即为处在辛亥革命前后中国政治走向开出的"贵族政治→君主独裁政治→共和政治的社会发展趋势"方案服务的。中国的辛亥革命不是从旧体制、落后社会到新体制、先进社会的转换，而是"可以追溯到从唐代中叶到五代、北宋亦即离现在约一千年前到八百年前之间，已逐渐形成了我们所说的近世纪"。如何保障这种缘于历史"早熟"必然出现的"共和制"呢？内藤提出："中日共存的方向：即以先进国家日本的经验输入激活中国社会，由此达到国家自立的进程。"

所以说要区分"宋代近世说"与"唐宋变革论"的联系与区别，也就是说宫崎市定把内藤湖南的"宋代近世说"指向，由内藤湖南偏重讨论其所处的中国现实社会状况的起始，转向侧重讨论按西方近代社会发展模式比附中国历史近代的起始。

当然到了1970年代后半期，日本学界在反思西方的历史分期法得失时，看到西方史学和社会学的"近代"是根据西欧社会发展经验总结出来的架构，将西欧的历史发展模式奉为世界历史发展的普遍规律，并以此作为研究中国历史分期的预设进行的东西比较一旦流于牵强，必然造成歪曲和混乱的后果。美国学界也得出了大致相同的意见，包弼德（Peter K. Bol）认为，应当对内藤说的传统理解进行更新,即认同内藤的时代分期,但要抛弃内藤说以宋代与西方近世相比拟,以欧美式近代为趋归的目的论。

尽管日本从晚清现实和西方近代社会理论研究中国宋代历史的观点有附会之嫌,但是宋代近世说或唐宋变革论对国际宋史学界产生深远而重大的影响,则是不容否认的,而且日美欧学者对宋代的历史地位均做出了很高评价。

日本学者宫崎市定在《宋代的煤与铁》一文中指出:中国的文化,在开始时期比西亚落后得多,但是以后渐渐扭转了这种落后局面,追上了西亚;到了宋代便超过西亚而居于世界最前列。和田清在《中国史概说》一书中认为:宋代横比当时世界各国,均在其之上,处于领先地位;宋代纵比前代,亦超越之,是中国古代历史上继汉朝、唐朝之后的又一座新高峰。以上两点可以说是日本学界对宋代历史地位的两个基本估计。①

新近出版的《哈佛中国史》第四册《儒家统治的时代:宋的转型》写道:"宋代中国在商品化与消费,在财政金融的发展程度,特别是其强大的信用市场和纸币制度的创立,在交通(马车、客船和配备有尾舵和水密舱的驳船)的发达程度,在陶瓷生产、铜铁矿的开采、纸张的生产、高品质的印刷和出版,以及在机械标准化和技术术语(这是进行高效及有利可图的持续大规模生产的先决条件)等方面都走在了中世纪欧洲的前面。水车可以驱动杵锤,可以用来对水田进行灌溉,可以碾磨谷物以及对作工业用途的材料进行磨压。通过中亚一直连接到伊斯兰教世界的贸易路线和传播交流网络(在19世纪时被称为'丝绸之路')使中国的技术传播到了欧洲,而欧洲则在数个世纪后的商业和工业革命期间,对东方的思想进行了仿制、吸收和改进。"不特如此,美国的历史学家在日本汉学家的激发之下,开始把宋代看作中国史上的真正具有形塑作用的时期之一,是社会、经济、政治、思维各个方面都有广泛发展的时期,这些发展大大有助于形成直到20世纪的中国的面貌。

再看国内学者的看法。国内学者对宋代历史的认知主要是从传统中国文化的发展脉络来看待宋代历史文化与他们所处近世(晚清社会)的关联,如近代思想家严复在给熊纯如的信里说:"古人好读前四史,亦以其文字耳。若研究人心政俗之变,则赵宋一代历史最宜究心。中国所以成为今日现象者,为善为恶,姑不具论,而为宋人之所造就,什八九可断言也。"②近代学术大师王国维说:

---

① 参见张邦炜:《瞻前顾后看宋代》,《河北学刊》2006年第5期。
② 《严几道与熊纯如书札节钞》(39),《学衡》1923年第13期。

"天水一朝人智之活动，与文化多方面，前之汉唐，后之元明，皆所不逮也。近世学术，多发端于宋人。"[①] 著名历史学家金毓黻在《宋辽金史》总论中说："宋代膺古今最剧之变局，为划时代之一段"，"凡近代之民族文化，政治制度，几乎无一不与之相缘，而莫能外，是宜大可注意者也。治宋辽金史，实为治近代史之始基。"这些前贤的论述与前揭陈邦瞻、薛应旂的观点一脉相承，显然明清以来中国学者提出中国近世（明、清）的文化主流源头起自宋，虽然与日本学界的宋代近世说在时间概念上有相似处，但是与日本学界将中国近世的发展比附西方文明进程有本质的不同。也大致是这个原因，才有陈寅恪对赵宋文化的高度褒扬："华夏民族之文化，历数千载之演进，造极于赵宋之世"，"天水一朝之文化，竟为我民族遗留之瑰宝。"

从上述可知，中外学者在 20 世纪都把宋代历史看作是中国近世的开端，尽管所持的方法和视角不尽相同，但是观察晚清社会的诸多历史和现实特征都主要源自宋代则是殊途同归，只是其后日美学者偏向诸如城市、市镇、经济、交通、印刷、社会结构等方面宋至晚清的源流变化；而中国学者则主要总结了宋代的学术思想、文学艺术、人心礼俗对晚清社会的形塑作用。

**（三）宋朝是一个积贫积弱的国家吗？**

如前所述，当二战以后，日本有关宋朝是中国近世开端的"假说"风靡美欧学界之时，却在中国本土遭到冷遇，在相当长时间内对中国的唐宋史研究几乎没有产生什么影响。2002 年出版的《二十世纪唐研究》未见国内学者接受日本唐宋变革说所作的讨论论著。2006 年出版的《二十世纪宋史研究论著目录》更是未见大陆地区论著索引中有唐宋变革的条目。这是为什么呢？我个人以为主要原因有两点，一是 20 世纪前半叶内藤湖南的假说尚没有形成系统理论，加之中日民族矛盾空前高涨，而内藤的假说带有殖民色彩，故很难得到中国学者的关注。二是当内藤的学生将宋代近世假说丰富系统化后发展总结为"唐宋变革论"之际，中日分处东西方冷战阵营，意识形态的对立也不可能使中国大陆学者关注日本的唐宋变革论。

与日美欧学界对宋代历史高度评价相反的是，国内学者对宋代历史的评价呈现批评、贬抑为主的态势。表现在两方面，一是将宋朝冠以"积贫积弱"。其实，早在南宋后期，有识之士就说"民穷""财匮""兵弱"是当时的三大弊政。

---

① 《静庵文集续编·宋代之金石学》，《王国维文集》第四册，中国文史出版社，1997 年，第 120 页。

而前揭元明清人一致认为宋朝"武备不振"和"积弱"。民国时期，钱穆在《国史大纲》中将宋元明清人的议论概括为"积贫"和"积弱"，20世纪50年代末先师漆侠先生在《王安石变法》一书中第一次将"积贫积弱"连用来概括宋神宗实施变法的主要社会原因，1962年邓广铭先生将这一概括引入《中国史纲要》宋代历史部分的书写。由于《国史大纲》和《中国史纲要》是大、中学教材，因而影响极大，遂使"积贫积弱"成为20世纪后半叶评价宋代历史的代名词。二是新中国成立以后所确立的封建社会内部分期研究范式，把宋代作为中国封建社会走向衰亡的开始，即唐宋时期处在封建社会由前期向后期转变的时代，为大多数学者及教科书所认同。五个社会形态说实际上是建立在"社会进化论"的基础上，宋代处于封建社会的衰落时期，其落后是不言而喻的。基于这两方面的认知，国内学界一般提到宋朝历史总是与政治上腐朽、学术上反动、经济上积贫、军事上积弱画等号。

那么怎样看待"积贫积弱"说呢？根据目前的研究，"积贫"在一定程度上得到更正，从国家财政和地方财政的角度而言，宋仁宗朝形成的"财匮"，在王安石变法之后得到一定的舒缓，南宋以后则一直是为摆脱财政危机苦苦挣扎，而宋代地方财政长期处于入不敷出的窘境，则是宋代财政史研究者取得的较大共识。"财匮"之说是有充分根据的。从"民穷"的角度来说，宋代社会最底层的客户，与魏晋隋唐以来的部曲相比，不论是法律身份地位、迁徙自由以及谋生手段，都有较大的改善和提高，加之宋朝的社会救济制度汉唐不能企及，元明清也没有超过，而宋代大中城市里五万贯家财的富户人数众多，所以要辩证地看待宋朝的"积贫"。

对于"积弱"说也应当在一定程度上得到更正。过去对宋朝积弱的认识有两层含义，一是国势弱，二是军事能力弱。对于前者，大多数研究者都不能认同，因为目前学界公认宋朝的经济、科技整体发展水平远非辽、西夏、金、蒙古、元所能比拟。而对于后者虽有质疑者，但未能得到充分解释。我个人以为若从战争具有防御和进攻两种基本形式而言，宋朝对于辽、西夏、金、蒙古、元的战争的失败主要是发生在宋朝的主动进攻战上，若从防御战的角度来看，宋大多数时间在境内抵抗来自辽、西夏、金、蒙古、元的进攻，宋军则多能取得不俗的战绩，如宋夏平夏城之战，宋金太原之战、和尚原之战、顺昌之战、郾城之战、采石之战，宋蒙古钓鱼城之战等，因而应当改变宋人不能打仗的偏见。既然宋人能打仗，为什么宋以后历代都说宋"积弱"呢？我个人以为大致有三点原因，一是由于政治腐败和战略决策的失误，金灭北宋和宋蒙元战争的第二阶段特别是 1273 年后的元灭南宋战役，基本同属于击溃战，也就是说北宋和南宋均被金、元在短时间内灭亡，这就是积弱的表现。二是在所谓"和平"对峙年代与辽、西夏、金、蒙古、元的交往中（特别是南宋）又常常扮演乞求、赔款、苟且、退让等屈辱的角色，这又是不折不扣的"积弱"。三是虽然宋打防御战颇有战斗力，但是必须指出宋的防御战都是对侵略者深入国境之内的顽强抵抗，也就是说在第一时间并不能阻击侵略者于国境防线之外。一个常在国境纵深地区进行顽强抵抗侵略的国家，不论抵抗有多么的卓越，也不能不是"积弱"的反映。

**（四）新世纪之交以来对宋代历史的新评价**

20 世纪初，日本、美欧都已有了充分讨论和基本定论的唐宋变革论，在国内却突然受到极大关注，一时间学界普遍以"宋代近世说"或"唐宋变革论"为基础讨论宋代问题。但是仔细观察国内学界所热衷的宋代近世说或唐宋变革论，只有少数学者从日美学界讨论的定义、范畴、范围讨论宋代问题，而大多数人，都是借用日本学界为宋代历史地位所下的"是中国近世开端"这一定位，或者使用唐宋社会由贵族向平民化、精英化转变的结论为自己的研究张目。

那么为何在 20 世纪初以来会出现这种现象呢？我们知道，民族历史地位的评价或者说对文明盛衰的评断，往往与国家的现实强盛与否分不开。20 世纪国内学界对宋代历史的评价实际上是对现实中国地位评判的缩影。1840 年鸦片战争后，国人在反思中国被侵略欺凌的原因时，从反思船坚炮利、政治制度不如列强直至对传统文化的质疑和否定，因而 20 世纪国内学界对宋代文治所取得的成就（文明昌盛）的片面忽略，而特别强调宋朝"武备不振""积弱"不强的一面，则不能不是仁人志士们主张与传统决裂，认为只有与传统决裂，才能救中国的时代反思在史学研究中的一种折射。

改革开放以后，随着中国与世界列强并驾齐驱进入 21 世纪，国际上重新认识明清以来中国在世界历史上的地位，尤以美国加州学派（California School）为突出，从研究范式的高度反思西方中心主义的学术理论和方法，突显中国历史的重要性，这也使得国内研究宋代问题的学者不满足于只把宋代的高度发展定位在中国封建社会内部的认识，而是希望把宋代置于当时的世界历史背景下给以新的评价。而日美欧唐宋变革论者高度评价宋代历史地位的观点正适应了这种要求。于是宋代经济革命说，诸如农业革命、水运革命、货币与信贷革命、科学技术革命、交通革命、商业革命、市场结构以及都市化方面的重大变化等，宋代是中国近世的开端，宋代是中国古代的文艺复兴时期等观点充斥着各类评价宋代历史地位的论著中。这是唐宋变革论在20世纪初成为国内宋史研究热点话题的重要背景。

在公元960—1279年共320年中形成的宋代历史内容是人类历史长河中一段不能磨灭而固化的记忆，但不同时期研究宋代历史的人根据现实关怀和理论对宋代历史的认识在变，从这个层面而言，宋代历史的形象仍在不断的变化中，宋代历史的魅力也因之会持续存在。

## 二、从世界历史发展进程来看宋朝国家文明

有学者指出宋朝在没有外部影响下取得了很大进步，斯言甚是。所以从世界文明发展来讲，宋朝不是一个积极向外的主动者。宋朝文明在很长时间并不为世界所知。以往多是从佐证宋朝文明取得的伟大成就来讨论《马可·波罗游记》(*The Book of Marco Polo*)一书的珍贵，而很少有人从西方广知宋朝文明大致始自元初意大利人写的《马可·波罗游记》这一角度，来反思宋朝文明趋于内向，在辽金元"开启欧亚大陆世界和中国史相邂逅交锋的六百年"中，宋朝居于很次要的地位这样一个不能回避的问题。

不可否认盛行近千年的丝绸之路在中唐以后开始衰落，这个衰落不仅是中国经济重心逐渐南移的结果，而且与公元6世纪后世界历史格局开始发生变化密切相关。用西方历史学者的话来说："公元500年左右，整个欧亚大陆处于动乱时期。亚洲草原上游牧民族侵袭了当时所有的文明中心。虽然古典时期的成就并未完全丧失，但中国与西方、北非与意大利、拜占庭和西欧之间的联系却大大减弱。在随后的几个世纪中，各个地区又退回到依靠自身资源独立发展的状态。"[①]安史之乱引起的巨大社会动荡，给后来的统治者对以积极开拓政策应对北方高原民族的挑战提出了疑问。宋朝的建立者和后继者差不多就只满足于对传统农耕区域的控制，谨"华夷之辨"成为朝野大多数人的共识。在这种大背景下，欧洲与宋在陆路很少交往，"在从公元600—1100年的至少五个世纪当中，欧洲的古典

---

① 《泰晤士世界历史》第四篇，《割裂为诸多区域的世界》导言，毛昭晰等译，希望出版社、新世纪出版社，2011年，第95页。

传统已黯然失色"①。据研究，居住在宋朝开封的70姓犹太人是通过海路从印度登陆宋朝的。"中国与基督教世界的关系于9世纪期间中断，而于13和14世纪时又得以恢复。"②"在广大的中亚、西亚地区很少发现可以肯定是从陆路运来的北宋器物，这是和当时的政治形势相应的。北宋北阻于辽，西阻于西夏、回鹘。黑韩王朝和塞尔柱突厥虽和北宋曾多次发生联系，但较大规模的陆上往来，特别是贸易往来是不大可能的。"③而西域中亚从陆路朝贡所带来的马匹、玉石、香料、乳香、畜牧业和狩猎产品、毛织品、琉璃器、佛牙、水晶、琥珀、珊瑚、瑜石、宾铁剑甲、宝器、硇砂、腽纳脐等商品对宋朝经济文化和社会生活的影响很有限。④这与汉唐因积极开拓带回的西域产品不论是数量，还是"胡人"习俗文化，不可同日而语。宋人认为的胡人文化或者胡俗多指西夏、吐蕃、契丹等周边民族，这一点与唐代欣赏来自中亚、波斯等的胡人习俗有很大不同。⑤宋代社会生活中的一些西域文化因素，如宫廷教坊中的龟兹音乐舞蹈元素，还有"胡床""胡椅"等大都是从唐代继承而来，并非来自宋夏时的中西陆路交通。即便是在海外贸易大发展的北宋中后期，日本、高丽、欧洲、阿拉伯等国家和地区并无足够的大宗商品与北宋交换，海外贸易占财政收入不足3%。⑥深受印度文化影响的东南亚和印度洋沿岸与宋朝的交往亦是以出口资源性商品为主，如香料、药材、犀象、珠玉等，未经加工或技术含量较少，对宋代的社会生活只能起到一些互补性的作用。总之，汉唐以吸收外来文化为主的态势在宋代已被益形强固的民族本位文化所取代，虽然宋代对外交通甚为发达，但其各项学术，都不脱中国本位文化的范围，其排拒外来文化的成见，也日益加深。⑦

与宋朝文化"独立"发展相应，漠北回鹘西迁后亦在与当地各民族融合的同时接受距离自身更近的波斯—阿拉伯伊斯兰文化。宋朝先进的物质文化不同程度地从海上传入东南亚及非洲，如瓷器、货币等，"中亚、西亚摹仿我国陶瓷的釉陶工艺发展很快……，12世纪伊朗陶艺出现了一个大发展时期，是受到宋

---

① 〔英〕赫德逊：《欧洲与中国》前言，中译本，中华书局，2004年，第2页。
② 〔法〕安田朴：《中国文化西传欧洲史》，耿昇译，商务印书馆，2000年，第51、62页。
③ 宿白：《考古发现与中西文化交流》，文物出版社，2012年，第108—109页。
④ 参见朱瑞熙等：《辽宋西夏金社会生活史》，中国社会科学出版社，1998年。
⑤ 参见杨蕤：《宋代陆上丝绸之路贸易三论》，《新疆大学学报》2009年第5期。
⑥ 黄纯艳：《宋代海外贸易》绪论，社会科学文献出版社，2003年，第3页。
⑦ 傅乐成：《唐型文化与宋型文化》，中国通史教学研讨会编：《中国通史论文选》，台北华世出版社，1979年，第314、350页。

代给予的影响的推论,已得到一般承认"①。但是在唐代安西大都护府治所的龟兹故地,现今可以看到很多汉唐以来的文物和历史遗迹,却罕见宋代的文物和历史遗迹。②编撰于北宋神宗熙宁年间的两部回鹘文化巨著:长诗《福乐智慧》和《突厥语大词典》,与中原文化极不相同。③如果说其中依稀有汉文化的影子,那也是汉唐文化的遗风,"喀什噶尔称下秦……桃花石和汗据说应释为'伟大的和古代的统治者'。比较可能的是,这一称号是从前和中国接壤的邻族所留下的,也是突厥人对于中国人的国家观念的一种爱好"④。可见出于宋与西域的政治隔绝。

联合国教科文组织编写的《中亚文明史》第四卷(上)在写到哈喇契丹文明之后说道:"显然耶律氏是伟大的幸存者,他们是契丹人中非常具有代表性的贵族,曾为契丹人立下了赫赫功绩。在他们的第二个伟大政权哈喇契丹垮台之后的数百年中,在远达东欧的各个散居之地,契丹人仍然能够保持某种程度的族裔认同。在沃古尔人(Voguls)和奥斯加克人(Ostiaks)等西伯利亚人的英雄诗史中都曾提到契丹人,而那里的河流名称也反映了他们的存在。作为部族的名字,Kitan,Katay,Kitay,或者这些名字的各种变体,见于17世纪居住在乌拉尔河以西的卡尔梅克人(Kalmuchs)中,也见于伏尔加地区的巴斯吉尔人(Bashkirs/巴只吉惕),甚至克里米亚(Crimea)的鞑靼人。西面远达摩尔达维亚(Moldavia)的一些相应地名证明了早先契丹群体的存在,而13、14世纪匈牙利编年史曾将契丹人定位在顿河沿岸。但是契丹力量的最持久印记就是它的名字'Cathay',这是中国之名的中世纪拉丁写法,仍保留在许多现代用法中,并且俄语中的'中国'也是用的这个词。寻找传说中的Cathay是15和16世纪地理大发现的主动契机。契丹人的历史构成了世界历史上真正不寻常的一章。"

要之,宋朝文明在20世纪以来得到域外学者的很高评价,但是在当时向世界传播中国文明的不是宋朝,而是辽朝和后来的蒙元。换言之,宋朝国家文明的高度,是20世纪以来日欧美学界根据其研究历史的范式重新"发现"的,而当时的实际却是"养在深闺人未识",其影响力远不能与汉唐元明清传播中华文明相提并论。

---

① 宿白:《考古发现与中西文化交流》,第109页。
② 新疆阿克苏博物馆收藏有一件宋代绿绸袍,丝绸质地,阿瓦提县古迹遗址采集,衣长132厘米,袖筒长173厘米。年代不详。
③ 麻赫默德·喀什噶里:《突厥语大词典》三卷,民族出版社,2002年;尤素甫·哈斯·哈吉甫:《福乐智慧》,郝关中等译,民族出版社,2000年。
④ 威廉·巴托尔德:《中亚突厥史十二讲》,罗致平译,中国社会科学出版社,1984年,第101页。

近期美国学者将世界"全球化"趋势的出现上溯至公元 10 世纪,就宋朝国家文明的特质而言,不仅没有走向全球化,而且是逆全球化而行。由此可见,全球化不能仅从商贸入手,更应看到世界不同地区在西方文明扩张的 300 多年之前,甚或 15 世纪哥伦布地理大发现之前,不同区域文明的不同走向。

## 三、宋朝国家文明的高度

对于宋代历史地位的评价,从上述后世的评说可知域外学者曾给以极高的评价,最具代表性的是日本的唐宋变革论,将宋代作为中国社会历史近世的开端。另外从科学技术发展的历史看宋朝,英籍著名中国科技史学者李约瑟(Joseph Terence Montgomery Needham,1900 年 12 月 9 日—1995 年 3 月 24 日)认为,在公元 1 世纪到 13 世纪之间中国人所取得的科技成就达到了一个西方世界无法企及的科学知识水平。但是内藤湖南和李约瑟的评价最后都落在宋朝以后中国长期不发展的认识上。譬如内藤湖南、宫崎市定"宋代近世说(唐宋变革论)"貌似一个赞美中国文化光辉灿烂、发达领先的历史理论,但它却是内藤湖南现实的中国观"国际共管说"的思想依据,是与一个明显具有殖民色彩的对华设想联系在一起。内藤湖南通过宋代近世说"向读者说明,中国文化在进入近代以后已是高度发达的文化,但是正是这个'早熟'的、高度发达的辉煌文明,导致了当前(晚清)衰老的、政治经济困难重重,亟待寻求出路的现实中国,对此内藤提出了所谓'国际共管'的理论"①,也就是说宋代以后至晚清,在内藤湖南看来中国社会一直停留在宋代发展水平上而没有进步,故需要日本和欧美国家共同瓜分中国进行治理;而欧美学者在接受日本唐宋变革论的同时也认为中国在 14 世纪停滞不前,伊懋可的代表作《中国历史的模式》(The Pattern of the Chinese Past)即认为中国先进的农业生产与欧洲早期罗马帝国和中世纪拜占庭帝国封邑内的农业发展模式比较接近,在 8 至 12 世纪达到最高水平,但是到 14 世纪时,经济陷入一种高水平的平衡圈,几乎无法通过内部力量产生变化。

李约瑟在肯定宋代科技水平在 14 世纪以前的世界范围内居于领先水平的同时,也提出了这样的疑问:欧洲在 16 世纪以后诞生了近代科学,这种科学已被证明是形成近代世界秩序的基本因素之一,而中国文明却未能产生相似的近代

---

① 钱婉约:《从汉学到中国学》,中华书局,2007 年,第 239—240 页。

科学，中国的科学为什么持续停留在经验阶段，并且只有原始型或中古型的理论，其阻碍因素是什么？这个疑问被后来学者概括为"李约瑟难题"。

对于域外学者的评价，国内学者多有回应，20世纪20年代至40年代和70年代末至80年代中期，"中国封建社会长期延续问题"，曾一度是史学界讨论的热点，有赞同者，也有驳议者。[①] 对于如何看待"唐宋变革论"，本人在2009年前后约请国内的相关著名专家和青年才俊就20世纪初以来唐宋变革论的由来、唐宋变革论对中国宋史研究的影响和唐宋变革视野下的宋代社会史、军政变革、政治制度、经济史、赋役制度、流通经济、城市社会变革、法律变革、文学艺术、学术思想和文化史变迁等方面的研究做了较为详尽的评述，虽然侧重点不同，但基本上都是从学术史的角度进行梳理。[②] 而对于"李约瑟难题"则从20世纪70年代以来一直为经济史学界、科技史学界、思想史学界和历史学界所关注。论者从社会结构、经济结构、思维模式、科举制度、文化传承、政治体制等方面做了许多有益探讨。

但是从上述评价和讨论来看，有两点值得注意：一是以欧洲社会历史、文化为尺度来诠释宋代历史。唐宋变革论是按西方分期法划分中国历史，又按西方的话语来诠释中国历史的文献资料，把中国的发展列入西方文明发展的大链条中，以为西方的近代化是人类世界共同的发展道路。必须指出，当西方近代化成功并成为人类发展的主导模式以后，世界各国因模仿学习或被迫而走上西方式近代化道路，与在西方近代化之前世界各国各自走自己的发展道路是不能混淆的。也就是说世界文明史的发展是多元的，基督教文明、伊斯兰教文明、印度文明和以儒家文化为核心的中国文明，在西方文明确立霸权地位的300年前都是按照自己的不同发展道路发展着。宋文明与唐文明相比有了别样的发展。近代史家从宋文明中发现了与欧洲相类似近代文明的征象，而且比欧洲要早得多，如大城市的兴起、蓬勃的城市化、手工业技术的进步、贸易的发达，凡此种种，无不令人称奇，尤其是纸币的使用，更是其他文化所难以想象的。伴随着经济进步的，更有文官制度的成熟、文官地位达于巅峰、法律受到尊崇、教育得到普及、文学艺术的种种成就，但从主流看来，宋朝国家文明仍是中华传统文明的延续、深化和堆积。一种文明愈是发展得过于成熟，则蜕变为另一种新的更高的文明，似乎就愈是积重难返，步履艰难。宋朝经学完成了由"汉学"

---

[①] 参见白钢编：《中国封建社会长期延续问题论战的由来与发展》，中国社会科学出版社，1984年。
[②] 详见李华瑞主编：《唐宋变革论的由来与发展》，天津古籍出版社，2010年。

向"宋学"的转变，即由章句之学转变为义理之学，这不可能是什么犹如西方的文艺复兴，而正是中国传统经学发展的深化。① 西欧近代资本主义的兴起，其实应有政治、经济、思想、科学等诸多因素的综合配套，不可能是手工业雇佣制的单一因素。某些促使西欧封建制和农奴制瓦解的因素，例如土地买卖的兴盛、货币地租的发展、工商业中雇佣制的发展等，是在中国古代长期存在的，即使晚到清朝，也看不出此类因素会使中国这个以租佃制为主导的农业社会行将解体。总之，唐宋时的大工商业雇佣制是存在的，但今人不必将此视为资本主义萌芽。尽管此类雇佣制与近代资本主义雇佣制有相似或相近的方面，事实上却没有产生近代资本主义社会。

美籍华裔学者刘子健在《中国转向内在》序言中说："不应当将宋代中国称为'近代初期'，因为近代后期并没有接踵而至，甚至直到近代西方来临之时也没有出现。宋代是中国演进道路上官僚社会最发达、最先进的模式，其中的某些成就在表面上类似欧洲人后来所谓的近代，仅此而已。"② 宋代社会形成的新传统"在人类整个历史上，它的意义是远超欧洲中古，达到农业社会的最高峰。可是由于许多原因，这最高峰的光荣也是其中一个原因，它本身不但自己不能发展成为一个工业社会，而且在不得不走向工业化的时代，一定会遭逢到比其他社会更艰巨、更复杂，和需要更长时期才能解决的痛苦"③。我个人赞同这样的意见。

二是国内学者回应"李约瑟难题"的讨论多是从长时段来考量，亦即从整个中国古代社会来寻找不能产生西方近代化的原因，而对于宋朝对后世影响关注不多。宋朝文化对后世影响最大莫过于科举、教育与经学三位一体。范仲淹在庆历新政中提出的"精贡举"就开始强化经义在科举取士中的地位，王安石变法实行科举改革，考试科目罢诗赋，而主要以儒家经义取士。对于王安石的科举改革，虽然有反对意见，如苏轼主张完全复旧，主考诗赋，但是王安石变法的反对派大多数也赞成，如反对派领袖司马光就认为以儒家经义取士"乃革历代之积弊，复先王之令典，百世不易之法也"。但王安石不当以"一家私学，欲盖掩先儒，令天下学官讲解。及科场程式，同己者取，异己者黜"④，虽然"元祐更化"和南宋科举考试经义兼诗赋，但进士科以经义为主，南宋以后以经义

---

① 王曾瑜：《王曾瑜说辽宋夏金》，第 141—142 页。
② 〔美〕刘子健：《中国转向内在——两宋之际的文化内向》，赵冬梅译，江苏人民出版社，2002 年，第 2 页。
③ 全汉昇：《中国经济史研究》（二），台北稻香出版社，2003 年，第 78—82 页。
④ （宋）司马光：《温国文正司马公文集》卷五二，《起请科场札子》，四部丛刊初编缩印本。

取士遂固定下来，为后世元、明、清所遵行而不废。与主张科举以经义取士的同时，宋儒又主张科举取士的来源应从学校培养而来，这一主张在北宋自仁宗至徽宗三次兴学高潮中得到践行，南宋中后期书院兴旺发达，更使科举取士来自学校教育成为可能。宋初学校的教材主要是沿用唐代以来注解的经典，神宗熙宁以后除元祐年外，王安石的经学思想及注解的经典成为主要教材，南宋时期朱熹汇集了北宋以来几代理学家的成果，把理学发展成一个完整的经学体系，也把理学教育提高到新的水平。在二程时期，理学的教学计划还是一些分散不完整的想法。在实践上，二程的教学也还缺乏系统。朱熹发展了二程的主张，根据经典的难易程度和逻辑关系，全面论述了理学的教学计划，并运用于实践，使理学教育实现了由博返约的升华。宁宗朝后期，理学就迅速在全国各级学校的教学中占据了主导地位。朱熹临终前仍在完善的《四书章句集注》成为明清时期学校的重要教材。所以由王安石、朱熹等为代表的宋儒所完成的经学、教育和科举三位一体，把经学和教育的功能单纯地、狭隘地局限于为参加科举考试而入仕，而官位成了读书人唯一的追逐目标。尤其要提到的是伴随经学、教育与科举三位一体的完成，北宋的思想发展由思想解放转向"一道德"。

宋儒以义理之学对汉唐章句之学的革新始自宋仁宗前后的疑古思潮，陆游曾经概括说："唐及国初，学者不敢议孔安国、郑康成，况圣人乎？自庆历后，诸儒发明经旨，非前人所及，然排《系辞》，毁《周礼》，疑《孟子》，讥《书》之《胤征》、《顾命》，黜《诗》之《序》。不难于议经，况传注乎？"① 这种讥黜经传的学风，实不免有臆断之弊，但从"疏不破注"，到"舍传求经"，再到"疑经改经"，确是一次思想解放运动。这一运动，造成了两汉以来中国学术史中罕见的活跃气氛，也开创了一个标新立异的时代。然而新的时代没有持续太长的时间，思想解放运动就开始向一道德转变，这首先出现在熙宁时期王安石在变法过程中企图用"三经新义"一道德，遭到了其他在野和民间发展的温公学派、苏蜀学派、洛学派的强烈反对，而南宋时期更是遭到集理学大成的朱熹的反对，但是他们的反对，不是说"一道德"的做法对不对，而是反对用王安石的学说一道德，换言之，这些学派都有一个共同的追求，就是要用自己的学说"一道德"，意欲把所有士人的思想统一在自己学说的旗帜下，非同类的学说一律予以排斥或打击。所以当南宋后期理学被官方定为一尊之际，王安石的新学、苏蜀学派就都成了异端之学。宋仁宗时期新儒学诸家并起，当时义理之

---

① （宋）王应麟：《困学纪闻》卷八，《经说》，第1095页。

学最大的价值,本来在其打破汉学章句教条的疑经精神,不意到南宋中后期打破教条的精神,自身成了不能被挑战、不能被质疑的教条。范仲淹要求经学教育联系社会实际,王安石通过注经鼓吹变法,他们强调提高学生的道德修养,也训练学生的治国从政能力。而理学家把抑制物质欲望作为解决各种社会问题的根本办法,所以十分片面地强调向学生灌输传统伦理。朱熹一再申明理学是"为己之学"而不是"为人之学"。从此,士人治学、仕进、行止、伦常无不打上理学说教的烙印。公元1200年朱熹死后,理学几乎止步不前。因为他们以继承孔孟道统自居,以注释经典为基本手段,儒学的框架必然不允许他们的理论无限发展。此外,朝廷将理学定为唯一正统,学者不能自由地加以批评和讨论,其学说变成了僵死的教条。因此,程朱理学到朱熹时就走到了顶点,以后这个学派没有再出现重要的理论发展,也没有再出现有重大贡献的思想家。

可以说从北宋中期的思想解放到南宋后期的思想禁锢,这是理学完成"一道德"的直接后果。这个后果是对中国士大夫更深、更厉害的思想禁锢。在此种教育和文化环境下培养出来的最优秀士人,其最伟大的理想无非是赢得金榜题名,然后治国平天下。反观西方,近代所有的哲学家都是自然科学家,不少科学家有乐于献身科学、造福人类的襟怀,这在中国古代前述的三位一体环境中,是不可能产生的。

另外,中国在14世纪以前虽然取得了科学技术的辉煌成就,并长期处在世界的领先地位,这是相对于欧洲地区科学技术发展较为缓慢而言,当14世纪以后欧洲地区科学技术发展较快,中国依然是按照此前的发展状态向前发展,如果说元明清比宋朝以及以前发展缓慢一点,只是就速度相对缓慢而言,并不是没有发展,不是没有进步,更不能说倒退了,而是与欧洲文艺复兴时代到来后的突飞猛进的发展相比落后了,这是中国整个社会文明之使然,科学技术的发展是与社会、经济、文化多方面的要求相适应,既然宋朝以后的中华文明难以产生工业社会,那么科学技术自然也就不会出现近代科学。正是从这个意义上讲,我们就不难理解李约瑟在论述宋朝理学和自然科学的黄金时代时所言的深意:"宋代的理学哲学[①]本质上是科学性的,伴随而来的是纯粹科学和应用科学的各种活动的史无前例的繁荣。然而,这一切成就并没有把中国的科学提到伽利略、哈维和牛顿的水平。经过元、明两代的停滞不前,在清王朝时期出现了人文主

---

① 按:李约瑟在这里讲的理学哲学应是北宋变革时期的学术文化,而非单指程朱理学之理学。详见本书第四章。

义学习的高潮。十分明显的是，当我们回过头看时，会发现除了一系列意想不到的事外，中国文明是不会产生近代自然主义科学的。"[1] 我认为这个评述相当客观、准确，与西方中心论没有实质关系。

## 参考文献及拓展阅读

〔英〕李约瑟原著，柯林·罗南改编：《中华科学文明史》第1—3卷，上海交通大学科学史系译，上海人民出版社，2001年。

〔美〕刘子健：《中国转向内在——两宋之际的文化转向》，赵冬梅译，江苏人民出版社，2002年。

邓广铭等主编：《中国大百科全书·中国历史·辽宋西夏金史》，中国大百科全书出版社，1988年。

傅乐成：《唐型文化与宋型文化》，《汉唐史论集》，台北联经出版事业股份有限公司，1977年。

全汉昇：《略论宋代经济的进步》，《大陆杂志》1964年第2期。

漆侠：《宋代社会生产力的发展及其在中国古代经济发展过程中的地位》，《中国经济史研究》1986年第1期。

---

[1] 李约瑟原著，柯林·罗南改编：《中华科学文明史》第1卷，上海交通大学科学史系译，上海人民出版社，2001年，第251页。

# 后　记

　　这部书稿，最初是一部授课讲稿。我从 2000 年开始在河北大学和首都师范大学给三、四年级的本科生陆续开设宋史选修课，同时我也要求我的硕士生旁听，后来外系或外校的本科高年级学生和研究生也来旁听。但是我常是按照自己的研究兴趣讲课，其实没有很好梳理宋史课到底该讲哪些内容。2014 年中华书局曾约我写一部宋史专业教材，作为大学本科三、四年级所开专业发展课程配套教材，也可作为学生考研的专业参考书，也可供对此专业或课程感兴趣的社会爱好者阅读。但是我仍然按照过去讲课的讲稿去梳理，在写作时并没有按照"教材"性质去写，而是以自己的兴趣写成，既不是严格的教材又不完全是一般的普及读物，且叙述风格又偏向学术研究——作为教材辅助材料，2016 年交稿未达到中华书局约稿的初步设想，中华书局希望我修改。但因各种事务性工作较多未能及时修改，一放就是四年。直到去年商务印书馆有意出版我的书，正好这几年我对宋史有了一些新的想法，提出"宋型国家"的概念，更因为瞿林东先生在《光明日报》上看到我写的关于"宋型国家"的文章，曾专门打电话鼓励我写一部宋史。于是我在电脑上找出旧书稿便进行再加工。这次修改虽有教材的痕迹，但基本上是按照我个人所理解的雅俗共赏的原则去写作的。

　　我虽然研究宋史将近四十年，但所涉领域只是宋史研究中的冰山一角，且不说难以通读宋朝的基本文献，就是近四十年来汗牛充栋的宋史研究成果也有点目不暇给，所以借鉴学界已有成果势所必然，尤其是宋学和宋代经济史方面在很大程度上秉承了我的老师漆侠先生的观点，这是一方面。另一方面，研究宋史近四十多年来，虽然本人天性愚钝，但是对宋代的整体历史还是有一些看法，却从未认真梳理过，感谢商务印书馆给我一个清理思路的机会，当然我的思路很多也是在阅读前辈和同行论著时产生，甚至这些论著的研究领域跟我不同或者有的题目与我的看法相反，但是这些论著字里行间的深意表述引起我的共鸣，于是在进行新的思考后作为自己的叙述。

2018年出版《探寻宋型国家的历史》论文选集时，我在自序中写道："众所周知，20世纪初以来对于宋代历史地位的毁誉参半式评价是秦汉以降中国古代史各断代史评价中落差之大所仅见。以往按五个社会形态说把宋代列入封建社会的下行阶段，一度政治上腐朽、经济上积贫、军事上积弱、学术上反动，几乎成为评价宋代历史的代名词，进入21世纪以来，'宋代近世说（唐宋变革论）'甚嚣尘上，宋代一跃成为中国近世的开端。这种毁誉参半的评价从方法论上讲都是拜西方社会科学方法和史学理论的影响所赐，都是把宋代历史附着在西方历史卵翼之下的一种反映。故我想从宋代历史的实际重新探讨宋代历史的特点。当然在国人从20世纪初以来就用西方的学术规范、问题意识、理论框架甚至叙述话语来研究、描述宋代历史的大背景下，我对宋代历史的学习和研究无不打着我所生活的时代深深的烙印。我现在的新想法只是对自己过去研究的一些新反思而已。"现在把这部书稿定名为"宋型国家历史的演进"即是沿着这个思路而来，当然"宋型国家"这个概念是否妥当，还需要继续深入思考、研究，希望在不远的将来能有更清晰一些的表述。

李华瑞
2022年2月16日